Víctor Fuentes (Ed.)

Florilegio de las Letras en Español en los Estados Unidos: Del Siglo XVI a Mediados del XX

(En su contexto histórico-cultural)

☙ - STOCKCERO - ☙

Foreword, bibliography & notes © Víctor Fuentes
of this edition © Stockcero 2024
1st. Stockcero edition: 2024

ISBN: 978-1-949938-21-0

Library of Congress Control Number: 2024943277

All rights reserved.
This book may not be reproduced, stored in a retrieval system, or transmitted, in whole or in part, in any form or by any means, electronic, mechanical, photocopying, recording, or otherwise, without written permission of Stockcero, Inc.

Set in Linotype Granjon font family typeface
Printed in the United States of America on acid-free paper.

Published by Stockcero, Inc.
3785 N.W. 82nd Avenue
Doral, FL 33166
USA
stockcero@stockcero.com

www.stockcero.com

Víctor Fuentes (Ed.)

Florilegio de las Letras en Español en los Estados Unidos: Del Siglo XVI a Mediados del XX

(En su contexto histórico-cultural)

Índice

Prefacio...11

I. A Modo de Pórtico

Elena Poniatowska
Las alas de Ventana Abierta vuelan en español 15

Garci Rodríguez de Montalvo
Una isla California llamada 16

Pedro Menéndez de Avilés
Dos Cartas 18

Pedro Font
Vista de la Bahía de San Francisco 20

Luis Leal
Vida y Aventuras del Idioma Español en los Estados Unidos 21

II. Siglos XVI – XVIII

1. Los Comienzos 29

Alvar Núñez Cabeza de Vaca
Los Naufragios Capítulo treynta y cuatro: De cómo envié por los cristianos 31

Gaspar Pérez de Villagra
Historia de la Nueva Méjico (Fragmentos del Canto XIV) 34

Aurelio M. Espinosa
El español de Nuevo Méjico (Fragmentos) 41

Literatura Popular, Oral, de Nuevo México
Las picardías de Pedro de Urdemalas. Cuento tradicional. Anónimo...44
Gerineldo (Romance anónimo)..48
Delgadina (Romance anónimo)..50

2. De La California Hispano-Mexicana del Siglo XVIII y del XIX..........51

Fray Francisco Palou
Fundación de la Misión de San Antonio de Padua 53
Fundación de un Pueblo de Españoles Titulado San José de Guadalupe 54

Fray Francisco Payeras
　Cartas sobre la Decadencia del Sistema de las Misiones 56

Víctor Fuentes
　Los californios y las californias 60

Coplas Populares Californianas (anónimas)

III. Siglo XIX
　1. Un Despegue de las Letras en Español en el Este del País 71

Félix Varela
　Máscaras políticas. El Habanero, 1826 80

José María Heredia
　Poesía 86
　Renunciando a la poesía 87
　Niágara 88

Jicoténcal (1826)
　Novela Histórica Anónima (Fragmento) 92

　2. Continuo Crecimiento entre los años 40 y 70 97

Rafael Pombo
　Diario (Fragmentos) 108
　Poesía 112
　Las norteamericanas en Broadway 112
　El niño pobre. De L. Ratisborne 117

Juan Clemente Zenea
　Poesía 118
　En Greenwood 120
　La Despedida 121

Juan Antonio Pérez Bonalde
　Poesía 122
　¡Bendita seas! A Puerto Rico 124
　Los Tres 128

Eugenio María de Hostos
　Diario (Fragmentos) 131

　3. Dando un salto a la Costa del Pacífico 138

Francisco P. Ramírez
　La doctrina de Monroe 140

Dos voces californias de desagravio

Mariano Guadalupe Vallejo
De Recuerdos Históricos y Personales tocante a la Alta California. (Abril 1848)...145

Doña Apolinaria Lorenzana, "la cuna" o "la beata"
Memorias, contadas en Santa Bárbara (Fragmentos) 150

Bandidaje de los Californios frente a los ultrajes y crímenes sufridos:
Joaquín Murrieta (Corrido anónimo) 155

Poesía en la prensa hispana de Los Ángeles, San Francisco y Santa Bárbara (1850-1900)
¿Será verdad? — Mugeres 162
El jugador 163
Un tipo 165
Un paseo 168
Ciudad de Santa Bárbara 170

Un "Boom" del Teatro en español en California (1848-1895)

4. En Nueva York: una eclosión en las dos décadas finales del siglo 189

José Martí
Prosa y Poesía 199
La inmigración en los Estados Unidos 203
San Francisco contra los chinos. 206
El centenario de Bolívar en Nueva York 207
De Versos sencillos (1891) 211

Dolores (Lola) Montenegro
Poesía 213
Por última vez 213

Juana Borrero
Poesía 217
Última Rima 218
Vorrei morire 219

IV. Siglo XX (hasta fines de los años 50)

1. Muestras de la Literatura Popular, Oral..................................223
Corrido de Gregorio Cortez (Anónimo) 224
Texto 1 225
Los americanos (Anónimo) 226
La americanita (Anónimo) 227

  La flor que cantaba (Cuento Anónimo) 228

2 De una Literatura Obrera, de Principios de Siglo a los Años 20-30 231

Práxedes G. Guerrero
  Blancos, Blancos 234

Ricardo Flores Magón y Otros
  Manifiesto de todos los trabajadores del mundo 236

3 Intermedio Fronterizo 241

José Vasconcelos
  En la Escuela 243

Joaquín Piña
  Los desterrados 247

Américo Paredes
  Poesía 250
  El Río Bravo 251
  A México 253
  Rima (III) 254

4. Del resurgir del Hispanismo; moda de lo Español y apuntalamiento del Pan-Americanismo, 1914… 255

Rubén Darío, en Nueva York
  Poesía 259
  Pax 263
  La Gran Cosmópolis 264
  Soneto Pascual 266

Pedro Henríquez Ureña
  Rubén 270
  De la nueva interpretación de Cervantes 272

Salomón de la Selva
  Poesía 274
  A Song sor Wall Street 277
  Heridos 278
  Sobre una fotografía de la Quinta Avenida 278
  Pueblo, no plebe 279

Federico de Onís
  El español en los Estados Unidos 280

Jorge Ulica / Julio G. Arce

    Do You Speak Pocho... Crónicas diabólicas 291
5. Tres romances tradicionales en California en los años 20 296
    La esposa infiel (asonancia – 1) III 296
        La aparición 297
        Camino del Calvario. I. 297
6. Un espléndido florecer poético en Español 299
Federico García Lorca
    Del Poeta en Nueva York 306
    Danza de la Muerte 309

Julia de Burgos
    Poesía 312
    A Julia de Burgos 316
    Farewell in Welfare Island (Un grito al mundo) 319
    Poema para mi muerte 320

Juan Ramón Jiménez
    Poesía 322
    La negra y la rosa 324
    Espacio Fragmento segundo (Cantada) 325
    El color de tu alma 327
    Con tu voz 327

Eugenio Florit
    Los poetas solos de Manhattan 330

Gabriela Mistral. (Lucila Godoy Alacayaga)
    Diario (fragmento), Poesía 334
    Diario íntimo (Fragmentos de En Santa Bárbara) 337
    Poesía 339
    Amapola de Californiaia 339
    Araucanos 341

Colofón

Luis Leal
    ¿Qué es un latino? 349

Punto Final y... Atisbando a Nuevos Horizontes 355

Víctor Fuentes
    Niñerías, breve relato de Intrahistoria hispánica infantil 355
    1. La primera comunión 355
    2. Con angelitos y angelitas en Los Ángeles (cincuenta años después) 356

Bibliografía 357

Prefacio

En un principio el libro estaba concebido como una selección de valiosas páginas literarias del "Mirador al Pasado" de nuestra revista *Ventana Abierta*, abarcando textos desde el siglo XVI hasta mediados del XX. Iniciamos la revista, don Luis Leal y quien esto escribe, en 1995, abierta como su título indica, a autores/as y lectores/as con interés en escribir y leer en español temas relacionados con la literatura, el arte y la cultura de la población de habla hispana del País. La lanzamos en 1995, en fechas de los inicios de las "guerras culturales", cuando en California, en 1994, se había pasado la Proposición 187, en la que se negaba la educación y los servicios de sanidad pública a los niños/as de los indocumentados, y un famoso historiador de una Universidad del Este, "de cuyo nombre no quiero acordarme", llegó a decir que el español era un idioma del gueto, ignorando que se hablaba y escribía (y ¡hasta poemas épicos!) en estas tierras mucho antes que en inglés. Frente a ello, nosotros saltábamos a la pelea con las páginas literarias del tesoro de la lengua en español en el País y desde antes de su fundación.

El *Florilegio* está concebido como un rendido homenaje a la memoria de don Luis y como si ya hubiera nacido en consonancia con los dos últimos números que editamos juntos de *Ventana Abierta*: "Escribir en español (hoy) en los Estados Unidos", otoño del 2009 y primavera del 2010, impreso cuando don Luis ya no estaba con nosotros, dejándonos pocos meses después de haber cumplido 102 años. ¡Don Luis Leal!, maestro de maestros (se sonreía recordando que, mientras él seguía enseñando, muchos de sus estudiantes ya se habían jubilado) y uno de los más destacados Hispanistas y Latinoamericanistas de los Estados Unidos desde los años 50 del pasado siglo, y quien, eminente mexicanista, desde muy temprano, elevó a alto rango académico la literatura y los estudios chicanos/as. Persona muy querida en la Universidad y en la comunidad de habla hispana en Santa Bárbara. Siempre abierto al diálogo y con una sonrisa y un toque de humor en sus labios.[1]

---

[1] Sobre su trayectoria vital e intelectual, tan humanitaria, contamos con el libro *Don Luis*

Al iniciar el *Florilegio*, pronto descubrí que tenía un sentido más amplio y que había que incluir otros textos literarios que, por limitaciones de espacio o de obtener permisos, no habíamos recogido en el "Mirador al Pasado", y presentarlos con precisiones sobre el contexto histórico cultural, y en relación a cómo se iba desarrollando, a través de los siglos, el mundo literario y las publicaciones en español Junto a ello se añaden breve notas sobre los textos, y semblanzas de los autores/as, de mayor o menor extensión, según el temple de cuando se escribían; en varias de ellas aspirando a alcanzar latidos íntimos de la persona en cuestión.[2] El *Florilegio* se presenta, pues, enmarcado en un corpus histórico-literario apuntando a la Historia o Historias de la Literatura de lengua española en Estados Unidos, en espera de escribirse en su conjunto.

Está redactado en "nosotros" aunque sea uno el que lo haga, y el único responsable por las carencias que se encuentre en ello, y tan propias de toda Antología, sintiéndome alentado, acompañado por don Luis, y por quienes formaron parte, en distintos momentos, del Consejo Honorario de *Ventana Abierta*, varios de tales ya no con nosotros, distinguidas personalidades literarias: Fernando Alegría, Ángel González, Rolando Hinojosa-Smith, Miguel Méndez, Elena Poniatowska, Bernice Zamora, Norma Cantú, y del Consejo editorial, quienes configurando la revista con nosotros: Jorge Kattan Zablah. Gabriela Gutiérrez, Sara García, y Francisco Lomelí y Sara Poot Herrera, ambos colegas tan cercanos a don Luis, y quienes continuaron editando *Ventana Abierta* Y asimismo, nos acompañan lectores/ lectoras que tanto gustaron de la Revista.

Compuesto en Santa Bárbara, en ciertas secciones del *Florilegio* se acentúa los textos escritos en California, aunque indicando que lo tratado, igualmente, se daba y publicaba, en menor o mayor medida, según el tiempo, en otros Estados del país que habían sido parte de España y de México. Se adjunta al libro una extensa Bibliografía que completa y amplía todo lo expuesto en él.

Víctor Fuentes

Leal, una vida y dos culturas. Conversaciones con Víctor Fuentes. Y el número 29-30, Otoño, 2010, de *Ventana Abierta*, "En rendido homenaje a Luis Leal (1907-2010)", recoge "Semblanzas, rememoraciones y reconocimientos" de amigos/as y estudiantes suyos, más la serie "Ensayos de Luis Leal".

2 En cada uno de los textos tomados del "Mirador al Pasado" de la revista, al pie de ellos, indicamos la fecha y número en que se publicó.

I

A Modo de Pórtico

Elena Poniatowska
(1932 –)

Las alas de Ventana Abierta vuelan en español

>Ventana Abierta abre sus batientes al cielo de México y a su idioma que ha volado lejos y llega ahora hasta la cuenca del Río San Lorenzo que se congela en invierno. El español cubre a un continente entero y una hoja de papel volando como Ventana Abierta es esencial en esa alada difusión de uno de los idiomas más bellos del mundo: el español.

Incluimos tres textos que apuntan al carácter utópico, visionario, cercano al perdido Paraíso terrenal bíblico, y como tierra de la abundancia, según los expedicionarios españoles, desde el siglo XVI, vieron a estas norteamericanas. Más otro de Luis Leal, unos de los primeros críticos estudiosos del realismo mágico, en el que convierte al idioma español en un personaje, con su guiño de la picaresca, contando su vida en los Estados Unidos, desde 1512 y la llegada de Juan de Ponce a las costas de la Florida.

Garci Rodríguez de Montalvo
(1405-1505)

Una isla California llamada

Varias son las teorías propuestas para explicar el origen del nombre "California". Una de ellas, la más aceptable, es que los primeros exploradores del Nuevo Mundo lo tomaron de la novela de caballerías *Las sergas de Esplandián*, que Garci Rodríguez de Montalvo publicó en 1510 y con la cual continúa las aventuras de Amadís de Gaula. En el capítulo 157, habla de una isla llamada California y, en verdad, los exploradores por años creyeron que California era una isla y así aparece en los primeros mapas de la región. Tenemos aquí la primera visión, repetida a lo largo de su historia, de California como un Paraíso Terrenal. En lo de "riscos y bravas peñas", ya se anticipa al Big Sur actual, y hasta podría leerse como un primer y ultra radical texto literario feminista en el siglo XVI.

> Sabed que a la diestra mano de las Indias hubo una isla, llamada California, muy llegada a la parte del Paraíso Terrenal, la cual fue poblada de mujeres negras, sin que algún varón entre ellas hubiese, que casi como las amazonas era su estilo de vivir. Estas eran de valientes cuerpos y esforzados y ardientes corazones y de grandes fuerzas; la ínsula en sí la más fuerte de riscos y bravas peñas que en el mundo se hallaba; las sus armas eran todas de oro, y también las guarniciones de las bestias fieras, en que, después de las haberlas amansado, cabalgaban; que en toda la isla no había otro metal alguno. Moraban en cuevas muy bien labradas; tenían navíos muchos, en que salían a otras partes a hacer sus cabalgadas, y los hombres que prendian llevábanlos consigo, dándoles las muertes que adelante oiréis. Y algunas veces que tenían paces con sus contrarios, mezclábanse con toda seguranza unas con otros, y habían ayuntamientos carnales, de donde se seguía quedar muchas de ellas preñadas, y si parían hembra, guardábanla, y si parían varón luego era muerto. La causa dello, según se sabía, era porque en sus pensamientos tenían firme de apocar los varones en tan pequeño número, que sin

trabajo los pudiesen señorear, con todas sus tierras, y guardar aquellos que entendiesen que cumplía para que la generación no pereciese.

En esta isla, California llamada, había muchos grifos, por la grande aspereza de la tierra, los cuales en ninguna parte del mundo eran hallados; y en el tiempo que tenían hijos, iban estas mujeres con artificios para los tomar, cubiertas todas de muy gruesos cueros, y traianlos a sus cuevas, y allí los criaban, y con tales artes, que muy bien conocían a ellas y no les hacían ningún mal. [...]

Y reinaba en aquella isla California una reina muy grande de cuerpo, muy hermosa para entre ellas, en floreciente edad, deseosa en su pensamiento de acabar grandes cosas, valiente en esfuerzo y ardid de su bravo corazón, más que otra ninguna de las que antes della aquel señorío mandaron.

V.A. Vol. I. No. 3. Otoño 1997

Pedro Menéndez de Avilés
Fundador de San Agustín (1565)
(1519-1574)

Dos *Cartas*

Recordemos que en la primera expedición de Juan Ponce de León también se buscaba dar con la isla en donde se hallaba "La fuente de la juventud" y que al ver lo que tenía de "paradisíaco" el paisaje de la tierra a la que llegaban en un domingo de Pascual Florida, en 1512, la denominó La Florida. Como tal aparece en la descripción de Pedro Menéndez de Avilés en carta al monarca Felipe II, del 15 de octubre de 1565, desde el fuerte de la recién fundada San Agustín, tras dar cuenta de su gran victoria sobre los franceses, encabezados por Juan Ribault, apresado y muerto, tomándoles el fuerte de San Mateo y en donde exalta el potencial de las ricas tierras, avivando el celo colonialista del monarca.

Juan Carlos Mercado, editó con una introducción y notas, *Cartas sobre la Florida* (1565-1574), 59 de ellas, de Pedro Menéndez de Avilés, el principal colonizador de tales tierras, quienes estuvo a cargo de la Florida española de 1565 a 1567 y de 1568 a 1573, en tales fechas como gobernador de Cuba. Las *Cartas*, junto a los *Diarios*, son los géneros de mayor difusión en torno a la conquista y colonización española de América. Transcribimos dos de ellas. La primera la ya citada al rey Felipe II:

> ...Y porque estas tierras son grandes y de muchos buenos ríos y puertos, y la gente de esta tierra es mucha y no se puede hacer con pocos españoles, tantos efectos ni conviene en ninguna manera hacerlo a la larga, y lo que se hubiere de gastar en diez años hacerlo en cinco porque desta manera V. M. señoreará estas provincias tan grandes y alumbrará a los naturales dellas y acrecentará muchos sus reinos.
>
> Porque en estas tierras habrá muchas y muy buenas granjerías. como será que habrá vino mucho, muchos ingenios de azúcar, mucho número de ganado que hay grandes dehesas, mucho cáñamo, brea y alquitrán y tablazón, que no lo tiene V. M. en sus reinos; podránse hacer muchos navíos y sal y trigo

por estas riberas, lo que hemos visto no lo habrá³; habrá todo género de frutas, hay muy buenísimas aguas, bonísimos temple de tierra; habrá mucho arroz y muchas perlas en las riberas de Santa Elena⁴, donde tenemos nuevas que las hay, entrando más adentro desta tierra, habrá donde se pueda recoger mucho trigo y hacer mucha seda".

Y el 16 de septiembre de 1574, ocho días antes de su muerte, en Santander, España, donde estaba al mando de una tropa de doce mil hombres y una Armada de 150 velas lista para la guerra de Flandes, en carta a su sobrino, Pedro Menéndez Marqués quien estaba al cargo de San Agustín, expresaba lo dentro de él que estaban dichas tierras de la Florida:

> ...y después de la salvación de mi alma, no hay cosa en este mundo que más desee que verme en la Florida para acabar mis días salvando almas. Y ansí, dando cuenta a S. M. del descontento que traigo en verme apartado de la Florida, me ha hecho merced de decirme que todas las veces que se sufriere darme licencia para ello, lo hará de muy buena voluntad; y espero en Dios lo hará a la primavera, porque sin duda tengo que este invierno se allanará lo de Flandes; y como esto sea, yo quedo con libertad para me ir de hecho a la Florida, para no salir de allí en cuanto viviere; que estos son mis deseos y felicidad. Nuestro Señor lo haga como puede y vea que es menester...".

V.A. VOL. II, NO. 8. PRIMAVERA 2000

---

3   Tengamos presente que aquellas tierras de la Florida comprendían entonces los actuales estados de Georgia, Florida, Alabama, Mississippi, Louisiana, parte de Texas y el Sur de Carolina).
4   En el fundado poblado en la isla llamada de Santa Elena tuvo su capital la Florida española, de 1566 a 1587 cuando se desplazó a San Agustín

Pedro Font
(1737-1781)

Vista de la Bahía de San Francisco

del *Diario íntimo*

El franciscano mallorquín, Pedro Font, misionero, que acompañó a la expedición pobladora de Juan Bautista de Anza, salida de Horcasitas, Sonora, el 30 de septiembre de 1775 arribando a Monterrey el 10 de marzo de 1776, escribió el *Diario* de tan largo camino. La expedición contaba con 240 personas, entre ellas 30 soldados casados con sus mujeres e hijos y varios colonos solteros. El propio de Anza escribió su *Diario* de la expedición así como el otro misionero que les acompañaba, Francisco Garcés. Los *Diarios* de los expedicionarios españoles y, en especial, los de los misioneros, por tantos ámbitos geográficos en donde se establecieron en lo que, desde 1776, han sido los Estados Unidos, constituyen un primer y grueso corpus de la literatura en español en estas tierras. La visión de San Francisco descrita por Pedro Font anticipaba la "hermosísima ciudad" que ha llegado a ser.

> Logra esta mesa de una deliciosissima vista, pues desde ella se descubre una buena parte del Puerto, y sus yslas hasta el otro lado, la Boca del Puerto, y del mar lo que alcanza la vista hasta más allá de los Farallones; de modo que aunque en lo que anduve vi muy buenos parages y hermosas tierras, ninguno vi que me quadrasse tanto como este, y juzgo que si se pudiesse poblar bien como en Europa, no havía de haver cosa más bella en el mundo pues tiene las mejores proporciones para fundarse en el una hermosíssima ciudad, con la conveniencia deseable assi por tierra como por mar con aquel Puerto tan singular y capaz, en el qual se pueden formar, astilleros, diques, y cuanto se quisiere (271).

Luis Leal
(1907-2010)

Vida y Aventuras del Idioma Español en los Estados Unidos

I

Yo, señores, nací en España, hijo legítimo de Tomé Latino y Juana Godos. Después de la muerte de mi padre, mi madre se enredó con algunos extranjeros indocumentados y así creció la familia, con un hermano, Zaide, y una hermana Judith. Bien mozuelo pasé en busca de aventuras al Mundo Nuevo con un tal Cristóbal y los muchachos Pinzón. De unas islas a las cuales llegamos, algunos de mis hijos – que continuaron llegando hasta poblar todo un continente – decidieron irse al norte, los más ancianos con Ponce de León en busca de la juventud; otros con Hernando de Soto a una región al norte de un gran golfo, donde desembocaba un enorme río. Otros se fueron con Cortés hacia el oeste, donde se encontraron con una inteligente prima mía, si bien desconocida, llamada Maya, madre de Malintzin. De su tierra nos fuimos al hermoso valle de Anáhuac, donde conocí a otro pariente llamado Náhuatl, cuya lengua tuve que aprender. Tanto Maya como Náhuatl, con quienes trabé buena amistad y quienes me enseñaron muchas palabras que desconocía, ayudaron mucho a Cortés y sus compañeros para que pudieran comunicarse con los aztecas, los habitantes del hermoso valle cantado por uno de mis más adelantados discípulos, Alfonso Reyes.

Otros de mis hijos se habían ido con Pánfilo de Narváez para explorar el norte de la costa del enorme golfo. Un huracán (esa palabra la aprendí en las islas que Colón llamó Antillas) destruyó sus navíos y de todos los tripulantes solamente se salvaron cuatro, entre ellos Cabeza de Vaca, a quien le pedí escribir una relación del viaje que hizo, a pie acompañado de los otros tres sobrevivientes, desde ese golfo hasta una zona muy árida. Fue la primera vez que los nativos me oyeron en todas esas regiones. Como ustedes saben, hoy esas tierras, que los chicanos llaman Aztlán, pertenecen al grupo de colonias que muchos años después de que yo llegara se unieron y, por falta de imaginación para escoger un buen nombre, se llamaron

"Estados Unidos". Aunque los nuevos inquilinos han tratado de desalojarme, no lo han podido hacer. Desafortunadamente, no predominé en este país; tengo que compartir esta extensa región con un señor a quien llaman Míster English, de quien ya tenía noticias en España.

Cuando llegaron las nuevas –muy exageradas– de Cabeza de Vaca acerca de las riquezas de estas tierras, a los habitantes de Anáhuac (para entonces ya se llamaba México la capital y Nueva España el país) se les despertó el deseo de enriquecerse y se unieron a las varias expediciones organizadas por los virreyes, habiendo sido la primera la de Fray Marcos de Niza, a quien en 1539 acompañé a una región tan parecida a Anáhuac que le dieron el nombre de "Nuevo México". Me acuerdo que a Niza lo guió Estebanico, el moreno compañero de Cabeza de Vaca. Fue el primer afroamericano de los muchos que más tarde llegaron a estas tierras, y el primero que pisó estos Estados Unidos hablando español. Pobre, por aquellos rumbos feneció su vida. Otro hijo mío, Pedro Menéndez de Avilés, fundó San Agustín en la Florida en 1565 y desde entonces se me oye en ese pueblo. Después vine al Suroeste con Coronado, y en 1598 con Juan de Oñate. Fue entonces cuando conocí a Gaspar Pérez de Villagrá, a quien inspiré para que escribiera la *Historia de la Nueva* (así se decía entonces) *México*, poema épico en diez cantos que publicó en España en el pueblo donde nació mi mejor discípulo, el gran Cervantes. Yo fui quien le aconsejó a Gaspar que escribiera su obra en verso y que usara octavas reales, mi estrofa favorita en aquella época. Mucho más tarde, esto es, en 1769, vine a California con Portolá, y en 1776 con Juan Bautista de Anza, esta vez acompañado de familias, las primeras que llegaron a esta hermosa región.

II

Quiero contarles las principales aventuras y desventuras que me han ocurrido desde que pasé a ser habitante de este suelo. Transcurrieron los años, y yo muy contento gozando de la vida pastoril, del clima y de la naturaleza y riquezas de estas vastas regiones. Pero poco a poco, en el sureste, sufrí el primer descalabro en 1800, cuando mi patria cedió a Francia la Luisiana, que Napoleón había de vender a los Estados Unidos en 1803. El segundo fue la pérdida de la Florida en 1819, y la tercera la de Texas, regiones en las cuales comenzaron a dominar los súbditos de don Inglés. No esperaba que esos extranjeros continuaran hostigándome, pero ese fue mi destino. En 1836 los texanos se declararon independientes de México, y en 1848 dejé de imperar en las regiones llamadas Nuevo México, Arizona, California, el sur de Colorado y Utah. Fueron golpes terribles, pero no mortales. Sobreviví a pesar de los contratiempos. Mis fieles adeptos me defendieron, continuando la labor cultural iniciada durante el siglo dieciocho por distinguidos escritores como Fray Junípero Serra, Gerónimo Boscana, Francisco Palou, Agustín Morfi, Miguel Constansó y tantos otros, que se valían de los numerosos periódicos en español para mantener viva la lengua, como lo hizo el P. José Antonio Martínez en Nuevo México en *El Crepúsculo de la Libertad* y otros periódicos que dirigió. Hacia fines del siglo diecinueve los latinos (así los llaman para recordar a mi padre) en los Estados Unidos fueron estimulados a mantener su lengua por escritores exiliados como uno de mis más queridos hijos, José Martí, quien con su poesía y sus ensayos puso en alto la bandera del idioma español. Y lo mismo hicieron otros, y lo siguen haciendo. Quiero recordarles los nombres de algunos hijos míos que han escrito en español en los Estados Unidos, como los cubanos Félix Varela y José María Heredia, el mexicano Fray Servando Teresa de Mier, el peruano Manuel Lorenzo Vidaurre, el ecuatoriano Vicente Rocafuerte, el argentino Domingo Faustino Sarmiento, y más tarde el dominicano Pedro Henríquez Ureña y el puertorriqueño José Balseiro, la chilena Gabriela Mistral, la puertorriqueña Julia de Burgos, el español Federico de Onís, el español/cubano Eugenio Florit, la puertorriqueña Concha Meléndez, el mexicano Andrés Iduarte, el argentino Enrique Anderson Imbert, el chileno Fernando Alegría, entre otros/as más. Pero la lucha después de 1848, sobre todo en las escuelas, fue desigual. Algunos, como Francisco Ramírez en Los Ángeles, hasta propusieron que se llegara a un acuerdo con el orgulloso señor Inglés, para que ambas lenguas fueran aprendidas en las escuelas. Ese sistema perduró en algunas regiones casi hasta el presente. Se le dio el nombre de "educación bilingüe". En los últimos años, sin embargo, la oposición me ha dado otro golpe pasando leyes que prohíben ese sistema de enseñanza. Y hasta han llegado a decir "Adiós al español". Pero se equivocan. Sobreviviré mientras me sigan llegando más y más refuerzos de los países hispanos, que por cientos de miles me traen en andas.

III

Muchos me preguntan que cuál será mi destino en el siglo veintiuno. Yo, que soy muy optimista, les contesto que será muy halagüeño. No creo, por supuesto, que pueda competir con los progresos que ha hecho el señor Francés en el Canadá, pero sí me parece que tendré más hijos, más adeptos. Ya hoy en las universidades y las escuelas los estudiantes que me prefieren son más que todos los que optan estudiar otras lenguas. Según las estadísticas que publicó un señor muy respetable sólo conocido por sus iniciales M. L .A, en 1998 el número de alumnos que me estudiaban en las universidades era 656.590[5], o sea el 56% de todos los estudiantes de otras lenguas que no son las de mi rival, Míster lnglish. Y a pesar de ello, dicen que no voy a sobrevivir en este país. ¡Vaya usted a creerlo! Pero se equivocan. En el mundo; después de la señora China, los señores Inglés e Indi, yo soy quien más hijos tiene – 300 millones – además de los 30 a 35 millones que viven en los Estados Unidos. Y hay quien dice que ya mis hijos son casi 500 millones. Tal vez los censos de fin de siglo revelen que es cierto. Mientras tanto me conformo con los 300 millones, que no es bicoca.

¿Por qué me prefieren tantas personas? Durante el siglo diecinueve y parte del veinte se decía por esos lares que yo solamente era útil para los negocios mercantiles, y también para el amor, que carecía de cultura, como mi hermano el señor Francés o la señora Alemana. Pero a otros hermanos latinos, llamados Italiano y Portugués, tampoco les hacían caso, a pesar de su rica cultura. Pasaron muchos años antes de que lograra convencer a los dómines de este territorio al cual di nombre, del valor cultural de mi pueblo, de su rica literatura. Pasaron muchos años también antes de que decidieran traducirme al Inglés, temerosos de que compitiera con sus literatos. Pero los tiempos han cambiado. Ahora se traduce a los principales autores o se publican sus obras en español. Además, han logrado infiltrase en las aulas, donde ya se lee a mis queridos discípulos. Ya no es posible estudiar el cuento sin incluir a Jorge Luis Borges; la novela sin hablar de Gabriel García Márquez y Carlos Fuentes, la poesía sin incluir a Sor Juana Inés de la Cruz y a Pablo Neruda, el ensayo sin mencionar a Octavio Paz. Pero tampoco es posible estudiar la literatura de este país sin incluir a autores como Rudolfo Anaya, Rolando Hinojosa, Ana Castillo, Sandra Cisneros, Isabel Allende, Oscar Hijuelos y tantos otros a quienes ya se les comienza a abrir las ventanas de la literatura en este país, tanto en inglés como en español

¿A qué se debe ese interés en los escritores latinos en Norteamérica? Sin duda a que el número de latinos ha

---

[5] Desafortunadamente, en los últimos años los cursos de lengua en las universidades han ido bajando. En 2021, según M. L. A., el número de estudiantes de español era de 584.453. Aun así, el español sigue siendo el idioma con mayor número de estudiantes, a excepción del inglés. Le sigue el francés con 135.088. (V.F.)

aumentado considerablemente durante las últimas dos décadas. Si bien la estadística no es mi fuerte, me atrevo a incursionar en su predio, pues es necesario que mis hijos estén al tanto del poder que los números les confieren. El 29 de marzo de 1999 el Midwest Consortium for Latino Research envió el siguiente correo electrónico, que traduzco de la lengua de mis primos: "Los latinos constituyen la segunda minoría en los Estados Unidos [...] Entre 1980 y 1990 la población latina aumentó el 53 por ciento, o sea más de cinco veces el incremento de la población total del país, que fue el nueve y medio por ciento. La mitad del aumento entre los latinos se debe al crecimiento natural de la población, y la otra mitad a la llegada de nuevos inmigrantes".

¿Y qué esperamos que ocurra en el siglo que se iniciará el primero de enero del año 2001? Pues se calcula que en unos cuantos años los latinos serán la primera minoría, y que para el año 2050 representarán el veinte y cinco por ciento de la población total, según cálculo del Concilio Nacional de la Raza. En otras palabras, de cada cuatro norteamericanos uno será latino. ¿Qué les parece? No sé si todos ellos me serán fieles. Pero no dudo que mi importancia en la cultura norteamericana irá en aumento, dada la creciente calidad de las contribuciones de los latinos (españoles, mexicanos, chicanos, centroamericanos, caribeños, sudamericanos) no solamente a la literatura, sino a las artes, el cine, la música, el teatro, la cultura popular y en general a todos los aspectos de la vida diaria. Y precisamente, leo en el gran diario de Los Ángeles (yo también sé hablar inglés y hasta he aprendido el dialecto de uno de mis más jóvenes hijos, a quien le puse el nombre *Spanglish*) que ha surgido un nuevo grupo de escritores hispanoamericanos llamado McOndo en honor de otro de mis hijos predilectos, cuyo nombre no menciono por ser tan conocido. El nombre en sí, y el origen de su impulsor, Alberto Fuget, joven de origen chileno que pasó su juventud en un pueblo que lleva el nombre Encino, en California, es simbólico de la unión entre los habitantes de España e Hispanoamérica y los latinos de Norteamérica. Jóvenes como estos son quienes en el futuro me darán un nuevo esplendor.

He dicho.

El Idioma Español en los Estados Unidos.

(Firma)

II

Siglos XVI – XVIII

1. Los Comienzos

Llegó el idioma español a las tierras que devendrían los Estados Unidos por la costa atlántica del suroeste, con las distintas expediciones colonizadoras a la Florida, las cuales arribarían hasta las actuales Carolinas, Georgia, Virginia Alabama, Mississippi, Louisiana y partes de Texas, iniciadas con las dos primeras de Juan Ponce de León en 1512 y 1521, y a la que siguieron, para mencionar las principales: las de Pánfilo de Narváez y Hernando de Soto 1528-1539, la "espiritual", evangélica, del jesuita Luis Cáncer, 1549, la de Hernando Escalante Fontaneda, 1549-1566, y las de Pedro Menéndez de Avilés, 1565-1569, consolidando, pese a los fracasos de las anteriores, las primera colonia española en tierras norteamericanas anticipando, en más de medio siglo a las inglesas.[6] De aquellas aventuras y desventuras, tanta veces trágicas, surgió un primer extenso corpus de obra escrita, hablada, y cantada en español. Dejando aparte la documentación oficial de tal empresa, el **Plus Ultra**, invocado por el emperador Carlos I, contamos con una numerosa variedad de cartas, diarios, crónicas y poemas de carácter de gesta o épico, que constituyen un amplia muestra de la primera literatura escrita, y en español, sobre el que ha sido llamado el siglo olvidado de la historia de los Estados Unidos, el XVI.[7] Citamos algunas de las más destacadas: La relación de *Los naufragios* de Alvar Núñez Cabeza de Vaca, 1542, el *Diario de la expedición a la Florida,* de Luis Cáncer y Gregorio Beteta, 1549[8], las *Cartas* de Pedro

---

[6] Asimismo, con las Misiones que establecieron, que llegaron a contar 124, aunque muchas de ellas fueran de fugaz vida, en Florida, Georgia, Carolina del Sur y Virginia, introdujeron, en este país, el cristianismo con sus letras, oraciones, canciones religiosas y autos teatrales en español.

[7] Una variedad de aquellos textos han sido recogidos en dos obras recientes: *Discovering Florida. First-Contact Narratives from Spanish Expeditions along the Lower Gulf Coast*, editadas y traducidas por John E. Worth (2014): presentadas, conjuntamente, en español y su traducción en inglés, y *Antes de Jamestown fue San Agustín de la Florida*, de Steve Strange, con doce capítulos sobre cada una de dichas expediciones hispanas en Florida. También contamos con el detallado libro de Carmen Benito-Vessels, *España y la costa atlántica de los EEUU: Cuatro personajes del siglo XVI en busca de autor* (2018); dos españoles, Lucas Vázquez de Ayllón y Pedro Menéndez de Avilés y dos indios: Francisco Chicorano y don Luis de Velasco (Paquiquineo).

Menéndez de Avilés, 1565-1576, el extenso poema-romance de Bartolomé de Flores, *Obra nuevamente compuesta...* 1571[9], *La Florida* de Alonso Gregorio de Escobedo (poema épico, compuesto de 21.000 versos y en 37 cantos con metro de octava real), 1600[10], y culminado con *La Florida del Inca Garcilaso*, 1605.

De todo ello, y junto a las dos cartas, ya transcritas, de Pedro Menéndez de Avilés, en el presente *Florilegio*, recogemos el capítulo 34 de *Los naufragios*. La larga Odisea, de ocho años, vivida por Alvar Núñez Cabeza de Vaca, y los tres acompañantes que se unieran a él, (Alonso del Castillo Maldonado, Andrés Dorantes y Estebanico) sobrevivientes de la catástrofe sufrida por la expedición de Pánfilo de Narváez, atravesando el país, desde la Florida a Sinaloa en México, cautivos de los indios, pero también, aceptados y valorados dadas las prácticas curativas que lograron hacer. Obra, la de Alva Núñez de un único valor literario universal. El capítulo que publicamos, uno de los últimos, testimonia algo que, también, se dio en la colonización de dichas tierras, y opuesto a tantos enfrentamientos y crímenes, el reconocimiento del, y la amistad con, el otro. A tal punto, en este caso, que lo otros como extraños, para Alvar Núñez y sus tres compañeros, no eran los indios que les acompañaban con lazos de entrañable amistad, sino sus propios compatriotas en aquel primer encuentro; quienes se dedicaban a batallar e intentar esclavizar a los indígenas, mientras que Alvar Núñez les conminaba a "Hacerles buenas obras en tratamiento de prójimos sin que en sus personas ni bienes recibiesen fuerza". De ello trata el capítulo que transcribimos y que dejamos en el español, tal como se escribió, pues uno de los principales propósitos del *Florilegio*, es ver, y disfrutar, cómo fue evolucionando la lengua española desde el siglo XVI al XX.

---

8   *Expedición de propósito evangelizador*, publicada por Gregorio Beteta, tras haber sido Luis Cáncer asesinado por los indios nativos al ir al encuentro de ellos, solo y con los brazos abiertos.

9   Sobre ella, y con el título de *Obra nuevamente compuesta... Primer poema hispano de los Estados Unidos,* Raúl Marrero, en 2021 publicó una edición crítica, el cual es una gesta, dividida en tres partes, de la "Feliz victoria", la de que hablara Pedro Menéndez de Avilés con el largo título de la victoria sobre "Jean Ribaut y sus mil hugonotes, dejando libre la costa de California a la Corona española". Se puede leer en Internet tal primer poema.

10 Igualmente, contamos con una reciente edición crítica de este extenso poemario, *La Florida de fray Alonso Gregorio de Escobedo*, de Alexandra E. Sununu.

Alvar Núñez Cabeza de Vaca
(1490-1550)

Los Naufragios Capítulo treynta y cuatro: De cómo envié por los cristianos

PASSADOS C I N C O D Í A S, llegaron Andrés Dorantes y Alonso del Castillo con los que auían ydo por ellos, y trayan consigo más de seyscientas personas que eran de aquel pueblo que los christianos auían hecho subir al monte y andauan ascondidos por la tierra; y los que hasta allí con nosotros auían venido los auían sacado de los montes y entregado a los christianos, y ellos auían despedido todas las otras gentes que hasta allí auían traýdo. Y venidos adonde yo estaua, Alcaraz me rogó que embiássemos a llamar la gente de los pueblos que están a vera del río, que andauan ascondidos por los montes de la tierra, y que les mandásemos que truxessen de comer, aunque esto no era menester porque ellos siempre tenían cuydado de traernos todo lo que podían. Y embiamos luego nuestros mensageros a que los llamassen y vinieron seyscientas personas, que nos truxeron todo el maíz, que alcancauan; y trayánlo en vnas ollas tapadas con barro en que lo auían enterrado y escondido, y nos truxeron todo lo más que tenían; mas nosotros no quesimos tomar de todo ello sino la comida, y dimos todo lo otro a los christianos para que entre sí la repartiessen.

Y después desto, passamos muchas y grandes pendencias con ellos porque nos querían hazer los indios que trayámos, esclauos, y con este enojo al partir dexamos muchos arcos turquescos que trayámos y muchos çurrones y flechas y entre ellas las cinco de las esmeraldas, que no se nos acordó dellas y ansí las perdimos. Dimos a los christianos muchas mantas de vaca e otras cosas que trayámos; vímonos con los indios en mucho trabajo porque se boluiessen a sus casas y se assegurassen e sembrassen su maíz. Ellos no querían sino yr con nosotros hasta dexarnos, como acostumbrauan, con otros indios, porque si se boluiessen sin hazer esto temían que se morirían, que para yr con nosotros no temían a los christianos ni a sus lanças. A los christianos les pesaua desto y hazían que su lengua les dixesse que nosotros éramos dellos mismos y nos auíamos perdido mucho tiempo auía, y que éramos gente de poca suerte y valor, y que ellos eran los señores de aquella tierra, a quien auían de obedescer y seruir. Más todo esto los indios tenían en muy poco o no nada de lo que les dezían, antes vnos con otros entre sí platicauan diziendo que los christianos mentían, porque nosotros veníamos de donde salía el sol y ellos donde se pone; y que nosotros sanáuamos los enfermos y ellos matauan los que estauan sanos y que nosotros veníamos desnudos y descalços y ellos vestidos y en cauallos y con lanças, y que nosotros nos teníamos cobdicia de ninguna cosa, antes todo todo cuando nos dauan tornáuamos luego a dar y con nada nos quedáuamos, y los otros no tenían otro fin sino robar todo cuanto hallauan y nunca dauan nada a nadie; y desta manera relatauan todas nuestras cosas y las encarescían; por el contrario, de los otros.

Y assí les respondieron a la lengua de los christianos y lo mismo hizieron saber a los otros por vna lengua que entre ellos auía, con quien nos entendíamos, y aquellos que la vsan llamamos propiamente Primahaitu, que es como dezir vascongados, la qual más de quatrocientas leguas de las que anduuimos hallamos vsada entre ellos sin auer otra por todas aquellas tierras. Finalmente, nunca pudo acabar con los indios creer que éramos de los otros christianos y con mucho trabajo e importunación los hezimos boluer a sus casas y les mandamos que se assegurassen y asentasen sus pueblos y sembrassen y labrassen la tierra, que de estar despoblada estaua ya muy llena de monte, lo qual sin dubda es la mejor de quantas en estas Indias ay e más fértil y abundosa de mantenimientos, y siembran tres vezes en el año. Tienen muchas frutas y muy hermosos ríos y otras muchas aguas muy buenas. Ay muestras grandes y señales de minas de oro e plata; la gente della es muy bien acondicionada; siruen a los christianos (los que son amigos) de muy buena voluntad.

Son muy dispuestos, mucho más que los de México, y finalmente es tierra que ninguna cosa le falta para ser muy buena. Despedidos los indios, nos dixeron que harían lo que mandáuamos y assentarían sus pueblos si los christianos los dexauan; e yo assí lo digo y affirmo por muy cierto, que si no lo hizieren será por culpa de los christianos. Después que ouimos embiado a los indios en paz y regraciándoles el trabajo que con nosotros auían passado, los christianos nos embiaron, debaxo de cuatela, a vn Zebreros, alcalde, y con él otros dos. Los quales nos lleuaron por los montes e despoblados por apartarnos de la conuersación de los indios y porque no viéssemos ni entendiéssemos lo que de hecho hizieron, donde paresce quanto se engañan los pensamientos de los hombres, que nosotros andávamos a les buscar libertad y quando pensáuamos que la teníamos suscedió tan al contrario, porque tenían acordado de yr a dar en los indios que embiáuamos asegurados y de paz. Y ansí como lo pensaron lo hizieron; lleuáronnos por aquellos montes dos días, sin agua, perdidos y sin camino, y todos pensamos perecer de sed y della se nos ahogaron siete hombres; y muchos amigos que los christianos trayan consigo no pudieron llegar hasta otro día a medio día adonde aquella noche hallamos nosotros el agua. Y caminamos con ellos veynte y cinco leguas, poco más o menos, y al fin dellas llegamos a vn pueblo de indios de paz y el alcalde que nos lleuaua nos dexó allí, y él passó adelante otras tres leguas a vn pueblo que se llamaua Culiacán, adonde estaua Melchior Díaz, alcalde mayor y capitán de aquella provincia.[11]

---

11   En los siguientes capítulos, del 35, donde fueran bien recibido por el alcalde mayor, Melchor Díaz al 37, narra su ida a la capital mexicana, donde también fueron bien recibidos y halagados, y su deseo, pasado, algunos meses de vuelta a España y su llegada al puerto de Lisboa, tras las incidencias del viaje marítimo, el 9 de agosto de 1537, dando fin a su relación, la cual, nos dice, la firma con el nombre de Cabeza de Vaca.

Gaspar Pérez de Villagra
(1555-1620)

Historia de la Nueva Méjico (Fragmentos del Canto XIV)

Varias de las expediciones iniciadas en la costa de La Florida ya comenzaron a extenderse por las tierras que devendrían Nuevo Méjico, Texas, Colorado y Arizona descubriendo a su paso el río Misisipi, y el Gran Cañón de Colorado. Siguiendo con la visión fantasiosa, inspirada en los libros de Caballería, que tanto se infiltró en las expediciones y en los relatos de la conquista de este llamado Nuevo Mundo, e inspirados por lo que Alvar Núñez Cabeza de Vaca y sus acompañantes, dijeran de que al norte, de por donde ellos pasaron, había lugares de perlas y oro, Fray Francisco de Niza, en 1539, inició su expedición en busca de las doradas Siete Ciudades de Cíbola, yendo con él de guía Estebanico, el primer africano que recorrió tierras norteamericanas, dejando su vida en ellas, pues fue muerto por los indios, cuyos ataques provocando la retirada de Fray Francisco de Niza, quien se inmortalizara, dejándonos su fantasiosa *Relación del descubrimiento de las siete ciudades*, la cual inspiró nuevas expediciones fallidas en tal irreal búsqueda, hasta que, a fines, del siglo, Juan de Oñate, encabezara una expedición colonizadora a las tierras que se llamarían Nuevo México, cruzando el fronterizo Río Bravo, y llegando a los terrenos del actual El Paso.

Uno de sus soldados, Gaspar Pérez de Villagrá, nacido ya en México, pero con estudios en la Universidad de Salamanca, escribió su poema épico, *Historia de la Nueva Méjico*, publicado en Alcalá de Henares, en 1610, del cual recogemos dos fragmentos. En el primero, se describe algo, tan actualizando en nuestros, días por tantísimos inmigrantes, el peligroso primer cruce de este río Grande o Bravo a tierras nuevas, y exaltando, al llegar al otro lado y como en las expediciones a La Florida, y, posteriormente, a California, la belleza, casi paradisíaca, del paisaje al que arribaban, y un amistoso, encuentro con los naturales del país. En el segundo, breve fragmento, se evoca la primera representación de una comedia teatral en estas nuevas tierras, y con el nombre de su autor, el capitán Marcos Farfán de los Godos. (Las representaciones y los grupos teatrales en español representan toda una constante desde el siglo XVII hasta nuestros días en las tierras que devendrían los Estados Unidos). En tales encuentros con los nativos, a lo largo de tres siglos, muchos de ellos fueron de resistencia y rechazo por parte de los indígenas, pero, también, en bastantes casos, de aceptación, interrelaciones y asimilación mutua.[12] Como se verá en los versos a continuación, hay una clara inteligencia creadora poética de precisión descriptiva y de belleza.

> ... Quatro días naturales se passaron
> que gota de agua todos no bebimos,
> y tanto, que ya ciegos los caballos
> crueles testaradas y encontrones
> se daban por los árboles sin verlos,
> y nosotros, qual ellos fatigados,
> vivo fuego exalando y escupiendo
> saliva más que liga pegajosa,
> desahuziados ya y ya perdidos,
> la muerte casi todos desseamos.
> Mas la gran providencia, condolida,
> que tanto es más beloz en socorrernos
> quanto con más firmeza la esperamos,
> al quinto abrió la puerta y fuimos todos,
> alegres, arribando el bravo Río
> del Norte, por quien todos padezimos
> cuidado y trabajos tan pesados.
> En cuias aguas los caballos, flacos,
> dando tras piés, se fueron acercando
> y, zabullidas todas las cabezas,
> bebieron de manera los dos dellos
> que allí juntos murieron rebentados,

---

[12] Sobre ello, contamos con un libro compuesto por una larga serie de ensayos, en que abundan las perspectivas de los nativos, *Native and Spanish New Worlds. Sixteenth-Century Entradas in the American Southwest and Southeast*, (2013), libro editado por Clay Mathers, Jeffrey M. Mitchen y Charles M. Haeker. Sobre casos de asimilación en *La Florida*, el libro recoge el ensayo de John E. Worth "Inventing Florida. Constructing a Colonial Society in an Indigenous Landscape" (189-201).

y otros dos, ciegos, tanto se metieron
que de la gran corriente arrebatados
también murieron de agua satisfechos.
Y qual suelen en pública taberna
tenderse algunos tristes miserables
embriagados del vino que bebieron,
assi los compañeros se quedaron
sobre la fresca arena amollentada,
tan hinchados, hidrópicos, hipatos,
assi como si sapos todos fueran,
pareciéndoles poco todo el Río
para apagar su sed y contentarla
Y qual si en los Elíseos campos frescos
 Vbiéramos llegado a refrescarnos,
assi, señor, nos fueron pareciendo
todas aquellas playas y riberas,
por cuios bellos pastos los caballos,
repastándose alegres, descansaban
los fatigados güesos quebrantados,
seguro y dulze puerto fue tomando,
y a su más fatigada soldadesca,
por las frescas orillas y riberas,
abierta mano dio que descansase.
Y como el buen gobierno no consiste
en la que es buena industria de presente,
sino en prevenir con sazón aquello
que puede después darnos gran cuidado,
mandó el Gobernador que sin tardanza
el Sargento saliesse y se aprestase
con cinco compañeros escogidos
y diestros en nadar, porque buscasen
algún seguro vado al bravo Río
para que por él todo vuestro campo
seguro y sin zozobra la passase.
Y poniendo por obra aquel mandato
salió Carabajal y Alonso Sánchez
y el gran Cristóbal Sánchez y Araujo
y yo también con ellos porque fuesse
el número cumplido de los cinco.

Y andando embebecidos todos juntos
en busca de buen vado, cuidadosos,
de súbito nos fuimos acercando
a vnos pagizos ranchos, do salieron
gran cantidad de bárbaros guerreros.
Y por ser todo aquello pantanoso
Y no poder valernos de las armas,
assí para los bárbaros nos fuimos
mostrándonos amigos agradables.
Y como el dar al fin quebranta peñas,
dándoles de la ropa que tuvimos
tan mansos los bolvimos y amorosos,
tanto que quatro dellos se vinieron
y vn lindo vado a todos nos mostraron.
Por cuia causa el General, prudente,
mandó que a todos quatro los vistiessen
y con mucho regalo los tratasen,
por cuia causa todos se bajaron
y, dándose de paz, trujeron juntos
vna gran suma de pescado fresco.
Y mandándoles dar vn buen retorno,
luego se procuró que se hiziesse,
en vn copado y apazible bosque,
vna graciosa Iglesia de vna nave,
capaz para que todo el campo junto
pudiesse bien caber sin apretarse.
En cuio albergue santo, Religioso,
cantaron vna Missa muy solemne,
del pasado camino trabajoso.
Y, assi, por aquel bosque ameno todos
fuimos con mucho gusto discurriendo,
por frescas alamedas muy copadas
cuias hermosas sombras apazibles
a los cansados miembros conbidaban
que, cerca de sus troncos recostados,
allí junto con ellos descansasen,
por cuios verdes ramos espaciosos,
qual suelen las castíssimas abejas,
con vn susurro blando y regalado,

de tomillo en tomillo yr saltando
gustando lo mejor de varias flores,
assí por estas altas arboledas,
con entonado canto regalado,
cruzaban un millón de pajaricos,
cuios graciosos picos desembueltos,
con sus arpadas lenguas, alababan
al inmenso señor que los compuso.
Y aunque las aguas del gallardo Río
en raudal muy furiosas y corrientes,
se yban todas vertiendo y derramando
tan mansas, suabes, blandas y amorosas,
como si vn sossegado estanque fueran,
por anchas tablas, todas bien tendidas,
y de diversos géneros de pezes
por excelencia rico y abundoso.
Hallamos, demás desto, gruessa caza,
de muchas grullas, ansares y patos
[...]

V.A. Vol VII, No. 26. Primavera 2009

***

… Luego se procuró que se hiciese,
en un copado y apacible bosque
una graciosa iglesia de una nave,
capaz para que todo el campo junto
pudiese bien caber sin apretarse.
En cuyo albergue santo, religioso,
cantaron una misa muy solemne,
y el docto Comisario, con estudio,
hizo un sermón famoso, bien pensado.
Y luego que acabaron los oficios
representaron una gran comedia
que el capitán Farfán compuso,
cuyo argumento sólo fue mostrarnos
el gran recibimiento que a la iglesia
toda la nueva México hacía,

dándole el parabien de su venida
con grande reverencia,
suplicando,
las rodillas en tierra, se lavase
aquella culpa con el agua santa
del precioso bautismo que traían...

V.A. VOL, III, NO. 9. OTOÑO 2000

* * *

Ya entrando el siglo XVII, catastrófico para el Imperio español que iría perdiendo sus dominios en distintas partes de Europa, las expediciones de conquista en América dieron paso a las de colonización y protección de las fronteras en la costa con nuevas expediciones colonizadoras y evangélicas, basadas en el establecimiento de pequeñas Misiones, Presidios (Fuertes) y Poblados, extendidos por lo que son, ahora, los estados de Nuevo México, Arizona, Colorado, Texas y Louisiana. La principal de éstas, a fines del XVI, 1598, fue la que acabamos de tratar, con su poema, extendiendo el territorio mexicano hispánico hacia el llamado Nuevo México, abarcando partes de lo que, posteriormente, serían Arizona y Colorado. De todo ello, y ya desde el siglo XVI y en La Florida, surgió un caudal, que ha prevalecido a través de los siglos, de cultura y literatura oral[13] junto a la escrita; por un lado, los alabados, canciones, y representaciones teatrales religiosas impulsadas por las Misiones, por otro los romances, décimas y coplas, cuentos, leyendas, juegos, adivinanzas, y proverbios populares. En el siglo XX, un grupo de estudiosos, tales como Aurelio Espinosa, Juan B. Rael, Arthur Campa, Américo Paredes y Samuel G. Armistead, entre otros/otras nos han dejado un enorme acopio de este material de la literatura oral, poco usado en las *Enciclopedias* o *Antologías de Literatura Hispánica en los Estados Unidos* que se publican en años recientes; muestras de tal caudal

---

[13] Para señalar un solo ejemplo de tan gran acopio, señalo que Juan B. Rael, en su segunda edición del libro *Cuentos españoles de Colorado y Nuevo México*, coleccionó, en sus dos volúmenes, 518 cuentos, recogidos de viva voz entre 1930 y 1940, dándonos los nombres de las 98 personas de cuyos labios los tomó, hombres y mujeres de diversas edades, la mayor, la de Antonio Romero de 80 años, y la menor de Juan Romero de 17.

iremos intercalando en el *Florilegio*, ya que representan la voz poética y la fantasía del pueblo, muy arraigadas en la tradición española remontándose a la Edad Media. Iniciamos el presente apartado dedicado a la literatura oral, popular, con un ensayo del renombrado catedrático, Aurelio Espinosa, tan sabio estudioso del folklore, sobre el lenguaje de Nuevo México, en el cual se expresan los romances y poemas que, a continuación del ensayo, se transcriben, y con el breve prólogo anterior al ensayo, escrito por Amando Alonso, quien lo incorporó como inicio de la *Biblioteca de Dialectología Hispanoamericana*, del Instituto de Buenos Aires, dirigido por el distinguido filólogo y crítico español durante su exilio en Argentina.

Aurelio M. Espinosa
(1880-1958)

El español de Nuevo Méjico (Fragmentos)

PROPÓSITO

Iniciamos esta Biblioteca con los Estudios sobre el español de Nuevo Méjico, de A. M. Espinosa. No hay más que hojear los principales libros de Filología española posteriores para cerciorarse del salto que con estos Estudios dio nuestra Dialectología: los *Manuales* de Hanssen y de Menéndez Pidal, así como los *Westspanische Mundarten* de Krüger, lo citan a cada paso. La obra de Espinosa ofrece ordenadamente el más rico repertorio de formas dialectales; ningún dialecto castellano ha sido antes ni después de él tan minuciosamente catalogado en sus variantes fonéticas y morfológicas. Además, Espinosa atendió siempre a relacionar las formas nuevomejicanas con las correspondientes de América y de España, de modo que nuestra labor en este sentido ha consistido principalmente en completar y precisar sus noticias según nuevas fuentes de que él no podía disponer en 1908. Dado éste su carácter, los Estudios de Espinosa eran los indicados para iniciar la Biblioteca de Dialectología Hispanoamericana, porque nos obligaban a acumular en los tomos I y II las noticias geográficas referentes a casi todos los dialectalismos fonéticos o morfológicos denunciables en el español americano. Nuestro extraordinario esfuerzo inicial permitirá ser aprovechando para toda la colección con un cómodo sistema de referencias.

Amado Alonso

INTRODUCCIÓN

1. Llamamos "nuevomejicano" al dialecto de los hispanoparlantes de Nuevo Méjico y sur de Colorado. Dentro del territorio abarcado por nuestro estudio (véase Prefacio y Mapa) el lenguaje es bastante uniforme, con diferencias escasas y, en general, sin importancia. El dialecto es, en su mayor parte, de tipo castellano. Si bien es indudable que en Nuevo Méjico,

como en toda la América española, se encuentra, en los comienzos, una mezcla de dialectos españoles, el lenguaje de Castilla era la forma de comunicación casi universal y, sobre todo, la oficial durante el siglo XVI, de tal modo que si bien había muchas peculiaridades dialectales entre los primeros colonizadores, el castellano era común a todos ellos.

Las fuentes del nuevomejicano han de buscarse, pues, en el castellano del siglo XVI y, en un plano secundario, en los siguientes dialectos: el andaluz; los norteños de Asturias, Santander y León; el gallego y otros occidentales hispano-portugueses (...).

4. La mayoría de los que componían la expedición de Oñate procedían de las provincias de Nueva Galicia y Nueva Vizcaya, en el norte de Méjico, juntamente con inmigrantes de otras partes de Méjico y España. La colonia prosperó y se hizo centro de nuevas colonizaciones. Los colonos españoles continuaron llegando de Méjico y España. Durante un siglo entero la provincia gozó de prosperidad y paz. Pero en el año 1680 una bien concentrada sublevación de indios trajo el aniquilamiento completo de las colonias españolas y todos los sobrevivientes huyeron hacia el sur a buscar protección en las del norte de Méjico. De ahí mismo salió Diego de Vargas, el año 1693, con ochocientas personas (200 soldados y unas 70 familias con hombres, mujeres y niños), para emprender la reconquista. Vargas encontró muy poca oposición y la reconquista quedó efectuada un año después. Entre los que acompañaban a Vargas se encontraban casi todos los fugitivos de 1680.

5. Desde la primera colonización española de 1598 hasta el año 1846, o sea durante dos siglos y medio, Nuevo Méjico fue el centro exclusivo de una antigua colonia española que se mantenía algo separada y aislada de la cultura española y mejicana, y casi independiente en su gobierno, por razones que no podremos discutir ahora, la principal de las cuales fue lo apartado de la región. Desde 1598 hasta la Independencia mejicana (nominalmente hasta el año 1810) fue provincia de España. Desde 1810 fue territorio mejicano hasta 1848, y después de la guerra con los Estados Unidos y el tratado Guadalupe Hidalgo de 1848, Nuevo Méjico, juntamente con California y Tejas, fue entregado a los Estados Unidos.

Los hispanoparlantes que ocuparon el norte de Nuevo Méjico desde 1598, y permanentemente desde 1693, representaban, pues, como hemos visto, diversos dialectos españoles, a saber: 1 – castellano; 2-andaluz; 3 – hablas norteñas de Asturias, León, etc.; 4 – gallego; 5 – hablas occidentales hispano-portuguesas. Pero mientras la evidencia histórica justifica ampliamente el que coloquemos las fuentes de nuevomejicano en estos dialectos españoles, todavía no se puede asegurar con la misma certeza que esas fuentes sean las únicas. De hecho, es muy probable que en el nmej, como en las otras hablas hispanoamericanas, estén representados todos los dialectos de España, aunque, desde luego, no todos igualmente.

En los presentes Estudios hemos de ver que los hechos lingüísticos confirman nuestras noticias históricas; pero también aparecen con frecuencia otros rasgos dialectales.

6. Así, pues, las fuentes del nmej, se han de buscar en el español del siglo XVI, que será el que tomaremos como base de nuestro estudio hasta donde nos sea posible. La falta de estudios completos sobre los antiguos dialectos españoles, y sobre los nombres modernos de América y de España, hace a veces imposible llegar a conclusiones definitivas. Es muy probable que muchos de los cambios hallados en Nuevo Méjico daten del período del antiguo español. Además, las afirmaciones de dialectólogos, tanto antiguos como modernos, han sido algunas veces demasiado generales para ser de provecho. Una comparación del nuevomejicano con el español literario de los siglos XIV y XV muestra muchos puntos de semejanza y muchas divergencias; pero es muy probable que las diferencias disminuyeran si existiera un registro completo de las formas populares de los antiguos dialectos. Una comparación con el castellano moderno muestra también muchas diferencias chocantes. Pero también aquí tendremos que considerar con cuidado las circunstancias. En primer lugar, el castellano hablado por el pueblo no ha sido minuciosamente anotado, siendo muy probable que muchos de los fenómenos del nuevomejicano existan también en los dialectos de Castilla. En segundo lugar, no puede tomarse el castellano moderno como punto de partida. Desde el siglo XVI el nuevomejicano ha cambiado mucho con relación al español entonces importado; pero también el castellano moderno ha cambiado mucho con respecto al del siglo XVI; y hay que observar que muchas veces, como veremos en estos Estudios, el castellano actual ha modificado un gran número de palabras hacia formas algo diferentes de las arcaicas de los siglos XV y XVI y aun del XVII, formas que se han mantenido con notable tenacidad tanto en nmej, como en otros dialectos. Es un motivo de placer para el estudioso de Filología española oír a diario, de labios de nuevomejicanos, palabras como agora, ansí, ansina, naiden,

traidrá, lamber, ivierno, trujo, escrebir, adrede, cuasi, entención, comigo, pus, anque, dende, mesmo, quese (que es de), escuro, dijieron, vide, vía (veía), etc., formas corrientes todas ellas en el español de los siglos XVI.-XVII.

Después de mi último viaje a España (1920), he visto confirmadas todas estas teorías mías. En mis *Cuentos Populares Españoles*, he publicado 280 cuentos recogidos en todas partes de España en forma dialectal, tal como los narradores los recitaban. En su lenguaje, particularmente en los *cuentos de La Montaña, Castilla y Andalucía*, se hallan una gran parte de los fenómenos más notables de la fonética dialectal de Nuevo Méjico.

V.A. Vol. III, No. 9, Otoño 2000

* * *

Literatura Popular, Oral, de Nuevo México

Como muestras de ella provenientes de una tradición que se remonta a la tradición medieval, la cual se extendió, y ha permanecido a través de los siglos, en las que fueran regiones de España y devinieron, posteriormente, parte de México y de los Estados Unidos, incorporamos un cuento y dos de los más famosos romances tradicionales tomados del *Romancero de Nuevo Méjico*, recopilado por Aurelio M. Espinosa.

Las picardías de Pedro de Urdemalas. Cuento tradicional. Anónimo

Debido a las limitaciones de páginas de nuestro "Mirador al Pasado", no recogimos cuentos.[14] En el presente *Florilegio*, y como muestras de tan copiosa obra literaria, transcribimos dos cuentos tradicionales; el siguiente, sobre un personaje prototipo del pícaro y del truhán, Pedro de Urdemalas, tan popular en cuentos españoles y por toda Hispanoamérica.[15] Posteriormente, añadimos otro de tales

---

[14] Aunque sí dedicamos un número especial de *Ventana Abierta* (el 15, otoño 2003) a una *Antología de cuentos latinos del presente*.

[15] En el ya citado libro de Juan B. Rael, *Cuentos de Colorado y Nuevo México*, en la sección "Cuentos picarescos", se incluyen 27 cuentos y cuentecitos de Pedro de Ordimalas (228-269). Tomamos los dos únicos cuentos en el *Florilegio* del libro *Cuentos de Cuanto Hay*, coleccionados de la tradición oral por J. Manuel Espinosa.

cuentos, ambos contados por personas de lugares de Nuevo México.

Había dos hermanos. Uno se llamaba Pedro y el otro se llamaba Juan. Su madre estaba ya muy vieja y muy enferma. Tenían cabras y un día iba Juan a cuidarlas y otro día iba Pedro. Los días que Pedro las cuidaba Pedro les soplaba aire por la rosca y las llenaba de aire. Y eso lo hacía para hacer creer que estaban muy gordas, porque siempre volvían muy panzonas.

Pero los días que Juan iba, las cabras daban mucha leche.

Y un día que le tocó a Juan ir a cuidar las cabras Pedro se quedó en su casa cuidando a su mamá. Y Pedro empezó a hacer una olla de chaquegüe de maíz. Y cuando ya estaba hecho fue a darle a su mamá. Y como la vieja no podía comer le metió el chaquegüe por la boca hasta que la ahogó.

Entonces fue y la lavó y la vistió bien y la puso cerca de la puerta.

Le dijo a Juan cuando lo vio venir que su mamá estaba vestida y hilando lana cerca de la puerta. Juan llegó corriendo a ver a su mamá y le dió a la puerta y cayó la vieja. Creyó Juan que la había matado.

—Ya mataste a mi mamá –le dijo Pedro–. ¿Ahora qué vamos a hacer? Y el pobre de Juan empezó a llorar.

—No llores, que yo sé lo que vamos a hacer –le dijo Pedro. Y fue y trajo un caballo ensillado y con la ayuda de Juan subieron en el caballo a la mujer muerta. Y así como estaba echaron el caballo para el trigal de un hombre rico que estaba cerca. Cuando el rico vio aquel caballo con una persona metiéndose en su trigal y destrozando todo, salió dando gritos y diciendo que saliera de su trigal. Pero el caballo se embocó en medio del trigo haciendo mucho daño. El rico agarró una honda y le tiró una pedrada y le pegó a la mujer y ella cayó del caballo.

Entonces Pedro fue corriendo para donde estaba el rico y muy enojado le dijo: —¡Esa es mi madre! ¡Y usted la ha matado!

Y cuando el rico vio lo que había hecho, le rogó a Pedro que le perdonara que no lo había hecho de adrede, que sólo lo había hecho para espantarla. Pero Pedro seguía muy enojado y le decía al rico que de adrede lo había hecho.

Entonces el rico prometió que él la velaría y pagaría el entierro y además que a los dos hermanos les daría trescientos pesos. Y la velaron, la enterraron en la iglesia a cuenta del rico.

Pero como Pedro de Urdemalas era tan malo, al fin Dios envió a la muerte para él. Cuando la muerte llegó le halló sentado en una lomita. Y cuando la había visto venir, Pedro había puesto mucha trementina[16] donde se iba a sentar la muerte. Llegó la muerte y se sentó en la trementina y se pegó. Y cuando ya se iba a ir con Pedro allí se quedó pegada y no pudo caminar.

Entonces Dios envió a otra muerte por Pedro de Urdemalas. Pero cuando Pedro la vio venir hizo como antes. Fue y puso mucha trementina donde se iba a sentar la muerte, y allí llegó y se sentó y se quedó pegada como la otra.

Entonces Dios envió otra muerte por Pedro y la dijo que se cuidara con Pedro y que no se quedara pegada en la trementina. Llegó la muerte y Pedro puso la trementina donde creyó que se iba a sentar la muerte, pero esta muerte no se sentó allí y no se pegó. Se llevó a Pedro para la gloria donde estaba Dios.

Cuando le dijeron a Dios que ahí estaba Pedro, Dios le dijo a San Pedro que lo llevara para el purgatorio. Y se lo llevaron al purgatorio y allí empezó Pedro de Urdemalas a darles chicotazos a las ánimas. Y vino un ánima huyendo a decirle a Dios que Pedro les estaba pegando chicotazos. Dijo que a Pedro ya no lo aguantaban en el purgatorio.

Dijo Dios que lo llevaran a Pedro de Urdemalas al limbo. Y cuando lo llevaron al limbo, Pedro oyó a los niños sin bautizar que gritaban:

¡Agua! ¡Agua! – Y pronto empezó a agarrarlos y a echarlos en un río que vio cerca. No más se levantaban del río y estaban ya bautizados y se iban volando a la gloria.

Y cuando Dios vio el mal que hacía, dijo que lo llevaran al infierno. Y en el camino por donde lo llevaban hizo Pedro de Urdemalas un montón de crucitas y las traía en sus manos. Y cuando llegó al infierno los diablos salían huyendo de las santas cruces. Fue Pedro de Urdemalas y puso las cruces en las puertas y en las ventanas y los diablos ya no podían ni entrar ni salir.

Al fin salió el diablo mayor por un fogón y fue a darle la queja al Señor. El Señor mandó otra vez por Pedro de Urdemalas, y cuando Pedro llegó a la gloria salió San Pedro a recibirlo. Y Pedro de Urdemalas le dijo:

San Pedro, ábreme la puerta. Déjame ver para adentro.

San Pedro abrió poquito la puerta para que viera y Pedro de Urdemalas brincó para adentro. Y cuando entró lo vio el

---

[16] Trementina: jugo casi líquido, pegajoso, odorífero que fluye de los pinos y abetos

Señor y le dijo:

Pedro, piedra te volverás.

Pero con ojos – dijo Pedro de Urdemalas.

Y Dios lo volvió piedra, pero con ojos. Y allí está Pedro de Urdemalas a la puerta de la gloria viendo a todos los que entran.

María Bustos

En el *Romancero de Nuevo Méjico*, publicado en 1953, Aurelio Espinosa recogió 247 poemas, divididos en seis partes: romances novelescos tradicionales; romances novelescos varios; romances religiosos tradicionales; romances religiosos varios; corridos, cuandos, inéditas, etc, y fragmentos de romances sobre la historia de España y algunas narraciones poéticas sobre la historia de Nuevo Méjico. Concluye con una lista de los recitadores, con su edad y lugar de residencia: 248 personas de ambos géneros y yendo de los 18 años, el más joven, hasta 89 años de la mayor de las personas. Transcribimos dos de los más famosos romances novelescos tradicionales, como tantos de ellos, extendidos por todos los países de habla hispana:

Gerineldo (Romance anónimo)[17]

— Gerineldo, Gerineldo — mi camarero aguerrido,
¡quien te pescara esta noche — tres horas en mi servicio!
— ¿Tres horas dice, señora? — ¡Ojalá que jueran cinco!
Si porque soy vuestro criado — quiere usté burlar conmigo
— No quiero burlar de ti: — de de veras te lo digo
— ¿Para que horas de la noche — iré yo a lo prometido?
— Entre las ocho y las nueve, — cuando el rey esté dormido.
A las ocho de la noche, – Gerineldo va al castillo;
halla la puerta entreabierta, — pega un fervoso suspiro.
— ¿Ese atrevido quien es, — que a mi castillo ha venido?
— Señora, soy Gerineldo, — que vengo a lo prometido.
Ya lo agarra de la mano, — y se van para el castillo.
Ya se acuesta Gerineldo, — con calenturas y fríos:
se acuestan boca con boca, — como mujer y marido.
Cosa de la media noche, — el rey pidió sus vestidos;
se los lleva un criado de él, — de Gerineldo es amigo.
— ¿Dónde está mi Gerineldo, — mi camarero aguerrido?
— Señor se metió en la cama — con calenturas y fríos
Se sienta el rey en la cama — y se pone sus vestidos:
toma su espada en la mano — y se va para el castillo.
Los halla boca con boca — como mujer y marido.

---

17 El primer de los 7 *Gerineldo* que incluye, del 37 al 43 del conjunto.

Si mato a mi Gerineldo, — que yo le crié desde niño,
si mato a mi hija, la infanta, — queda mi reino perdido:
les pondré en medio la espada, — que sepan que son sentidos.
Ya se levanta la dama. — muy triste y desconsolada:
— Levántate, Gerineldo, — mi camarero aguerrido:
la espada del rey, mi padre, — entre los dos ha dormido.
se levanta Gerineldo, — muy triste y despavorido
— ¡Valía más haberme muerto! — ¡Valía más no haber nacido
— No lo digas, Gerineldo, — mi camarero aguerrido:
yo se lo diré al rey, mi padre, — que te estimo por marido.
— ¿Dónde estabas, Gerineldo, — mi camarero aguerrido?
— ¿Señor, jugando a las damas — ni he ganado ni he perdido
— Mucho disimulo es ése, — Gerineldo, a lo que he visto.
—Señor, yo seré la carne, — vuestra merced el cuchillo:
corte de donde quisiere, — de donde sea dolido.
—Levántate, Gerineldo, — mi camarero aguerrido,
que dice mi hija, la infanta, — que hoy te estima por marido.
Se levanta Gerineldo, — pegando saltos y brincos.
Se jue pronto pa el castillo, como otra vez había ido,
y allí se toman las manos, como mujer y marido.

* * *

Delgadina (Romance anónimo)[18]

— Delgadina, hija mía —bien pudieras ser mi dama.
— No lo permita mi Dios — ni la Virgen soberana.
¡Qué tal ofensa a mi Dios! — ¡Qué tal ofensa a mi nana!
Delgadina con gran ser — se jué para una ventana,
con una mantona de oro — que la sala relumbraba.
Delgadina con gran ser — se jué para la primera ventana,
adonde estaba su hermana, — que chinos de oro peinaba.
— Hermanita, si es mi hermana, — deme un vaso de agua,
.... — que a mi Dios le entriego el alma.
— Hermanita de mi vida — yo no te puedo dar agua,
que si mi padre lo sabe, — las dos semos castigadas,
Delgadina con gran ser — se va para la segunda ventana
donde divisó a su hermano — que libro de oro estudiaba.
Hermano, si es mi hermano — déme un vaso de agua,
.... Hermanita de mi vida, — yo no te puedo dar agua
que si mi padre lo sabe — los dos semos castigados
Delgadina con gran ser — se jué para otra ventana,
donde vido a su padre — en silla de oro sentado
— Padre mío, si es mi padre — dame un vaso de agua
.... — que a mi Dios le entriego el alma.
— Delgadina, ¿te acordarás — lo que te dije en la mesa?
— Si me acuerdo, papacito, — agacharé la cabeza.
— La cama de Degaldina — de ángeles se ve rodeada:
la del cornudo e su padre — de llamas atravesada.
Delgadina ya murió: — jué derechito a la gloria:
Y el cornudo de su padre — a los horribles peroles.

---

[18] El sexto de los diez *Delgadina* que recoge, 26-3.

2. De La California Hispano-Mexicana del Siglo XVIII y del XIX

Partiendo de la base de algo, cuyo conocimiento se ha de generalizar y celebrar, lo de que en este país sus pobladores naturales y originales, los indios, son el antecedente cultural y espiritual de todo lo que vino después, en estas páginas limitándonos al tema del *Florilegio*, el de las Letras en español, haremos unas breves calas con sus muestras de ellas en la California española-mexicana, en las fechas indicadas, la cual sentó las bases de la posterior California moderna. Del mundo de las Misiones, que en unos veinte y treinta años llegó a tener un gran florecimiento, a pesar de que con su visión teocrática iban a contratiempo de la Modernidad en que se gestaron, hay que destacar que sus frailes hombres del siglo XVIII .y por lo tanto, de la Ilustración, tenían —especialmente sus más destacados – un sólido conocimiento de las Letras y del Arte, la Música y la Arquitectura (prueba de ésta los edificios de sus 20 Misiones, acueductos y acequias, y sus conocimientos de las Ciencias Naturales y de la agricultura y la ganadería) y crearon un sistema de Misiones, las cuales devinieron, y junto con el trabajo de los indios neófitos, que llegaron a ser miles, unas prósperas comunas cristianas que, asimismo, tanto contribuyeron al sustento de los presidios y los pueblos de la Alta California hispana.

Sobre cuestiones de lengua, varios de los misioneros aprendieron las de los indígenas y escribieron sobre ellas. Fray Arroyo de la Cuesta hablaba doce lenguas indígenas y decía el sermón en siete de ellas en la Misión de San Juan Bautista, el padre Salvidea daba el sermón en la de Santa Bárbara en el idioma de los Chumash. En 1860, se publicó en Nueva York, el *Catecismo de la lengua cholona de Soledad, de la Misión de Soledad*, de fray Fray Vicente Francisco de Sarriá, y en el 1861, en la misma ciudad, *Grammar of the Mutsun Language, Spoken at the Mission of San Juan Bautista*, de Felipe Arroyo de la Cuesta y el *Vocabulary of the Language of the San Antonio Mission*, de fray Buenaventura Sitjar;

ambos libros con los títulos en inglés pero el manuscrito en español; se anuncia, como libros reimpresos y con los títulos en su idioma, en este siglo XXI. En música, asimismo varios de ellos eran maestros y compositores formando coros y orquestas con los indios neófitos. Fray Estevan Tapies introdujo las notaciones musicales coloridas, el citado Arroyo de la Cuesta era, asimismo etno-musicólogo y transcribió notaciones musicales de la lengua mutsun. El padre Narciso Durán, creador de coros musicales de los neófitos fue autor de un libro Coral y de la misa catalana y la misa vizcaína. El crítico Craig Russell señala que, en la misión de San Antonio, los frailes Juan Bautista Sancho y Pedro Cabot, valoraron mucho la música y el talento natural para ella de los indígenas y formaron, como nos dice: "una orquesta clásica completa, capaz de ejecutar cualquier composición en estilo moderno de Haydn o Mozart o de sus equivalentes en el Imperio Español, a saber, Francisco Corselli, Ignacio de Jerusalén y Francisco Delgado" (*J. B. Sancho* 150). de Juan Bautista Sancho, destaca su composición "Misa en Sol", añadiendo que en sus composiciones y, especialmente en esta Misa, "demuestra tanta o más sofisticación y maestría que cualquier otra composición contemporánea procedente de Boston o Nueva York o Filadelfia, fue, en cierto modo, una especie de Leonardo Bela Bartok colonial". ¡Y todo ello en medio de la tan remotísima y aislada, Misión de San Antonio y entre los años 1804 y 1830, en los que estuviera ella. Juan Bautista Sancho, fallecido, allí, en aquel 1830! El primer gran acopio de las Letras en español en California, nos lo dejaron aquellos frailes franciscanos de las Misiones en su Memorias, Biografías, Diarios, Cartas, Documentos oficiales, Alabados y Autos religiosos. Antonio Blanco, en su extenso libro *La lengua española en la historia de California*[19], publicó la *Pastorela*, escrita por el fraile Florencio Ibáñez en la Misión de Soledad, cuyo manuscrito se encuentra en la biblioteca de Bancroft, en la Universidad de California, Berkeley.

De toda aquella literatura, en esta sección del *Florilegio*, y como breve muestra de la renombrada *Relación histórica de la vida y apostólicas tareas del venerable padre Fray Junípero Serra* (1787, Ciudad de México), de Fray Francisco Palou.

---

19 Publicado en 1971, se trata de un extenso volumen, fruto de una tesis doctoral aprobada con Sobresaliente en la Complutense de Madrid 1966, con capítulos originales y de mucho interés, tales, y en especial, el V, "Vocabulario de los californianismos", el VI. "Notas sobre el español hablado en California hasta finales del siglo XIX", y el VIII. "Influencia del español en el inglés de Estados Unidos con relación a California"

Fray Francisco Palou
(1723-1789)

Fundación de la Misión de San Antonio de Padua

...caminaron para aquella sierra,[20] veinticinco leguas de Monterrey al viento Sur Sudueste, y habiendo llegado a la hoya de la citada Serranía encontraron una grande cañada, que llamaron de los Robles, por estar muy poblada de estos árboles, y pasaron el Real a ella.

Registraron el terreno, y habiendo hallado un Plan dilatado y vistoso en la misma Cañada, inmediatamente a un Río (que desde luego llamaron de S. Antonio) les pareció muy proporcionado sitio para el Establecimiento, por el buen golpe de agua que tenía aún en el mes de Julio, que es el tiempo de las mayores secas; y asimismo que sin dificultad podrían darle conducto para el beneficio de aquellas tierras. Convenidos todos en la elección del terreno para el Poblado, mandó el V. Padre descargar todas las mulas y colgar las campanas en la rama de un árbol; y luego que estuvieron en disposición de tocarse, empezó el Siervo de Dios a repicarlas, gritando como enajenado (*en una acción, más propia de un nuevo Don Quijote.* V.F.): "Ea Gentiles, venid, venid, a la Santa Iglesia, venid a recibir la Fe de Jesucristo" y mirándolo el Padre Fr. Miguel Pieras, uno de los dos Misioneros señalados para Presidente, le decía: ¿Para qué se cansa si éste no es el sitio en donde se ha de poner una iglesia, ni en estos contornos hay Gentil alguno? Es ocioso tocar las campanas. "Déjeme Padre explayar el corazón, que quisiera que esta campana se oyese por todo el Mundo como deseaba la V. Madre Sor María de Jesús Agreda, o que a lo menos la oyese toda esta Gentilidad que vive en esta Sierra". Construyeron luego una cruz grande, que después de bendecir y adorada enarbolaron y fijaron en aquel mismo sitio. Hízose asimismo una enramada y puesta bajo de ella la mesa del Altar, celebró el V, Padre la primera Misa a San Antonio, Patrono de la Misión, el día 14 de julio del año 1771, dedicado al Seráfico Doctor San Buenaventura. Presenció ese sacrificio divino un gentil que atraído de las campanas, o de la novedad de ver gentes tan extrañas, ocurrió allí a tiempo que

---

[20] La tan escabrosa de Santa Lucía, del actual "Big Sur", y con Junípero Serra —recordemos— con los pies descalzos heridos y en unas gastadísimas sandalias,

se celebraba la Misa. Advirtiólo el V. Sacerdote al voltearse para el Pueblo para la plática después del Evangelio y rebosando de alegría su corazón, le explicó en su discurso diciendo de esta manera: "Espero en Dios y en el patrocinio de San Antonio que esta su Misión ha de ser de muchos Cristianos, pues vemos, lo que no se ha visto en otros de las Misiones fundadas hasta aquí (era la tercera), que en la primera Misa ha asistido la primicia de la Gentilidad; y no dejará ese de comunicar a los demás Gentiles lo que ha visto". Así sucedió, como veremos después, cumpliéndose perfectamente con el hecho las esperanzas de nuestro V. Padre, quien luego de concluir la Misa, comenzó a acariciar y a regalar al Gentil, con el fin de atraer por ese medio a los demás, como lo logró aún en aquel mismo día, pues llevados de la novedad empezaron a concurrir y habiéndoles hecho entender por señas (a falta de interprete) que habían ido a avecindarse y vivir en aquellas tierras, dieron muestras de apreciarlo mucho, comprobándolo con las continuas visitas que les hacían, y regalos de piñones y bellotas que les traían, cuyas semillas y otras silvestres, de que hacen sus pinoles o harinas para mantenerse, cosechan con abundancia. Correspondía el V. Padre y demás a estos obsequios con ensartas de avalorios (o cuentas de vidrio de diversos colores) y asimismo con nuestras comidas de maíz y frijol, a que se aficionaron desde luego aquellos infieles...

Concluía Francisco Palou su capítulo afirmando que el número de los Gentiles convertidos en Neófitos de la Misión, excedía al de todas las demás y que llegaron a contarse en ella, antes de morir el V. P. Junípero Serra (en 1784), mil ochenta y cuatro Neófitos.

Fundación de un Pueblo de Españoles Titulado San José de Guadalupe

El primer pueblo establecido en California por la Corona Española (1777), seguido de varios más con el trazado y legislación de los pueblos de España y como los otros fundados por tantísimos lugares de todo el Continente Americano.

Para dar fomento y estabilidad a esta espiritual Conquista, encargó el Exmo. Señor Virrey al nuevo Gobernador D Felipe Neve, que procurase poblar la tierra con algunos pueblos de Gente Española, que se ocupase en el laborío de las tierras y crías de ganados y bestias para que sirviesen de fomento para estas adquisiciones y teniendo presente dicho Señor este superior encargo, habiendo visto cuando vino a la visita del Real Presidio de este puerto los grandes llanos en que está la Misión de Santa Clara, la mucha tierra que se podría regar con la abundancia de agua del Río nombrado Ntra. Señora de Guadalupe, junto a los Pobladores que había venido con la Expedición de Sonora (*La primera, y casi única y la mayor en número, de Juan Bautista de Anza en 1775-76, con sus 240 personas con su carga de niñas y niños, los futuros californios y californias*) y agregando otros, les señaló sitio y reparto de tierras para formar un Pueblo, titulado de San José de Guadalupe, señalándoles para la ubicación arriba de la Misión de Santa Clara, al otro lado del Río, hacia el nacimiento de él, nombrado de Guadalupe, distante de las Casas de la Misión tres cuartos de legua.

En dicho sitio formaron los colonos su Pueblo, dando principios a él los primeros días de 1777, a los que les han agregado otros Vecinos, y todos gobernados por un Alcalde de los mismos Vecinos, subordinado al Gobernador de la Provincia, escoltados de tres soldados y un Cabo, ocurriendo todos a oír Misa a la Misión.[21]. Se mantienen de las cosechas que logran de Trigo, Maíz y Frijol y con lo sobrante que venden para las Tropas se visten, teniendo para el mismo fin crías de ganados mayor y menor y de las Yeguas para proveer la Tropa de Caballos, etc.

Del rápido crecimiento que se fue dando en los años sucesivos en aquellos pueblos californianos, en este caso el de San José, cito una frases de Alfred Robinson de su *Life in California*, de los años 30 o principio de los 40 del siglo XIX, sobre uno de los paseos dominicales, vistos por él, en la espléndida Alameda que unía, y sigue uniendo, al pueblo de San José con la Misión, convertida posteriormente, en la actual Universidad jesuita de Santa Clara; la espléndida alameda fue plantada por el franciscano Magín Catalán. Traducimos: "Cualquier domingo se pueden ver cientos de personas de ambos sexos (*podría ser algo exagerado el número*), atractivamente vestidos en sedas y satines montados en sus caballos mas hermosos, y yendo holgadamente por el camino", y concluye a propósito del despliegue de belleza femenina: "No otra parte de México puede mostrar tan extenso conjunto de ojos brillantes, nacarados dientes, buenas proporciones, y bella complexión" (72).[22]

---

[21] Hazaña, como las instalaciones de las primeras Misiones, con bastante de quijotesca, la fundación de aquellos pueblos dado el exiguo número de habitantes. El de San José se fundó con 15 hombres y sus mujeres y niños; un total de 60 personas. El segundo de Los Ángeles, en 1781 con 44.

[22] De una de tales bellezas californias, la renombrada Conchita Argüello de Monterrey, Aurelio Espinosa, en la novela del mismo nombre que le dedicara, escribía: "Conchita

Fray Francisco Payeras
(1769-1823)

Cartas sobre la Decadencia del Sistema de las Misiones

Se trata de unas cartas, escritas entre 1819 y 1823, por Fray Mariano Payeras, en aquel entonces Presidente de las Misiones, al guardián del colegio franciscano en México, desde la Misión de la Purísima, cerca del actual pueblo de Lompoc, donde residía al frente de ella y como un único fraile a su cargo; desgarradoras cartas previendo el hundimiento del sistema misional, aunque en dichas fechas la Purísima contaba con miles de cabezas de ganado y cientos de caballos y mulas, más ranchos de huertas y campos de trigo y maíz. Cartas recopiladas y traducidas al inglés por Donald Cutter en *The writings of Mariano Payeras*. Citamos, devolviéndolos a su español, algunos de sus desoladores comentarios. En carta del 4 de julio de 1819 y, como conclusión concerniente a la "infelicidad de los frailes, los indios y las Misiones", atribuye que se debe al abandono a que han sido sometidas y sometidos bajo el Gobierno superior, desde el comienzo, pero particularmente desde 1810; fecha en empezara la insurgencia de la Independencia de México, cuando las Misiones estaban tan abandonadas desde España, con sus conflictos internos y, también, dada la situación, desde México. Dice que al ser "vencida" la insurgencia las cosas cambiarían, pero en carta de 1821 y al proclamado emperador mexicano Iturbide, acepta el acatamiento, aunque ya con los neófitos declarados ciudadanos libres, como todos los mexicanos, y bajo el gobierno de México, los años de las Misiones estaban contados, aunque llegarían hasta los años 40. Apunta en sus cartas al abatimiento de los misioneros que "han encanecido y se han dejado los dientes" en su labor". Ya en la carta del verano de 1819 daba los nombres de los 16 frailes del conjunto de 34 que pedía el revelo, entre ellos algunos de los más renombrados, tales

---

vestía un traje de seda azul, con corpiño ajustado y faldas de gran vuelo. Llevaba una mantilla blanca con flores rojas sobre los hombros, una peineta andaluza sobre la cabeza, pequeñas arracadas de oro, y zapatillas de seda negra (*Conchita Agüero* 26). Retrato de la joven california que parece réplica de una de las Majas –o hasta de la misma Duquesa de Alba– pintadas por Goya, y por las mismas fechas que Conchita vestía tal atuendo en la remotísima California.

como el padre Boscana, Arroyo Cuesta, quien terminaría sus días en la Purísima, y en silla de ruedas, y Durán, Y en otra carta del 22 de febrero de 1821, constatando lo logrado por el "sudor de los frailes y el trabajo de los indios" y, tras decir que los 34 misioneros sirven a las 19 Misiones y la asistencia de San Rafael, los 4 presidios, los dos pueblos y la villa "en otras palabras a todos sus habitantes", reitera que la mayor parte de los misioneros son ancianos, están enfermos y "estropeados" ("broken down" es el expresivo término en la traducción de Cutter). Con todo, la carta más descorazonadora, y tristemente patética, con su tanto de "mea culpa" es la que describe, lamentando, el alto índice de mortalidad de los neófitos en las Misiones. Usamos la re-traducción de sus palabras, ahora, del inglés al español, no pudiendo usar las suyas propias expresando, dolorosamente, el mayor fracaso de la colonización "espiritual" emprendida por las Misiones, el alto índice de mortalidad de los neófitos:

> Todo misionero atento ha notado que mientras los gentiles procrean fácilmente y son saludables y robustos (aunque errantes) en la naturaleza, a pesar del hambre y de la desnudez y viviendo completamente a la intemperie, casi como fieras, tan pronto como se cometen ellos mismos a una vida sociable y cristiana se hacen extremadamente débiles, pierden el peso y mueren. Esta plaga afecta, muy particularmente, a las mujeres embarazadas. Al principio de la conquista, los frailes nuestros predecesores, sabiamente, creían que el cambio de habitáculo, clima, comida, costumbres e ideas contribuían a esta situación, y se consolaban pensando que los hijos de la Misión y los nacidos en ella, habiendo sido criados en sus reglas y costumbres, serían diferentes y mantendrían una normal constitución y salud, empero, la triste experiencia de 51 años nos ha enseñado, demasiado bien, que erramos en nuestros cálculos. Habiendo visto ya dos generaciones en la Misión, observamos con tristeza que los nativos de la Misión mueren, igualmente o más, que los de la sierra, mientras que los de razón permanecen saludables y apenas mueren… (225).[23]

---

[23] Frases como la de "viviendo casi como fieras" y la de considerar a los indios como seres sin razón, revelan el pecado capital de la función evangelizadora de las Misiones, con la paradoja de querer salvar las almas de los indios despreciando su propia espiritualidad, su cultura y sus costumbres. Afortunadamente, muchos y muchas de los neófitos hicieron suyo el evangelio amoroso del cristianismo, pero manteniendo su propia espiritualidad y sus lazos culturales y comunales. Hoy en día, hay un resurgir de los descendientes de los indios nativos. Y cerca de la Purísima, convertida en un parque estatal, existe el gran Casino de los indios Chumash y, a través del Estado tienen sus propias comunidades y organizaciones político-sociales y culturales.

Tantas de las muertes a causas de las epidemias, principalmente eran de viruelas. Esto le llena a fray Payeras de un sentimiento agónico y hasta apocalíptico insistiendo en ello, declara que en el pasado año de 1819, en su Misión La Purísima de 228 parejas indígenas, la mayor parte de ellas en edad de procrear, sólo 26 niños fueron bautizados, mientras que 66 neófitos murieron, añadiendo que, en un año, la población descendía en 40 personas, y expresando que lo mismo sucedía en la mayor parte de las Misiones, para concluir que, para la mayoría de los padres-misioneros, eso era "piedra de toque de la mayor desesperación y aflicción". Recordemos asimismo, dentro de la paradoja, que muchos de aquello padres —misioneros sentían a los neófitos, también como hijos. En tal estado emotivo frente a la situación, ¿fue, fray Payeras, un nuevo Bartolomé de las Casas en su denuncia?, concluye una frase tan contundente, o más, que las de algunos de los más radicales críticos del post-colonialismo actual. Tras el ver a la alta California, en unos años desierta, previene que si dentro de un siglo de su "descubrimiento y conquista" alguien preguntara que dónde se encuentra la multitud nativa que antes la habitara, "aún el más pío y bondadoso de nosotros", contestaría: "El fraile misionero les bautizó, les administró los sacramentos y los enterró" (227. Tajante frase que afortunadamente no se ha cumplido, aunque posteriormente estuvo a punto de hacerlo, y que revela un sentimiento de desesperada bondad en Fray Mariano Payeras, que moriría dos años después de escribir estas páginas a sus 53 años ¿Le mataría la pena que le atenazaba? Atenuando su catastrófica predicción, según leemos al finalizar el período de las Misiones, había treinta y un mil indios cristianizados existiendo, pacíficamente en las 21 Misiones bajo el control de sesenta padres y trescientos soldados (*La Purísima Concepción* 15).[24] Habría que verificar estas estadísticas, pues no se nos da la referencia.

---

24 Libro, escrito por Michael R. Hardwick, sobre la historia y la perduración de la Misión, en ruinas en 1836, iniciada su restauración en 1934, en 1941 fue abierta al público y en 1963 convertida en un parque estatal, que se fue ampliando, y que, en la actualidad, es la acogedora y bella "La Purísima Mission State Historical Park". Un año después de la muerte de Fray Mariano Payeras, en 1824, los indios locales y los de la Misión iniciaron la segunda, y la más extendida de las insurgencias fatales para destruir las Misiones y retomar sus tierras, iniciada en la Misión de Santa Inés, y seguida en las otras dos vecinas, la de Santa Bárbara y la Purísima. La rebelión duró un mes, aplacada por la tropa llegada desde Monterrey, y hubo pocas víctimas mortales en ambos lados, y varios de los neófitos rebeldes volvieron a los poblados de las Misiones. Se describe en el capítulo 9 del libro, "Indian Revolt at the Channel Missions".

* * *

Volviendo a los comienzos de la California hispánica, iniciados con la última gran expedición colonizadora de la Corona Española en tierras americanas, señalamos que fue pacífica de finalidad evangelizadora, llegaba con el portaestandarte de la Virgen de Guadalupe y con la principal misión estratégica de proteger las costas del Pacífico de otras potencias europeas, en especial las rusas que ya empezaban su entrada por el Norte. La expedición que sería la matriz pobladora de la Alta California fue la de Juan Bautista de Anza.[25] Partió de Horcasitas, Sonora, el 29 de septiembre de 1775, con un contingente de 240 personas: 30 soldados casados, con sus mujeres y decenas de niños/as, y varios otros colonos, más una pesadísima carga de ganado y vituallas, y con el beneplácito de las comunidades nativas por las cuales atravesaron. Arribaron a Monterrey el 10 de marzo de 1776. De aquel primer numeroso grupo y sus descendientes, unidos a mínimos grupos posteriores, surgió y evolucionó la California hispano-mexicana. Recogemos aquí un ensayo sobre voces testimoniales de quienes se afirmaron en su identidad de californios y californias frente a los agravios recibidos tras su pase a los Estados Unidos. Y cerramos la sección con un muestrario de sus coplas populares que se han mantenido a través de más de tres siglos.

---

25 De la primera expedición con Gaspar de Portolá al frente, contamos con el valioso libro, *Crónicas del descubrimiento de la Alta California*, 1769. Gaspar de Portolá, en el que se incluyen los *Diarios* del científico Miguel de Constanzó, que la acompañara, del propio Portola y el *Diario de Navegación del Paquebot de S.M., Nombrado San Carlos, el primero que llegara a la costa Californiana para surtir a la expedición*, escrito por Vicente Mila.

Víctor Fuentes
(1933 –)

Los californios y las californias [26]

Un caso bastante único en el desarrollo histórico de la humanidad lo encontramos en California, donde en menos de cien años (1769-1848) se sucedieron, chocando, pero, también, mezclándose, cuatro ciclos históricos distintos: el milenario de las civilizaciones indígenas nativas, el de la Corona Española, el de la República Mexicana y el del Gobierno de los Estados Unidos. No obstante, en todos ellos podríamos encontrar una invariante visión, mítica, pero con sus visos reales: la de California como Utopía, ya entrevista, cantada y nombrada, en *Las sergas de Espladián*, por Garci Rodríguez de Montalvo en 1510: "Sabed que a la diestra mano de las Indias hubo una isla llamada California, muy llegada a la parte del Paraíso terrenal [...]".

Durante el periodo hispano-mexicano, junto a las semillas plantadas por las Misiones y misioneros franciscanos y en los presidios, los primeros inmigrantes y sus descendientes crearon una civilización y una cultura arraigada en la tradición europea-española y su secuela indo-hispana mexicana, pero también muy propia, dada la lejanía que les separaba del poder central España y de México. De aquí, que muy pronto empezaran a encontrarse en su identidad de "hijos del país" y/o "'californios'", y "'californias'", las mujeres asumiendo el nombre del país. Su gran amor a la tierra nativa, y a la cultura en que crecieron y trasformaron, explica el dolor y la queja con que expresaron la pérdida del país a manos del dominio norteamericano, a partir de 1848 y la postergación que sufrieron. Sus testimonios, una verdadera historia contra-oficial californiana de los

---

[26] Sobre la vida política, social, cultural y la sociedad civil de los californios/as, en el libro *California Hispano-Mexicana. Una nueva narración histórico-cultural*, me extiendo en los capítulos 3 y 4: "Territorio de la Unión Mexicana, 1822-1846: auge de una sociedad california: reivindicaciones en pro de la autonomía y afirmación de una identidad cultural propias", y "Bajo el gobierno de Estados Unidos: declive y presencia en la segunda mitad del siglo XIX". Y el quinto "Del Mission and Spanish Revivals al resurgir hispano-latino: siglos XX y comienzos del XXI".

vencidos, se encuentran en los cientos de ellos recogidos y archivados por Bancroft, que se hallan en la Biblioteca que lleva su nombre de la Universidad de California en Berkeley.

En el "Mirador al Pasado", transcribimos una breve muestra (debido a las limitaciones espaciales de la revista), fragmentos de cartas, donde tal testimonio se expresa, con su voz más íntima, por tres de aquellos distinguidos californios: José Castro, Juan Bautista Alvarado y Mariano Guadalupe Vallejo (los cuales desde muy jóvenes, y con un espíritu de libertad y de nacionalismo, tan propios de la época del Romanticismo, fueron políticos de relieve, propugnando la autonomía de la región); a ello, añadimos una california, Amparo, Ruiz de Burton, quien escribiera la "gran novela" del expolio sufrido, *The Squatter and the Don*, publicada en 1885.[27]

I. **José Castro (1808-1860)**, quien fuera gobernador militar de California, en el período inmediatamente anterior a la ocupación norteamericana, fue el único del grupo que no aceptó la ciudadanía norteamericana, la cual, bajo el Tratado de Guadalupe-Hidalgo, se extendía a todos los californios y californias del país ocupado. Se auto-exilió a México, a Baja California, para poder ganarse una posición que pudiera mantenerle a él y a su familia dejada en Monterrey en condiciones de vida muy precarias. En carta a su hijo Esteban, quien sí llegó a tener una posición administrativa en la California norteamericana, escribe:

> Querido hijo: [...] Creyendo remediar mi posición y la de ustedes, parece que me veo en peor. Dile a tu madre que sufre (no sufra) que pronto estaré a su lado con ustedes. Yo estoy muy afligido y desesperado pensando en su estado, que sufren mucho, que no hallo qué hacer para remediar pronto las necesidades que veo desde aquí que pasan. Pronto espero en Dios verlos nuevamente [...] Hijo, en este momento que me ocupo en escribirles, se me despedaza el alma. Esta carta lleva el corazón de tu Padre. Abraza a tu madre en mi nombre, a

---

27 El ensayo en "Mirador al pasado", se presentaba como un pequeño homenaje a nuestro querido don Luis Leal, cuya sabiduría e impronta ha quedado expresada en tantos de los otros "Miradores" de la revista, y quien mantuvo un gran interés en el estudio de la California hispano-mexicana, contagiándome de su pasión por el conocimiento de ella sin los prejuicios y lugares comunes que tanto se repiten. V. F.

Modestita, a cada uno de los niños.
A Dios, a Dios, hijo, hasta la vista.

II. Por su parte, **Juan Bautista Alvarado** (1809-1882), "hijo del país" y quien fuera gobernador del mismo entre 1836 y 1842, contestando a una carta del mismo José Castro, en la que éste expresara parecidas quejas a las escritas a su hijo, le contesta, irónicamente, en el mismo día de Nochebuena de 1856, con esta carta y palabras:

> [...] esto mismo te indicará cuál será mi posición particular, que cada día se va poniendo más dificultosa justamente como la de todos los californianos en general. Procura por esas partes arreglar alguna fortuna para tu familia porque aquí no hay esperanzas para nosotros.
>
> Soy tu amigo y compadre,
> J. B. Alvarado" [28]

III. Mariano Guadalupe Vallejo (1807-1890) tan influyente en el período mexicano, sí gozó de reconocimiento en el norteamericano, lo cual, empero, no impidió que muriera casi en la pobreza, no obstante su anterior gran fortuna. Se extendió en una larga correspondencia con Amparo Ruiz de Burton, la primera novelista y dramaturga california, y muy cerca de él en inquietudes culturales e intelectuales y la problemática vivida por los californios/as bajo el dominio norteamericano. De él, recojo un fragmento de carta a ella en la que distingue particularidades de la "raza latina" y de la "anglosajona", tema cadente en aquellos años, del cual tratamos en la siguiente parte, abogando él por lo positivo del mestizaje, algo en que los californios-as se adelantaron en una tendencia, hoy, tan generalizada en el Estado y por casi todo el mundo:

> [...] y me asombra lo que Ud. asienta en su carta de ese respecto. "No creo que mi raza esté condenada a sempiterna inferioridad con la sola alternativa de mezclar con la yanqui".

---

[28] Tal correspondencia, se recoge en el libro editado por Julianne Burton-Carvajal, *Commander José Castro in the Two Californias. Including His Final Correspondence 1856-1860*. Por su parte, Juan Bautista Alvarado escribió unas lúcidas e intensas evocaciones de su niñez, publicadas, en traducción al inglés, por el hispanista John Polt de la Universidad de California, Berkeley, tituladas *Vignettes of Early California. Childhood Reminiscence of Juan Bautista Alvarado*.

¿Qué es esto Doña Amparo?

¿Usted cree que la raza nuestra es inferior a la yanqui? Pues yo le juro que jamás lo he pensado; ni por asomo se me ha ocurrido a las mientes; al contrario, creo que nuestra sangre es mejor y que ellos (los yanquis), nos ganan en huesos, en espíritu mercantil, empresarios, locos sin más Dios que el dinero. Nosotros, el gusto, los placeres, el romanticismo, etc. Así es que estando esos dos elementos contrarios en la masa de sangre en ambas razas, la mezcla de ellas no puede menos de producir una tercera, más bella, más enérgica, más dulce en carácter, más templada y creo que más fuerte. Eso he querido decir siempre que aludo a las razas mencionadas.[29]

IV. María Amparo Ruiz de Burton (1832-1895), insigne escritora y adalid de la liberación de la mujer latina ya en la segunda mitad del siglo XIX, casada con Henry S. Burton, comandante de las fuerzas norteamericanas de la Baja California, y cuyos hijos son toda una muestra del mestizaje propugnado por su compatriota, transcribo dos fragmentos de cartas a M. G. Vallejo, del libro que acabo de mencionar en nota 29. El primero todo un repudio del "Destino Manifiesto", tan esgrimido en aquellos años por el expansionismo norteamericano. Además de california, Amparo Ruiz se identifica como mexicana:

[...] Tres cosas para mí muy incongruas porque amo mucho a California, siento mucho interés y simpatía por el Sr. Vega y un verdadero odio y desprecio (como buena mexicana) por el tal "Manifest Destiny" [...] De todas las malvenidas frases inventadas para hacer robos, no hay más odiosa para mí que esa, la más ofensiva, la más insultante; se me sube la sangre a la mollera cuando la oigo, y veo como en fotografía en un instante, todo lo que los yanquis nos han hecho sufrir a los mexicanos – el robo de Tejas, la guerra, el robo de California [...]. Si yo pudiera creer en el "Manifest Destiny" dejaría de creer en la justicia o en la sabiduría divina [...]. No, amigo mío, el "Manifest Destiny" no es otra cosa que "Manifest Yankie trick" como sus "wooden hams and wooden nuteggs de Connecticut" 280-281 [...].

---

29   Carta posiblemente escrita en 1867 y recogida, como las dos siguientes, en el libro *Conflict of Interest. The Letters of María Amparo Burton* (158-59), editado por Rosaura Sánchez y Beatriz Pita.

El segundo fragmento es de otra carta (21 julio 1871) en que hace un llamando al apoyo electoral del californio Romualdo Pacheco, quien fuera elegido al Senado tres veces repetidas. Otro de los hechos históricos y políticos que se suele desconocer o ignorar es que varios californios, a pesar de las adversidades de la mayoría, sí llegaron a prominentes puestos políticos bajo el gobierno norteamericano en la segunda mitad del siglo XX:

> [...] Es necesario que venga y tome parte en la elección y trabaje por Pacheco. A mi modo de ver las cosas, es el sagrado deber de todos los hijos del país de interesarse en que Romualdo tenga éxito. No importa cuáles sean sus preferencias políticas. La cuestión aquí se eleva más arriba, ya toca a la nacionalidad, y es sostener de todo corazón la pobre raza que expira agobiada de dificultades, abrumada de desdenes, agravios y vejaciones. Si los californios hubieran tenido más unidad y desde el principio hubieran sostenido a los hombres del país capaces de representación el gobierno no se habría atrevido a cargarnos con el peso de esa legislación odiosa que nos va dejando de día en día a un pan pedir. Ahora los californios, como tales, no tienen voz ante el gobierno y sufren todos callados, ¿y por qué? por su desidia en no sostener a esos de entre los suyos que son capaces de representarlos y defender nuestros derechos [...]".

V.A., Vol. IX, No. 31, Otoño 2011

Coplas Populares Californianas (anónimas)

Como en el caso anterior de Nuevo México, y reiterando, la presencia de la literatura popular, oral, en un español castizo, en este caso en California, presentamos una breve selección de coplas populares recogidas por Aurelio Espinosa en su libro *Folklore de California* (Palma de Mallorca, 1930). Nótese que son coplas de los pueblos fundados durante el período español, desde fines del siglo XVIII y que se seguían usando en los años veinte y treinta del siglo XX. Habría que encontrar personas, en lugares de California, que, en pleno siglo XXI, todavía las siguiera conociendo y diciendo.

Igualmente, por aquellas fechas, Charles Lummis y Eleanor Hague, recogieron, y de viva voz, canciones populares californianas. El primero, en su *Spanish Songs of California* (1925) y Eleanor Hague en su *Spanish-America Folk Songs* (1917).

AMOROSAS (7 DE 52)

1
Es desgraciada mi suerte
y es infeliz mi fortuna;
cada vez que vengo a verte:
hay patos en la laguna.

3
Dicen que en la mar se juntan
aguas de todos los ríos;
así se deberían juntar
tus amores con los míos.

6
Me subí en un alto pino
a ver si te divisaba,
y vide la polvadera
del galán que te llevaba.

8
Cuatro palomitas blancas
sentadas en un romero
una a la otra se decían:
"No hay amor como el primero".

10
Chiquitita enlutadita,
dime quien se te murió
si se te ha muerto un amante
no llores, aquí estoy yo.

17
Si al cielo pudía subir,

una estrella te bajara;
la luna a tus pies pusiera;
con el sol te coronara,

34
Qué es aquello que relumbra
por las orillas del mar?
Son los ojos de mi negra
que se quieren embarcar.

SENTENCIOSAS Y BURLESCAS

De las 22, 58 a 80, tomamos 6, dos sentenciosas y cuatro burlescas sobre los pueblos de Carpintería, Monterrey, San Luis Obispo y Santa Bárbara:

67
Toda la noche me anduve
dándole vuelta al velorio,
pa preguntarle a los muertos
si hay vino en el purgatorio.

56
De lo más alto del cielo
bajo una carta notoria,
a darnos este recuerdo
Muerte, Juicio, Infierno, Gloria.

***

64
Si la mar juera de atole
y el cielo juera tortilla,
qué panzones se pusieran
los de la Carpintería!.

62

Si vas pa Monterrey
llevarás tu bastimento,
porque la gente de allí
no sabe de cumplimiento.

75
Las muchachas barbareñas
son muy pocas y bonitas,
pero son más pedigüenas
que las almas benditas.

Las muchachas sanluiseñas
no saben ni dar un beso
a fe que las barbareñas
hasta estiran el pescuezo.

Se trata de una selección de las publicadas en

V.A. VOL. I, NO. 2, PRIMAVERA, 1997

COPLAS DE CUNA Y RIMAS INFANTILES

De las 20 que recogía Aurelio M. Espinosa, publicamos 7 en V.A. Vol. IV, No. 16 y Vol V, No. 17. Aquí transcribimos 6.

12
Duérmete, Sagrado Infante,
ya la luna se metió;
Oye y duerme como amante
Al eco del ro, ro, ro.[30]

---

30 Esta canción de cuna a un niño es exactamente la misma que cantaran Bato y Cucharón al niño Jesús al llegar a su cuna de Belén en la *Pastorela* escrita por el Padre Florencio Ibáñez, en su Misión de Soledad, a la cual llegara a sus 60 años en 1800 y muriendo en 1818. Las *Pastorelas*, en diversas versiones y pasadas oralmente de una generación a otra, se representaban en Nochebuena, en las Iglesias, plazas de los pueblos y casas de los californios y, antes en Nuevo México y por todos los lugares, Florida, Luisiana, Texas, donde, entre el siglo XVI y el XVIII, se establecieron Misiones y Pueblos. En la propia Santa Bárbara, guardo el programa de la *Pastorela* que presencié en el 2014, donde se lee que es "Un drama Navideño en Español", basado en el libreto original de Pablo de la Guerra (1819-1874), quien fuera un californio de la ciudad, y persona muy destacada en

6
Este niñito
se quiere dormir, pónganle la hamaca en un toronjil

7
Señora Santa Ana,
Señor San Joaquín
arrollen al niño
se quiere dormir

* * *

18
Juego de los dedos
Éste mató un pollito
Éste puso l' agua a calentar
Éste lo peló
Éste lo guisó
Y éste se lo comió

15
Lolo, lolo, tata
Ya parió la gata,
cinco ratoncitos
y una garrapata.

19
—Monita, monita
¿y el pan que te di?
—Me lo comí-
—¿Y si más te diera?
—También me lo comiera.
¡Ojo, relojo,
que te parto un ojo.

---

las primeras décadas de California bajo los Estados Unidos. Dicha *Pastorela* fue puesta en escena y dirigida, durante décadas, por Elvira de Tafoya (1935-2022), V. F.

III

Siglo XIX

1. Un Despegue de las Letras en Español en el Este del País

La literatura transnacional, en auge en nuestros días, tuvo ya un primer sólido aporte con la escrita y publicada en español en los Estados Unidos desde las últimas décadas del siglo XVIII y hasta las finales del XIX, vinculada, desde sus comienzos, a escritores que vinieron a los Estados Unidos con cargos políticos, desterrados o refugiados de los países de habla hispana y mantuvieron sus lazos con los países de origen, configurando los inicios del español plural y policéntrico en que ha venido a ser el presente idioma español de los Estados Unidos. Asimismo, y como hemos visto en secciones anteriores, y hay que destacarlo, la literatura oral en español se mantuvo en las nuevas regiones de Estados Unidos que estuvieran bajo España y México. Desde fines del siglo XVIII, proliferaron las editoriales que publicaban en español en varias capitales del país, Filadelfia, Nueva York, Boston, Nueva Orleans, Charleston extendiéndose, a través del siglo XIX, junto a un gran número de prensa periodística a Santa Fe, Alburquerque, San Antonio, San Francisco, Los Ángeles, y otros lugares.[31] Se puede decir que, desde las décadas de 1820 y 30, en las capitales del Noreste del País y en Nueva Orleans existía ya "La ciudad letrada" (para usar el término de Ángel Rama) en español. Dentro de lo transnacional, lo panamericano y panhispánico, se debe tener en cuenta que escritores que se consideran "titanes" de la literatura cubana (Varela, Heredia, Martí), colombiana (Rafael Pombo) o puertorriqueña (José María de Hostos) escribieron en Estados Unidos obras principales de la

---

[31] En cuanto a la numerosísima prensa en español en los Estados Unidos, desde comienzos del siglo XIX, contamos, entre otras más varias fuentes, con el libro de Nicolás Kanellos y Helvetia Martell, *Hispanic Periodicals in the United States, origins to 1960; a Brief History and Comprensible Bibliography*. Austin, TX, Arte Público Press, 2000. Su "Bibliography of Periodicals", en letras de pequeño tamaño se extiende desde la página 143 a la 277. Los dos primeros periódicos en español en los Estados Unidos se publicaron en Nueva Orleans, en 1808 y 1809: *El Misisipi* y *El Mensagero Luisianés*.

literatura en español de su época, y, en el caso de Varela y Martí, el grueso de su obra de madurez.

Sobre una visión general de las letras impresas en español de autores de habla hispana viviendo en Estados Unidos desde fines del siglo XVIII y en el XIX, contamos con dos libros fundamentales en inglés: El de José de Onís, *The United States as Seen by Spanish American Writers* (1776-1890), con dos ediciones en 1952 y 1975; y dividido en dos períodos, (1776-1823), el de la Independencia y (1822-1890), el de la formación de dichas naciones, y el reciente libro, 2020, de Rodrigo Lazo, centrado en Filadelfia, y en un contexto histórico y teórico de la, hoy, llamada literatura latina de los Estados Unidos, limitado al primer período de los dos que trata el libro anterior, *Letters from Filadelfia. Early Latino Literature and the Trans-Americann Elite*; ciudad, Filadelfia, que fuera capital de la industria editorial del país en las fechas de que se ocupa el libro.

Asimismo, contamos con el extenso libro, en español, de Mar Vilar, *El español, Segunda Lengua en los Estados Unidos*, del año 2000, con sus 669 págs. cubriendo desde los inicios del país hasta su conformación continental de 1848, sobre los orígenes y desenvolvimiento de la enseñanza del español en los Estados Unidos. Por extensión, y resultado final, el libro nos ofrece un detallado estudio de la génesis, en dichas fechas –y para usar sus palabras– "de la espléndida realidad presente de nuestro idioma en Norteamérica" (603-604). En el proceso, y algo muy útil para el contexto histórico-cultural del presente *Florilegio*, la autora nos va dando cuenta de las primeras Universidades del País donde se iniciara la enseñanza de las lenguas modernas; el español supeditado al francés, y nombres de los primeros hispanistas norteamericanos y de algunos pocos profesores y autores de España e Hispanoamérica que enseñaron en ellas o escribieron libros sobre la enseñanza, lo cual redunda en una larga listas de obras de lengua y literatura en español, editoriales, imprentas, librerías, y prensa periódica en las ciudades y fechas señaladas. De su "Fuentes Impresas" (606-632), Mar Vilar destaca todo un grupo de señaladas obras literarias, siendo editor de varias de ellas Francis Sales (1771-1854), nacido en Perpignan, franco-catalán, que, con motivo de la Revolución francesa pasó a España, estando varios años para emigrar a los Estados Unidos, en 1792, dedicándose a enseña francés y español en

Boston (discípulos suyos fueron Longfellow y George Ticknor) hasta que ingresó de Instructor de francés y español a la Universidad de Harvard, desde 1816 a cerca de su muerte: citamos tales obras:

Cadalso, José, *Cartas marruecas y poesías selectas* (1828). Boston "Se vende en las principales librerías de esta capital";[32] **Cervantes**, *El Quijote* (1837), en dos tomos [33] **Gallego, Nicasio J**, *Versos*: (1829); Filadelfia; **Granada, Fray Luis de Guevara**. *The Sinners Guide* (1833) "Translated from the Spanish". Filadelfia. **Heredia, José María**, *Poesías* (1825), Nueva York; *La vida del Lazarillo de Tormes y de sus fortunas y adversidades*. Anónima (1825), Filadelfia; **Iriarte, Tomás**, *Fábulas Literarias* (1830). Preparadas, revisadas y corregidas por Francis Sales; **Ochoa, Pedro**, *Poesías de un Mexicano* (1828), Nueva York; **Quevedo Villegas, Francisco**. *The Visions of Quevedo* (1832), Translated from the Spanish; (1832), Filadelfia. **Francis Sales**, *Colmena Española o Piezas escogidas de varios autores españoles* (1825) [34], Cambridge, Boston; y S*elección de obras maestras dramáticas de Lope de Vega y Calderón de la Barca y Moreto* (1844): **Zequeira y Arango, Manuel**. *Poesías del Coronel (...) natural de la Habana* (1829). Publicadas por un paisano suyo en Nueva York. Edición F. Varela. Nueva York.

De obras escritas y publicadas en español desde fines del siglo XVIII hasta los años 30 del XIX, evocamos una selección: *El desengaño del hombre*, del italo Santiago Felipe Puglia (1794); el anónimo *El amigo de los hombres. A todos los que habitan las islas y el vasto continente de la América Española. Obrita, curiosa, interesante y agradable*, 1812; *El triunfo de la libertad sobre el despotismo en la confesión de un pecador arrepentido de sus errores políticos*, 1817, del venezolano Juan Germán Roscio; *Memoria político-instructiva*, 1821,

---

32   A la nota se añade (nótese lo de los marcados acentos prosódicos para ayudar a los estudiantes con la pronunciación): "Nuéva edición con Nótas y Acéntos de prosódia, al uso de los Estudiantes en las Academias, Colégios y Universidades de los Estados Unidos de la América Septentrionál. Preparádo, Revisádo y Corregido, Por Francis Sales, Instructor de Francés y Español en la Universidad de Harvard en Cambridge".

33   Nuevamente, se señala: "Nueva Edición Clásica, ilustrada con Notas Históricas, Gramaticales y Críticas por la Academia Española, sus individuos de Número Pellicer, Arrieta, y Clemencín. Enmendada y corregida por Francisco Sales".

34   Mar Vilar nos dice que se trata de 85 textos diferentes, combinando, con acierto, fragmentos clásicos (*El Lazarillo, Cervantes*) con otros modernos (Feijóo, Isla, Iriarte) con textos históricos (*Crónica* de Solís, por ejemplo) o de finalidad pedagógica o moralista como la novela *Eusebio*, del alicantino Motengón, "ambientada en Filadelfia" (*El español segunda lengua* 230-31), la cual tuvo varias ediciones y una en Cátedra en el presente. Se nos dice que tal "Colmena española", se utilizó por largo tiempo en la enseñanza del español en los Estados Unidos.

del mexicano José Servando Teresa de Mier; *Ideas necesarias a todo pueblo Americano independiente, que quiera ser libres*, 1823, de Vicente Rocafuerte, quien llegara a ser Presidente de su país, Ecuador;1823; *Cartas americanas, políticas y morales, que contienen muchas reflexiones sobre la guerra civil de las Américas*. 2 vols, 1823, del peruano Manuel de Vidaurre; *Mi opinión sobre la educación de las mugeres*, 1825, del español Agustín Letamendi; obra publicada en Charleston, S.C. Figuró en aquellos años, y enseñando en Baltimore y luego el Nueva Orleans, el itinerante y peregrino español catalán, Manuel Cubi y Soler, quien, ya, en 1822, publicó *El traductor español. A New and practical system for translating the Spanish language*, en Baltimore, por entonces la tercera mayor ciudad de Estados Unidos, tras Nueva York y Filadelfia.[35]

Entre el grupo de personalidades hispanoamericanas que vivieron en Filadelfia como impulsores del movimiento de Independencia de los países hispano americanos, sobresalió Manuel Torres. Nacido en Córdoba, España, muy joven se trasladó a Colombia, de donde, pasado unos años, por sus ideales y actividades pro independentistas se desterró a Filadelfia, llegando en 1796 y viviendo en ella hasta su fallecimiento en julio de 1822, a menos de un mes después de haber presentado sus credenciales, en Washington al Presidente Monroe, como representante de la nueva república colombiana. ¡Misión cumplida! Por su actividad, se le llegó a conocer como el "Franklin of South America" Dedicado a la política del independentismo, el comercio y la enseñanza de español, publicó tres libros: *La naturaleza encubierta en su modo de enseñar las lenguas a los hombres, etc*, 1811, *Manual de un Republicano para el uso de un Pueblo libre*, 1812, y *Reflexiones sobre el comercio de España con sus colonias en tiempos de guerra*, 1813. En especial, sobresale su libro, en colaboración con Louis Hargout, de un material de enseñanza, en su origen, aplicado a la lengua francesa por su inventor N.G. Dufief, y adaptado, por Torres y su colaborador, a la española y a la inglesa, en dos volúmenes de larguísimo título: *La naturaleza de enseñar a los hombres*... Resulta asombroso y espléndido que en el año 1811 (cuando en Estados

---

[35] También, en salidas a Cuba y a México, enseñó y fundó escuelas. En Nueva Orleans se inició en el estudio de la frenología, y, en 1836, publicó su librito *Introducción a la frenología*, escrito por un catalán. En 1840, regresó a España para difundir tal "ciencia". Se extiende sobre su persona y obra, Mar Vilar en el capítulo VII de su *El español, segunda lengua en los Estados Unidos*: "La lengua española en Maryland: el 'Saint Mary' de Baltimore y la obra de Mariano Cubi".

Unidos no se enseñaba español en las escuelas, ni había Departamentos de Español en las nacientes Universidades) en una calle y librería de Filadelfia un lector o lectora pudiera, en tal libro, topar con páginas magistrales de la literatura española, ya que en el segundo volumen, con sus 590 páginas, se incorporaba una primorosa Antología de textos literarios de más de 100 páginas, desde el siglo XVI hasta el XVIII. Por lo que conlleva de ser el primero en presentar en los Estados Unidos grandes páginas de literatura en español, señalamos un muestrario de algunos de los títulos, los cuales ponen de relieve la sabiduría y agudeza crítica de Manuel Torres:

"El canto II" de la *Australia* (1584), epopeya de Juan Rufo, que trata de las hazañas de don Juan de Austria en la batalla de Lepanto;[36] una primorosa Oda renacentista de Garcilaso de la Vega sobre "La felicidad de la vida del campo"; páginas de prosa poética, estremecedoras "De la agonía de la muerte" y "Declamación contra la muerte", de Fray Luis de Granada; la impactante "declaración contra la vida" de Critilo en *El Criticón*, de Baltasar Gracián, al que se le llama Leonardo Gracián;[37] 7 páginas de la *Vida de Marco Bruto*, del genial Francisco de Quevedo; páginas de la *Historia de la Conquista de México* (1684) de Antonio de Solís, con diálogos entre Cortés y Montezuma y bellísima "Descripción de la ciudad de México"; "Ventajas de la virtud sobre el vicio", junto a la tan ocurrente, "Ventajas del Pobre sobre el Rico", del ilustrado enciclopedista del siglo XVIII, Fray Benito Jerónimo Feijóo; la famosa y preciosa letrilla del sobresaliente poeta neoclásico, Juan Meléndez Valdés. "La flor del Zurguén", arroyo que va a dar al río Tormes, cerca de Salamanca. Y de remate, y de una lista bien larga, el texto "Sobre la elocuencia española", del distinguido lingüista,

---

36 Al pie de la página se nos recuerda que este libro, junto al de *La Araucana*, de Alonso de Ercilla y *El Monserrato* de Cristobal de Virués, el barbero en *El Quijote* (Capítulo VI de la Primera Parte), los presentaba para tirarlos al fuego en la quema de libros en casa de Don Quijote, a lo que el cura le respondía que eran de los mejores en verso heroico escritos en lengua castellana y que se guardaran. Recordemos que Cervantes participó en la batalla de Lepanto, sobre la que trata el libro, y quizá propuso salvarlo de tal quema en su el *Quijote*.

37 En el presente 2023, el prestigioso crítico y exdirector de la Real Academia Española, Víctor García de la Concha en su libro, *Grandes páginas de la literatura española*, en la dedicada a Baltasar Gracián elige la misma extraordinaria página de Critilo. Se da el caso, pues, que un lector o lectora puede leer hoy, en tal libro, lo que ya hubieran podido leer en Filadelfia en el de Manuel Torres a principios del siglo XIX.

Gregorio Mayans y Ciscar, autor, entre otros títulos de *Orígenes de la lengua española* (1737) y *Rhetorica* (1752), donde se lamentaba del bajón que atravesaba tal elocuencia en ese tiempo, la, cual, por otra lado, destacaba que era una de las primeras, sino la primera, de las lengua europeas.

En 1825 y 1826, en Londres y en Nueva York se volvía a imprimir el libro del 1811, ahora, agregándose a los dos primeros autores, y como revisor de la edición, Mariano Velázquez de la Cadena (1778-1860), mexicano, perteneciente a familia de la alta sociedad criolla mexicano-española, quien a los 7 años fue enviado a Madrid a estudiar en un colegio de la nobleza, y que a sus 20 años, se licenció en Filosofía y Letras en la Universidad, llegando el joven a ser secretario del propio rey español Carlos IV. Cuando en 1810, se inició la lucha de la Independencia mexicana, regresó a su país, pero, sin decidirse por ninguno de los dos bandos, inmigró a Nueva York, volcándose con gran pasión a su vocación por el estudio de los lenguajes y a la lexicografía, Fundó un colegio de enseñanza del español para niños hispanos. En 1820, publicó, en Nueva York, su *Elementos de la lengua castellana* y en 1830 pasó a ocupar la inaugurada cátedra de lengua y literatura española en la Universidad de Columbia, donde enseñó hasta su muerte en 1860. En 1852, publicó, en Nueva York y Londres, su obra capital: *A pronouncing dictionary of the Spanish and English Language*; 5 años después se imprimió en Cádiz, en español, *Diccionario de pronunciación de la lengua inglesa y española*. Posteriormente, y ya sin lo de la pronunciación, el diccionario *Velázquez* se continúo publicando año tras año. Hoy en el 2023, en Internet se anuncia en múltiples entradas.[38]

***

Como final de esta sección de introducción de muestras y comentarios sobre lo que se escribió y se podía leer en español en los Estados Unidos en las dos primeras décadas del siglo XIX,

---

[38] En el año 2000, la Academic Learning Company, californiana, compró los derechos de publicación de la obra, y lanzó al mercado la división Velazquez Press, en honor al autor de la obra ¡fallecido en 1860!, publicando una gran variedad de libros sobre la lengua y la enseñanza del español.

presentamos unos breves apuntes de lo escrito sobre la vida social y la política norteamericana por dos autores liberales españoles de la Ilustración: Valentín de Foronda, quien llegó de cónsul a Filadelfia en 1800 y tuvo el excepcional honor de ser un extranjero tempranamente elegido miembro de la American Philosophical Society of Philadelphia, en 1803, publicó un folleto, medio anónimo, pues aparecía firmado sólo con la F de su apellido, *Carta sobre lo que debe hacer un príncipe que tenga colonias a gran distancia*, proponiendo que se deshiciera de ellas. Asimismo, dio a la estampa en Filadelfia, unos agudos *Apuntes ligeros sobre los Estados Unidos de América*, 1804. Tras su elogios de la nueva democracia y destacando la alfabetización que, según señala, estaba más extendida que en los países de Europa, tras elogiar que es muy común en la población saber leer, escribir y contar, jocosamente, añadía que ponen mucho interés en los anuncios de ventas "como que no piensan sino en hacer *Dollars*" (frase tan repetida por tantos de los hispanos parlantes que han visitado o vivido y escrito en los Estados Unidos y desde dichas fechas), y, en relación con el régimen de Partidos políticos, burlonamente escribió algo que tanto salpica en el presente: "Esta República se parece a un Capítulo de Frayles, en que sólo se trata en hacer Provincial a uno de su Partido para que éste haga Guardianes o Priores a sus amigos". (442)

En el caso del segundo personaje, Luis de Onís, tras la invasión napoleónica de España, y la instauración del hermano de Napoleón al frente del gobierno invasor, la Junta Central española le envío de embajador a los Estados Unidos en 1809, aunque el presidente Madison no le aceptara en el cargo hasta 1815, cuando Napoleón fuera derrotado. Vivió Luis de Onís en Estados Unidos hasta 1819, cuando compuso y firmó el *Tratado de Límites entre Nueva España y Estados Unidos*, con el secretario de Estado norteamericano, John Quincy Adams, en el cual España cedía a Estados Unidos, Florida y tierras en Oregón, territorios ya infiltrados por tropas norteamericanas. No obstante, con su talento negociador, pudo Luis de Onís frenar el ambicioso expansionismo norteamericano que aspiraba, asimismo, y, después de que Napoleón les vendiera la gran Luisiana, la cual había sido española en las últimas décadas del siglo XVIII, a tomarse Texas, el Nuevo México, incluyendo Arizona y Colorado, de entonces, más algunas de las provincias fronterizas mexicanas de Nueva España, cruzado el río Bravo. Logró ya entonces señalar unos límites que prevalecerían en el tratado de Guadalupe-Hidalgo, tras la derrota de México de 1848. Entre 1817 y 1818, publicó en la prensa norteamericana en español, y en tres entregas, haciéndose pasar por un ciudadano estadounidenses bajo el seudónimo de Versus, su denuncia de todas las maniobras e intentos de Estados Unidos para extender las fronteras de la extensísima Luisiana, y apoderarse de Florida y las otras tierras norteamericanas bajo España y, asimismo, denunciando las mediaciones de Estados Unidos, a quien tanto ayudara España en su guerra de Independencia, con los independentistas hispanoamericanos. En 1820, dio a la estampa, ya en Madrid, el libro *Memoria sobre las negociaciones entre España y los Estados Unidos de América que dieron motivo al tratado de 1819*, con una noticia sobre la estadística del país.

Tal estadística, tras diez años de residencia en los Estados Unidos, constituye unas de las más agudas y precisas observaciones de los primeros escritores extranjeros que escribieron sobre la vida económica, social, política y cultural de Estados Unidos en unos años, los de las guerras europeas napoleónicas, y junto a la inmigración del norte de Europa, en que el país vivió un primer gran empuje ascendente. Cito solamente dos párrafos suyos sobre la vida política del país que, en cierto modo, siguen manteniendo una acuciante vigencia. Apuntando a las contradicciones dentro del sistema del "Checks and Balances", escribe:

> El poder ejecutivo está mal combinado con el legislativo, el judiciario; carece de las facultades más indispensables para hacer observar las leyes (…) y no existe y domina sino por continuos esfuerzos y manejos de una política astuta y seductora, cuya objeto es deslumbrar con lisonjeras y vanas apariencias al pueblo, intrigar en las elecciones para ganarse siempre un partido preponderante en el cuerpo legislativo (…) el pueblo conoce estos abusos y declama contra ellos (…) cada partido aboga a favor de los que desea elevar al mando y acusa a sus antagonistas; pero el poder ejecutivo y el cuerpo legislativo camina inalterables en su marcha y se manifiestan insensibles al grito de los papeles públicos o los desprecian. Todos están acostumbrados a oír estas declamaciones y aún las acusaciones más enérgicas y probadas y nada les hace impresión necesaria" (59).

¿Está hablando en 1819 o en nuestros días? Otro comentario, apuntaba ya a la posterior guerra civil y a una división que tanto predomina en el presente: "…pero actualmente empiezan a formarse otros dos —partidos— denominados del Norte y del Sur; y como dentro de pocos años tendrá preponderancia en el congreso el último, resultará indefectiblemente la división de esta unión en dos o más repúblicas" (65).

Expuesto todo lo anterior, iniciamos el *Florilegio* literario del siglo XIX, con textos de dos autores del destierro cubano, José María Heredia y Félix Varela, viviendo y escribiendo en los Estados Unidos, y un fragmento de una anónima original novela histórica, *Jicoténcal*, publicada en Filadelfia e, igualmente, obra de la literatura de los Estados Unidos y de la universal escrita en español.

Félix Varela
(1788-1854)

Máscaras políticas. El Habanero, 1826

Nacido en La Habana el 20 de noviembre, 1788, y a los cuatro años su abuelo, al frente de las tropas de la Florida española en San Agustín, se le llevó allí, donde aprendió música y a tocar el violín, además del latín. Posteriormente, hizo los estudios en el Seminario de San Carlos, en la capital cubana y ordenado sacerdote, enseñaba, en él, filosofía y ética, siendo maestro de alguno de los posteriores destacados pensadores cubanos. Representando a Cuba, estuvo presente en las Cortes generales de España entre 1822 y 1823, años en las que fueron abolidas por Fernando VII, al regresar al Trono, y Félix Valera se exilió a Nueva York. Allí y en Filadelfia publicó la revista *El Habanero*, 1824-26, "papel político, científico y literario" con sus siete números, y numerosos ensayos de teología, filosofía y política. Asimismo, de 1828 a 1831, junto al eminente enciclopedista cubano, José Antonio Sacó, editó numerosos números de *El Mensajero Semanal.* También tradujo al español el *Manual de práctica parlamentaria* de Thomas Jefferson. En 1835, publicó sus famosas *Cartas a Elpidio*, dirigidas a la juventud. Su labor como precursor del pensamiento de la nacionalidad cubana, ha opacado su obra teológica y su excelsa labor de sacerdote católico, siendo el primero de habla hispana en Nueva York, fundando, en sucesión, varias iglesias católicas en una ciudad en fechas tan opuesta al catolicismo; no obstante, él supo llevarse bien con representantes del dominante protestantismo. Llegó a ser el Vicario de la Diócesis de Nueva York, donde se entregó a una labor pastoral con los emigrantes, en especial, con los irlandeses, la mayoría en aquel entonces, publicando en varias revistas católicas y practicando actos de santa caridad entre las capas humildes y los más desposeídos en el barrio llamado de los "Cinco puntos" en el bajo Manhattan, de tan mal vida y miseria.[39]

---

[39] En la *Guía de la Ciudad de Nueva York*, de 1872, leemos: "Old Brewery". Five Points (cinco puntos), miseria más espantosa y crímenes. La policía y lo sacerdotes, principalmente católicos, Varela, el virtuoso Varela, por ejemplo, allí iban con los auxilios

Aquejado de enfermedad, ya en 1850 se retiró a San Agustín, habitando en una especie de cobertizo, esquinado junto a la Catedral, donde murió, en 1854. El último cubano que vio a Valera, fue Lorenzo de Allo antiguo alumno suyo del San Carlos, quien le encontró en el camastro de su humilde habitáculo. Estaba agonizando, la sotana ajada, unos trapos y el viejo violín, eran sus únicas pertenencias. Conmovido al verle en tal estado, escribió a sus amigos en La Habana: "Varela moribundo sobre un jergón habla más a mi alma que Sócrates tomando la cicuta" (*Sentido y razón del destierro* 8).

Las "**Máscaras políticas**", hoy en día, proliferan por doquier:

> Es tan frecuente entre los hombres encubrir cada una de sus verdaderas intenciones y carácter, que la persuasión general de que esto sucede, parece que debía ser un preservativo para evitar muchos engaños en el trato humano; pero desgraciadamente hay ciertos medios que, sin embargo de ser bien conocidos, producen siempre su efecto, cuando se saben emplear, y la juventud, que por ser generosa, siempre es incauta, cae con frecuencia en los lazos de la más negra perfidia. Yo llamo a estos medios máscaras políticas, porque efectivamente encubren al hombre en la sociedad, y le presentan con un semblante político muy distinto del que realmente tendría si se manifestase abiertamente. Son muchas estas máscaras, pero yo me contraeré a considerar las principales, que son el patriotismo y la religión; objetos respetables, que profanados, sirven de velo para encubrir las intenciones más bajas, y aun los crímenes más vergonzosos.
>
> Los que ya otra vez he llamado traficantes de patriotismo tienen tanta práctica en expender su mercancía, que por más defectuosa que sea, consiguen su venta con gran ganancia, porque siempre hay compradores incautos. La venta se hace siempre por empleos o por dinero, quiero decir, por cosa que lo valga; pues nadie es tan simple que pida una cantidad por ser patriota. Es cierto que a veces sólo se aspira a la opinión, mas es por lo que ella puede producir; pues tal especie de gente no aprecia sino lo que da autoridad o dinero.
>
> Hay muchos signos para conocer estos traficantes. Se observa un hombre que siempre habla de patriotismo, y para quien nadie es patriota, o solamente lo son los de cierta clase, o cierto partido. Recelemos de él, pues nadie afecta más fidelidad, ni habla más contra los robos que los ladrones. Si promete sin

---

espirituales a disipar algo esa atmósfera de degradación social" (13).

venir al caso derramar su sangre por la Patria, es más que probable que en ofreciéndose no sacrificará ni un cabello. Si recorre varias sociedades secretas (como los que en España fueron sucesivamente masones, comuneros, etc) enmascarado tenemos, y mucho más si el cambio es por el influjo que adquiere la sociedad a donde pasa, bien que jamás deserta uno de éstos de la sociedad preponderante, a menos que en la otra no encuentre algunas utilidades individuales, que acaso son contrarias al bien general, mas no importa.

Sin embargo, debe tenerse alguna indulgencia respecto de ciertos pretendientes, que siendo buenos patriotas, tienen la debilidad de arder en el deseo de un empleo, y entran en la sociedad que creen tener más influjo, y sucesivamente las recorren todas (como me consta por experiencia) para ver dónde consiguen. He dicho que debe tenerse alguna indulgencia, porque a pesar de que su conducta no es laudable, suelen tener un verdadero amor patrio, y ni por el empleo que solicitan ni por otra utilidad alguna serían infieles a su patria. Pero éstos no son muy comunes, y su verdadero defecto consiste en confundirse con los enmascarados circulantes; pues al fin un ambicioso es más sufrible que un infame hipócrita político. Aún en algunos casos no podrá graduarse de ambición el esfuerzo imprudente de algunos por colocarse en la sociedad, y a veces por huir de la miseria.

Otro de los signos para conocer estos especuladores es que siempre están quejosos, porque saben que el sistema de conseguir es llorar. Pero ellos lo hacen con una dignidad afectada, que da a entender que el honor de la Patria se interesa en su premio, más que su interés particular.

Suele oírseles refiriendo las ventajas que hubieran sacado no siendo fieles a su patria, las tentativas que han hecho los enemigos para ganárselos, la legalidad con que han servido sus empleos; cosas que también hacen y deben hacer los verdaderos patriotas, pero cuando la necesidad y el honor lo exigen y con cierta modestia tan distante de la hipocresía como del descaro y atrevimiento. La Patria a nadie debe, todos sus hijos la deben sus servicios. Cuando se presentan méritos patrióticos es para hacer ver que se han cumplido unas obligaciones. Esta debe ser la máxima de un patriota. Un especulador viene por su paga; pídala en efectivo como un mercenario, désele, y vaya en paz. ¡Cuántas veces se les oye decir que están arrepentidos de haber hecho servicios a la Patria, y que si hubieran consultado mejor sus intereses hubieran sido sus enemigos! Estos viles confunden siempre la Patria con el gobierno, y si éste no les premia (merezcan o no el premio) aquélla nada vale.

Para conseguir su venta con más ventaja, suelen hacer algunos sacrificios, y distinguirse por algunas acciones verdaderamente patrióticas; pero muy pronto van por la paga, y procuran que ésta sea cuantiosa, y valga más que el bien que han hecho a la Patria. Ellos emprenden una especulación política lo mismo que una especulación mercantil; arriesgan cierta cantidad para sacar toda la ganancia posible. Nada hay en ellos de verdadero patriotismo; si el enemigo de la Patria les paga mejor, le servirán gustosos, y si pueden recibirán de ambas partes. Sobre todo, el medio más seguro para conocer estos enmascarados es observar su conducta. Yo jamás he creído en el patriotismo de ningún pícaro. Por más que se diga que la vida pública es una cosa y la privada es otra, prueba la experiencia que éstas son teoría y vanas reflexiones, sobre lo que pueden ser los hombres y no sobre lo que son. Hay sus fenómenos en esta materia, quiero decir, hay uno u otro hombre inmoral en su conducta privada, y de excelente conducta como hombre público, o cuando se trata del bien de la Patria, aunque hablando con toda franqueza yo no he conocido ningún hombre de esta especie, y creo que sería muy difícil demostrar uno. He oído hablar mucho sobre esta materia, pero nunca se ha pasado de raciocinios. Sobre todo, los casos extraordinarios no forman regla en ninguna materia.

Debe tenerse en cuenta que los pícaros son los que más pretenden pasar por patriotas, pues convencidos de su poca entrada en la sociedad, y aún del desprecio que merecen en la vida privada, procuran por todos medios conseguir algo que les haga apreciables, y aún necesarios. Ellos siempre son temibles, y es desgraciada toda sociedad, grande o pequeña, donde tienen influjo y aprecio hombres inmorales.

Muchos aspiran a este título de patriotas entre la gente incauta e ignorante, para hacerse temer aún de los que los conocen, y saben lo que valen. Hablan, escriben, intrigan, arrostran a todo el mundo, todo lo agitan, no paran un momento, arde en su pecho el sagrado fuego del amor patrio, se difunde esta opinión, y está conseguido el intento. Si se les persigue, está en ellos perseguido el patriotismo; si se les castiga, son víctimas del amor patrio; en una palabra, consiguen ser temidos. Piden entonces premio por no hacer daño, y como siempre hay hombres débiles, ellos logran su proyectada ganancia.

También deben contarse entre estos enmascarados cierta clase de tranquilizadores, que tienen la particular gracia de producir los males y curarlos. Todo lo componen y tranquilizan, porque no hacen más que descomponer y atizar, y las cosas por su misma naturaleza vuelven al estado que tenían. ¡Cuántas disensiones y trastornos populares se han producido sin otro objeto que el de componerlos después y ameritarse sus autores! Si no consiguen remediar el mal, por lo menos hacen ver sus esfuerzos para impedirlo y esto les adquiere el título de buenos patriotas. Sacrifican mil víctimas, pero esto no importa si hacen su ganancia.

Hay aún otra clase de tranquilizadores más hábiles, que son los que saben fingir males que no existen, y abultar los verdaderos en términos que la multitud se persuada de que está en gran peligro, y después mire como a sus libertadores a los que han sido sus verdugos. Todo fingen que se debe a su celo, actividad y prudencia; si no hubiera sido por ellos, el pueblo hubiera sufrido horribles males. Hacen como algunos médicos ignorantes que para ameritarse ponderan la gravedad del enfermo, aunque sea poco más de nada lo que tenga. ¡Qué partido saca de la sencillez de muchos la sagacidad de algunos!

Otra de las máscaras que mejor encumbre a los pícaros es la religión. Estos enmascarados agregan a su perfidia el más execrable sacrilegio. Se constituyen en defensores natos de una religión que no observan, y que a veces detestan. La suponen siempre perseguida y abatida. Se dan el aire de confesores, y a veces de mártires de la fe (¡bien merecen ser mártires del diablo!) atribuyendo a las personas más honradas, y aún a las más piadosas, las ideas e intenciones más impías y abominables. En una palabra, ellos conocen el influjo de las ideas religiosas y suelen manejarlas a su favor. Más esta especie de máscaras ya casi no merece el nombre de tal, pues solo produce su efecto entre personas muy ignorantes.

Hay otro medio de cubrirse con la religión, o mejor dicho con el fanatismo, aún más especioso, y consiste en presentar los males que efectivamente produce este monstruo y causar otros tantos y acaso más, que incluidos en el mismo número, se les atribuye el mismo origen, y quedan sus autores jugando a dos caras. No hay cosa mejor para el que tiene que dar cuentas que la quema de un archivo, porque luego se dice que todos los papeles estaban en él. Así en el orden político suelen atizar el fanatismo los que quieren que produzca estragos para declamar contra él, y atribuirle todos los males. Hay otros menos perversos que no fomentan ni incitan directamente el fanatismo, pero sí se aprovechan de la ocasión que se les ofrece. Suelen también constituirse entonces en sus perseguidores, pero es para inflamarlo o para sacar algún partido ventajoso en otro respecto. En todos estos manejos infernales aparece la religión como objeto principal cuando solo está sacrílegamente convertida en una verdadera máscara.

Siempre abundan esos enmascarados porque siempre hay hombres infames, para quienes las voces patria y virtud nada significan, pero en los cambios políticos es cuando mas se presentan, porque entonces hay más proporción para sus especulaciones. Nada hay más fácil que conocerlos si se tiene alguna práctica en observar a los hombres. Esta es la que yo recomiendo a la juventud para quien principalmente escribo.

V.A. Vol. IV II, No. 16 y 17. Primavera /Otoño 2004

José María Heredia
(1803-1839)[40]

Poesia

Nacido en Santiago de Cuba, desde su infancia y primera juventud, siguiendo las cargos políticos-administrativos de su padre, vivió en Venezuela y México, donde, y como muestra de su precoz genio literario, a los 16 o 17 años escribió el ya magnífico poema "En el Teocali de Cholula". Posteriormente, en la Universidad de La Habana, en 1821, se recibió de bachiller de leyes, y, en 1923, comenzó su carrera de abogado en Matanzas, el mismo año en que, formando parte de un grupo conspirador en pro de la Independencia Cubana, "Los soles y rayos de Bolívar", fue inculpado, pero logró huir a los Estados Unidos, residiendo, primero, en Boston y luego en Nueva York, en una dura y difícil brega, unos dos años; dependiendo de un modesta cantidad que le enviaba su tío desde Cuba, y haciendo traducciones y dando clases de español, algo que caracterizó a tantos de los desterrados e inmigrados hispano hablantes en los Estados Unidos. No aguantando tal vivir, y agobiado por la inclemencia del frío de Nueva York, en 1825, viajó a México, donde fijó residencia hasta su muerte en 1839. No obstante, en Nueva York, ese año, publicó *Poesías* [41], en donde aparecía su famosísimo poema "Niágara", escrito en 1824, el cual de por sí sólo, justifica que se la haya llegado a considerar como "el primer poeta romántico de las Américas". De tan rico poemario, con raíces neoclásicas que se desahogan en el romanticismo, seleccionamos dos poemas escritos en los Estados Unidos: el soneto "Renunciando a la poesía" y

---

[40] Para conocer las vicisitudes de su vida en Nueva York, y la relación epistolar que tuvo con madre, familia y amigos en Cuba, contamos con el *Epistolario de José María Heredia* (desde la página 82 a la 326) editado por Ángel Augier y el reciente libro, *José María Heredia in New York, 1823-1825. An Exiled Cuban Poet in the Age of Revolution, Selected Letters and Verse,* editado, traducido y con una introducción por Frederick Luciani.

[41] De la recepción de este libro al publicarse, en carta a su madre (10 de agosto 1825), escribe: "Estas poesías han sido bastante bien recibidas aquí y los periódicos han hecho de ellas los elogios más exagerados" (*Epistolario de José María Heredia* 228); palabras que testimonian la presencia de un mundillo literario en español en Nueva York, ya en 1825, con su propia prensa y publicaciones.

"Niágara". En el primero, anuncia su despedida de la poesía, dado las penosas circunstancias en que vive: "En mi destierro triste / me deja Apolo". No obstante, y paradójicamente, del mismo destierro surgirán su gran floración poética de entre 1923 y 1925, como anuncia en el primer verso del poema "A Emilia", 1924, "Desde el suelo fatal de su destierro", y desde el cual escribe éste y lo siguientes poemas, "Placeres de la melancolía", "Niágara", "La estrella de Cuba", "Himno del desterrado" y "Vuelta al Sur" (compuesto dejando atrás a los Estados Unidos, viajando a México y divisando, en el barco, la, tan extrañada costa cubana); poemas, todos estos de José María Heredia, que constituyen primeras muestras de la gran tradición, en nuestro idioma en el siglo XIX y XX, de una poesía del destierro. Dos de sus versos, "¡Adiós yelo! ¡Oh lira de Cuba!", de "Vuelta al Sur", y "Las palmas ¡ay! las palmas deliciosas", del "Niágara", tan repetidos por posteriores poetas cubanos, sintetizan la nostalgia del desterrado de los países del Caribe y del Sur y el anhelo de la Patria nativa, en la estela del gran Ovidio poeta romano, quien en sus *Tristes* iniciara la tan desoladora visión del desterrado.

Renunciando a la poesía

Fue tiempo en que la dulce poesía
el eco de mi voz hermoseaba,
y amor, virtud y libertad cantaba
entre los brazos de la amada mía.

Ella mi canto con placer oía,
carícias y placer me prodigaba,
y al puro beso que mi frente hollaba
muy más fogosa inspiración seguía

¡Vano recuerdo! En mi destierro triste
me deja Apolo, y de mi mustia frente
su sacro fuego y esplendor retira.

Adiós, ¡oh Musa! que mi gloria fuiste:
adiós, amiga de mi edad ardiente:

el insano dolor quebró mi lira.

Boston, diciembre 1823

Niágara

    Templad mi lira, dádmela, que siento
En mi alma estremecida, y agitada
Arder la inspiración. ¡Oh! ¡Cuánto tiempo
En tinieblas pasó, sin que mi frente
Brillase con su luz...! Niágara undoso,
Tu sublime terror sólo podría
Tornarme el don divino, que ensañada
Me robó del dolor la mano impía.

    Torrente prodigioso, calma, calla
Tu trueno aterrador: disipa un tanto
Las tinieblas que en torno te circundan;
Déjame contemplar tu faz serena,
Y de entusiasmo ardiente mi alma llena.
Yo digno soy de contemplarte: siempre
Lo común y mezquino desdeñando,
Ansié por lo terrífico y sublime.
Al despeñarse el huracán furioso,
Al retumbar sobre mi frente el rayo,
Palpitando gocé: vi al Océano,
Azotado por austro proceloso,
Combatir mi bajel, y ante mis plantas
Vórtice hirviente abrir, y amé el peligro.
Mas del mar la fiereza
En mi alma no produjo
La profunda impresión que tu grandeza.

    Sereno corres, majestuoso; y luego
En ásperos peñascos quebrantado,
Te abalanzas violento, arrebatado,
Como el destino irresistible y ciego
¿Qué voz humana describir podría

De la sirte rugiente
La aterradora faz? El alma mía
En vago pensamiento se confunde
Al mirar esa férvida corriente,
Que en vano quiere la turbada vista
En su vuelo seguir al borde oscuro
Del precipicio altísimo: mil olas,
Cual pensamiento rápidas pasando
Chocan, y se enfurecen,
Y otras mil y otras mil ya las alcanzan,
Y entre espuma y fragor desaparecen.

¡Ved! ¡llegan, saltan!
El abismo horrendo
Devora los torrentes despeñados:
Crúzanse en él mil iris, y asordados
Vuelven los bosques el fragor tremendo.
En las rígidas peñas
Rómpense el agua: vaporosa nube
Con elástica fuerza
Llena el abismo en torbellino, sube,
Gira en torno, y al éter
Luminosa pirámide levanta,
Y por sobre los montes que le cercan
Al solitario cazador espanta.

Mas ¿qué en ti busca mi anhelante vista
Con inútil afán? ¿Por qué no miro
Alrededor de tu caverna inmensa
Las palmas ¡ay! las palmas deliciosas,
Que en las llanuras de mi ardiente patria
Nacen del sol a la sonrisa, y crecen,
Y al soplo de las brisas del
Océano, Bajo un cielo purísimo se mecen?

Este recuerdo a mi pesar me viene...
Nada ¡oh Niágara! falta a tu destino,
Ni otra corona que el agreste pino
A tu terrible majestad conviene.

La palma, y mirto, y delicada rosa,
Muelle placer inspiren y ocio blando
En frívolo jardín: a ti la suerte
Guardó más digno objeto, más sublime.
El alma libre, generosa, fuerte,
Viene, te ve, se asombra,
El mezquino deleite menosprecia
Y aun se siente elevar cuando te nombra.

¡Omnipotente Dios!
En otros climas
Vi monstruos execrables,
Blasfemando tu nombre sacrosanto,
Sembrar error y fanatismo impío,
Los campos inundar en sangre y llanto,
De hermanos atizar la infanda guerra,
Y desolar frenéticos la tierra,
Vilos, y el pecho se inflamó a su vista
En grave indignación. Por otra parte
Vi mentidos filósofos, que osaban
Escrutar tus misterios, ultrajarte,
Y de impiedad al lamentable abismo
A los míseros hombres arrastraban.
Por eso te buscó mi débil mente
En la sublime soledad: ahora
Entera se abre a ti; tu mano siente
En esta inmensidad que me circunda,
Y tu profunda voz hiere mi seno
De este raudal en el eterno trueno.

¡Asombroso torrente!
¡Cómo tu vista el ánimo enajena,
Y de terror y admiración me llena!
¿Do tu origen está? ¿Quién fertiliza
Por tantos siglos tu inexhausta fuente?
¿Qué poderosa mano hace que al recibirte
No rebose en la tierra el Océano?

Abrió el Señor su mano omnipotente;

Cubrió tu faz de nubes agitadas,
Dio su voz a tus aguas despeñadas,
Y ornó con su arco tu terrible frente.
¡Ciego, profundo, infatigable corres,
Como el torrente oscuro de los siglos
En insondable eternidad...! Al hombre
Huyen así las ilusiones gratas,
Los florecientes días,
Y despierta al dolor...! ¡Ay! agostada
Yace mi juventud; mi faz, marchita;
Y la profunda pena que me agita
Ruga mi frente, de dolor nublada.

Nunca tanto sentí como este día
Mi soledad y mísero abandono
Y lamentable desamor... ¿Podría
En edad borrascosa
Sin amor ser feliz?... ¡Oh! ¡si una hermosa
Mi cariño fijase,
Y de este abismo al borde turbulento
Mi vago pensamiento
Y ardiente admiración acompañase!
¡Cómo gozara, viéndola cubrirse
De leve palidez, y ser más bella
En su dulce terror, y sonreírse
Al sostenerla mis amantes brazos...!
¡Delirios de virtud... ! ¡Ay! ¡Desterrado,
Sin patria, sin amores,
Sólo miro ante mí llanto y dolores!

¡Niágara poderoso!
¡Adiós! ¡Adiós! Dentro de pocos años
Ya devorado habrá la tumba fría
A tu débil cantor. ¡Duren mis versos
Cual tu gloria inmortal! ¡Pueda piadoso
Viéndote algún viajero,
Dar un suspiro a la memoria mía!
Y al abismarse Febo en occidente,
Feliz yo vuele do el Señor me llama,

Y al escuchar los ecos de mi fama,
Alce en las nubes la radiosa frente.

Junio de 1824

V.A. Vol 4, No. 16 y Vol 4, No. 17. Primavera/Otoño 2004

En dicho número, asimismo publicamos otros dos poemas sobre el Niágara: el muy largo del colombiano Rafael Pombo, "En el Niágara", fechado el 26 de julio, 1864, y el, igualmente extenso, del venezolano Juan Antonio Pérez Bonalde, "El poema del Niágara", fechado en las Cataratas del Niágara, el 4 de julio, 1880.

Jicoténcal (1826)
Novela Histórica Anónima (Fragmento)[42]

A pesar de ser publicada como anónima, por una editorial de Filadelfia, Luis Leal y Rodolfo J. Cortina publicaron una edición atribuyéndola a Félix Valera, con una larga exposición exponiendo las posibles razones por las cuales se le pudiera considera como el autor. Por su parte, y posteriormente, Alejandro González Acosta la atribuye a José María Heredia, que, contrario a Valera, sí había estado en México y escrito, a los 16 o 17 años, su famoso canto "En el Teocali de Cholula"; no obstante tampoco hay pruebas de que fuera el autor de la novela. Por lo tanto, hay que seguir considerándola anónima, tal como se publicó, y como obra de un autor desconocido; uno de aquellos del nutrido grupo de escritores de habla hispana que, por dichas fechas, habitaban y escribían en el Este de los Estados Unidos; novela, fruto del múltiple interés y actualidad que, tras la Independencia de México, tuvo la historia y la cultura indígena nativa; hasta tal punto de ser una de las primeras, sino la primera, novela histórica en español del siglo XIX, en donde dicha historia, se presenta entrelazada con los amores de Jicoténcal y Teutila, dándonos también una de las primeras novelas románticas escrita en español, y ¡publicada en Filadelfia! El fragmento que transcribimos, del Libro primero (lo que la joven y hermosa americana le cuenta A

---

[42] Tomamos el fragmento de la edición crítica de la novela realizada por Luis Leal y Rodolfo. J Cortina.

Hernán Cortés, encarándole) testimonia ambas dimensiones de novela histórica y romántica. Igualmente, laten en ella, como ya se desprende del texto, los ideales de la Libertad y de la Justicia, que compartían aquel grupo de escritores hispanos en Nueva York y en Filadelfia, como ya se desprendía en el anterior texto transcrito de Félix Varela, y en otros de los posteriores que recogemos:

Hay que tener presente, a propósito de las letras en español en los Estados Unidos, que, asimismo, la mejor novela de costumbres cubanas del siglo XX, *Cecilia Valdés*, del desterrado Cirilo Villaverde, en su edición príncipe y definitiva, se escribió y publicó en Nueva York, en 1882.

....—Yo soy Teutila, hija de Ocambo, que fue cacique de Zocothlán y de Ozimba, hermana de Teutile, general de los ejércitos de Motezuma, del que yo tomé mi nombre. Mi nación ha deseado siempre la alianza con los tlascaltecas, porque casi nos son insoportables las exacciones y tributos con que nos grava el gobierno de Motezuma, y enteramente insufribles el orgullo y violencias de sus agentes. Nuestra situación, tan distante del centro del imperio, y nuestra vecindad con Tlascala nos han convidado siempre a la unión; mas los agentes del gobierno, y sobre todo las tropas del emperador, han hecho atrocidades con los tlascaltecas siempre que han venido a nuestras tierras, fomentando así y encendiendo los odios y rivalidades entre las dos naciones vecinas.

"No obstante, las negociaciones secretas adelantaban considerablemente; mi padre estaba casi decidido a sacudir el yugo de Motezuma, y los tlascaltecas y nosotros comenzábamos a mirarnos como hermanos, cuando un senador de Tlascala, llamado Magiscatzin, corriendo las sabanas en una cacería, se entró en nuestras tierras y quiso abusar de una joven parienta nuestra que encontró sola cuidando de un sembrado de maíz. La honrada zocothlana se defendió con valor de los insultos de aquel insolente, al que hizo varias heridas en el rostro con sus propias manos. Aunque no sabíamos el nombre del atrevido, se conoció por sus plumas que era un tlascalteca; no obstante no quiso mi padre hacer cargo a la nación del crimen de uno de sus individuos y, encomendando la venganza a los dioses, no dio paso alguno contra el criminal, sacrificando los deseos de un justo escarmiento a las esperanzas lisonjeras de una próxima unión.

"Interin mi padre observaba esta conducta generosa, se presenta Magiscatzin en el senado todavía sangriento, y acusa a sus pacíficos vecinos de Zocothlán de haber atentado contra su vida dentro de los límites de Tlascala. Jamás hasta entonces se había contaminado aquel santuario de la libertad con la mentira y la calumnia; así es que se enardecieron los ánimos de los fieros tlascaltecas y votaron la guerra y la venganza. Nuestras fronteras fueron atacadas, y bien pronto se cubrió nuestra patria de luto y de desolación. Mi padre reunió su gente y salió al encuentro del enemigo; en las inmediaciones de Zocothlán se dio una sangrienta batalla en la que mi padre fue herido con una flecha en la garganta. Esta triste nueva llegó bien pronto a nosotras, que pedíamos al dios de los ejércitos favoreciese nuestra justa causa. Mi madre y yo salimos al campo a prodigar nuestras caricias a mi desgraciado padre, que conducían unos cuantos bravos sobre sus hombros. El anciano respetable no pudo hablarnos, pero sus manos y sus ojos nos manifestaban su afecto y el consuelo que recibía de nuestras atenciones cariñosas.

"Al mismo tiempo rompe las líneas un tercio de tlascaltecas, acomete la escolta que custodiaba a mi padre, nos rodea con gritos desaforados y la carnicería y el espanto nos cercan por todas partes. A la cabeza de estas tropas venía un joven cuyo aspecto y continente me llamó particularmente la atención a pesar de mi sorpresa. Con paso ligero y rostro sereno se acerca a mí, el arco a la espalda y una maza en la mano; párase a corta distancia y, con una voz sonora y llena de dignidad, exclamó:`¡Tlascaltecas! No manchéis ·vuestra gloria con la muerte de los vencidos. Nuestra venganza debe ser generosa.' Su gente le obedece como a un Dios. Y después de dar algunas disposiciones, se dirige a mí, y me habla de esta manera:

"—¿Quién eres, ¡oh criatura más hermosa que la estrella de la mañana!, que has podido desarmar la justa cólera de un tlascalteca?'

"—¡Monstruo! –le contesté– ¿Osas llamar justa tu rabia, hija natural de un crimen atroz? Acaba de saciar tu sed de sangre y arráncame un alma que no puede soportar tus horrores.'

"En este mismo tiempo veo a mi madre caer sin sentido: había sido herida en la refriega; pero ocupada de la situación de mi padre y de la mía sufrió en silencio sus dolores hasta que sucumbió a la pérdida de sangre que le causaba su herida. A los pocos instantes expiró en mis brazos y yo pude resistir este golpe fatal animada por los pocos momentos de vida que quedaban aún a mi padre, que, al fin, sucumbió al peso de tantos males juntos, y al cerrar sus ojos para siempre, caí yo a tierra sin sentido.

"Al volver en mí, me encuentro en los brazos de Jicoténcal: éste era el joven de que acabo de hablarte, que mandaba entonces una división o tercio de las tropas de la república. Este guerrero magnánimo rociaba agua fresca sobre mi seno, me hacía oler plumas quemadas y frotaba mis pies con pieles. Aunque debí a sus cuidados mi vida, tuve la crueldad de insultarle de nuevo; en seguida me obstiné en no contestarle una sola palabra a sus afectuosas demostraciones y sus honradas protestas, y mi cólera crecía más y más viendo el ascendente que, a pesar mío, tomaba sobre mi corazón.

"La ley de la guerra me condenaba a la suerte de esclava, y, no obstante, hice camino hasta la ciudad de Tlascala, recibiendo de Jicoténcal y de los suyos las mismas atenciones y respetos que hubiera podido esperar de los míos. A los pocos momentos de nuestra entrada en la capital me condujeron a casa de mi joven señor; yo estaba tranquila sobre mi honor, ni tampoco me afligía una esclavitud que el respeto y miramientos de Jicoténcal me hacían poco temibles. Mi corazón era el que me alarmaba, porque bien involuntariamente ardía en amor por el joven guerrero. Este me presentó a su padre, anciano y ciego, diciéndole estas palabras: 'El cielo te colme, padre mío, de tantas felicidades como gracias tiene esta hermosa zocothlana que te presento. La suerte de la guerra me la ha dado por esclava, pero el que manda en los corazones de los hombres la ha hecho señora del de tu hijo. Colmado de gloria me encuentro más triste y abatido que jamás se vio un esclavo atado al pie del altar. Las leyes me prohíben casarme con una enemiga y el cielo me une a ella y, para colmo de mis males, ¡esta ingrata me odia, me aborrece, me llama bárbaro, monstruo!

Medita, padre mío, si en tu sabiduría y en tu experiencia puedes encontrar algún remedio a los males o algún consuelo a las penas de tu desdichado hijo.'

"El anciano Jicoténcal lo colmó de caricias y, con un afecto verdaderamente patriarcal, le prodigó tantos consuelos y le dio tan prudentes consejos, que el semblante del hijo respetuoso comenzó a brillar con una dulce serenidad que yo no había visto hasta entonces. Tal es el ascendente de las virtudes, unidas al afecto patriarcal y el respeto que infunden unas canas venerables, que el impetuoso carácter de un joven valiente y vencedor se convirtió en la dulce mansedumbre de la inocencia misma sumida a los consejos de la sabiduría.

"Disimula extranjero, que me detenga con complacencia

en tan interesantes recuerdos: quizás ellos solos son la única felicidad que me queda.

¡Y ojalá tú hubieras podido conocer a este venerable anciano! Tu corazón no hubiera podido resistir al impulso de todas las virtudes reunidas en un hombre.

"Mas volviendo a mi historia: yo quedé sola con el padre Jicoténcal y éste se insinuó con tanta dulzura y con tanta prudencia, que no pude menos de abrirle mi corazón, pidiéndole yo también un remedio o un consuelo en mi pasión desdichada. Mas ¿quién te podrá pintar la santa cólera que animó su semblante cuando supo por mí la negra calumnia de Magiscatzin? '¡Primera causa que gobiernas el mundo! – exclamó de una manera que me hizo caer de rodillas sobrecogida de un santo respeto – ¿Cómo permites tanta maldad? ¡Supremo juez de los mortales! El santuario de las leyes, el templo augusto de la libertad de Tlascala está contaminado sacrílegamente. ¿En qué se detienen tus venganzas? La sangre inocente ha regado la tierra, ¡y respira todavía el malvado que nos la ha hecho derramar! ... Retírate, hija mía; tus fatigas piden un poco descanso y yo necesito de todas mis fuerzas para meditar sobre los males que amenazan a mi hijo y más todavía a nuestra patria.' ...

"A la mañana siguiente nos mandó llamar el respetable anciano a su hijo y a mí, y tomándole a él una mano cariñosamente, le habló así: 'Jicoténcal, Teutila te ama...'

2. Continuo Crecimiento entre los años 40 y 70

Se dio con la llegada a los Estados Unidos de hispano hablantes; en la costa Atlántica del país, principalmente, desterrados e inmigrantes cubanos, más algunos puertorriqueños, formando grupos y Juntas e impulsando, con sus periódicos y revistas, el movimiento independentista cubano y puertorriqueño, más otros expatriados, o con cargos diplomáticos de los distintos países hispanoamericanos y de España.[43] Se juntó, en Nueva York, un núcleo de personalidades pertenecientes a familias de la élite española-criolla (lo de criollo, acentuando el mestizaje étnico y cultural, europeo, indio y africano, que se dio en la América de habla española y portuguesa), y con una alta formación cultural, literaria y artística (recordemos que, dichas élites, tenían, en sus respectivos países, instituciones de enseñanza y artístico-culturales, ya imbuidas del enciclopedismo propio de la Modernidad; y varios de tales personalidades habían estado en España. París y Londres)[44] que aplicaron en sus actividades en el destierro norteamericano en trabajos en editoriales, publicaciones, traducciones, labor periodística, dedicación a la enseñanza y a otros menesteres profesionales y comerciales,[45] Toda una extensa labor cultural y

---

[43] Por lo general, se ha subestimado la presencia de una colonia española en Nueva York, la cual ya en los años 20 del siglo XIX tenía dos periódicos españoles y a favor de la españolidad de Cuba y Puerto Rico, *El Redactor* (1827-1833), editado por Juan de la Granja, y *El Mercurio de Nueva York* (1828-1831). Contamos con el reciente y detallado ensayo de Miguel Ángel Hernández Fuentes, "La prensa española en Nueva York durante el siglo XIX".

[44] Como un ejemplo de esto, leamos lo que dijera el cubano Néstor Ponce de León hablando de su "Biblioteca ", y de los libros de su padre: "...mi padre era un hombre de vasta instrucción, gran lector, y además que sabía escoger lo que leía, pues dejó una extensa biblioteca, de más de dos mil volúmenes, compuesta de obras de los mejores autores en varias lenguas que poseía perfectamente, pues había vivido varios años en países extranjeros. Mi madre, modelo de madres y mujer de superior inteligencia y excelente educación, desde que yo era muy niño procuró infundirme afición a la lectura..." (*La Revista Ilustrada de Nueva York* 84).

[45] Centrándose en el grupo mayoritario, el cubano, Enrique López Mesa nos ha dejando

literaria poco historiada en su conjunto y, verdaderamente, asombrosa dado que la colonia de habla española de Nueva York no pasaba, a lo más, de unas cuatro o cinco mil personas en aquellas décadas. Parte de aquella obra se destinaba a los países Hispanoamericanos y llegaba a España.

Para mediados del siglo XIX, Nueva York había devenido una ciudad cosmopolita, superando a París en el número de habitantes, sumando, con el aluvión de inmigrantes, casi un millón, en 1872, y sobrepasándole si le añadimos los 300.000 habitantes de Brooklyn, que, entonces estaba separada de Nueva York. Ésta aparecía ya como una metrópolis, industrial y comercial, según se desprende de la minuciosa *Guía de Nueva York*, publicada en aquel año de 1872 por la editorial de Néstor Ponce de León, con las siglas del autor A. B.M, el renombrado profesor universitario y escritor cubano, Antonio Bachiller y Morales, Guía, que conoció una segunda edición corregida y aumentada, *Guía de Nueva York* y sus alrededores, en 1876. Dado el auge del comercio, y mediante el correo y el telégrafo, y la navegación por ambos mares, el Atlántico y el Pacífico, abriendo vías de comunicación con los países latinoamericanos y España, ya el colombiano Rafael Pombo, quien llegara a Nueva York en 1855, agudamente apuntó a que tal situación favorecería para que la ciudad pudiera convertirse en un centro de difusión de ideas y literatura pan-hispánicas: "Si hay en el universo un punto a propósito para centralizar y difundir el cambio de ideas entre los países españoles, y aun para monopolizar su comercio literario, ese punto es Nueva York". Posteriormente, el mismo pensamiento animaría a Domingo F. Sarmiento, quien, siendo embajador de la República Argentina, lo puso en práctica con los cuatro extensos números de su revista trimestral, publicada en Nueva York, *Ambas Américas* (1867-68), subtitulada "Revista de Educación, Bibliografía, Agricultura", en la cual se presentaba información de los tres temas en los Estados Unidos y en los distintos países latinoamericanos donde se distribuía la Revista, la cual contenía una amplia lista de libros publicados, escritos en español y en traducciones a este idioma,

una detallada descripción en su libro monográfico, *La comunidad cubana de New York: siglo XIX*. En el Anexo A, publica cinco poemas "neoyorquinos" de autores cubanos del siglo XIX: "El desterrado", Pedro Santacilia, "En Greenwood (Campo santo de Nueva York)", Juan Clemente Zenea, "El beso de la noche" y "Un socialista hambriento", Rafael María de Mendive y "Liberty Enlightment the World. Entrada en Nueva York", de Isaac Carrillo y O'Farril.

que se vendían en las librerías de Nueva York, Filadelfia, Boston y, otras ciudades y se destinaban, asimismo, a los países de habla hispana. Tal revista, junto a unas cuantas editoriales librerías, revistas y periódicos neoyorquinos, tales, entre varios más, como *El Revisor de la política y literatura americana*, de Antonio José Irisarri, iniciado en 1849,[46] *El Mundo Nuevo* (1871-1875) y, *La América Ilustrada* (1874-75), periódico y revista bajo la dirección de Enrique Pyñeiro y, posteriormente, *La Revista Ilustrada de Nueva York* (1885-1893), *Las Tres Américas* (1893-1896), y otras más, son expresión de lo que tuvo Nueva York —algo poco reconocido— de ser en las últimas décadas del siglo XIX, y primeras del XX, punto de encuentro, y de difusión, de ideas y literatura pan-hispánicas, según previera Rafael Pombo en 1855. Suma de tal proliferación periodística en Nueva York, sería el periódico *Las Novedades* con el subtitulo de "España y los Pueblos Hispanoamericanos", con sus páginas abiertas al mundo literario, artístico y cultural, periódico fundado por los españoles José G. García y Enrique Muñiz en 1876, ¡Y que tendría una sostenida existencia de cuarenta años seguidos hasta 1918, año en el cual *La Prensa* tomaría el relevo!

Por otra parte, en España, a partir de 1837, y con el liberalismo democrático que se iniciaba, e irrumpe en la década de los 50, las relaciones con los países hispanoamericanos, tan cortadas con las guerras de la Independencia se van restableciendo, con los adelantos técnicos de la comunicación, las relaciones comerciales y culturales. A tal efecto, y potenciando un surgente pan-hispanismo, se publicaron en Madrid periódicos y revistas abarcando España y los países hispanoamericanos y con las colaboraciones de distinguidos literatos de España y de América. Cito las dos primeras y de mayor relieve: *La Revista Española de Ambos Mundos* (1853-55), publicada en Madrid y en París, y *La América. Crónica Hispanoamericana* (1857-1886), ambas llegando a capitales de los países hispanoamericanos y que, asimismo, arribarían a los Estados

---

46   Sobre *El Revisor* y su autor, el colombiano José María Torres Caicedo, uno de aquellos distinguidos, y creativos, exiliados, viviendo en Nueva York, entre 1851 y 1853, escribió: "… mereciendo que su periódico fuese adoptado para la enseñanza del español, por su estilo elegante y castizo", aunque, poco después añade que el periódico fue suspendido por falta de suscripciones (*Ensayos biográficos y de crítica literaria* 217); lo que dice, refrenda sobre lo que se extiende, en nuestros días, Mar Vilar en su libro, *La Prensa en los orígenes de la enseñanza del español en los Estados Unidos* (1823-1833).

Unidos, especialmente a Nueva York,[47] cimentando las bases de una Unidad Pan-Hispánica, que iría creciendo contrapuesta al expansionismo norteamericano tras la guerra con México y sus resultados en 1848, y los posteriores intentos en Centro América, así como con el fracaso del frente anexionista cubano-norteamericano en sus varios intentos de expediciones navales armadas con su fin independentista un tanto subordinado a los Estados Unidos. Del americanismo de tales revistas, citamos dos breves ejemplos en el primer número de *La Revista de Ambos Mundos*, Antonio Cánovas del Castillo, el líder del partido conservador y que sería presidente del Gobierno español durante la posterior Restauración, publicó su ensayo "Estudio sobre la literatura Hispanoamericana", sobre la vida y obra de José María Heredia y, asimismo en el primer número de *La América*, el republicano Emilio Castelar, quien llegara ser Presidente de la efímera primera República Española, 1973-74, tan querido y admirado en los países hispanoamericanos, escribía: "¿Dónde está el mundo del progreso, el mundo del porvenir? En América".[48]

En las décadas de los 50 y 60, varios autores hispano-americanos, en sus textos y revistas en los Estados Unidos, comenzaron a criticar el expansionismo amparado en el documento del "Manifest Destiny". Ya en 1848, José Antonio Saco, tan influyente, publicó su *Ideas sobre la incorporación de Cuba a los Estados Unidos*, con una crítica de la posible anexión. Asimismo, en su estancia parisina, a punto del viaje a Estados Unidos para unirse a lucha independentista de Puerto Rico, su país, y de Cuba, Eugenio María de Hostos, en la entrada del septiembre 25, 1869, de su *Diario*, hablando con Acosta, a quien le dice "Ud. es latino" (233),[49] lo cual apunta a que por aquellas fechas ya

---

[47] Tengamos presente que, entonces, y hasta entrado el siglo XX, la segunda colonia de habla hispana más numerosa en Nueva York, y muy cercana en números a la primera, la cubana, era la española (ambas no pasando de unas dos mil personas) con sus comercios, periódicos y círculos sociales; parte de esa "invisible inmigración" española en los Estados Unidos, como se la suele tratar, que en los últimos años está siendo revalorizada. Ejemplo de ello son los libros *Invisible Immigrants. Spaniards in the US* (1868-1945) de James D. Fernández y Luis Argeo (2014) y *Conquerors, Immigrants and Exiles. The Spanish diaspora in the United States*, de A.M. Varela-Lago. Tesis doctoral del 2008.

[48] Sobre, la tan influyente revista *La América*, fundada en Madrid y dirigida por Eduardo Asquerino, contamos con el libro de Leoncio López-Ocón, *Biografía* de "La América". *Una crónica hispano-americana del liberalismo democrático español* (1857-1886).

[49] Curiosamente, también Hostos es uno de los primeros en hablar de, y ensalzar al "cholo", en un breve ensayo de tal título, en Perú, donde se usaba la palabra para designar un mestizaje con predominio orgánico, como precisa Hostos, de la raza india. Recordemos que al grandísimo poeta peruano, César Vallejo, en el siglo XX, se le apelaba "el cholo".

estaba difundido tal término, escribía: "Siempre creo en el porvenir racional de la América, es decir, en la dilatación de progreso mediante la unificación de la raza", favoreciendo "la constitución de una federación interamericana, y con las Antillas, tan bien situada geográficamente, jugando un papel estratégico central, concluía: "… las Antillas no pueden ser anexionadas a los Estados Unidos, las Antillas no puede ser sino estados independientes, las Antillas deben forzosamente unirse en una federación" (234-35).

Hay que destacar que, en tal contexto histórico, el colombiano José María Torres Caicedo (1830-1880) y el chileno Francisco Bilbao (1823-1865), fueron quienes, en el círculo de los expatriados y diplomáticos hispano-americanos en París, iniciaron el uso del término América Latina, ligado a su trasfondo cultural greco-romano, y contraponiendo sus valores culturales y morales a los de la América anglosajona. Casi simultáneamente, ambos autores, utilizaron el término de América Latina. Francisco Bilbao, en su conferencia "La iniciativa de América", el 22 de junio de 1856, lanzó lo de "La América Latina" y José María Caicedo contraponiendo "Ambas Américas", título de su poema, firmado en Venecia en septiembre del mismo 1856, escribía: "…La raza de la América Latina / al frente tiene a la sajona". El termino, y extendido a la literatura, fue ganando terreno entre los años 60 y 80 del siglo XIX.[50]

En cuanto a la comercialización y difusión de la literatura hispánica en Nueva York, ya en 1849, el tan acreditado editor Daniel Appleton impulsó la publicación de libros en español[51] y a traducir libros del inglés

---

Posteriormente, el movimiento chicano ha valorizado mucho al cholo. El breve artículo "El Cholo" de Eugenio María de Hostos, se recoge en el librito *Ensayos* (45-47).

[50] Respecto a ello, nótese que, si en 1863, Caicedo titulaba las dos primeras entregas de su tan importante compendio *Ensayos biográficos y de crítica literaria sobre los principales poetas y literatos hispanoamericanos*, en la tercera entrega, de 1863, en el subtitulo ampliado, rectificaba: "sobre los principales publicistas, historiadores, poetas y literatos de la América Latina". Fue José María Caicedo en la segunda mitad del siglo XIX, y hasta su fallecimiento en 1889, un destacado impulsor d la Unión entre los países de América Latina y mantenido su conexión diplomática, cultural y literaria con la Península Ibérica.

[51] A propósito de ello, José María Caicedo, al comienzo de su libro, citado en la nota anterior, escribía: "En Nueva York había empezado a escribir una serie de artículos biográficos de hombres ilustres y de poetas de la America española; obra que iba a ser publicada por los señores Appleton". Y sí publicó él en Nueva York, 1853, su extenso poemario *Ayes del corazón. Colección. Poesías originales*, en la Imprenta de W. M. Geo Steward; escritas en Colombia y en Nueva York, algunas de las cuales con sus fechas, tal como "El otoño", Nueva York 1851, "Brindis a orillas del Harlem", 24 Mayo, 1857, y "Al faro de Glen Cove", 28 Julio, 1952, y en donde expresa esa nostalgia por la Patria abandonada, tan propia de la poesía del destierro, y sintetizada en un verso: "… Lejos, ¡ay! de la Patria que idolatro" (p.118).

al español, llegando, en 1867, a publicar 50 títulos al año en cuya traducción y confección intervinieron varios de los autores que venimos e iremos mencionado. A tono con ello, y junto a otras editoriales e imprentas norteamericanas que distribuían y publicaban libros en español, varios de los desterrados o inmigrantes de habla española fundaron sus editoriales, e imprentas e imprimieron sus propios periódicos y libros. Mencionamos a dos de los más destacados, ambos cubanos:

Francisco Javier Vingut (1810-1857), quien fuera profesor en la Universidad de Nueva York (CUNY), de 1848 hasta su fallecimiento, tuvo su editorial y librería, publicando, entre otros libros, *Obras de José Antonio Saco* (1853), *El arpa del proscripto*, de Pedro Santacilia, *Poesías de Placido* (1857) y, junto con su esposa, poeta y novelista, Gertrude Fairfield Vingut, la bilingüe *Gems of Spanish Poetry* (1855); una antología compuesta por doce poetas modernos, 5 cubanos y 7 españoles; todos ellos bastante reconocidos en su tiempo. Recuérdese, asimismo, e insistimos, que en aquellas fechas en Nueva York, la mayoría de los hispano hablantes eran cubanos, la gran mayoría de ellos de ascendencia española, y españoles y que la literatura en español era común a todo hablante del idioma, independiente del origen nacional. Cito los nombres de los poetas, y añado alguno de los títulos de dichas "joyas" poéticas al alcance, en 1855, y en español y en inglés de cualquier lector/a en Nueva York. Los cubanos son, y por orden que aparecen: José María Heredia, Plácido, Felipe López de Briñas, Rafael María de Mendive y Miguel Teurbe Tolón. Y los españoles: los neoclásicos Juan Meléndez Valdés, y Samaniego, los románticos José Zorrilla, José de Espronceda, Francisco Martínez de la Rosa, Juan Bautista de Arriaza (hoy en el olvido), y el gran poeta del siglo XV, Jorge Manrique con su famosísimo poemas "Coplas a la muerte de su padre". Esta joya poética, junto a la "La tempestad" de José María Heredia, quien abría la colección, constituye el Apéndice que la cierran.[52] Hay que señalar que la traducción al inglés de los poetas españoles, a excepción de "Coplas a la muerte de su padre", y "Mediodía", de Meléndez Valdés, traducidos por Longfelllow, están tomadas del importante libro, *Modern Poets and Poetry in Spain*,

---

[52] El libro, en los ejemplares de la Universidad de Harvard y de la Biblioteca Pública de Nueva York, se puede ver y leer en Internet.

adelanto del de *Gemas poéticas*, del poeta escocés James Kennedy, publicado en Londres en 1852[53], y a quien sí se le reconocen sus traducciones en *Gemas*.

El segundo de dichos impulsores de las Letras en Español en, y desde, Nueva York, el renombrado Néstor Ponce de León (1837-1899), editó a todo un número de escritores cubanos del exilio, comenzando con José María Heredia y publicando a otros autores latinoamericanos y a varios extranjeros como Thomas Moore, Lord Byron y Henry Heine. De su Librería, adosada a la Editorial e Imprenta, López Mesa nos dice que "era la mejor entre las de la comunidad hispanoparlantes y que en 1876, su catálogo ascendía a 1.738 títulos" (*La comunidad cubana* 33). Junto a la labor de los dos autores-editores mencionados, añadimos que, en la imprenta y redacción de *El Mundo Nuevo*, dirigido por el tan celebre historiador y crítico literario cubano, Enrique Piñeyro, publicó, el 10 de noviembre de 1871, en el periódico, las 16 composiciones que Juan Clemente Zenea escribió en prisión, antes de ser criminalmente "ajusticiado", con el título *Diario de un Mártir*, poemario tan entrañable y muy celebrado. En 1872, asimismo, publicaron las *Poesías completas*, del tan sobresaliente poeta.

En la citada *Guía de Nueva York*, su editor anunciaba la Librería: N. Ponce de León, 23 Unión Square, "con el más completo y variado surtido de libro españoles en los Estados Unidos".[54] Además de varias casas de Seguros y Comercios, en español, en la Guía se anunciaba algo tan importante para la manducación de sus lectores y lectoras, el establecimiento de Alfonso & Co, de víveres, vinos y licores. La lista de los primeros hasta podría verse como un prosaico poema de "Víveres neoyorquinos hispánicos":

---

[53] Damos los títulos de algunos de dichos poemas que gozaron de popularidad, además de los dos ya mencionados: "Niágara". de José María Heredia, "Plegaria a Dios", de Plácido, "Torreón", de José Zorrilla, "Canción del pirata" y "A Jarifa en una Orgía", de Espronceda, "La Alhambra", de Francisco Martínez de la Rosa, "El lobo y el perro", fábula de Samaniego, y "El último canto del desterrado" de Miguel Teurbe Tolón. La poeta y novelista Gertrudis F de Vingut tradujo alguno de los poemas y el poeta norteamericano, W.C. Bryant, tan abocado al hispanismo como Longfellow, dos de los poemas de Heredia: "Niágara" y "Huracán".

[54] En el libro sobre *La revista Ilustrada de Nueva York*, se recogen cinco detalladas entradas de Néstor Ponce de León respecto a "En mi biblioteca. Notas al vuelo" (81-112), las cuales aparecían en la revista en el Vol. 2. No. 6, 1890; Biblioteca en la que se haya tanta de la variedad y riqueza de sus libros en español.

Tasajo, frijoles, ajonjolí, calamares, garbanzos, casabe, azafrán, orégano, pimentón, anís, cominos, cilantros, mangos, cañas, naranjas, plátanos, cocos, piñas, mangos, boniatos, yucas, ñames, malangas, papas, ajo, etc, etc.

* * *

Completamos lo anterior, con breves precisiones sobre autores y libros en español entre los años 40 y los 70 del siglo XIX, publicados, predominantemente, en Nueva York. Del grupo de intelectuales y escritores del destierro cubano, destacamos la publicación del poemario colectivo, *El laud del desterrado*, editado por José Elías Hernández, igualmente, un desterrado cubano, en 1853. Se abría la Antología, y como homenaje a José María Heredia ya ha tiempo fallecido, con tres de sus poemas, "Himno del desterrado", "La estrella de Cuba" y " A Emilia", seguidos de poemas del grupo formado por Miguel Teurbe Tolón, José Agustín Quintero, Pedro Santacilia, Pedro Ángel Castellón, Juan Clemente Zenea y Leopoldo Turia. A propósito de *El laud del desterrado*, Lezama Lima escribió: "Nuestra isla comienza su historia dentro de la poesía". Todos los poetas del grupo fueron muy activos en la vida política y literaria en Nueva York, Tampa y Nueva Orleans, junto a otros venidos de países de habla hispana. En un mundo dominado por el inglés, este grupo de escritores y poetas se afirmaban en el cultivo y la difusión del idioma de Cervantes. Como escribiera Rafael Pombo, en la entrada de su *Diario* del 7 de agosto de 1855, a poco de llegar a Estados Unidos: "Quiero que no se me sajonee el español con el aprendizaje del inglés, por tanto leeré por segunda vez el Quijote y muy despacio…". *El Quijote* es el libro que más se anuncia entre los publicados en español, y junto a varios de los libros escritos por aquellos autores sobre el aprendizaje, enseñanza y traducción del idioma español. Continuando con la ya tratado de tales publicaciones en los años 20 y 30 del siglo, citamos algunos de los nuevos autores y libros sobre la lengua y la enseñanza del español:

En 1865, Miguel Teurbe Tolón dio a la estampa *The Elementary Spanish Reader and Translator*, libro que se sigue editando y anunciado en pleno siglo XXI, como los dos siguientes, *Progressive Spanish Reader, with a Analytical Study of the Spanish Language*, de Agustín José Morales, y el del renombrado filólogo y pedagogo, cubano, Luis Felipe Mantilla, Mantilla's *Reciprocal method for learning Spanish and English. Método bilingüe para aprender el inglés y el español*, libro pionero en los estudios sobre el bilingüismo. De Mantilla, en 1879, Néstor Ponce de León publicó su *Gramática infantil para los niños americanos*.[55] Por su aporte literario, debemos mencionar, de nuevo, el libro de Antonio José Irisarri[56], sabio y prócer independentista guatemalteco, a quien le llegaron a llamar "El Cervantes Americano": *Cuestiones filológicas sobre algunos puntos de la ortografía, de la gramática y de origen de la Lengua castellana y sobre lo que debe la Literatura Española a la nobleza de la Nación*; libro publicado en Nueva York, en 1861, donde vivía y fallecería siete años después en la pobreza.[57] Su estudio del lenguaje, se basa en textos literarios desde el siglo XII a fines del XVIII y comienzos del XIX. ¡Todo un compendio de historiografía literaria difícil de igualar en aquellas fechas en los países hispanoamericanos o en España! Durante su estancia en Chile, Antonio José Irisarri fue amigo, y colaborador, de Andrés Bello, cuya *Gramática* era uno de los libros que, junto al *Quijote*, se anunciaba más en las listas de libros en español de aquellos años en los Estados Unidos. Otro gran pedagogo, y con la misma trayectoria itinerante y de peregrinaje intelectual de

---

[55] El cual ya se había publicado en 1856, bajo el título de *Libro de Lectura 1*. Con sus animadas ilustraciones se puede ver en Internet, pulsado Libro de Lectura –1 – Luis Felipe Mantilla-Internet Books.

[56] 'Quien, muy joven de Centroamérica pasó a México, participando ya en la vida literaria, luego en Chile, donde tomó parte en la lucha independentista, estuvo huido en Inglaterra un par de años, y, ganada la independencia chilena, fue nombrado embajador de este país en Londres; participó asimismo en la política post-independentista centroamericana, fundando periódicos por donde pasaba dada su inclinación literaria. En Colombia, en los años 40, en la estela del "Judío Errante", se autodenominó "El Cristiano errante", y con tal título escribió una novela autobiográfica de la que sólo logró terminar un primer libro. Sobre ella y él, se extiende Kirsten Silva Gruesz en su ensayo "The Errant Latino: Irisarri, Central Americanness and Migration's Intention". Caicedo le incluía como una de las figuras literarias en su libro mencionado.

[57] Tan conocedor de la literatura clásica española, un año antes de morir publicó, en Nueva York, su libro *Poesías satírico burlescas*, en alguna de las cuales late un tono quevedesco. De las varias poesías del libro que suelen aparecer en Internet, transcribimos este "sabio" aforismo sobre lo que se gana con la vejez, publicado poco antes de dejar él su vida: "Tu dices que yo por viejo / Ya no valgo ni un comino, / Di lo mismo del vino / Que es mejor cuando es añejo. / Desmejora con la edad / todo lo malo que crece. / Más lo bueno que envejece / Gana mucho en calidad".

varios otros de los que tratamos, fue el peruano José Arnaldo Márquez, quien viajara por Francia, Inglaterra, por Cuba, Chile y Argentina, y envuelto en actividades pedagógicas tan a favor de la educación del pueblo. Residió, también, en Nueva York donde publicó el periódico bisemanal, *El Educador Popular*, impreso por Néstor Ponce de León, del 16 de mayo de 1873 al 30 de noviembre de 1877, con un total de 110 números.[58] Curiosamente, el periódico neoyorquino, también, iba dirigido a Lima y a la educación en el Perú, teniendo como principal patrocinador al liberal Manuel Pardo, Presidente de la República del Perú. Colaboraron en el periódico, y junto al él, los renombrados pedagogos cubanos, Luis Felipe Mantilla y Antonio Bachiller. También señalamos, al trotamundos, literato y pedagogo, el español, santanderino, Fernando Velarde, quien estuvo en Chile y en Perú formó parte de aquel bullente movimiento literario – bohemio limeño, en el que coincidió con Márquez y, al igual que él, compartió la poesía con la labor de pedagogo, publicando, en la estela de Andrés Bello, al igual que varios de los otros autores mencionados, su libro *Gramática de la lengua española. Métrica y Nociones de la Filosofía del Lenguage,* dado a la estampa en Lima, 1851, Chile, 1856 y Nueva York, 1861, donde recaló y publicó, en el mismo año, su poemario, *Cánticos del nuevo mundo*, muy celebrado en aquellas fechas. Para concluir la sección, evocamos al catalán Arturo Cuyas, comerciante y periodista, quien llegado a Nueva York en los años sesenta, fue redactor de *La Crónica*, y *El Cronista*, y colaboró en periódicos de distintos países hispanoamericanos. En 1874 fundó la revista gráfica en catalán, *La Lluminera de Nueva York*, que mantuvo hasta 1881. Y retomamos el *Florilegio* con textos literarios de cuatro de las más destacadas figuras hispanoamericanas que llegaron a los Estados Unidos, entre los años 50 y 70 e impulsando el auge que tomará la literatura en español desde aquellas fechas hasta el fin del siglo XIX: el colombiano Rafael Pombo, el cubano Juan Clemente Zenea, el puertorriqueño José

---

58 Como literato, poeta y dramaturgo, Márquez fue parte del mundo romántico, bohemio, en Lima, en los comienzos de los años 50. También, en Nueva York, firmó, en diciembre de 1859, su libro, publicado en Lima, en 1862, *Recuerdos del viaje a los Estados Unidos de la América del norte*. Destacando frente a la situación de entonces de los países latinoamericanos, sus grandes logros en Educación, Prensa, Bibliotecas, Beneficencia, libertades y derechos personales y bajo el prisma de una Democracia en la que él tanto cree, y en la estela de los padres libertadores de la Independencia. Falleció en la pobreza en Lima, 1903.

María Hostos y el venezolano Juan Antonio Bonalde.

Rafael Pombo
(1833-1912)

Diario (Fragmentos)

Llegó a Nueva York como secretario de la Legación colombiana en 1855 a sus 22 años y con una vocación poética y una formación cultural humanística. Y allí vivió 17 años, escribiendo y publicando lo más granado de su obra literaria, hasta su vuelta a la patria nativa en 1872. En la primavera y verano de 1856 acompañó al embajador colombiano a Centro América, donde se había dado, y derrotado, la invasión del filibustero yanqui William Walker y sus tropas alentados por el nefasto "Manifest Destiny". Frente a ello, Rafael Pombo, contrario al grupo cubano de Narciso López inclinados al anexionismos (sin haber prestado atención a lo ocurrido en Texas, y estaba ocurriendo en California), denuncia el expansionismo de Estados Unidos en Hispanoamérica, como, posteriormente, lo harían José Martí, Rubén Darío y Enrique Rodó. Su largo poema "Los filibusteros",es un antecedente del "Oda a Roosevelt" de Darío, y, también, escribió el soneto, irónicamente titulado, "Manifest Destiny", y el cual concluye en el último terceto, tras decir en el anterior, y aludiendo al grupo invasor de Walker, que tras su "triunfal" llegada a Santa Rosa (Costa Rica), donde "al campesino con escopeta de cazar toparon": "¡Y fue tan manifiesto su destino / Que en la carrera que ágiles pegaron / El botín olvidaron ... y el camino!"[59]

Tras dejar su puesto diplomático, se entregó a las publicaciones y traducciones, y consolidándose en la ciudad neoyorquina como el original y mas celebrado escritor hispanoamericano de fábulas y cuentos infantiles, de tanta resonancia, muy en especial en su nativa

---

[59] Por su parte, Antonio José Irisarri, y por las mimas fechas, escribió una larga carta criticando la llamada "Doctrina Monroe", base del "Manifest Destiny", al Secretario de Estado Norteamericano, firmada el 19 de Mayo, 1856 en Nueva York. El texto de la carta, que ocupa seis páginas, lo recoge Carlos García Bauer, en la sección "La doctrina de Monroe", de su libro *Don Antonio José Irisarri* (148-154).

Colombia y que, hoy en día, en que está tan en alza la literatura infantil escrita en español en los Estados Unidos, siguen manteniendo plena actualidad. Transcribimos, en estas páginas, un fragmento de su *Diario* íntimo, escrito en Nueva York, a poco de su llegada, género que retoma, con su sentido de introspección e incertidumbre existencial, lo cual, asimismo, plasmará, y en el mismo año de 1855, en su primer, y fundamental, poemario, *Hora de tinieblas*.

Añadimos una de sus poesías de *flaneur* por la ciudad, la irónica y extensa "Las americanas de Broadway" contrapuestas, en sus modos, a las beldades de países iberoamericanos y de España (poema que, poéticamente, por la belleza del lenguaje y ciertos orientalismos apunta ya al Modernismo. Nacido de algún desengaño o contratiempo amoroso, hoy en día, puede suscitar críticas por la visión que ofrece de las mujeres), más un poema traducido, y muy conmovedor, sobre la infancia destituida, de este gran poeta de la infancia que fue y es Rafael Pombo.[60] Hay que añadir que cuenta como el primero o uno de los primeros, de los poetas hispanos en los Estados Unidos escribiendo, asimismo, poesía en inglés. Tuvo amistad y correspondencia con los poetas norteamericanos Longfellow y William Cullen Bryant. En su *Hispanic Anthology* de 1920, de poemas traducidos del español por poetas ingleses y norteamericanos, el poeta y "scholar" hispanista, Thomas Walsh incluyó un poema de Rafael Pombo "Our Madonna at home", del cual nos dice que fue, originalmente, escrito en inglés y muy admirado por William Cullen Bryant (471).

> Nueva York, Agosto 3, 1855, viernes.
>
> Quiero dejar, para mi solo, alguna huella de mis pasos; ir soltando en pos de mí un hilo por el cual pueda más tarde volver atrás y pasear sin perderme en el laberinto de los recuerdos. Una cosa así es esto de llevar diario: tiene la ventaja de hacerle después creer a uno que ha vivido, cuando en realidad no ha hecho más que dejarse ir, resbalar como una ola entre los abismos del mar y de la noche. Durante los dos años de 51 y 52 llevé también diario, y luego su lectura me produjo tanta tristeza que no pude menos de quemarlo y renunciar a

---

[60] Sobre su vida y obra en Nueva York, contamos con el libro *Rafael Pombo en Nueva York* (2013), de Mario Germán Romero, en el cual se trascribe su *Diario* neoyorquino del 3 de agosto de 1855 al 5 de marzo de 1856.

seguirlos llevando: imposibles y desengañados. Ahora nada puedo desear, nada puedo proyectar: ya tengo una plena conciencia, y ningún nuevo desengaño me ha de proporcionar esta fútil tarea. La emprendo pues, a falta de otra cosa mejor.

Cada día tengo una más decidida tendencia al completo aislamiento: ya se me hace extraño el contacto de la sociedad, y necesito sacudir cierta aspereza, arrostrar cierto lastimoso esfuerzo para cumplir con la sabia precisión que todos tenemos de comunicarnos con nuestros semejantes. Mi pensamiento se ensimisma más cada día y cada día se divorcia más de mi corazón aletargado, lo cual me hace aparecer muchas veces estúpido ante los demás. En cambio estoy incesantemente conversando conmigo mismo, y quiero distraerme con este diario escribiendo en él algunas de esas conversaciones.

El publicista nunca escribe para sí, sino para el público; su obra, pues, no es más que un medio de relación entre él y el público, y la sombra del público está siempre delante de él tomando en sus escritos. El que lleva un diario realmente privado, escribe por sí solo, ante sí y para sí, y en su diario no se alcanza luego a percibir más que su propia individualidad ajena a todo extraño elemento. Por esta razón es tan ridícula para el vulgo la lectura de un diario ajeno: nadie, en su carácter de fracción del público, consiente en que un autor haya absolutamente prescindido de la circunspección y el antiindividualismo como que se habla en público. Cuando tomo en mis manos las obras de un grande hombre, lo que quiero y con más meditación, tal vez lo único que leo, es su diario: sólo allí lo encuentro a él, sólo eso me indemniza del sentimiento de no haberlo conocido y estudiado personalmente.

Agosto 13.

Abro la sesión dañando el reloj de Fidel. Veo el correo, busco y dejo a Durand dicho ex-reloj, entrego su álbum a Isabel, como en Gershing's con Mariano después de hacerle a éste un *speech*[61] edificante sobre la quiebra del banco de Apolo y Cía.

El día ha estado sofocante, la tarde está destemplada y lloviznosa; cubiertos de niebla todos los miradores, torres y azoteas de Nueva York, los frentes de granito manchados con el agua, los cocheros con sus capotes de caucho, las damas con sus enaguas a la rodilla, yo con mal humor desde la uña más

---

61 Vemos ya aquí, y en un escritor tan cuidadoso del idioma de Cervantes, como Pombo, algo frecuente en nuestros días de quienes vivimos en los Estados Unidos, el meter alguna palabra en inglés dentro de nuestras conversaciones en español.

larga del pie hasta el pelo más parado de la cabeza. ¿Para qué diablos existo yo? Si en nada encuentro el menor atractivo, si nada tengo gusto en hacer, si no tengo ni el más ligero agradable recuerdo, si no puedo esperar del porvenir otra cosa que una desesperación cada vez mayor, si no sé nada, ni valgo nada, si no quiero saber ni valer nada; si lo mejor que pudiera desear sería estar solo sin pensar en este funesto yo mismo que es el objeto que más me atormenta, si ya hasta la lectura me hastía a los cuatro renglones, si mi único placer que era hacer versos ya o me cansa o no me sirve más que para exaltar con la imaginación mis amarguras reales, si ni el sagrado recuerdo de mi patria ni de mi familia despierta en mí expansiones o aspiraciones, si tengo tan enfermo el cuerpo como el alma y ni uno ni otro me proporcionan distracciones capaces de hacerme olvidar de mí mismo, si he perdido toda novedad, toda curiosidad de la vida desde antes de tener 20 años y ya la idea de la muerte no puede más que hacerme sonreír, qué saco yo con vivir, qué ventaja reporta nadie de que yo viva, qué vínculo existe entre el mundo y yo que me impida abandonarlo sin una lágrima.

—Cómo puedo persuadirme de que Dios me oye para pedirle que me vuelva a su seno o a la nada de donde me sacó.

¡Levantarme con un pensamiento frío y horrible, almorzar con él, trabajar con él, bañarme con él, comer con él, soñarme con él y tenerlo siempre a plomo sobre mi frente cualquiera hora que sea y en cualquier parte que esté! Es como un asqueroso insecto que flota sobre el vaso de mi felicidad y que no me deja librar, porque lo que llega a mis labios es su contacto repugnante y ponzoñoso. ¡Qué importa que el mar sea tan bello y el cielo tan azul si yo no puedo ser feliz!

Voy con el ejército aliado de muchachos Arboleda y Herrán, y con Sofía y Mariano, a Broadway Theatre, a ver la pantomima de Green Monster, de Gabriel Rabel y familia Martinetti. Me río muchas veces, sí ¿pero estoy contento? No. Tomo 5$ al general Herrán – pago 12 chelines por siete semanas a la lavandería – no puede ser más barato.

Poesía

Las norteamericanas en Broadway

> Una mujer gobernará siempre a su antojo aun al más imperioso hombre de mundo en teniendo ella tres condiciones: mucho talento, mucha belleza y poco amor.
>
> FONTENELLE

Los que dejando a España la romántica
O el mundo tropical encantador,
Donde la vida es un banquete opíparo
Que abre naturaleza a su Señor;

Los que al pagar un mudo adiós de lágrimas
Al monte azul que visteis al nacer,
Enviáis en alas de la brisa un último
Voto de *eterno amor* a una mujer;

Si de la lengua el balbuciente oráculo
Queréis que no lo burlé el corazón,
¡Ah! cuidad bien que la temblante brújula
No os encamine hacia esta gran nación.

Que no sólo en la frente altiva y clásica
De las leonas que la España cría
Dios puso a la beldad el sello fúlgido
Que del varón demanda idolatría.

No sólo un Guayas[62] humedece límpido
Un breve par de retozones pies,
De esos que puede la amorosa tórtola

---

[62] Río de Ecuador

Con sola un ala cobijar después.
No sólo en ojos de limeñas árabes
Arde a la sombra el meridiano sol,
Ojos do al astro de Capac magnífico
Hoy rinde humilde culto el español.

Guarda, oh Brasil, tus zalameras náyades,
Ricas en gracias como en piedras tú,
Con aquel infantil hechizo cándido
De una lengua gemela del laúd.

Mima, oh Caracas, tus gacelas ágiles.
¿Quién su andar mira y no las ama ya?
Nacidas sobre flores, su pie mínimo
Rosas parece que pisando va.

Modela, esculpe, Guatemala artística,
Tu Venus tropical, noble y gentil.
Miniatura de Lima, ¿do el Praxíteles
Que con el oro encenderá el marfil?

Secad las regias cabelleras de ébano,
Brisas de Cartagena la inmortal,
Sobre esos muros que modernos cíclopes
Alzaron con estrépito triunfal.

De tus sirenas la canción romántica
¿Quién, quién no extraña, oh Maracaibo, aquí?
¿Quién las galas aéreas de tus sílfides,
oh Cuba, no extrañó lejos de ti?

¿Quién, que del Istmo a la flexible antílope
Ciñó al compás del valse inflamador,
No sueña en ese talle esquivo y diáfano,
Istmo entre cielo y tierra, istmo de amor?

¿Y olvidaré tus ojinegros ángeles,
Culta, caballeresca Bogotá,
Con las mejillas de granada y nácare

Que el alto cielo de cóndor les da?
¿O a la caucana de héroes y de mártires
Digna consorte, madre sin igual?
¿O a las del Plata, en toda lid terríficas?
¿O a la quiteña, reina ecuatorial?

¿Y he de olvidar de tus morenas,
Méjico, El seno escultural? ¿Y en dónde estás,
Chilena, hurí de corazón volcánico,
La más celosa y la que quiere más?

¿Más? ¡No! Que Dios al devolver magnífico
Al hombre rey su lamentado edén,
Radiante como el cielo de los trópicos
Su Eva inmortal le devolvió también;

Y ella le habló una lengua que a los ángeles
Dios *para hablar con Él* les enseñó,
Y trajo en dote al nemoroso tálamo
El mejor don del cielo: *el corazón*.

Pero el hombre es ingrato... El melancólico
Filtro que una mirada húmeda y pía
Vertió al partir, encontrará su antídoto
Que otra medida infiltrará algún día.

Volvernos locos tras de hacernos pérfidos,
Vuestra misión, ¡oh americanas!, es;
Os anexáis el corazón suavísimas
Y en su tirano os convertís después.

Los que no me creáis, los que entre lágrimas
Eterno amor jurasteis al partir
A la que ondeando el pañuelito cándido
Desde la playa os quiso bendecir,

Venid, llegad, y bajo el níveo pórtico
Del imperial *Saint Nicholas Hotel*,
Donde se alivia el trovador nostálgico

Y se llora la ausencia última vez.
Ved desfilar el majestuoso ejército
Que anida en sus cuarteles Nueva York,
Embalsamando la rosada atmósfera
Con su virgen aliento embriagador.

¡Alerta! que él, con disciplina mágica,
Antes de combatir os vencerá;
¡Sangre española, tú serás la pólvora
Que dando acecho al botafuego está!

Por ataviar a esta legión seráfica
Todo el mundo, Este a Oeste, Norte a Sur,
Viene a verter la copa de sus dádivas,
Que puja el oro en arrogante albur.

Blondas que teje para reinas Bélgica,
Realzando senos de alabastro van,
Y nido a cuello de nevada tórtola
Da con sus chales la opulenta Irán.

Onda de seda de Damasco espléndidas,
Que el *Musnud* [63] no ajaría en el harem,
Barren el polvo... haciendo aquella música
Que suspiran las aguas del Zemzem.

Fue para estos cabellos que a sus náyades
Robó tan ricas perlas Panamá,
Y a sus divinas mariposas fúlgidas
Sus lechos de esmeraldas Bogotá.

Pero ¿qué son rubíes, perlas, zafiros?
¡Cuántas reinas trocaran su esplendor
Por sólo el brillo de estos ojos mágicos
Con que alumbra sus tronos el amor!

De estas mejillas por la fresca púrpura

---

63 *Musnud*, trono de cojines de los príncipes indios. Zemzem, pozo de agua sagrada en La Meca.

¡Cuántas su regia púrpura darían!
¡Y su séquito de odios por el séquito
De almas en pena que su amor porfían!

¡Ah! cada hermosa es un amable autócrata:
Ley, sus sonrisas; sus palabras, ley,
Y una marcha triunfal entre sus súbditos
Cada excursión por la imperial *Broadway*.

Los fieros amos de la gran República
Son sus siervos humildes: iya se ve!
¡Quién no lo fuera de tan lindos déspotas?
¿Y quién podrá decir: *no lo seré?*

Cuando a la luz del tentador crepúsculo,
Desde el ido bajel de la ilusión
Fugas aéreas de encantada música
Vienen a acariciar el corazón,

¡Ay del que mira el fascinante ejército
Que ante sus ojos desfilando va!
¡Ay del que adormecido en lago plácido
Del Niágara al rugir despertará!

Lindas como esos iris, risa falaz del Niágara;
Vagas como ellos y caprichosas;
Efímeras como ellos,
Crueles como ese abismo de aguas y de cadáveres
Que erizan losa cabellos...
Y así, atrayentes, vertiginosas

Todo es pasión y vida bajo su frente angélica,
Como en sus altas cóleras el espantoso río.
¿Su corazón? ¡Miradlo, oíd clamar sus víctimas
En ese abismo oscuro... sordo... insaciable... Frío...!

                                        Nueva York, mayo 9, 1859

El poema lo publicó Pombo en la sección de arte y cultura que escribiera en *La guía de Estados Unido para viajeros españoles* (1859), de José Durand, junto a otros textos de lugares que recorrió acompañando al editor, "Escenas de la vida Americana", que, en cierto modo, anuncian las posteriores escritas de José Martí con tal título en los años 80.[64]

El niño pobre. De L. Ratisborne

Iba una madre pobrísima Con su hijita por la calle, Harapientas todas dos, Todas dos flacas de hambre, Y al pasar frente a una tienda De juguetes de mil clases Dijo la madre a la niña, Deteniéndose un instante:

-«¡Mira qué cosas tan lindas!

¡Qué muñecas! ¡Y con trajes!

¡Y ratones que andan solos!

¡Y bailarinas de alambre!»

– ¿Y de qué sirve todo eso? Preguntó la hija a la madre. Infeliz! ... ¡cuántos como ella ni qué son juguetes saben!

Nueva York, 31 de enero de 1872

V.A. Vol. IX, No. 17, Primavera / Otoño, 2004

---

[64] Kirsten Silva Gruez en el apartado, sobre "Pombo en Nueva York" de su *Ambassadors of Culture*, se extiende sobre otros textos de sus paseos de *flaneur* y sus visiones de la vida y la cultura de Nueva York (163-176). Cito el de la visita al cementerio de Greenwood, al que la autora añade este agudo comentario, el cual traduzco: "Opuesto al espacio de la capital, 'la corte imperial del dólar', el elegíaco, espacio sentimental del Greenwood, se le aparece como un refugio para expatriados y exiliados" (173). También en el *Diario*, junto a sus fugaces visiones de sus paseos o visitas, Pombo nos dejó alguna de dichas escenas que evocan a las posteriores de Martí, como la de la visita, con Durand, a la Isla Blackwells (agosto 31,1855) y a su penitenciaria, Casa de Limosnas y Asilo de Lunáticos, la mayoría recién llegados inmigrantes, y con detalladas descripciones, muy conmovedoras, de varios de ellos y de ellas (43-52).

Juan Clemente Zenea
(1832-1871)

Poesía

Desde la adolescencia escribió poesía, y, para 1849, pasó a ser colaborador del periódico *La Prensa* de la Habana, con activa participación en la vida cultural y artística de la capital. Entró en una apasionada relación amorosa con la que devendría tan famosa actriz, bailarina y poeta Adah Isaacs Menkern, durante su actuación en la capital cubana y, luego en Nueva Orleans, donde Zenea emigró en 1852. De gran fama en Nueva York y San Francisco y luego en Londres y París, donde se la conociera, por su manera de presentarse en los escenarios, como "La Dama desnuda". En Nueva Orleans, Zenea colaboró en *El Correo de Louisiana* y *el Faro de Cuba*, luchando con su pluma contra el colonialismo español y unido al grupo de poetas de *El laud del desterrado*, identificados con el fallido movimiento del general anexionista Narciso López. Con tal fin, se fue a vivir a Nueva York, donde colaboró en los periódicos, *El Filibustero, La Verdad* y *El Cubano,* Por su labor pro Independencia fue condenado a muerte, en 1853, pero, con la amnistía general volvió a Cuba en 1855, ganándose la vida enseñando inglés y colaborando en diversos periódicos y revistas, siendo considerado como un ícono de la poesía cubana del momento y continuador de José María Heredia. Fundó y dirigió varios periódicos, entre ellos la prestigiosa *Revista Habanera*, la cual, a los dos años, fue suspendida por el Capitán general de la Isla cubana. Dentro del pan-hispanismo y pan-americanismo que se daba en aquellas fechas entre escritores e intelectuales, en la revista *La América* de Madrid, Juan Clemente Zenea publicó una serie de estudios sobre la literatura Norte-Americana, muy leída y apreciada, recogidos en su libro *Sobre la literatura de los Estados Unidos* (Nueva York, 1861) y ampliando lo ya hecho por Rafael Pombo: tal divulgación en español de la literatura norteamericana la seguirían haciendo, ya entrado el siglo XX, el dominicano Pedro Henríquez Ureña, y el nicaragüense

Salomón de la Selva y posteriormente, Eugenio Florit, como señalamos más adelante.

En 1865, no pudiendo aguantar seguir viviendo bajo el gobierno español, Juan Clemente Zenea volvió a Nueva York, participando en la actividad política, el 21 de diciembre se fundó la Sociedad Republicana de Cuba y de Puerto Rico, de la cual él actúo de secretario, mas malviviendo de sus publicaciones periodísticas y traducciones, pronto le obligó a trasladarse a México –un camino iniciado por José María Heredia y seguido por varios de los desterrados cubanos– donde logró una buena situación de empleo en el *Diario oficial* y en otras publicaciones Con el grito de Yares en 1868, y el comienzo de la guerra en Cuba, nuevamente, volvió a Nueva York con intención de incorporarse a la lucha, escribiendo fogosos artículos de combate en el periódico *La Revolución*, y participando en dos fracasadas intentonas de desembarco armado en Cuba. En noviembre de 1870, sí logró entrar clandestinamente a Cuba, yendo al lugar donde residía el presidente Céspedes y su gobierno independentista, y con una propuesta de paz acordada por el político e intelectual cubano Nicolás Azcárate y el general Prim, al frente del gobierno español en tales fechas. En su camino de vuelta, fue detenido y llevado a la prisión de Cabañas, donde estuvo preso, sometido a torturas y a un total aislamiento, durante ocho meses, para, tras un consejo de guerra, ser condenado a muerte, y fusilado el 25 de agosto de 1871. La trágica, y tan injusta muerte, y tras meses de torturas, a sus 37 años, de Juan Clemente Zenea, y cuando estaba en el esplendor de su obra creadora, nos hace evocar la, asimismo horrenda muerte de Federico García Lorca, casi a la misma edad, asesinado por fuerzas franquistas en la España de 1936.

Los dos poemas que recogemos los tomamos de sus *Poesías completas*, publicadas en Nueva York, en 1872, por la Imprenta y Redacción de *El Mundo Nuevo*. Al final de ellas, se incluyen su largo poema, en cuatro partes, "En Días de Esclavitud", los de la amada Cuba bajo el poder español, que se cierra con lo siguientes versos: "Y en medio de los himnos de la guerra / Al fin el pueblo vencedor saluda / El pendón de la estrella solitaria!", más los 16 poemas escritos bajo el sufrimiento de la prisión y cara a la muerte, bajo el título de *Diario de un Mártir* (Se pueden leer pulsando en Internet, *Diario de un mártir* por Juan Clemente Zenea / Poeticus) El primer poema que transcribimos, "En Greenwood", se sitúa en tal cementerio neoyorquino, y, en el paisaje funerario, el poeta siente, y ya entreviendo su final, la nostalgia de la querida patria nativa y el deseo de alcanzar su eterno descanso en ella. El segundo poema es, de los de *Diario de un mártir*, escritos en la horrenda prisión, aunque no obstante lleva la fecha del 3 de noviembre de 1870, cuando partía de Nueva York en su última ida a Cuba. Contrario al título, "La despedida", se trata de la honda emoción y conmoción del por qué no se despide el poeta de su tan querida hija, Piedad; un trío de entrecruzadas, desgarradas voces, preguntas y exclamaciones, de la madre, la hija y el padre, escritas por éste y a punto de ser asesinado. El último poema del *Diario de un Mártir* entroncaba con el celebre poema de su primer gran amor a la bailarina Adah, "Fidelia", ahora, con el título de "Infelicia"; un largo recuerdo poético del amor con Adha ya fallecida en 1868, y con los tres versos finales salidos del lápiz de la prisión, sintiendo lo que ella haría estando viva: "... con sangre de tus venas / contenta y generosa comprarías / La libertad de tu primer amante".

En Greenwood

(CEMENTERIO DE NUEVA YORK)

Al lado de esta agua silenciosas,
En medio de este bosque, en este asilo,
Debajo de estas gramas y estas rosas,
Es donde yo quiero reposar tranquilo.

¡Y pronto debo reposar! mis días
Se tiñen ya de pálidos destellos,
Y anuncian mis postreras alegrías
Las nieves de la vida en los cabellos.

Mas, ¿qué será si en las nocturnas calmas
Salgo a vagar como las sombras suelen,
Y en vez de hallar mis quejumbrosas palmas,
Los sauces sólo de mi afán se duelen?

¡Oh!, ¿qué será si en honda pesadumbre
Sentado a meditar sobre la losa,
Suspiro por mi pueblo en servidumbre
Y el cielo busco de mi Cuba hermosa?

¡Tormentoso será! Más si tardío
Nace a brillar el sol de mis anhelos,
Cabe la orilla del paterno río
Llevadme a descansar con mis abuelos.

Y allí donde mi cuna en hora amarga
Al capricho meció voluble suerte,
Dejadme al fin depositar la carga
¡Y dormir en el seno de la muerte!

La Despedida

(Noviembre 3 de 1870)

—¿Te despides al partir
De la niña?—¡No por Dios,
Que por no hacerla sufrir
Me iré sin decirle adiós!

—Si llama al padre al tornar
De la escuela, ¿qué diré?
—Que por no verla llorar
Sin verla el padre se fue

—¡Se fue mi padre, ay de mí!
¿Por qué nos abandonó?
¿Volverá muy pronto? — Sí
—¿Volverá muy pronto? No

—¿Y he de abrazarle al volver?
—Sí, niña, lo abrazarás.
—Si hay un cielo, podrá ser;
¿Abrazarme aquí? ¡Jamás!

Juan Antonio Pérez Bonalde
(1846-1892)

Poesía

Nacido en Caracas, ya allí y desde pequeño, despuntó en el estudio de lenguas, continuando con sus estudios en Puerto Rico donde se padre, conocido político liberal, se desterró en 1861, cuando llegó al poder un dictador. Vueltos a Caracas, en 1864, pronto su padre falleció, Juan Antonio empezó a sobresalir en el mundo cultural caraqueño, pero al tomar el poder el general Guzmán Blanco, sobre quien escribió unos poemas satíricos, se desterró a Nueva York, Con sus dotes culturales y de traductor, dada su condición de políglota, pasó a ser agente comercial de la fábrica de perfumes Lahman y Kemp Barclay viajando por diversos países europeos, cuyos idiomas conocía y del Medio Oriente. Fue una de las figuras más destacadas del movimiento cultural, literario y artístico panhispánico, transnacional, en Nueva York y otras ciudades del Este. En 1876, regresó a Venezuela con motivo del fallecimiento de su madre, para volver a Nueva York, dada la situación política venezolana, en donde, en 1877 publicó su primer poemario *Estrofas*, el cual contenía su tan famoso, largo poema "La vuelta a la patria", escrito, al igual que "El Sur", de Heredia, a bordo del barco que le conducía a ella; otro de los grandes poemas de la vuelta del desterrado a la tierra nativa. En 1880, asimismo en Nueva York, publicó una nueva colección de poemas *Ritmos*, en el cual incluía su, asimismo largo poema "Al Niágara", dedicado al español Emilio Castelar, tan renombrado en Hispanoamérica por sus ideales democráticos y su oratoria; poema, asimismo, dado a la estampa por separado y con un extenso prólogo de José Martí, recién llegado a Nueva York.

Se considera tal prólogo, basado en el poema y su autor, y dentro de esa línea general pan-hispánica y transnacional, como una especie de "Manifiesto" del Modernismo por parte de Martí, y en el contexto de una reacción cultura y artística frente al materialismo positivista de la dominante burguesía en las décadas finales del siglo XIX. Como se desprende de lo escrito por Martí, Pérez Bonalde, en sus largos años neoyorquinos, destacó en aquel mundo cultural y artístico hispano de Nueva York, el cual contaba con su "Sociedad literaria hispanoamericana". Se suelen evocar las tertulias de escritores hispanoamericanos, en los años 80, en el Salón Theiss de la Calle 14, barrio "español" en aquellos años, tan frecuentadas por Juan Antonio Pérez Bonalde, José Martí, Nicanor Bonet Peraza, Santiago Pérez Triana, Juan de Dios Uribe y varios más. También, se le reconoció a Pérez Bonalde en España, nombrándole miembro correspondiente de la Real Academia Española, asistiendo a ella en1884. Su traducción del *Cancionero de Heine*, se publicó, en Madrid, en 1885, con un prólogo de Menéndez y Pelayo.

Aunque a Juan Antonio Pérez Bonalde se le considera como romántico, más bien habría que verle como precursor del Modernismo, asimismo por su atención a la palabra poética y a la forma, destellan, en él, belleza, con sus atisbos parnasianos y, por su atención a realidades amargas, naturalistas, valga la unión de estos términos contradictorios. Se le puede situar dentro de un movimiento, cosmopolita e internacional postromántico, y en sus poemas tales como "La vuelta a la patria" y "¡Al Niágara!", y varios más, late, en su poesía, el espíritu de desolación melancolía, tristeza e dolor, el estar abocado al abismo al vacío y a la nada, del simbolismo – decadentista, iniciado por Edgar Allan Poe y Baudelaire, y hasta anticipando ecos existencialistas. De hecho, en 1882, traduciría, en la estela de Baudelaire y Mallarmé, y con gran recepción, "El Cuervo" de Poe, cuya desolada fijación interior late en tantos de sus propios poemas. Asimismo, y personalmente, Juan Antonio Pérez Bonalde, como tantos otros poetas y artistas internacionales del simbolismo-decadentismo, vivió sus últimos años dentro del tal espíritu decadentista, y abocado al alcohol y a las drogas, y aunque, con un cambio político liberal en su Patria, "nuevo Ulises", volvió a ella, en 1889, siendo reconocido como poeta nacional, dándosele un cargo diplomático el cual no llegó a ocupar, pues abatido por la enfermedad murió en 1892, con tal nacional reconocimiento.

Por limitaciones de espacio, no publicamos en "Mirador al Pasado" los dos grandes poemas mencionados, "La vuelta a la

Patria" y "Al Niágara", sino otros dos, los cuales volvemos a recoger aquí, en los que, igualmente, late la desesperada amargura ovidiana del destierro, superada en la obra poética, "¡Bendita seas! A Puerto Rico", donde pasara días de felicidad en su adolescencia, y "Los tres", poetizándose junto a dos de sus entrañables amigos desde su adolescencia en Puerto Rico, el escritor y dramaturgo venezolano Alfredo Esteller, y el poeta puertorriqueño José Gautier Benítez; poemas donde lucen esas miras de la Unión Hispanoamericana que predomina en tantos de aquellos intelectuales, escritores y artistas del momento viviendo en los Estados Unidos. Evocaremos, para concluir esta breve semblanza, estos versos de su "Vuelta a la Patria". en los cuales visionaba la llegada a su querida Caracas: "Caracas, allí está, vedla tendida / a las faldas del Avilés empinado /Odalisca rendida / a los pies del Sultán enamorado". Los dos poemas son del poemario *Ritmos* (se pueden leer en Internet).

¡Bendita seas! A Puerto Rico

Como esquife de flores
Que del agua al vaivén se balancea;
Cual la deidad nacida
Del seno virginal de la onda Egea;
Como ondina que trémula de amores,
De espumas y de aljófares prendida,
Abandona su alcázar encantado
Por recibir de Apolo enamorado
La caricia feliz de sus fulgores;
Tal, del seno profundo de los mares,
Bella, gentil, fantástica, riente,
la indiana Borinquén alza la frente
Coronada de lánguidos palmares.

Reina de los vergeles del Caribe,
Su majestad recibe
Del alma universal que la fecunda
Y por doquiera, amante, la circunda;
Escabel de su trono es el Atlante,
Su diadema las cien constelaciones
Que tachonan con brillo soberano

El cielo de las índicas regiones,
Su cetro amor, y su vasallo amante
El espléndido sol americano!

   ¡Tierra de bendición! el alma mía
Te lleva eternamente en la memoria,
Que mis tiempos de paz y de alegría,
Las horas más felices de mi historia,
¡Horas, ay! que pasaron
Para jamás volver, bajo tu cielo
Y al rayo de tu sol se deslizaron...
¡Ay! ¡quién pudiera el velo
Que separa el presente del pasado
Rasgar, y deshacer una por una,
Las largas vueltas del camino andado! ...
¡Quién, ay, quién la fortuna
Indecible tuviera,
De desandar el campo de la vida
Desde el punto presente al de partida!...
   ¡Entonces, ay! pudiera,
Como blancos jirones
Dejados en las zarzas del camino,
Recoger mis perdidas ilusiones,
Mis sueños de esperanza y de creencia
Y el tesoro divino
de mi infantil, purísima inocencia!
Tornada a hallar, o tierra generosa!
Bajo tu amigo cielo,
A la madre amorosa,
De honor dechado y de virtud modelo
Que hoy en la tumba por mi mal reposa!...
Al padre venerado
A quien amparo diste
Cuando en busca del pan del desterrado
Llegó a tus playas errabundo y triste...
Y, en fin, aquel tranquilo,
Dichoso hogar que nos brindó tu asilo!...
Hoy, qué resta de todo?... Llanto apenas:
El recuerdo cruel del bien perdido,

Dos urnas nada más, de polvo llenas,
Y los escombros del hogar destruido!...
¡Ay! quién pudiera el velo
Rasgar que nos separa del pasado,
Y deshacer en presuroso vuelo
Las largas vueltas del camino andado!

———◆———

¡Tierra de Borinquén, yo te saludo!
Tras prolongados años
De acerbos desengaños,
De honda fatiga y de combate rudo,
Guerrero de la vida,
Hoy vuelvo a tu ribera, el alma herida,
El brazo sin vigor, roto el escudo;
Vuelvo, y renace al contemplar tu suelo
La memoria feliz de mi inocencia,
Y se descorre el misterioso velo
Que encubre los tesoros de ventura
De la primera, plácida existencia;
Y se olvida la pena y la amargura
Del oscuro presente,
Y se sueña otra vez, y se desea,
Y el alma se adornece y se recrea
En los recuerdos que evocó la mente.
 Mas, si todo pasó, juegos y flores,
Ensueños de esperanza,
Madre y hogar, y juventud y amores,
Y gloria y bienandanza,
No así, bendita tierra,
La inmensa gratitud que mi alma encierra:
En breve, muy en breve,
Me llevará la nave de los mares
De la tierra del sol y los palmares
A la región del hielo y de la nieve;
Mas conmigo en el alma irá guardado

Tu recuerdo inmortal, y allá en la orilla
Del Hudson apartado,
Al hacer a los míos de mis viajes
La relación sencilla,
Les hablaré del paraíso indiano
Que, entre espumas y espléndidos celajes,
A la voz de las hadas bienhechoras
Surgió del corazón del océano;
Donde los cielos de hermosura tiñen
Magníficas auroras,
Y pródigos de aroma y de frescura,
Valles y montes y praderas ciñen
Eternas flores y eternal verdura;
Do baña el sol las fértiles comarcas
De luz y de calor, día tras día,
Y las almas son arcas
De nobleza, y bondad, y poesía.
Así les hablaré con tierno acento,
Y mirando hacia el sur, donde mecida
Por las olas del mar, te balanceas,
Cada vez que en ti fije el pensamiento
Murmuraré con alma agradecida:
TIERRA DE BORINQUÉN, ¡BENDITA SEAS!

Los Tres

> A mis amigos Alfredo Ésteller y
> José Gautier Benítez

Desde las playas que el mar Caribe
Ciñe de perlas, baña de espumas,
Desde la tierra que ampara el Ávila
Donde la suerte meció mi cuna,

Hasta las playas del Hudson frío
Que a mis ensueños sirve de tumba,
A mí llegaron quejas y lágrimas
De los hermanos de mi amargura.

Ambos heridos, cual yo, en el alma,
Ambos en honda pena profunda,
Ambos corriendo tras esa pérfida
Visión de gloria que el alma abruma.

Mas, ¡ay!, que al menos, puro consuelo
Brinda a la pena que los enluta,
El verse en medio de los dulcísimos
Caros objetos de su ternura

Tienen la patria donde nacieron,
Y en ella amores que el duelo endulzan,
Gratas memorias de tiempos plácidos,
Sueño de infancia que el alma arrullan.

Tienen la madre, fuente de gracias,

En cuyo seno las amarguras
Se desvanecen cual sombra efímera
En un tranquilo cielo sin brumas;

Tienen el caro techo paterno
Que los ampara, que los escuda,
seguro puerto donde la ráfaga
De las pasiones no sopla nunca;

―――――

Tienen la santa fe religiosa;
Créen en un cielo que les anuncia
De sus dolores el premio espléndido
Cuando la carga mortal sacudan.

―――――

Mas yo, ¿qué dicha ni paz espero
Tras esta larga y estéril lucha
De un alma llena de ensueños mágicos
Contra la suerte severa y ruda…?

Lejos del suelo nunca olvidado
Que de mis padres guarda la tumba.
Por siempre lejos, ¡ay de los únicos
Días serenos de mi fortuna!

No más visiones de oro y de rosa,
No más arranques de fe profunda,
No más que duelos en el espíritu
Y en el cerebro sombras y dudas!

―――――

En vez de palmas, desnudos pinos,
En vez de auroras, heladas brumas,
En vez de goces, ansias y lágrimas,
En vez de amores, fiebres y angustias.

¡Ay! ¡quién pudiera romper los hierros
Que hoy me sujetan a la amargura,
Y otra vez libre, dichoso y cándido
Amar sin miedo, creer sin dudas!

Callad, hermanos, sufrid en calma
De vuestra vida la suerte cruda
Y no de penas habléis al mísero
Que cual la suya no vio ninguna.

Ni en su agonía le habléis del cielo,
Mudo testigo de su tortura,
Indiferente, cerúlea bóveda
Que al vil no hiere ni al bueno escuda!

Dejad al bardo con sus ensueños,
Dejad al triste con sus angustias,
Que si la dicha cierra sus pórticos,
A todas horas abre la tumba

New York, 1878

Eugenio María de Hostos
(1839-1903)

Diario (Fragmentos)

Nacido en Mayagüez, Puerto Rico, tras sus primeras letras, fue a estudiar a España, primero en Bilbao y luego la carrera universitaria en Madrid. Discípulo de Julián Sanz del Río, con su ejemplo de dedicación, integrismo moral y amor al saber e introductor del pensamiento filosófico krausista en España, tuvo de compañero de estudios a Francisco Giner de los Ríos y otros de aquellos heterodoxos intelectuales españoles que formaran la Institución Libre de Enseñanza. Afín a ésta, sería la gran obra realizada por Eugenio María de Hostos en sus años de madurez por diversos países hispanoamericanos; en Perú (en Lima fundó la "Sociedad de amantes del Saber"), estuvo en Chile, Venezuela y Santo Domingo, realizando una labor sin igual, formando, en los distintos países, y dirigiéndolas, Escuelas e Instituciones de Enseñanza, dando conferencias, publicando tratados de *Moral, Sociología y Derecho* y proclamando los derechos de las mujeres, la educación laica y pública, y el acceso a ella de la clase obrera. Por tal obra, se le llegó a considerar el "Pensador de América" y, también "Ciudadano de América".

En Madrid, se desilusionó con los políticos liberales españoles, con quienes compartía ideas, tras la revolución de "La Gloriosa", 1868, por ser reacios a conceder la independencia a Puerto Rico y a Cuba, lo cual él promovía en escritos y discursos, y ya desde su novela *La peregrinación de Boyoan*, escrita en 1857, a sus 24 años, y como –según dijera años después– "un grito sofocado de independencia" (*Pérez Galdós, en* "Prim", *de sus* Episodios Nacionales, *evocara al joven contestatario "un antillano llamado Hostos, de ideas muy radicales, talentudo y brioso"*). Por tales razones, abandonó España en 1869 y tras una breve estancia en París, se dirigió a Nueva York a unirse al grupo de puertorriqueños y cubanos involucrados en la lucha armada por la independencia, iniciada el 1868 con la llamada guerra de los diez años, 1688-1778. Uniéndose a tal causa, formó parte de la Junta revolucionaria cubana, y fue colaborador, por algunos meses, de su periódico *La Revolución* (1869 a 1876). Dadas las divisiones, intrigas y diferencias de los integrantes de la Junta, cubanos y puertorriqueños, varios de los cuales se mantenían a favor del expansionismo norteamericano, que él, como ya citamos, descartara por completo, se separó de la Junta, viviendo, precariamente, en Nueva York, con sus publicaciones periodísticas, traducciones y dando algunas clases de francés, hasta octubre de 1970, cuando partió de Nueva York en una peregrinación, en la estela de la de su novela, para conseguir ayuda y fondos para la guerra revolucionaria cubana, y promoviendo los ideales de un federalismo antillano, por varios países hispanoamericanos, Venezuela, Perú, Chile, colaborando en sus periódicos. De nuevo en 1874, decidido a participar en la lucha armada, volvió a Nueva York, y mientras encontraba cómo integrarse a la de en Cuba, colaboró en el periódico. *La América Ilustrada*, hasta que se unió, en 1875, a la pequeña expedición militar del general Francisco Vicente Aguilera, la cual, apenas despegó de la costa norteamericana topó con una tormenta que paralizó a la embarcación, quedó frustrada.

Desilusionado, de nuevo, con las discordias internas de los independentistas cubanos y puertorriqueños de Nueva York, en tales fechas, cambiando la espada por la toga y la pluma, emprendió otra nueva peregrinación intelectual, por países hispanoamericanos, enseñando en colegios y universidades, sociología, economía política, derecho constitucional e internacional y publicando sus innovadoras obras en tales materias. En 1777 contrajo matrimonio en Venezuela con la joven cubana Belinda Otilia. En Santo Domingo estuvieron de 1879 a 1888 y en Chile de 1888 a 1898. Iniciada la nueva guerra de Independencia cubana en 1895, desde esta fecha a 1898, Eugenio María de Hostos pasó a ser agente, en Santiago, de la Junta del Partido Revolucionario de Cuba y Puerto Rico, Volviendo a Nueva York, en 1898, formó la Liga Patriota, de la cual devino Presidente, y, finalizada la guerra con el triunfo norteamericano, representó a Puerto Rico en varios cargos, En n 1899 tuvo una entrevista con el presidente de las Estados Unidos, William McKinley, a quien propuso su plan de confederación de las Antillas, sin ningún resultado y, al ver, que Puerto Rico, y como parte de la expansión anexionista, contra la cual él, al igual que Martí, había prevenido, pasaba a ser una colonia del país norteamericano, dejó su tierra natal, y, con su familia, regresó a vivir e Santo Domingo, donde culminó su labor educativa, falleciendo en 1903. Recogemos unos breves fragmentos de sus *Diarios*, de los escritos en Nueva York; género que cultivo desde sus años en Madrid, expresando tantos de los vericuetos de su compleja intimidad, las privaciones pasadas, y lo encontronazos que sufrió haciendo frente a sus proyectos e ideales. Unamuno, precursor del pensamiento existencialista, llegó a definir a Hostos de "angustiado y agónico"; bastante de ello, lo expresa en sus *Diarios*, comenzados en Madrid en 1866.[65]

1. EL DESEO DE VER LIBRE A LOS NEGROS PUERTORRIQUEÑOS.

(¡Extraordinaria semblanza que ya apunta a las *Escenas norteamericanas* de Martí!).

Domingo 2 de enero de 1870, 2 de la tarde.

He pasado una hora en la Iglesia episcopal de los africanos. Todas mis reflexiones tenían por meta el deseo de ver libres a los negros puertorriqueños, de verlos tomar posesión completa de la vida. Como todo nacimiento, el de esa raza a la vida total es digna de profundísima atención, de entendimiento íntimo, de estímulos activos. Mientras oía el órgano y las voces acordes que lo acompañaban; mientras examinaba la actitud recogida de los asistentes; mientras leía la inteligencia en casi todas las fisonomías; mientras me congratulaba de la rápida connaturalización de esos seres, hace poco desheredados de todo derecho, con todo lo que el triunfo del principio abolicionista les ha reconocido; mientras me complacía en la naturalidad con que ya se congregan en un mismo sitio y en una misma creencia; mientras observaba la indiferencia de igual a igual con que miraban a los pocos blancos que allí estábamos; mientras notaba la facundia, la fuerza y la viveza de elocución con que leía el pastor o improvisaba; mientras saludaba al negro que me ofreció asiento, pensaba en Puerto Rico, pensaba en sus negros, y me prometía que, pues la

---

[65] Sobre aquellos *Diarios* (1866-1869), Gabriela Mora nos ha dejando una muy completa "Introducción".

determinación reflexiva parece inútil, si la casualidad me da medios de triunfo en la revolución armada, de gobierno en la revolución de ideas, yo podría ayudar a constituir aquel país, ordenar aquella sociedad, unir aquellas razas, concordar aquellos intereses, favorecer la trasformación intelectual en que quiero basar la libertad.

Sintiendo tan hondamente como siento, pensando tan radicalmente como pienso, es un placer para mí, no un motivo de admiración ni de amor propio, la práctica de mis creencias, la realidad de mis afectos. Así es tan vivo el efecto que siento cuando otros hombres sedicentes, partidarios de las mismas ideas que constituyen las raíces de mi alma, practican lo contrario de lo que teorizan, sienten lo contrario de lo que deberían, y contradicen con sus palabras las ideas que predican. Así fue ayer tan grande mi sorpresa cuando, preguntando a quién llamaba Betances la Eminencia Prieta, me dijo que a Castro. Si Castro es de color, no lo es menos Betances. Y sin embargo, Betances, necesariamente amigo de la igualdad política y social de las razas, da a un hombre de color, por odio político, un apodo que ridiculiza la igualdad de condiciones y derechos que desea. De esto me acordaba hoy, cuando contemplaba el advenimiento de los negros a la vida completa de la sociedad.

2. *"Feliz año nuevo, Happy New Year", dos frases consagradas por el sentimiento ...*

19 de enero de 1870, 2 de la tarde.

Es, es una realidad el sentimiento: más me convenzo cuanto más lo digo. Es posible llegar a las más altas concepciones, complacerse en las eminencias más inaccesibles, prescindir de todos los vicios, desligarse de todas las pasiones sensuales y sustraerse en todo lo posible de las pasiones inocentes; es posible ser hombre completo, ser hombre, el hombre que yo deseo, el hombre que exige nuestra nueva naturaleza, y no es posible, sin embargo, esquivar los mudos efectos que producen en nosotros las costumbres a que menos obediencia damos. "Feliz año nuevo", Happy New Year", dos frases consagradas por el sentimiento que, en España, me habían conmovido objetivamente, me han conmovido ayer, lo más íntimo, lo más subjetivamente que pueden conmover. Cuando los que se despedían de mí, se despedían, empleando la fórmula española o la americana, yo no sé qué natural asociación de ideas reunía en el momento las ideas capitales de mi vida, los sentimientos en ella más potentes, los deseos que más he acariciado, y llevando la imaginación del pasado al presente, de lo que debería ser a lo que es, de lo imaginado a lo realizado, de lo pensado a lo hecho, de lo sentido y lo querido a lo conseguido y a lo hecho, me hería en lo más recóndito del sentimiento y me entristecía con hondísima tristeza. Tiempo perdido; yo no estoy en las circunstancias que exige el análisis: tiempo y conveniencia ya pasaron. Adelante.

3. AL ACERCARME A NUEVA YORK, ABRIL 22, 1874

Heme aquí otra vez, cuatro años después de mi primera estadía en Nueva York, en la misma situación en que me encontraba entonces; tan descontento, tan aislado, tan desprovisto de recursos y de esperanzas.

Felizmente, esto va a acabar pronto. Del todo decidido a tirarme de cabeza en el combate, será preciso que me haga un mártir o un héroe.

Aun para morir como mártir o como héroe es exigente la realidad, y tengo aún que rogar que me dejen ir a morir.

Al acercarme a Nueva York, preví bien la acogida que me han hecho, pero la realidad ha sobrepasado a las previsiones.

He comenzado por encontrar en el hotel en que me hospedo al mismo joven puertorriqueño que me vio llegar en 1869. Me ha recibido del modo más indiferente y familiar. Lo mismo en Saint Thomas, Castro y sus amigos. Muchos jóvenes puertorriqueños que se me han presentado me miran como si no supieran quién es este señor Hostos de que "ellos han oído hablar". [...]

No habiendo venido nadie a verme, he ido a buscar a cualquiera que pueda recordarme mis antiguos sufrimientos en la emigración de 1869 y me presenté en la librería de P. de León. Se quedó mirándome, tratando de recordarme, y al fin me hizo el honor de darme un apretón de manos. J. I. Armas, que estaba allí, tuvo la bondad de lanzar un grito de sorpresa amistosa; Sellén hubiera encontrado un pretexto en su mano llena de polvo de la tienda, si no hubiera sido por mi abnegación en apretársela a pesar de él. Arnau fue el único en expresar con palabras bien acentuadas su alegría; en cuanto a Lanza, encontró natural sonreírme un poco, y Vicente Mestre tuvo una sorpresa tan duradera que tal vez no hubiera podido terminarla con un abrazo si yo no hubiera dado el primer paso.

E. Agramonte ni siquiera sabía delante de quién se

admiraba él tanto. López Peralta, a quien yo no conocía, vino con toda naturalidad a darme un apretón de manos y a ofrecerme una visita. Así, pues, es a los que sólo me conocían de nombre a los que debo la acogida más favorable. ¡Y emplee usted su juventud en sacrificarse por gente de esa especie!

Nueva York, Calle 11, Núm. 11, abril 22 de 1874.

V.A. Vol. II, No. 8. Primavera 2000

4. *No tengo mesa de escribir y escribo sobre el lavabo.*

Nueva York, Waverly Place, 146, agosto 29 del 74

Ya que el recuerdo se presenta por sí mismo, constatémoslo. Hoy hace justamente un año que salí de Santiago de Chile, con lágrimas en los ojos por largo tiempo no acostumbrados a verterlas. Desde entonces, el paréntesis de tranquilidad que tuve en ese querido país se ha cerrado tal vez siempre.

Ya basta para el pasado, vengamos al presente. Ayer me mudé. He aquí por qué cumplidas operaciones se efectúo este simple cambio. Tuve que traspasar mi crédito sobre España, de Buenos Aires, a Antonio Molina, quien ha firmado dos órdenes contra su banquero. En esa forma he recibido noventa y cuatro pesos por cien en oro. Muy contento y muy reconocido. Ahora, habiendo sido cogida por un chileno la casa que vivo y este chileno (que son los chilenos y Molina los que proceden humanamente conmigo) ha pactado que yo no pagaré sino en el momento de partir, este momento se hace doblemente ansioso para mí. No tengo trabajo, no tengo a nadie con quien contar, pues los que se me ofrecen no son ricos:

¿de dónde sacaré yo lo que necesito para hacer mi viaje y pagar mis únicas deudas, las del hospedaje?

He aquí mi morada actual: un pequeño cuarto de catorce pies de largo por diez de ancho; una cama cuyo estrecho colchón de paja me recuerda a España; una cómoda; un lavabo; una silla de extensión. No tengo mesa de escribir y escribo sobre el lavabo después de quitar los útiles que hay encima de él. Cuando el chileno y Molina vienen, es preciso que uno de nosotros se siente en la cama: anoche vinieron Molina y Garlandi, y uno de ellos tuvo la complacencia de sentarse sobre mi baúl. En cuanto a alimentos, habrá que acostumbrarse: ayer, en todo el día no he comido más que un pedazo de *beefsteak* por la mañana y un poco de pescado por la noche.

La revolución armada va cada vez mejor en Cuba.

Mientras más detesto a los ineptos de la emigración, más quiero y admiro a los héroes del campo de batalla. Ya no se habla de expedición; pero puede ser que ella se lleve a cabo más seguramente que bajo el control de Aldama, si es verdad que éste ha dejado su puesto a Aguilera. No sé nada, pues estoy guardando la palabra que me impuse de no mezclarme en los asuntos de cubanos a menos que ellos no vengan a buscarme. Si nadie viene a verme, no voy a ver a nadie.

3. Dando un salto a la Costa del Pacífico

Incorporamos, nuevamente, una sección con muestras de la vigencia de las letras en español en California, tras su pasó a los Estados Unidos, entre 1848 y fin de siglo, con referencias biográficas y del contexto histórico-cultural, de lo que presentamos. Mucho de lo dicho sobre California se podría aplicar a Nuevo México, Texas, Arizona y Colorado, pues, igualmente, los nativos hispano hablantes se aferraron a su lengua, cultura y tradiciones, como ya venimos dado constancia de ello.

Limitándonos a California y a las letras, añadimos ahora que los jóvenes políticos californios del período mexicano tenían una formación cultural y literaria democrática. Varios de ellos participaron en la escritura de la Constitución del Estado de California, y como los únicos firmantes nacidos en ella: Constitución que vio la luz en español y en inglés. Juan Bautista de Alvarado, dejó escrito en un manuscrito de 5 volúmenes su *Memorias para la Historia de California* e, igualmente, Mariano Guadalupe Vallejo, en 5 volúmenes manuscritos, escribió sus "Recuerdos y memorias de la Alta California".[66] Por su parte, Antonio María de Osio, procedente de Baja California, redacto su propio manuscrito de la *Historia de la Alta California. Memorias de la California mexicana* [67], libros a los cuales podemos añadir el de la hija del renombrado José de la Guerra Noriega, de Santa Bárbara, dada a luz en edición bilingüe, *California Recollections of Angustias de la Guerra Ord*, por Giorgio Perissinoto y el de las *Cosas de California*, de Antonio Coronel

---

[66] Recientemente, 2023, traducidos y editados por Rose Mary Beebe y Robert Senkewicz en dos volúmenes, Mariano Guadalupe Vallejo, *Recuerdos: Historical and Personal Remembrances Relating to Alta California, 1769-1849*. Asimismo, ambos autora y autor han publicado, y en el mismo año, el libro, con muestras fotográficas, *Mariano Guadalupe Vallejo. Life in Spanish, Mexican and American California*.

[67] Igualmente, traducido y publicado por Rose Mary Beebe y Robert Senkewicz, bajo *The History of Alta California: A Memoir of Mexican California*.

contadas a Bancroft y publicadas como libro y en traducción con el título de *Tales of California*. Añadimos, que varios de los californios, y alguno de los anglosajones integrados a su sociedad y casados con californias y con hijos educados en la cultura de ellas, tuvieron sus importantes bibliotecas, tales como las de William Hartnell, Juan Alvarado, José Castro, José de la Guerra, Juan Malarín, Antonio Coronel, quien llegara a ser el Fundador de la Biblioteca de Los Ángeles, Arturo Bandini y Mariano Guadalupe Vallejo.

Recogemos, en esta sección: un artículo del joven periodista angelino Francisco P. Ramírez denunciando la llamada Doctrina Monroe; testimonios de dos personalidades californias, Mariano Guadalupe Vallejo y Apolinaria Lorenzana, afirmando su identidad personal y cultural frente a lo sobrevivido tras la toma de California por los Estados Unidos; un corrido anónimo sobre Joaquín Murrieta, el bandido californio vengador de agravios, una selección, y referencias, de un amplio número de poesías publicadas en la prensa en español de Los Ángeles entre 1850-1900, y alusiones a otras en San Francisco y en Santa Bárbara de las mismas fechas. Más un amplio apartado sobre un "boom", tan ignorado, de teatro en español –y, mayormente de grupos teatrales españoles– en California entre 1848 y 1895.

Francisco P. Ramírez
(1837-1908)

La doctrina de Monroe

Nacido del matrimonio de Juan Ramírez, y Petra Ávila, de la distinguida familia california Ávila, cuyo padre Francisco fuera alcalde de Los Ángeles, Francisco, desde muy pronto y alentado por su padrino el primer gran vinatero comercial de California, el francés Jean Louis Vignes, amigo de su padre, se volcó en las lecturas y aprendizajes de idiomas. A sus 14 años, y dominando el español, el inglés y el francés, entró a trabajar en la redacción del periódico *Los Angeles Star* (*La Estrella de Los Ángeles*), iniciado el 17 de mayo de 1851, y cuyas dos últimas páginas estaban impresas en español, y bajo el título de *La Estrella de Los Ángeles*.[68] Devino el adolescente Francisco, un experto cajista y aprendiendo mucho de toda la información, nacional e internacional, presentada en el periódico, y del editor de la versión en español, el peruano Manuel Clemente Rojo.[69] Entre 1851 y 1854, el joven Francisco estuvo en el norte de California, estudiando en el colegio de los jesuitas de Santa Clara, empleado en el periódico *Catholic Standard de San Francisco* y el *Weekly California Express* en Marysville. De vuelta a Los Ángeles, en 1854, a sus 17 años, el director de *Los Angeles Star* le ofreció ser el editor de *La Estrella de los Ángeles*, cuya tirada había bajado bastante, tras que lo dejara Manuel Clemente Rojo. Poco después, Ramírez, a sus 18 años, lanzó su propio periódico, *El Clamor Público*, periódico independiente y literario, cuyo primer número salió el 19 de junio de 1855, y del mismo título que el periódico, progresista y popular, madrileño, *El Clamor Público*, periódico político, literario e

---

[68] Sobre él, contamos con un detallado y extenso libro biográfico de Paul Bryan Gray, titulado *A Clamor for Equality. Emergence and Exile of California Activist Francisco P. Ramírez* (2012).

[69] De origen peruano, Manuel Clemente Rojo fue persona de gran cultura y en la sección literaria del periódico publicaba sus poesías. En 1873 fundó el periódico *El fronterizo* en Baja California, y varias escuelas, siendo maestro en ellas de distintas asignaturas, tuvo cargos políticos y escribió *La Historia de Baja California*, donde viviera los últimos años de su vida.

industrial (1844-1864), lo cual manifiesta que el joven Francisco estaba al tanto de la prensa madrileña, a tantas miles de millas de distancia, pero dentro de las conexiones, de vida y cultura, que personalidades de la población angelina seguían manteniendo con España. En sus propias editoriales, el joven Francisco expresaba las reivindicaciones de los californios/as por los abusos cometidos contra los derechos que les garantizara el acuerdo del tratado de Paz, Guadalupe Hidalgo, así como denuncias sobre el racismo contra los mexicanos, chinos, afroamericanos y los nativos indios. Igualmente, como lo hicieran Rafael Pombo y Antonio José Irisarri y, posteriormente, Eugenio María de Hostos y José Martí, escribió en contra de la política anexionista de los Estados Unidos. Con sus cuestionamientos políticos y falta de lo suficientes lectores para mantenerlo, *El Clamor Público*, periódico semanal, publicado los sábados, cesó en 1859.

Como señalo en la nota 68, Paul Bryan Gray nos ha dejado una detallada documentación de los altibajos de su evolución personal y política. Limitándonos a su labor en las letras en español, destacamos que, de vuelta en San Francisco, en 1864 se hizo con el periódico *El Nuevo Mundo*, "Periódico Político y Literario Consagrado a la Defensa de los Intereses Legítimos de América", aludiendo, y en la línea de lo que ya he tratado de otros periódicos en el Este, tal como *El Mundo Nuevo*, a lo que venía a tener de ser un periódico panamericano, dirigido a la creciente población de hispano hablantes, mexicanos, chilenos y de otros países hispanoamericanos y españoles que, junto a franceses e italianos llegaron a formar, en San Francisco el llamado barrio latino; una población que ya se extendía por otras ciudades y lugares de California. En 1866, Francisco Ramírez fue nombrado, por la Legislatura, traductor oficial de California y, junto a Thomas R. Eldredge traductor al español de las leyes del Estado, práctica abolida en la segunda Constitución del Estado, tan influida por políticos del racista partido de los "Workingmen" tan en alza en aquellos años. En 1868, Ramírez se vio obligado a vender el periódico[70] a quien fuera su co-editor, el chileno Felipe Fierro, el cual

---

70   En San Francisco y con *El Nuevo Mundo*, Ramírez figuró mucho entre la población mexicana venida a California tras la presencia de las fuerzas francesas (1863-67). y con sus Juntas Patrióticas Mexicanas, frente a la ocupación francesa y la monarquía de Maximiliano. Al irse retirando las tropas francesas, y abatido el régimen, *El Nuevo Mundo* fue perdiendo lectores así como el activismo de tales Juntas con las que Ramírez y su periódico estuvieran tan identificados.

había pasado a hacerle la competencia con su nuevo periódico *La voz de Chile* y *Las Repúblicas Américas* (tan abocados al transnacionalismo pan-hispanoamericano, como otros periódicos del Este, tales como *La América Ilustrada*), y quien fundó los dos periódicos bajo el título de *La Voz de Chile* y *El Nuevo Mundo*.

De regreso en su ciudad natal, Francisco P. Ramírez, ahora, ejerciendo la profesión de abogado, en mayo de 1872, se inició como editor del periódico *La Crónica*, el cual dejó cuando asumió la propiedad del periódico el angelino Eugenio de Celis, hijo de un potentado ranchero español-californio del valle de San Fernando, y quien mantuvo el periódico de 1872 a 1892, prueba de la continua vigencia de lo hispánico en Los Ángeles, y en cual, ocasionalmente, colaboró Francisco P. Ramírez Y para más información sobre su vida y obra, véase la Biografía citada. Transcribimos su editorial en *El Clamor público* contra el "El Destino Manifiesto, bajo el nombre del presidente Monroe":

> El *Tribune* de Nueva York explica así lo que hasta ahora se ha dado en llamar vulgarmente Doctrina de Monroe, haciéndolo servir de escudo y de ariete contra todo plan de intervención europea en los asuntos de América:
>
> De todos los absurdos políticos que jamás hayan tenido boga en este país (y nosotros, como otros países, hemos tenido una buena dosis de tales absurdos) ninguno tal vez más monstruoso y vacío que el que hoy circula con el nombre de Doctrina de Monroe. Esta doctrina, según está admitida generalmente, y según se admite también en la carta de Mr. Cass a Mr. Lamar sobre las cosas de Nicaragua, a saber, que a ningún Estado europeo se le permitirá intervenir ni en la política interior ni en las relaciones internacionales de los Estados americanos; esta forma de doctrina, sobre la cual ni Mr. Monroe ni ninguno de sus contemporáneos oyeron hablar jamás, ni siquiera soñaron, ha tenido origen durante los últimos diez años, o cosa semejante, en las fanfarronadas de hombres de estado tales como Mr. Cass, y en la argumentación de patriotas como el filibustero Walter. Ni aún la primitiva doctrina, cuyo nombre y color se ha apropiado la que hoy está en circulación (la de que a ningún Estado europeo se le consentirá establecer otra colonia o dependencia nueva en el continente americano); ni aún esa doctrina fue en realidad sostenida jamás por Mr. Monroe ni por su gabinete. Redújose a una sugestión vertida en el calor del discurso por el a veces

algo extravagante y excéntrico John Quincy Adams; sugestión que, no sólo no fue aprobada por Mr. Calhoun, cuando Mr. Cass comenzó a dar impulso a la nueva y corregida edición de la misma, y calificada de pretensión absolutamente infundada y ridícula "¿Con qué derecho (preguntaba Mr. Calhoun) nos hemos erigido en árbitros especiales del destino y las cosas del continente americano? La Gran Bretaña posee más millas cuadradas de territorio americano que nosotros, y no solamente en la América del Norte, sino también en la Central, las Antillas y la América del Sur, donde ninguno poseemos nosotros; y además es una nación más poderosa que nosotros.

¿Con qué derecho sostenemos la pretensión de poseer, como en contra suya, ningún dominio especial y exclusivo sobre las cosas de América?"

Pero no sólo nos expone esta doctrina el cargo de abrigar una pretensión arrogante e insostenible sobre las cosas de América; supone también de nuestra parte (como para llevar embebidas las faltas más contradictorias) una renuncia lastimosa y pusilánime de nuestro derecho natural, como nación civilizada y mercantil, a tomar parte hasta cierto punto en los asuntos del mundo en general. Si tenemos derecho a la exclusiva dirección política de las cosas del Continente americano, y a excluir a las naciones del Antiguo Mundo de toda intervención en ellas, se seguiría, de aquí, aplicando por igual el raciocinio, que las naciones del Antiguo Mundo.

América tiene una población como de cincuenta millones de habitantes, cuya mitad se encuentra dentro de los límites de los Estados Unidos; el Antiguo Mundo tiene una población de cómo novecientos millones a lo menos. Desde luego se echará de ver en qué estrechos límites nos encerraría la supuesta doctrina de Monroe, que es verdaderamente la doctrina de Cass.

El Clamor Popular, Vol. IV. Los Ángeles. Sábado 29 de enero de 1859. No. 31

V.A. Vol. VIII, No. 28. Primavera 2010

Dos voces californias de desagravio

Volvemos a oír las del reclamo de los californios-as, quienes había sembrado las bases de una rica California moderna con su industria ganadera, producción agrícola y el comercio internacional, y aceptado su paso a los Estados Unidos, mediante el tratado de

Guadalupe Hidalgo, que, supuestamente, les concedía la nacionalidad estadounidense y respetaba sus derechos personales y de propiedad. Contrario a ello, pronto, y con el alud invasor de gentes de otros Estados producido con el descubrimiento del oro, fueron siendo marginados, ellos y su cultura, y desposeídos, aún cuando varios, y como los únicos nacidos en el país, formaron parte del grupo que redactó y firmó la primera Constitución del Estado de California, en septiembre de 1849, y publicada simultáneamente –y hay que insistir en esto tan olvidado y luego ya rechazado en posterior Constitución de los año, 70–, en inglés y en español. Y cito los nombres de dichos californios para que consten sus nombres y como los únicos nativos, entre el de los "Padres fundadores del Estado": José María Covarrubias, José Antonio Carrillo, Pablo de la Guerra, Manuel Domínguez, Miguel Pedrorena, Antonio María Pico, Jacinto Rodríguez y Mariano Guadalupe Vallejo. También añado los nombres de otros tres anglo-californios, firmantes de la Constitución casados con hijas del país: Stephen Foster, Abel Stearns y Hugo Reid, y dando a sus hijos/as nombres y educación en español.[71] Transcribimos dos voces, una de hombre y otra de mujer, expresando lo desagravios sufridos, en las siguientes páginas.

---

71 En mi *California Hispano-mexicana, Una nueva narración histórico cultural*, añadía que todos ellos tuvieron su impronta en varios de los artículos progresistas de la democrática Constitución del Estado, tales como la prohibición de la esclavitud o la servidumbre involuntaria, el que declaraba que todos los extranjeros residentes, *bona fide*, tenían los mismos derechos que los nativos del Estado, y el que concedía el derecho a la propiedad de la mujer, en su propio nombre e independiente del padre o del marido. Sobre ello, el historiador Kevin Starr destacaba: "Under the influence of Mexican Law and previous Californio practice, women, including married women, were granted the right to own property in their own name, independent of father and/or husbands; this was a legal rarety at the time" (*Inventing the Dream. California through the Progressive Era* 93).

Mariano Guadalupe Vallejo
(1807-1890)

De *Recuerdos Históricos y Personales tocante a la Alta California. (Abril 1848)*

Nuevamente, seleccionamos un texto de él, y personificando la voz, y en tan neto español de los californios y las californias:

> Ya el pendón de las estrellas ondea en la Alta California: ya no nos rigen las leyes mexicanas a cuya sombra habían adelantado unos y retrocedido otros pero bajo las que nadie había perecido de hambre, y sólo dos individuos habían sido privados de vida por el robo de vacas y novillos (esas muertes acontecieron en la época del mando del general mexicano Don Manuel Victoria que era un déspota consumado) acontecimiento muy común durante los primeros años de la dominación de los norte-americanos en California.
>
> El idioma que ahora se habla en nuestro país, las leyes que nos rigen y las caras con que diariamente tropezamos, son nuevas para nosotros los dueños del suelo y por supuesto antagónicas a nuestros intereses y derechos, pero ¿qué importa eso al conquistador? ¡él quiere el bien propio y no el nuestro!, cosa que yo considero muy natural en los individuos pero que vitupero en un gobierno que había prometido respetar y hacer respetar nuestros derechos y tratarnos como a hijos, ¿pero a qué bueno quejarnos? el mal está hecho y ya no tiene remedio.
>
> Si bien el tratado de Guadalupe Hidalgo impuso a los norte-americanos la obligación de respetar derechos adquiridos, ellos siempre astutos y llenos de mañas, obraron de tal manera que colocaron a los dueños de terrenos valiosos en tal extremo que con el fin de obtener títulos de sus propiedades se han visto impelidos a gastar cantidad igual a su valor, y hubo veces que después de obtener en San Francisco, a grande costa una sentencia favorable, en las cortes federales o tribunales organizados "ad hoc", el fiscal general (attorney general) desde Washington daba orden, quizás con el fin de favorecer algún paniaguado, que la causa fuese revisada en la corte suprema de los Estados Unidos en cuyo tribunal, *the Califomian claimant almost to a certainty was awarded a decisión against his claim.*

Este modo de proceder no consonaba con las palabras melosas de los tribunos americanos que, en las plazas públicas, en las iglesias, en las esquinas de las calles y desde los balcones de sus casas anunciaban al californio que ellos habían venido a cerrar las cárceles, abolir los patíbulos y leyes sangrientas establecidas por los gobernantes de México y que de voz en cuello habían repetido "lo que se necesita para hacer vuestra dicha es abrir escuelas de enseñanza primaria por todas partes, en todos los ámbitos del país, con profusión, con impaciencia. El mal de la ignorancia es grande, el remedio de la instrucción debe ser enérgico, nosotros lo aplicaremos. Los Presidentes de México os han sepultado bajo la losa de hierro de una ignorancia bestial y sin embargo sois inteligentes, vigorosos y honrados. ¡Qué seríais pues si recibierais el pan de la instrucción? ¡Indudablemente podríais llegar a la altura de nosotros!"

[...]

Tomando en consideración lo expuesto, no queda ya lugar para extrañar que los Native Californians hayan sido tan escandalosamente despojados de sus bienes raíces, pues como [que] antes de la llegada del Comodoro Sloat todos los terrenos de la California pertenecían a los ciudadanos mexicanos, los recién llegados de allende los mares se vieron forzosamente obligados a robar a los rancheros californios que todo poseían, pues sólo se roba al que tiene algo que perder, pues a los pelados nada se les puede quitar; y a decir verdad la mayor parte de los aventureros que desembarcaron en San Francisco en 1848 y 49 eran pelagatos de primera clase; muchos de ellos ni siquiera tenían ropa con qué vestirse, pero lo que les faltaba en dinero y vestidos, les sobraba en petulancia, altanería, atrevimiento y desfachatez.

Los propietarios que fueron el blanco de todos los ataques de los leguleyos y *squatters*[72], eran aquéllos que poseían terrenos concedidos por los capitanes de presidio pues los norteamericanos pretendían que esas concesiones eran ilegales y como de antemano sabían que las cortes del estado estaban listas a fallar en contra de los californios, no titubeaban un solo instante en promover pleitos a los rancheros que extraños a las costumbres, leyes e idioma de los Yankees ni sabían cómo entablar su defensa y por consiguiente entraban al juzgado poseedores de ranchos y fincas y salían de la casa de la justicia casi desnudos.

[...]

---

[72] squatters: "ocupas" de terrenos o habitáculos de terrenos que no son suyos.

Algunas de las sentencias dadas por los tribunales del Estado fueron anuladas en Washington por la corte superior de los Estados Unidos, pero muchos individuos que no tenían los fondos suficientes para pagar abogados que fuesen a la capital de la República a ocuparse de sus intereses, agacharon la frente ante los tribunales de California y permitieron que los *squatters* quedasen dueños de sus propiedades.

El número de familias californianas que bajo un pretexto u otro han sido despojadas de sus propiedades por medio de las arbitrariedades de los jueces y jurados pasa de doscientas; algunos de los californianos robados se dedicaron a empresas útiles y, ya de una manera, ya de otra, buscaron el sustento para sí y sus familias, pero la mayor parte de los jóvenes que con tanta injusticia habían sido despojados sedientos de venganza, se dirigieron a engrosar las filas de Joaquín Murrieta y bajo las órdenes de ese temido bandido pudieron desquitar parte de los agravios que la raza norte-americana les había inferido.[73] Un gran número de los incautos, que despreciando consejos sabios, tratan de buscar desquite por medios ilegales y reprobados han tenido mal fin; unos recibieron pasaportes para el otro mundo por conducto del juez Lynch y hoy descansan en tumbas escarbadas por los alguaciles; otros han ido a parar a San Quintín en la casa que el gobierno tiene destinada a los criminales que cometen delitos mayores; y, cosa extraña, el hospicio de dementes también recibió como huéspedes a algunos californios, cosa que causó mucha extrañeza a todos nosotros que hemos nacido en este país, pues con excepción de dos personas locas que el gobierno general había enviado desde México, desde que la Alta California había empezado a poblarse nunca se habían visto locos entre nosotros. Creo que no andan muy lejos de la verdad, aquéllos que aseguran que la locura es causada por el licor: aquí antes de la llegada de Fremont se bebían tan sólo licores puros y en pequeñas cantidades y todo el mundo gozaba de buena salud, tenaz memoria e inteligencia despejada, pero después de que el país pasó a formar parte de la gran federación de los Estados Unidos del Norte, se introdujo de Francia y Alemania grandes surtidos de licores compuestos con ingredientes químicos y yerbas

---

[73] Lo mismo sucedió en Tejas, tras 1848, con los incumplimientos del Tratado de Guadalupe Hidalgo, y aún con mayores violencias, especialmente en la región fronteriza baja del Río Bravo. Contra ello, se levantó Juan Nepomuceno Cortina (1824-1892), conocido como el "Ladrón Rojo del Río Grande", o bandido social al estilo de "Robin Hood", quien, con su grupo, mantuvo en jaque al ejército norteamericano y a sus fuerzas paramilitares, los "Rangers", entre 1859 y 1875. En la antología *En otra voz*, se transcribe su proclama "a los habitantes del Estado de Texas y con especialidad a los de la ciudad de Brownsville", defendiendo sus derechos (70-72).

dañinas y éstos afectaron el sistema nervioso, trastornaron la inteligencia, minaron las constituciones más robustas y dejaron sembrados los fatales gérmenes de multitud de enfermedades que a no tardar empujaron a prematuras tumbas a jóvenes aún en la flor de la edad.[74]

En conclusión diré que, en mi humilde concepto, el cambio de gobierno que tuvo lugar en California el día 4 de julio de 1846 ha redundado en beneficio de la agricultura y comercio del joven estado pero en perjuicio de la moral de los habitantes cuyas patriarcales costumbres poco a poco se desmoralizaron con el roce diario de tantas personas inmorales que de todos los ámbitos y rincones del mundo conocido emigraron a ésta mi patria, y una gran parte de la culpa y responsabilidad se puede con razón sobrada atribuir al gobierno de la Unión y del Estado. Yo pregunto: ¿Qué es lo que ha hecho el gobierno del Estado a favor de los californios desde que triunfó de México? ¿Se realizaron acaso algunas de las promesas con que nos halagaron? Yo no pido prodigios, no soy ni nunca he sido exigente; no pido oro que sólo es un obsequio grato para los pueblos abyectos, pero exijo y tengo el derecho de exigir el contingente de la ilustración. En las escuelas de San Francisco se enseñan el francés y el alemán. ¿Por qué no existe también una clase de castellano?[75] ¿Es acaso la población californiana menos digna que la francesa y tudesca? ¿Es acaso menos inteligente? Quizás lo sea y en dicho caso el único remedio que la salvará es la instrucción. ¿Por qué se la niegan? El motivo es claro: la población tudesca dispone de treinta mil votos, mientras que el número de votantes perteneciente a las razas hispano americanas apenas sube a cuatro mil; a aquéllos se les halaga y a éstos se desprecia; acaso hay algún otro motivo que sirva de pretexto para proceder tan estrafalario, pero yo y mis compatriotas lo ignoramos y desde que las autoridades guardan silencio sobre el asunto, el motivo que los induce a favorecer alemanes y franceses en daño y perjuicio de los californios no puede ser bueno pues sólo se esconden hechos que dañan a los intereses o a la reputación.

Aún no ha llegado el tiempo de hacer comentarios o juzgar los hechos de las autoridades que han gobernado el país durante los últimos veinte años, pero la generación venidera llenará esta tarea y no dudo de que coincidirá conmigo cuando

---

74 Curiosamente, señala algo que ya les había ocurrido a los indios nativos con la llegada de los españoles.

75 Le habría gustado mucho a Guadalupe Vallejo saber que el otro idioma, además del inglés, que más se enseña en las escuelas públicas de California no es el alemán ni el francés, sino el español.

afirmo que en despecho del tratado Guadalupe Hidalgo, los norte-americanos trataron a los californios como pueblo conquistado y no como ciudadanos que emigraron voluntariamente a formar parte de la gran familia que amparada por el glorioso pendón que flameó ufano en Bunker Hill desafía los ataques de los monarcas europeos que sentados en sus bamboleantes tronos tienden envidiosos ojos hacia California y demás ciudades que están comprendidas en la gran federación de los hijos de la libertad.

Fin.

Escrito en 1875[76]

---

[76] Precisamente, en 1875, y por casi todo el año, Romualdo Pacheco, natural de Santa Bárbara, y a quien María Amparo Ruiz de Burton, en 1871, pedía que deberían apoyar, con la muerte inesperada del Gobernador, y sustituyéndole, llegó a ser Gobernador provisional del Estado de California, siendo, además, el primer gobernador, tras el paso a los Estados Unidos, nacido en California.

Doña Apolinaria Lorenzana, "la cuna" o "la beata"
(1793-1884)

Memorias, contadas en Santa Bárbara (Fragmentos)

Nacida en México a finales del siglo XVlll y todavía viva en marzo de 1877, cuando Thomas Salvage por encargo del historiador Bancroft, recoge la narración oral de sus memorias, una más de las múltiples coleccionadas de los californios y las californias. Acogida en una casita del "barrio viejo" de Santa Bárbara, querida por los vecinos de esta localidad y de San Diego, lugares en los cuales pasó la mayor parte de su vida, serena y alegre –como nos dice el transcriptor– la viejecita "aparece resignada" a su triste destino, que se iniciara en el México colonial y terminaba en las más absoluta pobreza –como el de tantos otros Californios/as,– después de haber sido Doña Apolinaria propietaria de varios ranchos y ver pasar California de la Corona Española a la República Mexicana y arrebatada a ésta por Estados Unidos. Luchando contra la angustia de ir perdiendo la memoria, Doña Apolinaria Lorenzana, con los recuerdos que rescata, nos trae la voz y el sentimiento de uno de aquellos anónimos seres que no aparecen en las Historias oficiales del Estado o de la Nación, pero que con sus vidas y acciones, crearon la médula histórica hispano-mexicana de la California actual. Oigámosla:

LLEGADA DE NIÑA A MONTERREY; REPARTO DE NIÑOS "COMO PERRITOS"

Yo Apolinaria Lorenzana nací en México y siendo muy niña, apenas de 7 años de edad, me mandó el Gobierno de México (que entonces pertenecía a España), junto con un número considerable de familias y de niños de ambos sexos a esta California... A nuestra llegada a Monterrey, el Gobernador repartió algunos de los niños, como perritos, entre las familias, otros fueron dejados aquí en Sta. Bárbara y en San Diego. Yo me quedé con mi mamá y varias otras mujeres en Monterrey. Las que vinieron ya mujeres, Francisca y Pascuala se casaron muy pronto, la una con Juan Hernández y la otra con Joaquín Hernández ...

Casamiento de la madre y abandono

Mi madre también casó con un artillero y cuando vino relevo de artilleros, le tocó a mi padrastro volverse a México y se llevó a mi madre consigo. Así quedé yo separada de mi madre y no volví a verla más. Ella murió casi a su llegada a San Blas, tal vez del sentimiento de haberme dejado a mí.

Niñez y juventud yn Santa Barbara y San Diego

Mi madre me trajo en el buque hasta Santa Bárbara, porque en ese tiempo vino el teniente Don Raimundo Carrillo a hacerse cargo de la Comandancia aquí en relevo del Capitán Don Felipe Goicochea.

(Con la familia de don Raimundo vivió varios años en Santa Bárbara hasta que le hicieron capitán del presidio de San Diego, adonde se llevó a Apolinaria, "ya tendría yo 12 o 13 años.")

Maestra de niñas y enfermera en la misión

Desde muy niñita antes de venir de México me habían enseñado a leer y la doctrina. Ya cuando era mujercita en California yo sola aprendí a escribir, valiéndome para ello de los libros que veía, imitaba las letras en cualquier papel que lograba conseguir, tales como cajillas de cigarros vacíos o cualquier papel blanco que hallaba tirado. Así logré aprender lo bastante para hacerme entender por escrito cuando necesitaba algo. (Con este conocimiento se dedicó a enseñar a leer y la doctrina a algunas niñas) ...

Enseñé a las tres hijas que entonces tenía el Alférez Don Ignacio Martínez, María Antonia, Juana y Encarnación, la madre era Doña Martina Arellanes. También enseñé una sobrina de Doña Tomasa Lugo, que se llamaba Bernarda Ruiz que vive aún aquí en Santa Bárbara.

(Cayó enferma, grave, y la llevaron al Hospital de mujeres de la Misión de San Diego, donde, cuando se recobró después de una larga convalecencia, se dedicó a ayudar a cuidar a las enfermas permaneciendo en este cuidado por muchos años; secularizadas las Misiones, bajo la República mexicana, Apolinaria se quedó cuidando de la Iglesia y al último misionero, el Padre Oliva).

Toma del país; Apolinaria y el padre Oliva

Yo estaba muy triste por la toma del país por los Americanos y no quería volver por eso a San Diego. Entonces, el padre me dijo "pues si tú te vas a San Juan, yo también no voy allá qué haré yo solo en San Diego." Fuimos primero a Sta Margarita y nos quedamos allí algunos días. Le dije al Padre que se quedase allí y yo me iba a San Juan Capistrano. Yo estaba ... (aquí un vocablo ilegible en la pluma del transcriptor) con la cosa de los Americanos. No sé qué me figuraba yo, si por irme yo, se irían los Americanos también. (El Padre resolvió irse también a San Juan de Capistrano...). Allí quedamos hasta que se murió el Padre Oliva el 2 de enero de 1848.

Ranchera, expoliada por los americanos, y vida de pobreza en la California Yanqui

Allí moré bastante tiempo, tenía yo todavía mis tres ranchos (Capistrano de Secua, Santa Clara de Jamacha y Buena Esperanza de los Coches). Yo hice costumbre de cuando entraba en posesión de un terreno hacerlo bendecir y darlo nombre de Santo, porque siempre he tenido mucha fe en el favor de los Santos, después del primero de todos que es el Dios mismo. (De cómo fue perdiendo sus ranchos bajo el dominio norteamericano, nos dice) ... Es una historia larga y no quiero ni hablar de ella. Los otros dos ranchos me los quitaron de algún modo. Así es que después de haber trabajado tantos años, de haber poseído bienes, de que yo no me desposeí por venta ni de otro modo, me encuentro en la mayor pobreza, viviendo del favor de Dios y de los que me dan un bocado de comer ... me presumo que si fuera a San Diego, estaría bien recibida (Nos dice que el número de ahijados de ambos sexos que tiene entre Sta Bárbara y San Diego, "probablemente pasarán de cien y no me extrañaría que llegaran a doscientos"), pero como estoy lejos y ciega, y aquellas gentes no están en muy buenas circunstancias, aquí me hallo pobre y desvalida, con escasa salud pero así voy pasando hasta que Dios me llame a su seno.

DE JOVEN TUVO UN PRETENDIENTE

Cuando era muchacha, hubo un joven que se empeñó mucho en que yo me casara con él. No me llamaba la inclinación al estado del matrimonio,(a pesar de reconocer los méritos de una institución tan santa) y rehusé su oferta. Entonces me dijo que pues no quería yo casarse con él se iba para México. En efecto se fue y a los dos años volvió –ya estaba casado, pero no trajo a su mujer– al poco tiempo se retornó para México.

CONCLUYE: DE "GENERACIONES Y SEMBLANZAS" CALIFORNIANAS

Conocí a Eulalia Pérez, mujer de Guillén en San Diego, cuando fui allá con la familia del Capitán Raimundo Carrillo. Ya tenía a su hija Petra casadera y su hijo Isidoro, era ya mancebito. Petra se casó por ese tiempo con Santiago Rubio, soldado de la compañía de San Diego. Fui madrina de dos hijas y un hijo de Eulalia. Las dos hijas fueron María de los Ángeles y Rita, el varoncito estaba quebradito y murió, se llamaba ... (aquí un nombre ilegible). Cuando conocí a Eulalia la primera vez era ya mujer hecha; me figuro que tendría 30 años, poco más o menos, pudiera ser que tuviera más, eso sería tal vez en el año de 1808 ...[77]

V.A. VOL. I, NO. 3. OTOÑO 1997

La narración ocupa 40 páginas escritas a mano. Aquí nos hemos limitamos a reproducir algunos fragmentos que evocan, con el sabor y la claridad del español hablado en Santa Barbara en el siglo XIX, la sencillez y el drama de aquella historia. Los titulares, usados para subrayar los sucesos narrados, son nuestros. El manuscrito se encuentra en la "Bancroft Library" de la U. C. en Berkeley.

---

[77] Eulalía Pérez de Guillén Mariné (1768-1878), con sus 112 años fue la california de más larga vida y aún se decía que vivió más de esos años.

Bandidaje de los Californios frente a los ultrajes y crímenes sufridos:

Contra todos los incumplimientos del Tratado Guadalupe-Hildalgo, robos, ocupaciones de tierras, linchamientos y todo tipo de racismo, junto a las voces de protesta y la resistencia política y social, y según ya advirtiera Mariano Guadalupe Vallejo, varios jóvenes californios, entre los años 50 y principios de los 70, se lanzaron al bandolerismo.[78] Alguno de ellos, eran de las familias históricas conocidas, tal el caso de uno de los más temidos y activos, entre 1854 y 1874, y que gozó de popularidad, Tiburcio Vásquez de Monterrey. Su bisabuelo, Juan Antonio Atanasio vino de soldado en la primera expedición con De Anza. Tiburcio, de niño y adolescente, recibió una educación letrada, escribía poesía, cantaba y era un diestro bailarín. Se sentía "todo un caballero", como afirmaba decir en palabras que cita su biógrafo, John Boessenecker. Poco antes de ser ajusticiado, hizo una declaraciones afirmando que su pase al bandidaje fue motivado como venganza al verse él y los californios desprovistos de sus derechos y acosados por la persecución xenófoba.[79] De aquellos bandoleros californios, quien ha quedado como figura legendaria, y por estar su persona, origen y destino, envueltos en el misterio y el mito, fue, al parecer sonorense, Joaquín Murrieta o Murieta, celebrado como vengador de injusticias, e inmortalizado como un héroe del folklore californiano. Como bandido generoso fue dado a conocer, ya en 1854, en la novela *Life and Adventures of Joaquín Murieta, the Celebrated California Bandit*, escrita por "Yellow" Bird". como se firmaba su autor John Rollin Ridge, indio mestizo Cherokee, Convertido en figura literaria, Murrieta ha quedado inmortalizado. El propio Pablo Neruda, lo llevo a su drama poético, *Fulgor y muerte de Joaquín Murieta* y

---

[78] Lo mismo sucediera en Nuevo México y en Texas. Ya citamos al tejano o Juan Nepomuceno Cortinas, conocido como "El Ladrón Rojo de Río Grande".

[79] La entrevista, "Tiburcio Vásquez and Interview with the noted bandit", publicada en Los Angeles Starr, el 16 de mayo 1874, bajo el título de "Revenge took possession of me", se recoge en el libro *Foreigners in Their Native Land* (1874). En un acto de justicia poética a posteriori, en la actualidad existe en la ciudad de Hayward, el "Tiburcio Vásquez Health Center".

pretendiendo que era chileno, y dada la afluencia de ellos que llegaron con lo del oro californiano.

Joaquín Murrieta (Corrido anónimo)

Yo no soy americano
pero comprendo el inglés.
Yo lo aprendí con mi hermano
al derecho y al revés.
A cualquier americano
lo hago temblar a mis pies.

Cuando apenas era niño
huérfano a mí me dejaron.
Nadie me hizo ni un cariño,
a mi hermano lo mataron,
y a mi esposa Carmelita
cobardes la asesinaron.

Yo me vine de Hermosillo
en busca de oro y riqueza.
Al indio pobre y sencillo
lo defendí con fiereza
y a buen precio los sherifes
pagaban por mi cabeza.

A los ricos avarientos
yo les quité su dinero.
Con los humildes y pobres
yo me quité mi sombrero.
Ay, qué leyes tan injustas
fue llamarme bandolero.

A Murrieta no le gusta
lo que hace no es desmentir.
Vengo a vengar a mi esposa,
y lo vuelvo a repetir,
Carmelita tan hermosa,

cómo la hicieron sufrir.

Por cantinas me metí,
castigando americanos.
"Tú serás el capitán
que mataste a mi hermano.
Lo agarraste indefenso,
orgulloso americano".

Mi carrera comenzó
por una escena terrible.
Cuando llegué a setecientos
ya mi nombre era temible.
Cuando llegué a mil doscientos
ya mi nombre era terrible.

Yo soy aquel que dominó
hasta leones africanos.
Por eso salgo al camino
a matar americanos.
Ya no es otro mi destino
¡Pon cuidado, parroquianos!

Las pistolas y las dagas
son juguetes para mí.
Balazos y puñaladas,
carcajadas para mí.
Ahora con medios cortadas
ya se asustan por aquí.

No soy chileno ni extraño
en este suelo que piso.
De México es California,
porque Dios así lo quiso,
y en mi sarape cosida traigo
mi fe de bautismo.

Qué bonito es California
con sus calles alineadas,

donde paseaba Murrieta
con su tropa bien formada,
con su pistola repleta,
y su montura plateada.

Me he paseado en California
por el año del cincuenta,
con mi montura plateada,
y mi pistola repleta.
y soy ese mexicano
de nombre Joaquín Murrieta.[80]

---

80   Tomamos el corrido de la extensa Introducción de Luis Leal a la edición del libro, *Vida y aventuras del más celebre bandido sonorense, Joaquín Murrieta. Sus grandes proezas en California*, de Ireneo Paz.

Poesía en la prensa hispana de Los Ángeles, San Francisco y Santa Bárbara (1850-1900) [81]

Dedicamos este apartado a la numerosa poesía en español publicada en sucesivos periódicos hispanos en California, comenzando con la de Los Ángeles en las fechas fijadas en el libro editado por Reynaldo Ruiz, *Hispanic Poetry in Los Angeles: La poesía angelina (1850-1900)*, publicado en el año 2002; libro que recoge un gran acopio de poesías de tales periódicos; poemas que se extienden desde la página 125 a la 456 [82]; impresionante mundo poético con ecos de tanto de lo vivido y sentido en español en Los Ángeles en aquel medio siglo. De ahí, lo de tal florecer, el cual asimismo se dio en San Francisco y, en menor cuantía, en Santa Bárbara. La mayor parte de los poemas angelinos son, en dos momentos distintos, de *El Clamor Público* (1854-1859) y *La Crónica* (1872-1897), precedidos de tres en *La Estrella* (1851-1854) el suplemento en español de aquel primer periódico de la ciudad *Los Angeles Star* (*La Estrella de Los Ángeles*).[83] Los dos primeros de tales tres poemas van firmados con el nombre del editor de la versión del periódico en español, el peruano, Manuel Clemente Rojo asentado en California. Esto apunta a lo que tal "poesía angelina" tendrá de poesía pan-hispánica, y de un decir poético común, en español uniendo a poetas de distintos países de habla española. En la estela de Clemente Rojo, los posteriores editores y propietarios de *El Clamor Público*, Francisco P. Ramírez, y de *La Crónica*, Eulogio F. de Celis, tenían una educación y visión cultural

---

[81] Parecido conglomerado de poesía en español publicada en la prensa periódica de California en la segunda mitad del siglo XIX, asimismo se podría recoger en la de Nuevo México y Texas. Nos limitamos a California, por razones de espacio y dado que nuestro libro se origina en Santa Bárbara, California.

[82] Anteriormente, en 1994, Luis A. Torres había publicado ya una extensa colección, bajo el título *The World of Early Chicano Poetry: California Poetry, 1855-1881*, incluyendo periódicos de Los Ángeles, *El Clamor Público*, San Francisco, *El Nuevo mundo* y Santa Bárbara, *La Gaceta*. Aunque nos centramos, principalmente, en la poesía publicada en Los Ángeles, haremos alguna observación sobre el otro pionero libro en sacar a relucir del olvido a dicha ingente obra poética en español en California de la segunda mitad del siglo XIX.

[83] En su *The Los Angeles Barrio, 1850-1890*, Richard Griswold del Castillo, nos da la lista de los 16 periódicos en español, con los nombres de sus editores que se publicaron en la ciudad entre esas fechas (p.127). Reynaldo Ruiz en su libro se vale de 6 de ellos: *La Estrella, El Clamor Público, La Crónica, El Aguacero, El Demócrata, The Spanish Review* (bilingüe).

cosmopolita, abierta a México, al resto de HispanoAmérica, a España y al mundo. Ramírez, como ya tratamos, dominaba el francés y en su periódico hay traducciones de obras y ensayos en francés. Por su parte, Eulogio F. de Celis, hijo de uno de los principales rancheros del área de Los Ángeles, el español-californio, Eugenio Celis, que se regresó a España con su familia, y su hijo estudió en París y Londres, pero de vuelta la familia a Los Ángeles, al fallecer el padre en 1864, el hijo inicio *La Crónica*, cubriendo noticias locales, pero, también, del país y del resto del mundo. Se distribuía por toda California, y leo que, en octubre de 1872, pasó a publicarse dos veces por semana, miércoles y sábados, y con todo lo que ya apuntaba, y con más de un siglo de anticipación, a la actual edición del prestigioso *Times* de Los Ángeles en su versión en español.

Surge el inconveniente que la mayor parte de las poesías que se recogen de los dos periódicos y de los posteriores, en el *Hispanic Poetry* in Los Ángeles aparecen como anónimas, y tantas otras sólo con las iniciales de los nombres, así que nos quedamos sin saber, dentro de la unidad plural del español de tal universo poéticos, quienes fueran angelinos y californios/as al igual que lo eran los dos propietarios y editores de *El Clamor Público* y de *La Crónica*. Por algunas de las iniciales sí podemos conocer varios de los nombres, comenzando con un poema amoroso del propio Francisco P. Ramírez, y en la estela de la poesía del anterior editor Clemente Rojo: "A mi María Antonia" (F.P.R.), y otro de José E. González, quien estuviera de co-editor junto a Ramírez, "A Ella" (E.G.). Queda, pues, la labor de identificar por sus iniciales a otros y otras poetas de Los Ángeles que se reúnen en la colección. Sí se dan, en un número menor, poemas firmados con el nombre completo, lo cual nos presenta una sorpresa dentro de dicha poesía angelina –no advertida por el colector de la colección, ni por quienes la consideran como chicana– que bastantes de tales poetas, de ambos sexos, eran de España, México, y de algún otro país hispanoamericano, y no vivían en Los Ángeles ni en California. El mayor número, y esto es lo más sorprendente, lo constituyen poetas españoles y con poesías escritas y publicadas, anteriormente, en España. Por lo general, son autores de poesía festiva y satírica, que se corresponden muy bien con un tono general del libro del que nos ocupamos.

¡Qué ironía, encontrar en este libro de "poesía angelina", un plantel de poetas españoles-as, hoy en día, la mayoría, olvidados y desconocidos en la propia España![84]. Cito sus nombres y título de sus poesías publicadas en Los Ángeles en la segunda parte del siglo XIX por lo que apuntan a la temática general de la colección; seguidos de los mexicanos y de otros poetas, igualmente de ambos sexos, hispano americanos; todos ellos y ellas colaborando en tal amplio logro de fomentar la poesía en español en los Estados Unidos, y trayendo al nuevo Estado del País una tradición poética en español de siglos, llevada, por medio de la prensa, a la calle, y a lugares públicos y privados, por doquiera que llegara.

Españoles: Julia de Asensi, "El sueño del poeta"; Vicente Barrantes Moreno (V. Barrantes), "Ritja o Balada"; Emilio de la Cerda, "Riñas de amor..."; Luis Cortés y Suaña, "A la muerte", soneto; Luis García Luna, "De alto abajo"; Constantino Gil y Luengo, "La confesión": Teodoro Guerrero, "La gota de agua. Fábula árabe"; Antonio Opisso, "Rimas"; Manuel del Palacio, "La Química social" y "Problema"; Manuel Reina, "La vida"; Aureliano Ruiz, "A María"; Eugenio Florentino Sanz (E. F. Sanz), "La razón de un duelo", Mercedes de Vargas, "Adiós a la esperanza".[85]

Mexicanos: Mariano Amador, "Una lágrima sobre la tumba de mi madre", conmovedor poema; J. J. Pesado "El dolor"; José López Portillo y Rojas "Armonías fugitivas"; Julia Guadalupe de Peña, "Tristeza"; Ignacio Tenorio Suárez, "El pirata", antecedido con versos de Espronceda, y quien viniera de México a California, con el grupo de "Ilustrados", de la expedición de Híjar y Padrés en 1834, y José María Paredes, de quien más poemas aparecen en la colección, cuatro o cinco, entre ellos, uno de los más destacados de la colección "Picnic", y que en su poema "A México", se declara mexicano, y sí estaba viviendo en Los Ángeles, y muy relacionado con el mundo de la prensa y del arte, y Luis Maneiro, "Ultimatum".[86]

---

84 Nada tan extraño en el fondo, si tenemos en cuenta que Los Ángeles se fundó como un pueblo español y la base hispana de la lengua y cultura chicana, lo cual hace posible que Reynaldo Ruiz trate como angelinos a tal grupo de poetas españoles y que Luis A. Torres en su *The World of Early Chicano Poetry. California Poetry, 1855-1881*, tome como chicano al autor del poema que se publicara en *La Gaceta* de Santa Bárbara como anónimo, "El dinero" (pág. 232), el cual es el, tan conocido poema, de "Poderoso caballero / es don Dinero", del famosísimo poeta español, Francisco de Quevedo, del siglo XVII.

85 Las Baladas de Vicente Barrantes en España fueron muy celebradas en su día, y en la actualidad Amazon tiene en venta una de sus posteriores ediciones. Asimismo, Manuel Reina fue un precursor del Modernismo, pero el resto de poetas españoles, en la Antología de poesía en Los Ángeles, han quedado muy olvidados en su país.

86 Debe ser el jesuita Juan Luis Maneiro (1744-1800), humanista e historiador, y parte del

Hispanoamericanos: el peruano, Manuel Clemente Rojo, "La vida", y "El resentimiento"; los cubanos del exilio en Estados Unidos, Miguel Teurbe Tolón (M. T. Tolón) "No estés triste" ; y Juan Clemente Zenea, "Las tres novias del poeta"; más la destacada poeta salvadoreña, Antonia Galindo, quien aparece bajo el seudónimo que usaba, Antonina Idalgo, y su poema, "La Naturaleza", uno de los más bellos de toda la colección.

Por supuesto, se dan algún otro nombre más, y muchos poemas con el nombre bajo las iniciales que no he podido identificar ni dar con el país de origen y es de lamentar, pues varios-as podrían ser californios angelinos que formaran parte de un grupo poético y cultural asociado a la sección literaria de los distintos periódicos. También, como ya he señalado y se debe destacar, se incluía a un grupo de mujeres poetas, reitero los nombres de quienes firmaban los poemas, con un par más de poetas, que no he podido dar con su lugar de nacimiento: Julia de Asensi, Antonia Galindo (Antonina Idalgo), Julia Guadalupe de la Peña, Julieta Ospina y Julieta Espina (ambas parecen ser la misma y no he podido dar con su lugar de origen), Mercedes de Vargas y Adela Denis, quien bien pudiera ser la poeta, Amelia Denis. Entre los poemas anónimos, y de los que sólo se dan las abreviaturas se encontraría otros más de mujeres poetas escribiendo en California, y en español, en la segunda mitad del siglo XIX, y ya como expresión de un naciente feminismo que asimismo

---

grupo de jesuitas expulsados de México en 1767. De ser así, sería una anticipación poética de un llamado a la guerra independentista. No sabemos cómo, casi cien años después, se pudo hacer Francisco P. Ramírez, con este poema, "Ultimatum", en letrillas, que pudiera estar escrito en relación con los tumultos insurreccionales de San Luis de Potosí, en mayo-junio de 1767, vinculada a la expulsión de los jesuitas de México y a reivindicaciones de los mineros, con gran participación de población india, y que tuvo una brutal, criminal, represión. El poema, es toda una detallada dramatización histórica de la arenga, lanzada, he leído, por primera vez en México, y guiando ya a dichos disturbios insurreccionales: "Muera el rey, muera el mal gobierno, mueran los gachupines". Tal exaltada diatriba poética no pareciera salir de un sabio humanista, aunque bien podrían haberle sacado de sus casillas, junto a aspiraciones independentistas ya sentidas por jesuitas mexicanos en el siglo XVIII, la feroz represión y la expulsión suya de México con los demás jesuitas, a donde Juan Luis Maneiro volvería para morir. Reynaldo Ruiz no aclara nada al respecto y resulta desacertada su interpretación del belicoso poema trayéndole a la sociedad angelina de entonces. Tras presuponer que los angelinos mexicanos sentían resentimiento hacia los españoles que se consideraban superiores a ellos, remata, y lo dejo en inglés: "The poem concludes by making a call to all angelinos to get together and fight off the enemy (el español) who is attempting to deceive and exploit them" (pág.75). Nada de eso se desprenden del poema, el cual se sitúa en, y en contra de, el México colonial, y no va con el tono general panhispánico del conjunto del libro poético. Recordemos además, que, tras las guerras de la Independencia, fue México el primer país latinoamericano en abrir relaciones diplomáticas y comerciales con España en 1836.

se empezaba a manifestara en varios de los países hispanoamericanos.[87]

*　*　*

Transcribimos una mínima muestra de la valiosa colección del *Hispanic Poetry in Los Ángeles*, tres poemas de los muchos anónimos de la colección, los cuales ya publicamos en "Mirador al Pasado" de *Ventana Abierta*, y que sí expresan temas sociales de los vividos por la sociedad angelina de habla hispana de aquellas fechas. El primero es un largo poema feminista *avant la lettre* –del cual sólo publicamos unos primeros versos y los finales– con lo que tiene de elevación al cubo del renombrado verso, "Hombres necios...", de Sor Juana Inés de la Cruz. Se puede leer entero en la colección publicada por Reynaldo Ruiz (221-224).

¿Será verdad? — Mugeres

Entre el hombre y la mujer
Se advierte gran diferencia:
Esta es buena por esencia,
Aquel malo a su placer.

Esta es firme en el querer,
Aquel solo en el odiar.
Y si hemos de averiguar
La variedad id notando
Que la mujer muere amando
Y el hombre no sabe amar.

Es la mujer invariable.
Sumisa, fiel, cariñosa
Compasiva, generosa.
Hospitalaria y amable.

---

[87] Véase sobre este tema el libro de Francine Masiello, *Between Civilization & Barbarism. Women, Nation and Literary Culture in Modern Argentina* (1992).

El hombre, egoísta, variable
Y altivo con su poder,
Sin llegar a conocer
Que teniendo cualquier nombre
Entre todos no hay un hombre
Que merezca una muger.

Son los Pedros fantasmones,
Los Prudencios insensatos,
Los Juanes muy mentecatos,
Y usureros los Ramones;

Fastidiosos los Simones,
Pendencieros los Migueles,
Despiadados los Manueles,
Hipócritas los Martines,
Chismosos los Agustines
Y los Antonios infieles ...

[... y así continua con los nombres y adjetivos por 3 páginas, hasta los siguientes versos finales]

Los Camilos y Soteros
viven sólo para comer.
Y es preciso conocer
que todos los hombres juntos,
inclusive los difuntos,
no valen una mujer.

ANÓNIMO. *EL CLAMOR PÚBLICO* (29 JUL. 1856)

El siguiente poema alude a lo que, también, tenía de sórdido Los Ángeles, en aquellas fechas, con sus casas de juego y de prostitución y actos de violencia:

El jugador

¿No ves a ese hombre de mirar sangriento,
De rostro enjuto, seco y descarnado?
¡Eso que con el sello está marcado
De la infamia, del crimen, del tormento?

¿Ese que marcha triste y macilento,
Siempre de angustias y dolor cercado,
Que se ve de los hombres execrado,
Peor que mendigo mísero y hambriento?

¿Ese infeliz que al crimen impelido
arrastra su vivir negro, espantoso,
en medio de un pantano corrompido?
¡Húyele ... sí! Su aliento es ponzoñoso;
Este es el JUGADOR envilecido,
y el oprobio del hombre laborioso.

II
¡Mirad ese patíbulo enlutado
Que en medio de la plaza se levanta,
A do la muchedumbre se adelanta
A ver la ejecución de un desgraciado!

¡Miradlo a él marchar atribulado
Con vacilante y con incierta planta;
Su rostro cadavérico que espanta
Lleva el sello del crimen estampado!

¡El verdugo le pone la mascada,
y tira de ella ... ! Oíd el ronco grito
que le arranca la muerte malhadada ...

Su vida pasó siempre en el garito,
¡La sociedad está purificada ... !
¡Tal es el fin del JUGADOR MALDITO!

III
¿No veis a esa muger, a esa mendiga,
Con inmundos harapos encubierta,

Pálida, enferma, extenuada, yerta,
que abandona la choza en que se abriga?

¿La miráis implorar en mano amiga
UN DURO Y NEGRO PAN DE PUERTA EN PUERTA?
Exánime y convulsa, y casi muerta,
El hambre horrible a sucumbir la obliga.

Sollozando le piden el sustento
sus tiernos hijos con doliente queja;
¡Madre infeliz!, ¡atroz es tu tormento!
El hombre sin piedad de ti se aleja ...
¡Ay!, este porvenir triste y sangriento,
el JUGADOR a su familia deja.

ANÓNIMO. EL CLAMOR PÚBLICO (7 DIC. 1856)

Y en el próximo poema nos encontramos con uno de los primeros, sino el primer poema californiano publicado sobre el *Spanglish* (416):

Un tipo

A MI AMIGO MANUEL F. MARTÍNEZ

Aquí va un tipo, Manuel,
de aquellos que ni se sueñan;
tipo injertado de gringo,
con resabios de canela.
Si digo algún disparate,
no le marques el alerta,
porque entonces, caro amigo,
no leerás ni una cuarteta.
Comienzo pues con mi cuento,
aguza tú, bien la oreja
y pon cuidado al asunto
si es que en algo te interesa.

Conocí aquí en California
una paisana muy bella,
que coronaba su vida
con diez y ocho primaveras.
Mas como estaba educada
en la americana escuela
ingleseaba algunas frases
que olían a gringo a la legua.
Con frecuencia se le oía
Llamar al cesto *basqueta*,
Contar las cuadras por *bloques*,
A un cerco decirle *fensa*,
Al café llamarlo *cofe*,
A los mercados marquetas,
al tendejón *grosería*,
y *tabla* á la que era mesa:
A un compromiso *enganche*,
partida si había una fiesta:
Si iba á un baile era a la *bola*
y a la *chorcha* si era iglesia.
Una vez oí que dijo
a su amiga Filomena:
Por fin estoy *enganchada*
Con don Cosme de Varela,
y es un *espaniar* que tiene
muchos bisnes y muy buena
porción que todas envidian
y que corre hoy por mi cuenta.
Así pensaba y hablaba
la paisanita morena,
que pintaba su semblante
con carmín, para estar huera.
Y todo lo dicho, amigo,
no es ni sombra siquiera
de este tipo que aquí abunda
como en el caos las tinieblas.
Por nadie digo lo dicho.
A nadie mi pluma hiera:
Mas que se ponga este saco

al que le ajuste o venga.

Eco de la Patria (17 Oct. 1882)

* * *

En *The World of Early Chicano Poetry: California Poetry, 1855-1881*, Luis A. Torres recogió 71 poemas, en español y con la traducción al inglés hecha por él, de tres periódicos *El Clamor Público*, Los Ángeles (1855-1859), *El Nuevo Mundo*, San Francisco (1864-1866), y *La Gaceta*, Santa Bárbara (1879-1881). De los de *El Clamor Público*, ya hemos tratado, de *El Nuevo Mundo*, ya señalamos que en tales fechas, Francisco P. Ramírez era su propietario y principal redactor, y muy relacionado con el impulso que tomó la comunidad mexicana en San Francisco y otras zonas del Estado con la nueva inmigración política y cultural, debido a la intervención de fuerzas francesas y la instauración de la monarquía de Maximiliano en México, lo cual creó un gran foco de resistencia a tal injerencia extranjera, pero asimismo muchas salidas del país. Con relación a *La Gaceta* de Santa Bárbara, se debe se destacar la importancia política y cultural que tuvo la pequeña ciudad, manteniendo muy vivo su legado hispano-mexicano, tras su pase a los Estados Unidos. *El Nuevo Mundo* y su posterior fusión con *La Voz Chilena*, *La Voz Chilena y El Nuevo Mundo,* y otros periódicos y publicaciones del mismo tiempo, fueron parte del resurgir mexicano y panhispánico dado en San Francisco, en la segunda mitad del siglo XIX y principios del XX, el cual merece todo un amplio estudio. Nos limitamos a señalar dos títulos de los poemas en *El Nuevo Mundo*, recogidos en el libro de Luis A. Torres, los cuales son expresión de una defensa y exaltación de México frente a la ocupación de las tropas francesas, ya en retirada, y la impuesta monarquía del austriaco Maximiliano; poemas tales como los extensos "La Oda Patriótica", y "A Méjico". En conmemoración del glorioso 16 de Setiembre de 1810", del desterrado y destacado poeta mexicano Luis Aurelio Gallardo. En el segundo poema late mucho, del amor a la patria abandonada de la poesía del destierro que trajeron al Este de los Estados Unidos José María Heredia y los poetas cubanos del *Laud del desterrado*. Aurelio, Luis Gallardo, asimismo, publicó en San Francisco sus *Leyendas y Romances*, en 1868, en la editorial Enrique Payot, quien publicara obras en español.

Curiosamente, el mayo número de poemas de la colección de Luis A. Torres lo recoge de *La Gaceta* de Santa Bárbara, 28 de ellos y de dos poetas, F. N. Gutiérrez, el director del periódico, y el de Dantés, seudónimo tomado del personaje de la popular novela de Dumas, y que, asimismo tiene el eco de Dante. En "Mirador al Pasado", publicamos el poema de F.N. Gutiérrez, "Un paseo", como ejemplo de la vida y costumbres de los jóvenes californios barbareños en 1881, expresión de su continuada vigencia político social y cultural en la pequeña ciudad fundada por sus antepasados, donde se ha mantenido, tan vivamente, el idioma y la cultura hispana-mexicana. Junto a tal poema incluimos otro suyo, el dedicado a su ciudad, y anticipando ecos de lo que ella diría la gran Gabriela Mistral, quien vivió, en ella dos años tras ganar el Premio Nobel. Se adelanta en el poema, esa estimación generalizada, hoy en día, de considerar a Santa Bárbara como ciudad paradisíaca, según él ya la cantara a fines del siglo Sus versos sobre la ciudad deberían inscribirse, en mármol, en alguno de los parques o playas de Santa Bárbara.

Un paseo[88]

En un hermoso día domingo
De Santa Bárbara salieron,
Algunos jóvenes a paseo,
Y en cierto lugar reunieron.

La comida fue excelente
Pues la tuvieron en el Rincón,
En donde quedaron un rato,
Con muy placentero corazón.

---

[88] Nótese que junto a los apellidos hispanos hay dos anglos, de hijos de norteamericanos casados con californias, y crecidos, educados y totalmente integrados en la vida y cultura de los californios.

A las veinte mil maravillas
Uno las riendas manejaba;
Era Estanislao Cordero,
Que para eso diestro estaba:

Había un joven Antonio Ruiz,
Que farmacéutico sí lo es,
El muy bien preparado iba
Con sus píldoras y almirez.

El pobre Federico Packard,
Su casaca entonces perdió;
Pero hallola un buen hombre
Y a Packard la casaca dió.

También el joven Francisco Ruiz
En el paseo nos acompañó,
Pasó un deleitable rato,
Aunque el Rincón a pie pasó.

El diputado Juanito Janssens
Estaba sentado muy atrás;
También muy buen tiempo pasó,
Pues se rió hasta no poder más.

Estaba Camilo, el pintor,
Sentado en el mejor lugar,
Donde había comida y vino
Que muy pronto se podían probar.

Y después resultó Gutiérrez
Con un buen libro de canciones;
Y entonces todos dijeron:
"¡Vengan los cantos a montón!"

Francisco Cordero, que sabía
Dirigir cantos con armonía
Hizo formar un bello coro,

Luego cantamos con melodía.
Santa Bárbara, Junio 9, 1880

(LA GACETA, VOL. 2, NO. 22; JUNIO 12, 1880)
V.A. VOL I, NO. 3. OTOÑO 1997

Ciudad de Santa Bárbara

¡Oh ciudad de inmutable clima,
Do vientos soplan con dulce calma!
Eres perpetuo delirio del alma,
Y un paraíso que ilumina!

Las olas de tu pacífico mar
Arrancan del hombre su cruel dolor,
Y tus aires que rugen sin rigor,
Con olor te bañan de dulce azahar.

Tus verdosas y bellas colinas,
Apagan de tu centro los vientos,
Y así huyen los aires violentos,
Y solo roncan verdes encinas.

Tu montaña que ahí se asoma
Del claro oriente al occidente,
Esparce entre tu dócil gente
Un benigno y sutil aroma.

Tu mansa bahía que por natura
Descolgó del azulado cielo,
Ha zambullido eviterno celo
En el alma de toda criatura,

Se asoma tu humilde invierno
Vestido de pálido ropage,
Y todos le rinden homenage,
Como un ángel al Dios eterno.

Llega tu primavera con risa,
Viendo tu suelo de amables flores,
Que respiran fragantes olores
Esparcidos con tu suave brisa.

Te saluda el alegre verano
Con rayos de tu sol desprendidos,
Aplacando al triste sus gemidos
y dándole fuerza al anciano.

Viene el otoño con dulzura
Perfumando tu bello ámbito,
Con las rosas que en su tránsito
El aire deja en tu llanura.

Éres puro y hechicero vergel,
Y sempiterno imán del hombre;
Éres apacible respiro del pobre,
que del empíreo palpita en él.

Tu magno sol con rayos enamora
Aguas que de negras nubes revientan,
Y así ellas nunca fuertes se sueltan
Sobre ti ¡BELLA CIUDAD DE LA GLORIA!
     Santa Bárbara, 28 de abril de 1881

De Dantés, seudónimo tomado del protagonista Edmundo Dantés de *El conde de Montecristo*, la tan popular novela de Alejandro Dumas, personaje con sus disfraces y personalidades distintas, me limito a señalar alguno de sus poemas y que caen dentro de los distintos temas de la colección presentada por Luis A. Torres en su libro: "A una desconocida", "Muerte del jovencito Pablo de la Guerra", "El Tiempo", "Verdades filosóficas", "La Magdalena" y "A la Dulcinea de Ventura", ciudad vecina de Santa Bárbara, y que concluye con estos versos: "Fue Dulcinea famosa por su hermosura; / Más tú la eclipsas, gallarda Dulcinea de Ventura".

Menos mal que Don Quijote no pudo leer este poema, pues, de haberlo hecho, le habrían caído varios palos a Dantés. Apunta el poema a lo popular que fuera el *Quijote* en California. Uno de los barcos de los californios se llamaba *El Quijote*.

Un "Boom" del Teatro en español en California (1848-1895)

Aunque en el *Florilegio* no incluimos textos teatrales, no podemos pasar por alto la presencia que el teatro hispánico ha tenido en los Estados Unidos, y desde antes de que se fundara como nación, ya con el teatro religioso colonial español, al cual ya aludimos, y desde la primera función teatral a fines del siglo XVI con la entrada de la expedición española a Nuevo México, y todo el teatro navideño de las *Pastorelas*[89], según ya indicamos, y junto a las fiestas y bailes, los célebres fandangos, de la sociedad civil en los lugares donde se extendiera la presencia hispánica.

Desde comienzos de la segunda mitad hasta la última década del siglo XIX, nos encontramos con la gran sorpresa de que se dio una especie de –paradójicamente casi desconocido– "boom" del teatro en español en California. Como expresión de ello presentamos, en orden cronológico, una lista de obras teatrales que lo constituyeron (con todo lo que representan y expresan de las Letras en español en los Estados Unidos) y nombres de sus autores, escenificadas en Los Ángeles y San Francisco, algunas de ellas, llevadas por las compañías teatrales, a Texas, San Antonio y Tucson en Arizona y Santa Fe en Nuevo México. Hoy, un mundo teatral totalmente desconocido, salvo en la obra de tres o cuatro estudiosos-as.

Dos factores contribuyeron a la acogida de tal presencia del teatro en español en California y en el Suroeste del País tras pasar a los Estados Unidos, lo implantado del idioma español, para entonces ya ancestral, en aquellas tierras y el afirmarse sus gentes en defensa de su cultura e idioma, encontrando en el teatro un lugar público ideal para ello; lo cual no se daba, en igual medida, en Nueva York y otras ciudades del Este, dada la más escasa población de habla hispana, Por lo contrario, en California, con su varios pueblos de californios-

---

[89] Las *Pastorelas* y otros derivados el teatro religioso navideño, a medida que se desarrollaba la sociedad civil california, pasaron a celebrarse, de la Misión, y ya cuando ellas estaba en decadencia o no existían como tales, a en las casas de las personalidades de los distintos pueblos o ciudades, Monterrey, San José, San Luis Obispo, Santa Bárbara, Ventura, Los Ángeles, San Diego. Por supuesto, igualmente se representaban así en distintos lugares de Texas, Nuevo México, Colorado y Arizona.

as, y, tras el descubrimiento del oro, el cual impulsó una mayor afluencia de hispano-parlantes, desde distintos puntos de Hispanoamérica y España; los más numerosos mexicanos de Sonora y chilenos y posteriormente con más inmigración mexicana tras la invasión de las fuerzas francesas a México, las compañías teatrales que llegaban de México y, de España, sí contaban con un público para mantenerse.

Como en el caso de la poesía tratado y en mayor cuantía, nos encontramos con la otra gran sorpresa de que la gran mayoría de las múltiples obras de tal teatro –un teatro epígono del romántico, de costumbres, modos sociales y morales; dramas, melodramas y comedias, junto a sainetes, obras jocosas y zarzuelas– eran obras de autores españoles; todo un grupo de dramaturgos, vinculados al liberalismo español de mediados del siglo y hasta el final del mismo que escribían sus obras por decenas, dado el alcance popular de tal teatro; con tantas de ellas logrando clamorosos éxitos en los teatros de Madrid y otras ciudades españolas; y que, poco después, llegaban a estrenarse en diversos países hispanoamericanos y en los Ángeles, San Francisco y, en ocasiones, en Tucson y San Antonio. Algunos de aquellos dramaturgos, varios de los cuales escribieron libretos de zarzuelas de las más conocidas, siguen figurando en las *Historias de Literatura española* (Aquí los pasamos a figurar, también, en la *Historia de la Literatura Norteamericana* en español), y otros, como varios de los poetas "angelinos españoles" ya mencionados, son desconocidos y olvidados. Asimismo, damos con la actual sorpresa de que bastantes de tales obras, la mayoría olvidadas, tienen reimpresiones en este siglo XXI, anunciándose en el Internet y varias de ellas se pueden leer, sin ningún coste ni registro, reproducidas por Internet, la Biblioteca Virtual Miguel de Cervantes y por otras firmas, ofreciendo la lectura de tantas de aquellas obras que, en su mayoría, habían quedado en un total olvido.[90]

Fueron varias las compañías teatrales españolas y mexicanas que llegaron a California tras su pase a los Estados Unidos, siendo tres

---

[90] Para quienes se interesen en leer algunas de estas obras con solo pulsar su título en Internet, anotamos las siguientes: *La aventurera, La hija de las flores o Todos está locos, Borrascas del corazón, La trenza de su cabello, Amar sin dejarse amar, La esposa del vengador, El loco por fuerza, No hay humo sin fuego. Alta y baja, ¡Me conviene esta mujer!, De Potencia a Potencia, Bienaventurados los que lloran, El amor y el interés, Los soldados de plomo, No más secretos, No lo quiero saber, El poeta y la beneficiada, Las riendas del gobierno, Deudas de la honra, Flor de un día, Hija y Madre*, entre tantas más.

españolas las de mayor presencia, las cuales, tras un gira inicial, habiendo pasado por la Habana y/o México y algún otro país hispanoamericano, se establecían en Los Ángeles y en San Francisco por algún tiempo, con salidas a Texas y a Arizona: la Compañía Española de la familia Estrella, cuyo primer actor fuera el, tan famoso actor, mexicano, Gerardo López del Castillo, casado con Amalia, la hija del director Donato Estrella; posteriormente, la compañía, pasaría a tomar el nombre de Castillo; la Compañía Dramática Española, dirigida por José Pérez García y, más tarde, por Pedro C. de Pellón, y la Compañía Dramática Española de Ángel de Mollá. Con la mayor presencia de estas compañías, damos una bastante numerosa lista, aunque no exhaustiva de obras y autores, fechas y lugares donde se escenificaban[91]; toda una muestra de un extenso corpus teatral que abarca medio siglo, pero que en las historias del teatro norteamericanos sobre las mismas fechas se ignora por completo o si se menciona es reducido a una total insignificancia. Mostraremos que no fue así y que tuvo una amplia recepción entre la población hispano hablante, pues tales obras teatrales concertaban con sus gustos, valores y lengua, aunque, asimismo, por sus formas y temas, atraían espectadores de otros idiomas. Varias de las compañías también representaban obras en inglés y otras traducidas del francés, y del italiano en las de Ópera. Las enumeramos en orden cronológico combinando las de Los Ángeles y otros lugares de California del Sur, con las de en San Francisco. Partimos del listado detallado por Sue Wolfer Earnest en su tesis doctoral de 1947, con el complemento, y añadiendo a carencias en tal listado, de lo que detalla Nicolás Kanellos en el capítulo 1, "Origins", de su libro, *A History of Hispanic Theatre in the United States: Origins to 1940*.

La extensísima lista del conjunto de obras teatrales representadas en el Sur de California, entre 1848 y 1894, en la tesis de Sue Wolfer Earnest, la iniciaba, en la primavera de 1848, en el primer Teatro, considerado como tal en Los Ángeles, el "Teatro Coronel", del

---

[91] Es lamentable constatar que, a pesar de lo numerosas que fueron aquellas obras teatrales representadas en San Francisco, en el libro *The San Francisco Stage. A History*, de Edmond M. Gagey brillan por su total ausencia, cuando, y por poner un solo ejemplo, el *Don Juan Tenorio* de Zorrilla estaría a la altura de las mejores obras en inglés que se representaran en los Teatros de San Francisco. Gagey, en su libro, se limitaba a decir que, entre los grupos teatrales danzantes, en 1852, había a "Spanish family called the Llorentes" (32).

conocido californio Antonio Coronel[92], pero se trataban de cinco obras en inglés La primera tanda de tales obras en español se presentó en el teatro Guerrero, "Unión", de la familia de Vicente Guerrero en Los Ángeles comenzando, nada menos, que con *Don Juan Tenorio*, el 21 de Noviembre de 1852[93], continuando durante diciembre, y siguiendo, en enero de 1853, por otras dos obras del tan célebre José Zorrilla, *Los dos Virreyes de Nápoles* y *el Zapatero y el Rey*, igualmente muy populares, y representadas, posteriormente, por otros grupos teatrales, y *El Médico a palos* de Moliere, En diciembre de 25, se señala a "un grupo español" en San Diego, sin mencionar, nombre lugar y título, algo bastante frecuente en el listado de Earnest. En 1859, se inauguró otro teatro en los Ángeles, el Stearn's Hall, de don Abel Stearn, casado con la california Arcadia García e integrado a la vida hispánica (en honor de la esposa el teatro también se llamaba Arcadia), y en octubre de ese año actúo en el teatro la compañía española de la familia Máiquez[94], aunque sin mencionarse su obra u obras, Entre el 21 de abril y el 19 de mayo actuó otra Compañía española, igualmente, sin indicar nombres de obras, en un nuevo teatro el Temple, de don Juan Temple, otro anglo casado con Rafaela Cota e integrado a la sociedad de los californios. En San Francisco, entre marzo y abril de 1862, la Compañía de la familia Estrella representó una serie de obras celebradas con éxito en Madrid en su estreno anterior. Nicolas Kanellos las recoge en su libro:

> *Fuego del cielo,* Ventura de la Vega; *Es un ángel o Lucha de amor maternal*, melodrama en tres actos; *La aventurera*, en cuatro actos y *La hija de las flores*, de Gertrudis Gómez de Avellaneda, cubana viviendo y escribiendo su obra en Madrid; *El prisionero*, en dos actos, *Por poderes*, en uno, y *¿Quién es ella?*, comedia de costumbres en cinco actos, de Manuel Bretón de los Herreros; *Trampas inocentes* en tres actos y *Por los celos de una*

---

[92] Sobre el archivo de Antonio Coronel, y en relación con representaciones teatrales, se extiende Nicolás Kanellos en el capítulo de su libro que consideramos.

[93] En relación con la difusión que tuvo el *Don Juan Tenorio* en las comunidades de habla española, José Vasconcelos, en *Ulises criollo*, evoca que él y un grupo de amigos adolescentes, allá en la década de 1890, en Piedras Negras, en la frontera con Texas, montaron y representaron *Don Juan Tenorio*. Él, en el papel del Comendador y apunta que su pequeña hermana Lola, actuando en la pieza, hizo reír al público pronunciando: "Lechina la celalula": Rechina la cerradura.

[94] No hemos encontrado información de tal grupo teatral. Se puede suponer que son descendientes, o haber tomado el nombre, del famoso actor español de finales del siglo XVIII y principios del XIX, Isidoro Máiquez, y que llegaran en gira desde México.

monja, en uno, de Antonio Auset; *Angelo o el tirano de Padua*, de Víctor Hugo; *Borrascas del corazón* y el juguete cómico *La ley del embudo*, de Tomás Rodríguez Rubí; *Las elecciones, Malas Tentaciones* y *Alza y Baja*, de, Luis Olona; *Un novio al vapor*, juguete cómico, García Gutiérrez y *No hay que tentar al diablo* y *Bárbaro y silvestre*, ambas de un acto, de Ventura de la Vega.

Siguiendo en 1863, en San Francisco, Kanellos valiéndose de lo publicado en el periódico *La Voz de Méjico* daba cuenta de las siguientes representaciones por la que había devenido, ahora, la Compañía Española Castillo, tomando el nombre de su famoso primer actor:

> El 5 de julio, el celebrado drama *La trenza de su cabello*, en cuatro actos, y el juguete cómico, *Cuerpo y sombra*, Tomás Rodríguez Rubí; el 26, la, asimismo, muy reconocida, *Flor de un día*,[95] en tres actos, Francisco Camprodón y la ya citada *Bárbaro y Silvestre* y el 2 de agosto una segunda parte de *Flor de un día: Espinas de una flor*.

Bajando a Los Ángeles, del 17 de noviembre al 23 de diciembre de 1865 y, desde el 6 de Enero hasta el 5 de Mayo de 1866, la Compañía Castillo estuvo representando las siguientes obras:

> *La trenza de sus cabellos*; *Attila*, de Verdi, sólo el primer acto; *The printer's devil*; *Trobadour: La Hija de las Flores*, *The Grace of God*; *The Tyrant of Padua*, *Angelo Malipieri* y *Lázaro el mudo*, versión española de la francesa *Lázaro, el pastor de Florencia*, del tan popular dramaturgo francés, Joseph Bouchardy, tan traducido en España. Después de las noticias sobre tales obras, Kanellos, en su libro, nos dice que no se conocen más de la Compañía Castillo en California (8).

Volviendo al listado de la tesis doctoral de Sue Wolfer Earnest,

---

[95] Sobre la popularidad de esta obra y de su autor, y la presencia de compañías itinerantes española y mexicanas por lugares de la frontera entre México y Texas, Vasconcelos en *Ulises criollo*, evocaba –por los que serían los primeros años 90 del siglo XIX– que en Piedras Negras y/o en Eagle Pass, "Una de las compañías de tránsito representó *Flor de un día*, de Camprodón", añadiendo: "La tirada pegajosa de los 'árboles gigantes' del paisaje americano evocaba en nosotros, habitantes de la planicie árida, la visión de un trópico fértil, desconocido, aunque formaba parte de nuestra patria". Tal tirada se da al principio de la obra con el padre evocando dichos árboles.

el 30 de noviembre de 1867 y los días 1, 12 y 14 de diciembre, en el Temple de Los Ángeles se, anuncia la actuación del grupo de Variedades Gordillo, el género más en alza del Teatro en aquellas fechas. De allí, se salta al 14 de mayo de 1871, donde se dio, en el "Corral on Upper Main", de Los Ángeles, la actuación de una compañía dramática mexicana, no se menciona obra u obras, en conjunción con un Circo mexicano (de los varios, junto a Carpas y Maromas que, desde los años 40, llegaban al Suroeste y California. *(Todavía hoy, verano del 2023, hace unas semanas que estuviera en Santa Bárbara, el Circo Vargas continuando una tradición que se remonta al siglo XIX)*.[96] En noviembre de 1872, se señala la actuación de un grupo español, sin dar su nombre ni el título de lo presentado, en el Teatro Merced, inaugurado en 1870, y como el tercer teatro angelino fundando en Los Ángeles por un angloamericano casado con una california e integrado a la vida hispana. En este caso, William Abbot, quien tomara el nombre de ella, Mercedes García, para el teatro, quien actuaba de administradora del Teatro, el cual edificio sigue en pie en nuestros días. Como vemos, las familias anglo-californias, en la élite de la sociedad de Los Ángeles, impulsaron tal teatro y creando salas teatrales para representaciones en sus ambos idiomas. Nuevamente, del 15 de febrero al 11 de abril de 1873, se señala la actuación de otra compañía española, sin nombre y con el título de *El Eco del Terrente*, y el 21 y el 24 de mayo, en el mismo Merced, la actuación de un espectáculo vocal y musical, de una compañía dirigida por el tan famoso guitarrista y compositor Manuel Ygnacio Ferrer, mexicano de Baja California, y de padres españoles de familia musical, llegado a San Francisco a sus 18 años en 1850. En noviembre y hasta el 20 de diciembre, se señalan, en el Hortons's Hall de San Diego, varias actuaciones de la Compañía de Ángel Mollá, representado las siguientes obras: *Pobres mujeres*; *La casa de campo* o *La plaga de los convidados*, comedia en un acto, traducida del francés; *Herman or the Crusaders*, y *No hay humo sin fuego*.

---

[96] En su libro de reminiscencias de la antigua Santa Bárbara, Katherine (o Catarina) Bell, hija de un angloamericano pero de madre california, de una de las familias históricas, nacida en 1844, recuerda la llegada a Santa Bárbara, en su infancia, de un circo mexicano, "Las Maromas". No era el primero, pues fue recibido con el grito de "¡Vienen los maromeros!". Dedica a su descripción el capítulo 3, evocando la deslumbrante y fantástica impresión que causó en ella el circo, con sus payasos y acróbatas y fantasiosos nombres de: El alambre, El Relámpago, Lucero, la Centella y el Chapulín (*Swinging the Censer* 17-25).

Iniciándose enero de 1874, del 1 al 6, se menciona, de nuevo, la actuación en el Merced angelino de la Compañía Mollá, sin dar títulos. Y el 18 de octubre de 1875, en el Horton's Hall, de San Diego se cita la actuación de uno de aquellos notables músicos hispánicos, con su música instrumental, el señor Manuel Marín; en el mismo lugar, el 11 y el 15 de diciembre, se destaca la actuación de otra de las más activas Compañías españolas, la de José Pérez, sin mencionar obra, y pasando al Merced, el 24 de Diciembre. El 27 de febrero de 1876, se cita, de nuevo, la representación de *Lázaro el mudo* en el Merced por la compañía de Ángel Mollá. Y en 1877, el primero de enero, de nuevo, en el Merced, una compañía española, no se menciona el nombre, representó *Dudas de la honra* y en abril 20, la compañía española, nuevamente sin decir su nombre[97], en el Turn Verein, presentó *Cursed be Women*, la provocadora obra traducida del francés, *La femme damnée,* de Francois Octave Tassaert; y el 1 de agosto, en el mismo Teatro angelino, de nuevo, Manuel Marín y otros con su espectáculo vocal e instrumental musical.

A partir de esta fecha, y entrando en los años 80, la presencia teatral y musical hispánica en el Sur de California casi desaparece del tan repleto listado de Sue Earnest, atestado de obras en inglés y con algunas otras de opera italiana, francesa o alemana, y con grupos teatrales de los diversos Estados del país y de otros países, especialmente de Francia, Italia, Inglaterra, Irlanda, y hasta uno de Japón. Tal declive de obras teatrales en español, se corresponde con la creciente marginación de los californios y los otros hispano hablantes, quienes habían seguido teniendo un papel de relieve en la política y la vida social y cultural de California hasta los últimos años de los 70[98], pero que se vieron arrollados, en los años 80 y 90, por el explosivo desarrollo, industrial, tecnológico y comercial de California, con el ferrocarril abriendo las vías de comunicación con todo el país, y favoreciendo una nueva masiva inmigración, comparable a la del descubrimiento del oro, de gente norteamericana de tantos de los otros Estados del País, y trayendo a

---

[97] Nicolás Kanellos sí nos da el nombre y titulo de una de aquellas no nombradas compañías españolas en dichas fechas: la de los Señores Romero, representando el 3 de abril, 1878: *Los dos virreyes de Nápoles* y el sainete *Me conviene esta mujer* (10).

[98] Hablando de Los Ángeles en 1776, Sue Earnest, en su tesis, afirmaba que todavía era un pueblo mexicano (tengamos presente que la población en 1870, era de 5.728 habitantes, aunque el condado contaba ya con 11.333) Para el 1890, el pueblo hispano-mexicano se había convertido en una ciudad de 50.395 habitantes mas 101.454 en el Distrito.

California grupos teatrales y musicales de todo el país y del mundo.[99]

En aquellos años, dentro de la moda tan en alza de la Ópera y operetas y *vaudevilles*, el 29 de abril de 1888, sí apareció, y en la GRAN OPERA HOUSE, de Los Ángeles que deviniera el Teatro central, la Great Zarzuela Spanish Opera-Bouffe Company (Light Opera)", sin mencionar cual pieza representara, y abriendo el camino para el que será el "Gran Finale", de las compañías teatrales españolas en aquel medio siglo californiano. En primer lugar con la actuación, en agosto de 1892, de la "Arcaraz Grand Spanish Opera, de Zarzuelas", actuando del 4 de agosto al 20 por gran parte de California del Sur; en Pasadena Opera House (con *Boccacio*), en San Bernadino Opera House (*Campanone y Bocaccio*), en Riverside, Loring Opera House (*Bocaccio*), en San Diego (*Campanone, Bocaccio*) y culminado del 13 al 20 en la Grand Opera House de Los Ángeles, con todo su espléndido repertorio de ópera bufa y de zarzuelas: *Tempestad, Campanone, Bocaccio, Carmen, Juanita, Proceso del Can Cán, La Gran Vía y Las campanas de Carrión*; presencia hispana, continuada, posteriormente, con la actuación del conjunto musical y vocal de Carlos Sobrino en el Los Ángeles Theatre, y culminado, en mayo de 1893, con la de la sensacional bailarina y bailaora Carmencita (Carmen Dauset Moreno, 1868-1910)[100] de Almería, quien, como una nueva "Carmen", pero viva, aunque con modos como los de la tan famosa de ficción, ya había triunfado en Francia, y, con clamoroso éxito, por todo Estados Unidos desde 1889 continuando hasta1895, ocupado un primer rango en el estrellato del

---

[99] Lo mismo ocurrió en Tucson, Arizona como detallara Rosemary Gipson en "The Mexican Performers: Pioneer Theatre of Tucson", y en aquel teatro pionero, aunque no aparezca en el título de su ensayo, de nuevo las Compañías españolas, las de Mollá y Pérez figuran como las principales (241-43). De la de Mollá, nos dice que era la favorita del público de Tucson, llegando desde Los Ángeles cada dos o tres años entre 1873 y 1882. Tras precisar que no se han guardado relación de sus obras representadas, destaca una, en junio de 1881, la del drama, muy popular en México por décadas, *Hija y Madre*, del conocido dramaturgo español Manuel Tamayo y Baus, siendo muy celebrada en la prensa la actuación de la señora Mollá, la primera actriz. De la de Pérez, y de mayo a julio, 1875, sí señala varias piezas celebradas por la prensa local, igualmente celebrando la actuación de la primera actriz doña Jesús Terán de Pérez; obras, tales como *La cosecha y Los lazos de familia*, de Luis Mariano de Larra, la popular *Hija y Madre*, y *El bastardo de Castilla*, obra del siglo XVII, y sobre el rey Felipe IV, de Álvaro Cubillo de Aragón y muy gustada por el público. ¡Asombroso que en un pueblo de Arizona de unos 5000 habitantes se representara en el siglo XIX, una obra teatral española del siglo XVII, y aclamada por el público!

[100] Contamos con el valioso, y detallado, ensayo. "Carmencita on the road: Baile español y vaudeville en los Estados Unidos (1889-1895)" de Kiko Morales de la Universidad de Alicante, y llevando lo que confinamos a California por todo el país. Se puede leer en Internet.

momento con el baile español. Sue Ernest, apunta las actuaciones de "Carmencita and Company" en varias de las ciudades del Sur de California: el 1 de mayo en la Fisher Opera House de San Diego; l2, en la San Bernardino Opera House, el 3, en la Loring Opera House de Riverside y, en los días 4, 5 6, en Los Angeles Theater. A la tan famosa Carmencita, la hizo un retrato pictórico el gran J. Singer Sargent y Manuel Machado la compuso un soneto. Citamos su primer cuarteto:

> Esta española yanqui y tan francesa,
> que es toda España –para el mundo– tiene
> un ardor en los ojos que le viene
> de un corazón de virgen satiresa

* * *

Para cubrir ciertas de las carencias de títulos de obras en la lista de Sue Earnest a finales de los años 70 y comienzos de los 80 respecto a las compañías de Ángel Mollá y de José Pérez, volvemos a las listas que ofrece el estudio de Nicolás Kanellos. Comienza con la de José Pérez García en Los Ángeles, actuando, y en base a lo publicado en *La Crónica* angelina, entre el 27 de febrero de 1876, con la presentación de *Lázaro el mudo* hasta el 15 de septiembre con *Arturo o amor de madre*, en dos actos y *Maruja* en uno, nos ofrece el siguiente repertorio: un repertorio, al igual que el hasta aquí tratado, el cual, siguiendo con las sorpresas, con tantas de sus obras en un lenguaje coloquial madrileño del momento histórico, que el público hispano hablante aceptaba como si fuera el de casa en la lejana California a seis mil millas de Madrid. ¡Tal es El alcance del Arte y la cultura en una misma lengua y culturas afines!:

> El 12 de marzo, el drama histórico, en tres actos, *Antonio de Leiva o el gran batallón de Pavia*, Juan de Ariza y la pieza corta *Amar sin dejarse amar*, Francisco Botella y Andrés; el 19, la comedia de costumbres *Oros, capas, espadas y bastos* y la pieza corta, *Pescar y cazar*, ambas de Luis M. de Larra: el 25, *El cura*

de aldea y la pieza de un acto *Don Ramón y el señor Ramón*, Enrique Pérez Escrich; el 15 de abril, *Don Juan Tenorio*, los primeros cuatro actos y el 16 los tres últimos, más la pieza de un acto *Tres eran tres las hija de Elena*; el 30 de abril, *El reloj de San Plácido* o *La mujer enterrada*, Narciso Serra, más *El loco por fuerza*, de un acto; de Lope de Vega, el 5 de mayo, *Quevedo* o *la buñolera o poderosos caballero es Don Dinero*, de tres actos; el 10 de Mayo, de nuevo, *Arturo o el amor de Madre*, Ventura de la Vega y la pieza corta *E. H.* el 21; *El filósofo del gran mundo o una coqueta del día*, Eduardo Zamora Caballero, el 28 de Mayo, *Riendas del gobierno*, comedia de costumbres en tres actos y la pieza de un acto, *El tigre de Bengala*, Enrique Zumel, en la cual participaron algunos aficionados locales: el 31 de Mayo, *La campana de la Almudaina o el toque de agonía*, con la zarzuela *La viuda y el sacristán*, de Pedro Palou y Coll y el 10 de junio *Viva la libertad*, Enrique Zumel, y la pieza corta *Casa de campo o La plaga de los convidados* y el primero de Julio *La oración de la tarde*, y el juguete cómico, en un acto y verso, *No lo quiero saber*, Enrique Gaspar.

Ya, a partir de los títulos, podemos deducir la atracción que este teatro, tal como en España, tuvo entre el público hispano en los Estados Unidos. Y pasamos a las listas que Kanellos recoge de las representaciones de la compañía de Mollá en el Teatro de la Merced, entre junio de 1876 a marzo de 1877:

En Junio 3, *Los soldados de plomo*. Luis de Equilaz y el sainete *Las gracias de Gedeón*, traducida del francés junio 24, la comedia de costumbres. en tres actos, de Luis Mariano de Larra *El amor y el interés*; el 8 de Julio *Flores y perlas*; y el 15, nuevamente, *Los soldados de plomo*; el 28 de octubre, *Bienaventurados los que lloran*, en cuatro actos, y la pieza corta *No más secreto*, ambas de Luis Mariano de Larra; el 23 de diciembre, de nuevo, obras suyas *La cosecha o el fruto del libertinaje* y la zarzuela *Geroma la castañera*, libreto de Mariano Fernández el 30 de diciembre *Deudas de la honra*, y la pieza de un acto *La sospecha*, ambas de Gaspar Núñez de Arce; el 7 de marzo de 1877, *Traidor, inconfeso y mártir*, José Zorrilla.[101]

---

[101] Como hemos venido viendo, Luis Mariano de Larra era un de los más prolíficos y populares dramaturgos españoles en dichas fechas, Era, además, hijo del famosísimo escritor romántico Mariano José de Larra, de tan gran impacto en las letras españolas del siglo XIX, con sus acerados artículos satíricos de costumbres, tales como "El de vuelva usted mañana", y quien también había incursionado en el teatro.

Del 7 de abril de 1877 a enero de 1884, según señala Kanellos, la Compañía de Ángel Mollá actuó en el teatro Turn Verein, lo cual nos ayuda a suplir la carencia de otras teatrales en español en Los Ángeles, en dichas fechas, del listado de Sue Earnest. Veamos:

> el 7 de abril. *Malditas sean las mujeres*, Antonio Guillén y Sánchez, repetida el 14; el 2 de Junio, *Deudas de la honra*, Núñez de Arce; el 26 de Mayo 1883, la misma, más la pieza de un acto, *Como el pez en el agua*; el 6 de Junio; *El poeta y la beneficiada*, fábula corta en dos actos, Bretón de los Herreros, el 16 el drama de 5 actos, *Las dos madres*, Francisco Camprodón; en Julio 21 la obra en dos actos, *No hay humo sin fuego*, Ramón de Vallader y Saavedra, juguete cómico en un acto y *¡me conviene esta mujer!"*, en un acto; el 11 de agosto *La vuelta del mundo o un episodio de la independencia*, José María Tovar; el primero de enero de 1884, *Los lazos de familia y ¡me conviene esta mujer!*, de Luis Mariano de Larra, y 2 de Enero, *La esposa del vengador*, José Echegaray, quien en 1905 obtendría el Premio Nobel de Literatura.

Tras enero de 1884, añadía Kanellos, ninguna otra obra de esta compañía resurgió.[102] Tales listas de las representaciones de tres de las más notables compañías de teatro en español que se establecieran en California, representan la eclosión final de la poco conocida historia de tal teatro, manteniendo tan vivas, vocalizadas teatralmente, las letras en español. De ahí que nos hayamos extendido tanto en su enumeración; Tema que merecería todo un libro, ampliando los dos capítulos sobre ello en el de Nicolás Kanellos, Pero aún hay algo más que añadir para concluir este largo Intermedio Teatral.

***

---

[102] Una importante labor que tales compañías hicieron en Los Ángeles y en Tucson fue la formación de grupos teatrales de aficionados. Rosemary Gipson, destaca que Pedro Castillo y Pellón organizó en Tucson un grupo teatral de aficionados en marzo de 1878, nombrado "Teatro Recreo", el cual representó *Cada cual con su razón*, de Zorrila y *¡Viva la Libertad! o Abajo el Tirano*, de Enrique Zumel (243).

Dichas compañías asimismo presentaban espectáculos de música y de baile y, en un momento en que las óperas estaban tan en auge. Junto a éstas, trajeron la original modalidad de la castiza Zarzuela española, la cual tuvo ya su primer cenit en 1870 con la llegada a San Francisco de la Royal Spanish Opera Troupe[103], dirigida por Rafael García Villalonga, tras una gira muy exitosa en Cuba y en México, actuando en la gran Metropolitan Opera, y presentando, del 14 de marzo al 12 de mayo, 42 funciones con 18 títulos de diferentes Zarzuelas, algunas de las más famosas del gran trío de compositores de zarzuelas Arrieta, Barbieri y Gaztambide. Citamos un pequeño número de las más conocidas zarzuelas vistas y oídas en San Francisco entonces: *El Juramento, Los diamantes de la corona, Relámpago, Los Jardines y la Princesa, Catalina* (sobre la Rusia del siglo XVIII y su emperatriz de tal nombre), *Marina o El postillón de la Rioja*. En la prensa, y no sólo en la de español, se daban reseñas de ellas, señalando que algunas eran muy aclamadas por el público que, en ocasiones llenaba toda la gran sala, pues se trataba, además del de habla hispana, del de la inglesa, alemana, francesa e italiana, dado el gran momento musical multicultural que se vivía en San Francisco en dichas fechas.[104] En la prensa hispana se ensalzaba asimismo, y para atraer público el valor del lenguaje. En una ocasión, leemos "…pureza exquisita de la lengua de Castilla".[105]

Sobre la presencia hispánica en aquel tan brillante mundo musical de San Francisco, Vicente Sánchez, como parte de sus dos ensayos con el título inicial de "Es California una tierra ideal…", publicó, en el 2010, el tan pertinente "Sonidos españoles en la

---

[103] Sobre ella, Vicente Sánchez Sánchez publicó un detallado ensayo: "La frontera norte de la zarzuela en América: Spanish Opera en San Francisco. 1870" (2005). Extendiéndose sobre el tema, el destacado musicólogo, publicó, posteriormente, otro ensayo "Es California una tierra ideal: Zarzuela en los teatros d San Francisco" (2010), ocupándose de alguna otra compañía de zarzuelas, española y mexicana, que efímeramente recalaron en San Francisco. La más notable, en octubre de 1884, y con un grupo de 75 artistas, la Arcaraz Grand Spanish Opera, actúo por algo más de un mes en el celebre Orpheum Opera House, representando junto a operetas francesas e italianas, para atraer a un público diverso, algunas de las famosas zarzuelas españolas como *Marina, La tempestad* y la tan celebrada poco tiempo antes en España, *De Madrid a Paris o La Gran Via*, tan a propósito para San Francisco en aquellas fechas de su gran urbanización.

[104] Al no poder extraer suficiente beneficio para producción de sus grandes espectáculos, con un numeroso elenco, unas cien personas, tras dos meses en San Francisco, la Royal Spanish Opera Troupe partió para Lima, con una breve gira en Stockton, San José y Sacramento. De Lima, fue a Chile, por bastante tiempo, cosechando grandes éxitos.

[105] En su libro *Zarzuela. Spanish Operetta, American Stage* (2000), en el que llega hasta finales del siglo XX, Janet L. Sturman, el capítulo sexto lo centra a lo que el título apunta: "Creating *The Land of Joy*. Zarzuela and Hispanic Theater in the United States" (2000).

California del *Gold Rush*", iniciándole con la variedad de música, cantes y bailes, de los fandangos celebrados en los campos y poblados mineros del oro por parte de los dos grupos hispanos más numerosos, el de mineros mexicanos sonorenses y el de los chilenos. Pasa, después, a extenderse en la variada presencia de músicos, cantantes, bailarines y bailarinas, de México y de España, predominantemente, en Salas de Fiestas y de Juegos, y en Teatros de San Francisco. La guitarra y el baile español despuntando en el tan bullente mundo musical, multicultural, del San Francisco de entonces. Recordemos que la famosísima bailarina y cantante de origen irlandés, Eliza Rosanna Gilbert, que causara tanta sensación en Londres y París y en San Francisco, donde llegara en 1853, adoptó el nombre de María Dolores Montes, Lola Montez o Montes, y hizo suyos bailes y cantos españoles. Del número de músicos, compositores y maestros de música y de guitarra, hombres y mujeres, de que trata el ensayo, sobresale el del, ya citado, Manuel Ignacio Ferrer, quien alcanzara gran popularidad como guitarrista y compositor. Muy celebrado, y con diversas ediciones, fue su *Compositions and Arragements for the Guitar*, la primera en San Francisco en 1882, y con numerosas partituras en español y en inglés. Antes de fallecer, tenía preparada una nueva edición en español con nuevas partituras que no llegó a publicar. Entre sus numerosas composiciones para voz y guitarra impresas se encuentra las de *María Dolores, La Paloma, El jaleo de Jerez, La flor de la cadena, Melodía española* y la tan famosa, con letra suya, *Los lindos ojos*. Junto a, y colaborando con él, y por aquellas fechas de las tres últimas décadas del siglo XIX, destaca todo un grupo de compositores, maestros de la guitarra manteniendo viva la música y la canción hispánica en sus conciertos –y publicaciones– por todas las ciudades desde San Francisco a San Diego en las tres últimas décadas del siglo XIX. Mencionaremos a los mexicanos, Miguel Salvador Arévalo, Vicente Quevedo, José María Paredes, al español Santiago Arrillaga, el guatemalteco Miguel Espinosa y a Luis Toribio Romero, éste nacido en San Luis Obispo (California) de padres españoles.[106] El

---

[106] Sobre ellos, incluyendo a un número de mujeres maestras de música, pianistas, guitarristas y cantantes, se extiende John Koegel en su ensayo "Manuel y Ferrer and Miguel S. Arévalo, premiere guitarist composers in Nineteenth Century California" (2000). En sus *Apéndice sobre las composiciones y conciertos* de ambos, en los de Miguel S. Arevalo se extiende detallando todos sus conciertos, muchos de ellos en los teatros de San Francisco, Los Ángeles y de los pueblos del Sur de California, y formando parte, en tantos

conjunto de toda su extensa letra musical, como las tantísimas letras teatrales, vocalizadas en numerosos escenarios, como hemos tratado, constituyeron, en la segunda mitad del el siglo XIX, todo un cuantioso aporte al legado de *Las Letras* en español en los Estados Unidos.

A modo de epilogo, sugerimos que en el hecho de que Sue Eastern decidiera terminar su extenso estudio el año en que se empezó a celebrar la gran "Fiesta de los Ángeles" en 1895, aunque ella señale el 94, hay como un desquite –inconsciente en la autora– por el arrinconamiento en que se vio tal "boom" de teatro en español en California en lo escrito en inglés y, por extensión, en su tesis doctoral. Como paliando esto, su obra llena de títulos en inglés desemboca en un gran espectáculo con título en español, votado por la comisión organizadora y frente a alguna reserva que debió haber de tal uso. Gran Fiesta cultural-comercial con el propósito de promover a Los Ángeles como una urbe con todos los adelantes de la Modernidad, no obstante bautizada con nombre en español, "La Fiesta de los Ángeles", y en cuyos temas, carrozas y desfiles aparecían los varios grupos étnicos de la ciudad, siendo el más visible, y a tono con el título, el hispano-mexicano, y apuntando ya, por debajo de los fines comerciales, al pluralismo actual de California. Aunque no de un modo deliberado, "La Fiesta de los Ángeles" tenía lo suyo de ser parte de aquel " Mission and Spanish Revival", todo un resurgimiento literario, artístico y arquitectural, que se dio, desde los años 80 del siglo XIX a los 30 del XX, de la California hispano-mexicana y de sus Misiones en ruinas, frente al desatado materialismo maquinista que se diera en los años 80 y 90. Se podría decir que dichos literatos y artistas, hombres y mujeres angloamericanos que escribieron sobre tal "Revival", frente a la locomotora, optaron por la campana, las de las Misiones, con el simbolismo del poder creador de la campana y lo que tienen de místico como todos los objetos colgados entre el cielo y la tierra (Cirlot, *Diccionario de símbolos*, 117).

Y con un "Viva la Fiesta", tan plural, que coreaba la multitud en las calles y plazas de Los Ángeles en 1895, cerramos este largo Intermedio "Teatral", y pasamos a la siguiente sección del *Florilegio*.

---

casos, de los espectáculos de los grupos teatrales que hemos mencionado, y desde 1871 hasta 1892.

4. En Nueva York: una eclosión en las dos décadas finales del siglo

Volvemos, para cerrar esta larga parte del siglo XIX en sus dos últimas décadas, al Este, a Nueva York, en donde la "ciudad letrada" panhispánica vivió un creciente auge. Ya en 1884, el ecuatoriano Antonio Flores, quien estuviera desterrado en Nueva York en 1878-1883, y que posteriormente, en agosto de 1888, llegaría a presidente de su Nación, tratando de lo que hemos venido exponiendo y de lo que sumariamente consideramos como inicio de la presente sección, publicó, en Quito, su monografía de unas 60 páginas, *Las Letras Españolas en los Estados Unidos*; primera vez que se nos da una visión global de ellas y en el siglo XIX; tema que, con parecido título, ampliamos siglo y medio después. Tras una lista de cuatro páginas de vocablos españoles pasados al inglés, iniciaba su estudio, diciendo algo que no es del todo cómo él lo presenta, según venimos exponiendo, aunque sí se dieran más que vislumbres de lo que afirma; lo de que tras el Tratado de Guadalupe Hidalgo, en las tierras que habían sido de España y de México, tales como California y Tejas, el español había desaparecido, sido borrado por el inglés, a excepción de Nuevo México, en donde seguía prevaleciendo, pero "donde es difícil encontrar una publicación literaria", sentenciaba.[107] Por lo contrario, y en ello es muy cabal, exponía que en el Este, y en especial en Nueva York, se dio un florecer del español y de sus letras, al cual dedica su estudio, centrado entre los años 50 y los 80, hasta 1883. En su recuento, cita, con breves anotaciones, obras y autores, algunos de los cuales conoció personalmente. Destacamos una selección de lo que presenta por lo que añade al enriquecimiento, y el conocimiento, de las Letras en español en los Estados Unidos en las últimas décadas del siglo XIX:

---

[107] Cuando él escribe esto, uno de los literatos destacados de Nuevo México, Eusebio Chacón, publicó *Hijo de la tempestad* y *Tras la tormenta la calma*, dos novelitas originales, Santa Fé, 1882.

De los hermanos puertorriqueños Antonio y Francisco Sellén, señala que tradujeron poesía del alemán, la cual Francisco recogió en *Ecos del Rin. Colección de poesía alemana*, 1881, con todo un repertorio de poetas, sobresaliendo la extensa sección que dedicó al gran Heine, quien tanto influyera en los modernistas hispanoamericanos y españoles, y publicado en Nueva York. Asimismo, y posteriormente, en 1890, igualmente en la misma ciudad, dio a la estampa sus *Poesías de Francisco Sellén*. A su hermano Antonio, Néstor Ponce de León, en 1877, le publicó sus *Cuatro poemas de Lord Byron*. Dentro de esta línea de poetas hispanos traduciendo en Nueva York o en Washington a famosos poetas europeos y norteamericanos. Flores se remonta a 1823, cuando el cubano José Antonio Miralla tradujo el espléndido poema de Thomas Gray (1716-1771), "Elegía en el cementerio de una iglesia de aldea". También señala al mexicano Ignacio Mariscal, con varias traducciones, entre ellas la del imponente "El Cuervo", de Edgar Allan Poe y "El Ave Acuatil" del poeta e hispanista Bryant; igualmente, destaca a Carlos Morla Vicuña, quien fuera secretario de la Legación de Chile, y su traducción del impactante "Evangelina" de Longfellow, quien, también fuera traducido, junto a Bryant, por Juan Clemente Zenea e incorporados a sus *Poesías completas*, 1877, Nueva York. Celebra Flores al poeta español Gabriel García Tassara, que estuviera representando a España en Washington, y fuera muy admirado en Hispanoamérica y por los escritores del grupo de Nueva York, Fernando Velarde le dedicó sus *Cánticos del Nuevo Mundo* y Antonio José Irisarri, sus *Cuestiones filológicas*. De libros de historia y de geografía en español publicados en Nueva York, entre otros, Flores se ocupa de: *La Geografía de la República del Ecuador*, 1868, del ecuatoriano Manuel Villavicencio, *Las Relaciones de los Virreyes del Nuevo Reino de Granada*, 1869, compiladas por el peruano José Antonio García y García, los dos gruesos volúmenes de Felipe Larrazábal, *Vida del Libertador Simón Bolivar*, 1866; la *Biografía del general San Martín*, de Enrique Piñeyro, 1870 y la *Autobiografía del General Venezolano D. José Antonio Páez*[108], quien en su destierro viviera en los Estados Unidos y fuera muy celebrado, según detalla Antonio Flores.[109]

---

[108] Publicada en Nueva York por la Imprenta de Hallet y Breen, en dos volúmenes: el primero, en 1876, con 576 páginas, y el segundo en 1879 con 510. Flores indica que se decía que el destacado escritor cubano, Luis Felipe Mantilla fue quien había redactado las *Memorias*, muy probable dado tal despliegue de letras.

[109] José Arnaldo Márquez, en sus *Recuerdos de su estancia en los Estados Unidos*, dedica varias páginas, con discursos de personalidades angloamericanas, recibiendo y despidiendo al

De la labor informativa y educativa de la prensa neoyorquina en Nueva York, de la cual nos dice que, en 1872, había 7 periódicos, resalta *Ambas América*, de Domingo Sarmiento, de la que ya tratamos[110] y *El educador popular* de José Armando Márquez, de los cuales ya hemos tratado en la anterior sección. A propósito de la enseñanza del español, Flores evoca lo que el sabio Antonio Bachiller Morales le contara de una conversación que mantuvo durante un paseo con un abogado norteamericano, buen conocedor del español, y quien le expresara "la necesidad imperante del estudio del castellano en la América inglesa"; algo que se ha convertido en una realidad en este siglo XXI, cuando el idioma, otro que el inglés, que más se enseña en el País, es el español. Respecto a libros de su enseñanza por entonces, citamos otras varias obras y autores incluidos en su estudio: De Bachiller Morales, *La Lengua castellana y sus cultivadores y preceptistas, especialmente americanos*, publicado en doce entregas en el *Mundo Nuevo* en 1875[111]; del español Fernando Velarde, su ya citada *Gramática de la lengua castellana. Métrica y Nociones de la Filosofía del lenguaje,* del colombiano Emilio Isaza su *Gramática Práctica de la Lengua Española. Nueva York, 1883,* en cuarta edición, y de Néstor Ponce de León, a quien caracteriza de "El primer bibliófilo español en los Estados Unidos", su *Diccionario tecnológico Inglés-español. De los términos y frases usados en las Ciencias Aplicadas (1868-70)*; Diccionario que hoy, en el 2023, se sigue usando y anunciando.

De prosa narrativa, destaca el libro del venezolano Simón Camacho, sobrino de Bolívar, *Cosas de los Estados Unidos*, centrándose principalmente en Nueva York, con escenas ocurrentes, frecuentemente satíricas, de la vida y la sociedad norteamericana;

---

libertador Páez con grandes elogios y efusión. Con tantas páginas sobre ello, parece haber una sentida de nostalgia en él por aquella entrega a la Democracia que impulsara a los líderes de la Independencia hispanoamericana; una democracia, tan mellada, cuando él escribía.

110 Curiosamente, le critica el numeroso uso de galicismos y anglicismos en su estilo, y dándonos un ejemplo del uso ya del *Espanglish* por parte del tan sabio Domingo Sarmiento, apuntando a "su traducción del inglés *impeach* (acusar) con el insufrible neologismo de su invención empichar". Ya el Apéndice del estudio, Anglicismos, lo dedica a la que quizás sea la primera crítica del Espanglish, pues se explaya sobre "la influencia funesta que el inglés está ejerciendo en el habla y letras españolas en los Estados Unidos". Recordemos que lo está escribiendo en 1883.

111 Todo un neto y posterior ejemplo, junto a *El Educador Popular*, de José Arnaldo Márquez. refrendando lo que Mar Vilar se extiende en su libro: *La Prensa en los orígenes de la enseñanza del español en los Estados Unidos (1823-1833)*.

extenso libro publicado en 1864.[112] En una de sus "cosas", y sobre la afluencia de cubanos que estaba llegando a Nueva York por dichas fechas, leemos: "Nueva York empieza a llenarse de cubanos: ya vuelan en Broadway las aves de los trópicos; ya empiezan a brillar ojos como el sol de julio" (258). De teatro, Antonio Flores lamenta que no haya obras escritas en español, aunque señala que hubo "excelentes representaciones teatrales de nuestro idioma", en teatros de Nueva York, a las que acudía numeroso público; lamentablemente, no dice cuales obras se representaban.[113] Sí señala la existencia de una sociedad teatral de aficionados españoles en Filadelfia y menciona un sainete titulado *Un español en Boston* y una obra de Isaac Carrillo, *Quien con bobos anda*, cuyo titulo nos remite a la famosa obra del dramaturgo español Francisco de Rojas Zorrilla del siglo XVII, *Entre bobos anda el juego*. Paliando lo no tratado por Antonio Flores, citamos la breve lista de obras del teatro hispánico de entre la década de 1840 y la del final del siglo XIX, publicadas en Nueva York, señaladas por Nicolás Kanellos en el capítulo 4, "New York City", de su libro:

> *El hermano hermoso*, de principios de los años 40, de Orman Tu-Caes (posiblemente un seudónimo); *El rico y el pobre* (1864), Justo Eleboro; *El grito de Yara* (1879), Luis García Pérez; *Abufar o la familia árabe* (1854); José María de Heredia[114]; *La muerte de Plácido* (1875), Diego V. Tejera; *Después de la lluvia del sol* (1879) y *El indiano* (1893), Rafael Diez de la Cortina; *Hatuey* (1891), Francisco Sellén; *Polilla regional* (1892), G. Gómez y Arroyo y *La fuga de Evangelina* (1898), Desiderio Fajardo Ortiz (*A History of Spanish Theatre* 104-105).

---

112 Publicado por J. Durand Editor, neoyorquino, en él se anuncian otros libros en español de la misma editorial, ya dados a luz por otras editoriales hispánicas: *El arpa del proscripto*, de Pedro Santacilia; *Los poemas*, de Plácido; *La Guía de los Estados Unidos; La obra*, de José Antonio Saco.

113 Coincidiendo con lo que afirma, en su extenso capítulo 4 sobre teatro hispano en Nueva York, Nicolás Kanellos trata poco de tal teatro en la segunda parte del siglo XIX, aunque sí señala que en el periódico español, *El Mensajero Semanal*, ya el 7 de Febrero de 1828, se publicó el segundo acto de la obra *Tello de Neira*, del dramaturgo español Dionisio Solís (1774-1834) y en el 19 de Mayo una escena de *La Comedia nueva*, del famoso autor dramático español del siglo XVIII, Leandro Fernández de Moratín. (Nota 2, del capítulo 4 en *A History of Hispanic Theatre in the United States*, 215). La rara obra, del poco conocido autor cordobés. Dionisio Solís, autodidacta, y que aprendió, por sí solo, varios idiomas y tradujo obras teatrales de ellos, estaba basada, como el título indica, en el tiránico aristócrata Tello de Neira, que raptó y trato de seducir a una joven campesina a punto de contraer matrimonio con uno de su clase, en la obra de Lope de Vega, *El mejor alcalde el rey*. Curioso, en verdad, que se pudiera leer en Nueva York, en 1828, un acto de una obra teatral española sin publicar en su propio país.

114 No confundir este José María de Heredia, cubano, emigrado a Francia y que despuntara en la poesía parnasiana parisina, con el anterior, el sin igual, José María Heredia.

Tras todo lo tratado por Antonio Flores, y destacando que es sorprendente el número de personas que en Nueva York no sólo hablan, sino que poseen perfectamente y cultivan el español, terminaba su estudio afirmándose en lo ya previsto por Rafael Pombo y por Domingo Sarmiento: "Por eso creemos que Nueva York esté destinada a ser un centro de cambios literarios entre los países que hablan español" (46).[115] A lo que añade que se deberían unificar los esfuerzos para establecer una gran Biblioteca española e hispanoamericana en Nueva York a modo de la existente y gran Biblioteca y librería Astor, y da el ejemplo de la Biblioteca y Librería Bancroft en San Francisco, con un ingente material de manuscritos y libros sobre México, California y los Países del Pacífico, cuyos fondos hoy se localizan en la Universidad de California, en Berkeley. Curiosamente, lo que anhelara y proponía Antonio Flores, lo lograría llevar a cabo Archer M. Huntington con la fundación, en Nueva York, de la Hispanic Society of América, con su gran Biblioteca y Museo, en 1907-8.

***

Y fue en Nueva York, donde, José Martí, lanzó su "Nuestra América", publicado en la *Revista Ilustrada de Nueva York* (10 de enero de 1891); Manifiesto político-poético por la Unión Panamericana, no dejándose avasallar por lo que predecía sobre el anexionismo hasta del nombre América por el poderoso vecino del Norte como avisara con la frase "¡Los árboles se han de poner en fila para que no pase el gigante de las 7 leguas!,"; una Nueva América, anhelada en frases como las siguientes: "Nuestra América que ha de salvarse con sus Indios"; y abrazando la causa de los de abajo: "¡Bajarse hasta los infelices y alzarlos en los brazos!". Y "No hay odio de razas, porque no hay razas", frase que hermana con la de "El alma emana, igual y eterna, de los cuerpos diversos. Peca contra la Humanidad, el que fomente y propague la oposición y el odio de razas", como escribiera en otro de sus artículos: "Mi raza". A

---

[115] De lo alcanzando en ello hasta principios del siglo XXI, contamos con el extenso ensayo de Dionisio Cañas, "New York": Centro y lugar de transición del nomadismo cultural hispano" (2004), Se puede leer en Internet.

propósito de lo dicho por Martí, apuntamos que ya, con sede en la 74 West de la calle 3 de Nueva York, se formó, en 1890, "La Liga": "Sociedad Protectora de instrucción consagrada al auxilio de la clase de color", de nacidos-as en Cuba y en Puerto Rico. En el documento de la fundación se nombra, y con varias fotografías a 36 socios fundadores.[116] José Martí fue socio fundador y. "Presidente honorario. Inspector – maestro de La Liga".

El conglomerado de temas y nombres de escritores, hombres y mujeres, residentes en los Estados Unidos, en los diversos países hispanoamericanos y España, colaboradores de *La Revista Ilustrada de Nueva York* (1885-1893), y distribuida por países Hispanoamericanos, nos revela cómo fue avanzando lo previsto por Antonio Flores un años antes de que naciera la revista lo de – repetimos– sobre el destino de Nueva York como un centro de confluencia y difusión de la literatura en español. El que la revista, con su distribución por ciudades hispanoamericanas, en su momento más próspero, tuviera una tirada de 9.000 ejemplares apunta ya a lo alcanzado. El libro editado por los hispanistas Vernon A. Chamberlin e Ivan Schulman, *La Revista Ilustrada de Nueva York: History, Anthology, and Index of Literary Selections*, es toda una muestra de ello. La lista de autores, la cual se extiende desde la página 194 a la 212, revela el numeroso conjunto de quienes se dieron cita en las páginas de la revista neoyorquina, cuyo propietario y director fuera, Elías de Losada, panameño, quien también tuviera Librería y distribuidora de libros en el 134 Chambers St. Junto a él, sus editores, el venezolano Nicolás Bolet Peraza (1885-1889), el guatemalteco Román Mayorga Rivas (1890)[117], y el posterior Ricardo Becerra, colombiano, la *Revista*, y con una junta de redacción en la que formaron varios de los destacados escritores desterrados o inmigrados de Nueva York. Entre 1890 y 1982, el puertorriqueño Sotero Figueroa fue el redactor principal, quien también formara su editorial e imprenta, publicando libros[118] y editando el periódico

---

[116] El documento de la fundación se recogió en el libro, *Ensayos políticos, sociales y económicos*, de Rafael Serra, uno de los fundadores y tan reconocido escritor del grupo cubano, publicado en 1899. Sobre la Liga y la vida e historia de la comunidad cubana de la "clase de color" residiendo en Nueva York en aquellas fechas, contamos con el reciente, detallado y valioso libro del profesor Jesse Hoffnung-Garskof, *Racial Migrations: New York City and the Revolutionary Politics of the Spanish Caribean*.

[117] Al dejar la revista, Nicolás Bolet Peraza pasó a fundar la revista *Las Tres Américas* y Román Mayorga Rivas a ocupar un puesto diplomático en Washington.

[118] Entre ellos, los *Ensayos políticos* de Rafael Serra, 1892, figura central en la Asociación de

Patria de Martí. Tras la muerte de Martí, colaboró en el periódico *La doctrina de Martí*, editado por Rafael Serra, desde 1895, igualmente, en Nueva York.

En las colaboraciones de los distintos países hispanoamericanos, la *Revista Ilustrada*, y ya a finales de los años 80 y principios de los 90, contó con el núcleo central de los modernistas: Rubén Darío, con el mayor número de entradas, 14, Julián del Casal, Salvador Díaz Mirón, Manuel Gutiérrez Nájera, Ricardo Palma, y José Martí, éste, escribiendo ya en Nueva York. Asimismo, igualando a Darío en colaboraciones, se publicaron 14 del peruano Ricardo Palma, la mayoría de entre sus famosas *Tradiciones*.[119] Otro de los colaboradores, y ya dentro de los Estados Unidos, fue el profesor colombiano Carlos Bransy, uno de los poquísimos profesores de países de habla hispana que enseñaran el español en las universidades norteamericanas en el siglo XIX. En los Ángeles y, después, en la Universidad de California en Berkeley hasta su jubilación, fue un gran impulsor del idioma y del hispanismo a fines del XIX y principios del XX, como ya se manifiesta en sus artículos publicados en la revista, destacando el de "La lengua española en los Estados Unidos" (1892. 9).[120] De escritores españoles, la revista publicó al grupo de los más reconocidos del momento: Emilio Castelar, Benito Pérez Galdós, Juan Valera, Pedro Antonio de Alarcón, Emilia Pardo Bazán, Ramón de Campoamor, Núñez de Arce, Ramón del Valle-Inclán, entre otros y otras hoy casi desconocidos, sino en el olvido. Igualmente, se publicaron textos en español de grandes figuras de la historia literaria mundial, tales como Shakespeare, Victor Hugo, Heine Edgar Allan Poe, Tolstoi, Mark Twain…

Se debe destacar la importancia que la revista dio a la mujer americana y a su presencia, en ella, como colaboradoras. Veamos, brevemente:

Defendiendo los valores culturales y morales hispánicos, frente

---

la mencionada "LA Liga". Sobre Sotero Figueroa, contamos con el libro de Josefina Torres, *Sotero Figueroa, editor de Patria. Apuntes para una Biografía*, 1985. Por su parte Carlos Ripoll, en 1977, había recogido una muestra de sus ensayos en el tomo *Sotero Figueroa. La Verdad de la Historia*.

119   En el "Índice de autores y contribuciones" en el libro *La Revista Ilustrada de Nueva York*, se dan los títulos de los textos de cada autor y autora y el año y número de su publicación.

120   De los otros cincos ensayos suyos, y relacionado con el mismo tema, destaca "Una velada de conversación española", muy ingeniosa y con sus estudiantes, pues se trata de una "merienda de letras españolas". Se puede ver en Internet con tal título y su nombre.

a su ignorancia y hasta el despreció por tanta parte del mundo angloamericano, tema central de la Revista, su segundo editor, Román Mayorga Rivas, en el artículo: "La mujer hispano-americana y *La Revista Ilustrada de Nueva York*", tras repudiar lo que se leía en periódicos extranjeros sobre "que la mujer de nuestra raza vive apartada del todo de la vida intelectual, que en la ignorancia vegeta..."; a ello oponía la "verdad práctica" de que las americanas saben presentarse y figurar "digna y altivamente en la escogida legión de los que viven del pensamiento y del espíritu y van alumbrando la humanidad con sus luces" (1890:2). De hecho, ellas mismas en sus colaboraciones afirman y se extienden sobre todo ello; tal el caso de la peruana Amalia Puga, cuyo discurso, "La literatura en la mujer", al ser incorporada al Ateneo de Lima, fue publicado en el número 3 de 1892, de la revista; o el artículo de Amalia Solano, viviendo en Massachussets, "La mujer sur-americana", valorándola tanto y rechazando estereotipos, publicado en el número 7 de aquel mismo año. En la lista de autores de la revista, encontramos un nutrido núcleo de mujeres. Junto a las dos americanas y a la española, Emilia Pardo Bazán, ya señaladas, sacamos a relucir todo un grupo de ellas, escritoras y poetas, muy reconocidas en su tiempo, y, en la actualidad, bastante olvidadas y hasta desconocidas algunas, aunque ya, en sus fechas, se adelantaron en la defensa de los derechos de la mujer. Las presentamos en orden alfabético, con las fechas de sus vidas, nacionalidad, título del texto o del primer texto, que publican en la revista, más –y debido a limitaciones de espacio– alguna my mínima observación sobre su vida u obra:

Luz Arrué de Miranda (1852-1900), con su poema "El Sacrificio de Safo", salvadoreña; **Aurelia Castillo de González** (1842-1920), "De regreso", escritora cubana, defensora de la independencia, estuvo en el exilio, y de los derechos de la mujer, periodista poeta de visos modernistas. Fue parte de la fundación de la Academia de Artes y Letras cubana; **Avelina Correa** (1875-1923), "Sueño y realidad", se la conoce como la primera periodista mujer cubana; **Mercedes Cabello de Carbonera** (1845-1909), "La novela moderna", peruana, autora de la famosa novela social *Blanca Sol*; **Eva Canel** (1857-1932), "La virgen Herida", destacada periodista española, viajera, con múltiples publicaciones en la prensa de España y de

Hispanoamérica. Publicó un resonado ensayo, "La mujer española". **Antonia Galindo** (1858-1898), tan renombrada salvadoreña, ya publicada en *El Clamor Público* de Los Ángeles, "La tarde", su texto, uno de sus famosos poemas, **Concepción Gimeno de Flaquer** (1850-1918), "El Quetzal", española y periodista e intelectual itinerante, igual que varios de los mencionados autores a lo largo del *Florilegio*, por diversos países hispanoamericanos. En México fundó "*El Álbum de la Mujer*. Su libro *La mujer juzgada por otra mujer* tuvo muy buena recepción **J. Lima del Polito** (1869-1944), venezolana y proclamada "Princesa del Parnaso venezolano". "A la Calambria Camarquina", exaltando a Amalia Puga; **Clorinda Matto de Turner** (1852-1909), peruana, muy reconocida, y con sus tertulias limeñas de escritoras y poetas. En el Ateneo de Buenos Aires, el 14 de diciembre 1895, presentó su famosa conferencia "Las obreras del pensamiento en la America del Sur", nombrando escritoras y poetas del momento y de los distintos países. En la revista, publicó el texto "Costumbres peruanas"; **Mercedes Matamoros** (1851-1906) "Sensitiva"; cubana, autora del provocador *El último amor de Safo*.[121] **Dolores Montenegro** (1857-1933), "Mujer", guatemalteca, muy celebrada en su tiempo; **Josefina Pelliza de Sagasta** (1848-1888), "Yo era feliz", prolífera escritora, poeta, novelista, periodista argentina, sucedió a la famosa Juana Manuela Gorriti en la dirección de la revista *La Alborada del Plata* y fue defensora de derechos de la mujer[122]; **Lola Rodríguez de Tío** (18471934), "Manatí"; muy renombrada escritora y poeta puertorriqueña, autora de la letra del himno nacional "La Borinqueña", estuvo en Nueva York, vinculada a la lucha por la Independencia de sus queridas Puerto Rico y Cuba.

Añadimos que *La Revista Ilustrada de Nueva York*, tan abocada, igualmente, al panamericanismo, publicó, en el último mes de 1890 y los cuatro primeros de 1891, cinco entradas de José Ignacio Rodríguez "Sobre las novelistas americanas" de Estados Unidos; una

---

121 Martí, hacía 1878, la escribió un poema, "A Mercedes Matamoros", citamos unos versos por lo que nos dicen de ella y, por extensión de varias de las poetas del grupo: "... ¡Bien haya, Merced, quien canta / propios males, propias dichas! / quien a extranjeras regiones / alma no toma, ni rima, / la de los indios cantora, / la de los negros amiga, / la que regiones espléndidas / con las águilas visita! / ¡Bien haya, Merced, quien tiene / la religión de las ruinas, / héroes en indios y negros, / y en su alto espíritu, lira!..." (*Poesías completas* 550-551).

122 Francine Masiello la cita y evoca como defensora de un feminismo conservador, en su *Between Civilization & Barbarism. Women, Nation and Literary Culture in Modern Argentina*.

de ellas en cada publicación: Ana Bartlett Warner, Catalina María Sedgwick, Elena Hunt Jackson, Susana Warner, Enriqueta Beecher Stowe. Nótese que españoliza los nombres propios de cada una.

Centro literario, social cultural, artístico y literario del grupo de escritores en español en Nueva York de por aquellas fechas, fue la Sociedad Literaria Hispanoamericana, fundada por el colombiano Santiago Pérez Triana, de la cual Martí devino presidente el 6 de diciembre de 1890. Con sus "Las noches americanas", donde se daba discursos o lecturas, dentro del género literario de la oratoria, en el cual tanto despuntaron varios de aquellos escritores hispanos en Nueva York (sobresaliendo José Martí), y que proliferan en toda aquella segunda mitad del siglo XIX, en las reuniones en distintos locales y salones de Nueva York, tales como Cooper Hall, Hardman Hall, Chickering. Hall.[123] De tal extenso grupo literario panhispánico, cultural y literario, publicando en los Estados Unidos en español en las dos últimas décadas del siglo XIX, debido a limitaciones de espacio, en nuestro "Mirador al Pasado" de *Ventana Abierta* sólo recogimos a tres figuras. En el caso presente, y para cerrar ya tan larga parte del siglo XIX del *Florilegio*, de forma muy sintética, nos limitamos a las mismas muestras: tres textos de prosa de Martí junto a una breve selección de sus *Versos sencillos*; un poema de Dolores Montenegro y dos de la joven cubana, Juana Borrero.

---

[123] En la *Breve Antología del 10 de octubre*, de 1868, y del "Grito De Yares", con que se inició de la guerra de Independencia cubana de los diez años (1868-1778), se recogieron, y en relación con los ideales y fines que la presidían, varios discursos en dichos lugares neoyorquinos: El de José Manuel Mestre, el 10 de octubre de 1869. en Cooper Hall; de Enrique Piñeyro. el 10 de octubre de 1869, en Cooper Hall; de José Martí en Hardman Hall, el 10 de octubre de 1889; de Manuel Sanguily en Chickering Hall, el 10 de octubre de 1895. A los cuales, se añadía el discurso del líder Carlos Manuel de Céspedes, en Guaimarillo, el 10 de octubre de 1869, y el de Antonio Zambrana en el Teatro de la Victoria, Valparaíso (Chile), el 10 de octubre de 1874; más dos artículos, el de Eugenio María de Hostos, publicado en *La Revolución*, Nueva York, el 17 de octubre de 1874 y el de Enrique José Varona, en *Patria*, Nueva York, el 10 de octubre de 1899. Tal Breve Antología, reuniendo voces de tan renombradas personalidades es muy valiosa, aunque poco conocida.

José Martí
(1853-1895)

Prosa y Poesía

Siendo tan conocidísima su persona y obra, nos limitamos a un breve resumen de la actividad creadora desde que llegara a Nueva York en agosto de 1881, hasta su partida en enero 1895, yendo a poner su planta libertadora en la amada Patria cubana, el 11 de abril, unido a las fuerzas armadas independentistas para caer muerto, poco más de un mes después, el 19 de mayo, cumpliéndose lo que él ya previera en aquellos versos suyos "Yo soy bueno, y como bueno / Moriré de cara al Sol" (*Versos sencillos*, XXIII), y quedando alzado como el Apóstol de la Independencia Cubana con unos ideales que, aunque aplicados a Cuba, se extienden a toda la Humanidad y expresados en frases poéticas, tales como las siguientes: "¡Es el sueño mío, es el sueño de todos; las palmas son novias que esperan: y hemos de poner la justicia tan alta como las palmas!", y "... la independencia con una sola aristocracia: la del trabajo; con un solo color: el que da al rostro de los hombres honrados el amor a la libertad".

Vino Martí a Nueva York con una obra literaria y periodística ya iniciada en México, Guatemala y Costa Rica, entre 1875 y 1880, pasando tiempo asimismo en Caracas, de donde saliera para Nueva York en esa trayectoria itinerante de varios de los otros escritores y poetas ya señalados. Al igual que ellos, en el destierro neoyorquino, Martí pasó momentos duros, dedicado a distintos oficios modestos[124], y a la enseñanza, el periodismo, traducciones, y labores editoriales. Entre las traducciones, destaca la de la celebradísima novela *Ramona* de Helen Hunt Jackson, publicada en 1884 y traducida por él en 1887, y con la frase: "¡Esta es nuestra novela!", por lo que tenía del

---

[124] Así nos le presentaba Antonio Flores en su libro sobre las letras españolas en los Estados Unidos: "El cubano D. José Martí, modesto empleado de la casa comercial de Carranza y Cia, es un consumado literato y ternísimo poeta, Su *Ismaelillo*, delicioso cantar de arrobamiento y amor para su hijo pequeñuelo halla eco en todo corazón de padre", y añadía: Martí no solo es poeta, sino también orador y literato" (39).

mestizaje y en contra del racismo. Son múltiples sus artículos desde Nueva York y publicados, y dentro de la abarcadora visión panamericana que les preside, en *La Nación* de Buenos Aires, *La Opinión Nacional* de Caracas, el *Partido Liberal* de México, *La opinión pública* de Montevideo, *La República* de Tegucigalpa y *La América* y *La Revista Ilustrada de Nueva York*. Los recogidos posteriormente como *Escenas norteamericanas* son, según es tan sabido, magníficas crónicas sobre la vida y cultura de los Estados Unidos, y con mucho de una excelente prosa poética. Su primera obra literaria publicada en Nueva York en 1882 es el poemario *Ismaelillo* dedicado a su hijo José Francisco, y escrito, en su mayor parte, en su estancia en Caracas. En la dedicatoria, expresaba la situación agobiante en que vivía en aquellos tiempos del destierro:

"Hijo,

Espantado de todo, me refugio en ti",

pero, también, con fe en el futuro: "Tengo fe en el mejoramiento humano, en la vida futura, en la utilidad de la virtud, y en ti".

Como editor, publicó la revista infantil, *La Edad de oro*, 1889, con sus cuatro números, y el periódico *Patria*, 1892, vinculado al Partido Revolucionario Cubano, formado en dicho año y en el que él figuraba de líder. En Nueva York fue, además, cónsul de Argentina, Uruguay y Paraguay. En poesía, y escribiendo en Estados Unidos, al igual que José María Heredia fuera impulsor del Romanticismo hispanoamericano, Martí lo sería del Modernismo. A partir de 1892, entregó su alma y todo su ser a la infatigable y agobiante labor, junto a un grupo de incondicionales partidarios, de unir y organizar a los cubanos para una definitiva lucha por la Independencia. Con tal fin, se crearon el Partido Revolucionario y la revista política, *Patria*, en la cual tanto se volcó Martí para mantenerla a flote en Nueva York y desde cualquier otro punto que estuviera en su labor organizativa. Carlos Ripoll que publicó el libro *Patria: El periódico de José Martí. Registro general 1892-1895*, dedica 8 páginas, en letra pequeña a la lista de los escritos de Martí en *Patria*. Todo otro riquísimo acervo de lo que contribuyó el genial José Martí al esplendor de las Letras en Español en los Estados Unidos.

De sus *Escenas norteamericanas*, recogemos dos artículos sobre inmigración, los cuales mantienen palpitante actualidad mundial en nuestros días. Los transcribimos ya en Mirador al pasado de *Ventana Abierta*, en el 2007, cuando parecía que se iba a resolver, en este país, la grave, y tan pendiente, cuestión de los inmigrantes indocumentados. El primero trata de las inmigraciones europeas, y apuntando a las razones del por qué se emigra. Lo que nos dice de cómo llegaban dichos inmigrantes, en el siglo XIX, amontonados y mal tratados, en barcos de mala muerte, encuentra su eco en lo que se vive, ahora en la frontera con México, llegando, y como en manadas, de miles de inmigrantes de varios países hispanoamericanos, de Haití y de otras naciones en tan pésimas condiciones, al igual que entonces llegaban los europeos. En el segundo, trata de la prohibición a la inmigración China que decretó el Senado de la Nación, forzado por un movimiento cuasi insurreccional en San Francisco en contra de los trabajadores inmigrantes chinos. El tercer artículo, publicado en *La América*, agosto de 1883, "El Centenario de Bolívar", abarca una exaltación de la Unidad Latinoamericana y pan-hispánica en el acto de celebración del Centenario bolivariano, celebrado en el Delmónico, uno de los más célebres restaurantes de Nueva York, con numerosa presencia, y con lo que ya tenía, y en vivo, tal artículo, de su posterior "Nuestra América" y en la estela de lo anhelado por Bolívar. Se juntaron, leemos, cien destacadas personalidades de la diplomacia, del arte, la literatura y el periodismo de los distintos países. Martí nos va señalando, y con referencias y elogios a tantos de los participantes y con mención de sus meritorios logros políticos y/o literarios. Este ejemplar artículo, en el que preveía una "Nueva América", que daría sus grandes frutos en un futuro, sirve, con el número de personalidades literarias que se nombran, como muestra de la existencia, en Nueva York, de dicha "ciudad letrada" en español ya pujante en aquellos años 80 y 90 del siglo XIX.

De poesía, publicamos una selección de sus tan populares "Versos Sencillos". También nos dejara muchos versos inéditos. Varios de los cuales se publicaron póstumamente con un título impuesto por su editor *Flores del destierro* (1878-1895), basado, podemos suponer en unas palabras de Martí que antecedía a los versos recogidos, en las cuales el poeta dejó escrito que tantos de aquellos versos nacieron de un alma sombría, herida, "envuelta en ropas negras", para concluir: "¡Cuán extraño que se abrieran las negras vestiduras y cayera de ellas un ramo de rosas! ¡Flores del destierro!"; de las cuales tantos pétalos recogemos a lo largo del presente *Florilegio* literario.

En la extensa edición de su *Poesía completa. Edición Crítica*, se publican muchos de los poemas inéditos como "Versos libres", según aludiera él en una ocasión. Tantos de ellos fueron escritos en Nueva York, citamos una breve muestra de los que al pie indican Nueva York y la fecha, pues completan tanto de la visión neoyorquina, y de su obra poética neoyorquina, y con los números de las páginas en donde se incluyen: "Hierro" (68-71-74), New York 4 de agosto (sin poner el año); "Carta de Otoño" (71-74), New York, 1882; "Amor de Ciudad Grande" (88-90), New York. Abril, 1882. "Amor de Ciudad Grande" (Borrador fragmentario), New York, Abril 1882.[125] También se recoge un emotivo verso de amor filial, con el cual concluimos su semblanza, citando los dos primeros versos y los últimos: "Mi padre era español: era su gloria / Los Domingos, vestir sus hijos... Mi padre fue español: era su gloria, / Rendida la semana, irse el Domingo, / Conmigo de la mano"., donde incluye estos versos: "Ni a sangre inútil llamará tu hijo / Ni servirá en su patria al extranjero", y el verso anterior al primero de este, llama así a su padre: "Santo sencillo de la barba blanca".

Publicó, también, Martí una conmovedora "Introducción" a la *Antología Los poetas de la guerra, "Edición de Patria",* en 1893, impreso por Sotero Figueroa en su imprenta América y hecha la edición bajo la dirección de José Martí, como se indica en su reproducción de 1968. Son, en su mayoría, cantos poéticos sobre la segunda guerra independentista y proyectando su heroísmo hacia la tercera y ya inminente en aquel 1893. Consta de 12 poetas[126] con breves notas de cada uno de ellos varias con las iniciales de P. y de N.C., y otras de Gonzalo Quesada, Fernando Figueredo, uno de los poetas, y Serafín

---

[125] En lo que los editores titulan "Versos de Circunstancias", hay una serie de versos a amigas y a esposas de sus amigos. Al pie de ellos, se indica que están escritos en Nueva York y con fechas que van de 1889 a 1893.

[126] Recogemos sus nombres, ya que sus voces poéticas se imprimieron y oyeron en Nueva York y en el orden en que aparecen. Dos de ellos, Pedro Figueredo y Miguel Gerónimo Gutiérrez, asesinados en la guerra (Ya Martí, en su presentación había dicho que aquello poetas, "firmaban las redondillas con su sangre"): Pedro Figueredo, Antonio Hurtado del Valle, Miguel Jerónimo Gutiérrez, José Joaquín Palma, Hurtado Palma Gutiérrez, Luis Victoriano Bentacour, Ramón Roa, Fernando Figueredo, Pedro Martínez Freyre, Sofía Estévez, Juan de Dios Coll y Francisco la Rua.

Sánchez.[127]

La inmigración en los Estados Unidos

(*Revista de las Antillas,* Madrid 8 de septiembre de 1882)

No volverán, sino que harán casa en las entrañas de los bosques o arrancarán una fortuna al seno de las minas, o morirán en la labor, esos cuatrocientos cuarenta mil inmigrantes que Europa, más sobrada de hijos que de beneficios, ha enviado este año a las tierras de América.

Manadas, no grupos pasajeros, parecen cuando llegan. Son el ejército de la paz. Tienen el derecho a la vida. Su pie es ancho, y necesitan tierra grande. En su pueblo cae nieve, y no tienen con qué comprar pan ni vino. El hombre ama la libertad, aunque no sepa que la ama, y viene empujado de ella, y huyendo de donde no la hay cuando aquí viene.

Esa estatua gigantesca que la República francesa da en prenda de amistad a la República americana, no debiera, con la antorcha colosal en su mano levantada, alumbrar a los hombres, sino mirar de frente a Europa, con los brazos abiertos.

He aquí el secreto de la prosperidad de los Estados Unidos: han abierto los brazos. Luchan los hombres por pan y por derecho, que es otro género de pan, y aquí hallan uno y otro, y ya no luchan. No bien abunda el trigo en los graneros, o el goce de sí propio halaga al hombre, la inmigración afloja o cesa; más cuando los brazos robustos se fatigan de no hallar empleos – que nada fatiga tanto como el reposo-, o cuando la avaricia o el miedo de los grandes trastornos a los pueblos, la inmigración, como marea creciente, hincha sus olas en Europa y las envía a América.

---

[127] Serafín Sánchez Valdivia, quien fue ascendido a general en la guerra de los diez años, tras ella, en el exilio neoyorquino fue el alma de tal Antología, tan anotada por él. Y así lo evocara Martí en la Introducción: "Una noche de poca luz, después del día útil, en el rincón de un portal viejo de las cercanías de Nueva York, recordaba un general cubano, rodeado de ávidos oyentes, los versos de la guerra... El robusto recitador, sentado como estaba, decía como de lejos, o como de arriba, o como si estuviese en pie. Las mujeres, calladas, de pronto, acercaron sus sillas..." (1).También publicó Serafín Sánchez su versión de aquellos poetas en el libro *Héroes Humildes, Los poetas de la Guerra*, 1894, editado por Gonzalo de Quesada. Como dos de ellos y José Martí, en la nueva guerra de Independencia, dos años después, en 1896, Serafín Sánchez caería muerto en el frente en la provincia de las Villas. Los cuatro, cara a aquellos versos del "Himno de Bayamo, de Pedro Figueredo: "...No temáis una muerte gloriosa / Que morir por la Patria es vivir".

Y hay razas avarientas, que son las del Norte, cuya hambre formidable necesita pueblos vírgenes.

Y hay razas fieles que son las del Sur, cuyos hijos no hallan que caliente más sol que el sol patrio, ni anhelan más riqueza que la naranja de oro y la azucena blanca que se cría en el jardín de sus abuelos, y quieren más su choza en su terruño que palacio en tierra ajena.[128]

De los pueblos del Norte vienen a los Estados Unidos ejércitos de trabajadores: ni su instinto los invita a no mudar de suelo, ni el propio les ofrece campo ni paz bastantes.

Ciento noventa mil alemanes han venido este año a América: ¿Qué han de hacer en Alemania, dónde es el porvenir del hombre pobre ser pedestal de fusil, y coraza del dueño del imperio? Y prefieren ser soldados de sí mismos, a serlo del emperador.

De Irlanda, como los irlandeses esperan ahora tener patria, han venido en este año menos inmigrantes que en los anteriores. La especie humana ama el sacrificio glorioso. Todos los reyes pierden sus ejércitos: jamás la libertad perderá el suyo: de las islas inglesas sólo han buscado hogar americano este año, ciento quince mil viajeros.

Francia, que enamora a sus hijos, no ha perdido de éstos más que cuatro mil, que son en su mayor parte artesanos de pueblo, que no osan rivalizar con los de la ciudad, ni gustan de quedarse en las aldeas, y vienen, movidos del espíritu inquieto de los francos, a luchar con rivales que juzgan menos temibles que los propios. Italia, cuyas grandes amarguras no le han dejado tiempo para enseñar a sus campesinos el buen trabajo rudo, ha acrecido con trece mil de sus labriegos, la población americana.

Suiza, que no tiene en su comarca breve, faena que dar a sus vivaces y honrados hijos, no ha mandado menos de once mil a estas playas nuevas. De Escandinavia, a cuyas doncellas de cabellos rojos no tienen los desconsolados nativos las riquezas de la tierra que ofrecer, porque es su tierra tan pobre como hermosa, llegaron a Nueva York cincuenta mil hombres fornidos, laboriosos y honrados.

Nueve mil llegaron de la mísera Bohemia, más en fuga del trabajo que en su busca; y nueve mil de Rusia, de cuyas ciudades huyen los hebreos azotados y acorralados. Y los áridos pueblos de la entrada del Báltico han enviado a esta comarca de bosques opulentos diez y seis mil neerlandeses.

---

[128] Eso, ahora, no es así. (V.F.)

¡Y cómo vienen, hacinados en esos vapores criminales! No los llaman por nombres sino los cuentan por cabeza, como a los brutos en los llanos. A un lado y otro del lóbrego vientre de los buques se alzan jaulas de hierro, construidas en camadas superpuestas, subdivididas en lechos nauseabundos, a los que suben por una escalerilla vertical, entre cantares obscenos y voces de ebrio, la mísera mujer cubierta de hijos que viene a América traída de hambre, o de amor al esposo que no ha vuelto. Les dan a comer manjares fétidos. Les dan a beber agua mal oliente. Como a riqueza a que no tienen derecho, los sacan en majadas a respirar algunos instantes sobre la cubierta del buque el aire fresco. ¡No se concibe cómo reclusión semejante no los mueve a crimen! ¿Dónde está la piedad, que no está donde padecen los desgraciados? [...] ¡Suelen los hombres tener manos rudas y espíritus blandos!

Yo estrecho con gozo toda mano callosa.

San Francisco contra los chinos.

Los Estados Unidos cierran sus puertas a los chinos

Carta de Nueva York (12 de marzo de 1882).
Escenas norteamericanas

Allá a lo lejos la gran ciudad de San Francisco ha sido teatro de la más extraña lucha. De viejo viene siendo entre los chinos endebles y sumisos que hacen varias y buenas labores a ruin precio, y los inmigrantes europeos que han menester de trigo y de licores, y de telas costosas, y de familia, por lo que no pueden hacer a precio ruin las labores en que, en lo barato y en lo hábil, le aventaja el chino. Al fin fue llevado al Congreso el problema arduo. Al fin el Congreso ha decidido que cese la inmigración china en San Francisco. Ya no podrán venir, como venían, a modo de rebaño, y a millaradas, los hombrecillos de ojos almendrados, rostro huesudo y lampiño, y larga trenza. Ya no podrá el hombre de China, a no ser viajero, o mercader, o maestro, o enviado diplomático, o estudiante, o trabajador que hubiese estado en Norte América hasta noviembre de 1880, –los cuales han de traer muy minucioso pasaporte.– pisar en busca de trabajo, tierra norteamericana. En vano dijo un senador que la nación que hacía gala de llamar a todos los hombres a su seno, no podía, sin que causase asombro, cerrar sus puertas y negar sus campos a toda una raza respetuosa, útil y práctica. En vano dijo un economista que el Congreso de una nación, hecho a amparar los derechos de los nacionales, no podía privarles del derecho de comprar barato, y en mercado libre, el trabajo que necesitan para sus industrias. En vano imponentes grupos en la alta y baja Cámara decían que prohibir la entrada de hombre alguno, y de un pueblo entero de hombres, a esta tierra, era como rasgar con daga la Constitución generosa de este pueblo, que permite a todos los hombres el ejercicio libre y libre empleo de sí. En vano toda la prensa del Este tenía a mal que en provecho de los inmigrantes de Europa, ambiciosos y voraces, se compeliese a emplear trabajo caro a los fabricantes del Oeste, y se cerrase la entrada del país a los inmigrantes de Asia. Era el duelo mortal de una ciudad contra una raza. Por mantener la esclavitud de los negros hizo una guerra el Sur. Pues por lograr la expulsión de los chinos hubiera hecho una guerra el Oeste. Se veía la nube sangrienta. Días antes del término del debate, la ciudad de San Francisco se replegó en silencio, como aquellos antiguos caballeros, armados de hierro y oro se recogían a orar en la víspera de la batalla, que llamaban velada de las armas. En la ciudad inmensa, inmenso silencio. Era día de paseo, y parecía día de combate. Daba miedo la calma. En sus casas, las mujeres. En las calles, los hombres huraños, rojos y espaldados. En sus callejuelas y rincones, los trémulos chinos. Pero en la hora de las juntas, fue toda la ciudad un gran clamor. Parecían cruzados, ya puestos en camino, a echarse al hombro los mosquetes, y a afirmar en las cujas las pesadas lanzas. Y en las ciudades, villas, aldeas, aldehuelas vecinas, había juntas iguales. Montes despeñados parecían de lejos los hombres en las calles. Todos tenían los puños apretados, y los ojos coléricos.

Alzábanse tribunas en las plazas. ¡Para siempre y de cuajo debían de salir los chinos de la ciudad de San Francisco! ¡La ciudad quería defender su civilización y sus hogares! ¡El Congreso debe votar a una la petición de los senadores californianos! ¡Como un hombre, como un pueblo, como leales ciudadanos de la República, el pueblo de San Francisco, reunido todo en junta, ruega al Congreso que le libre de los daños que le vienen de esa absorbente, servil, corruptora, incontrastable invasión china! Y el Congreso encargado de mantener la Unión de todos los Estados, y librar a esta tierra de paz de la mancha de sangrientas guerras intestinas, acató sumiso los deseos del agitado y amenazador pueblo de San Francisco de California. Y no es, no, la civilización europea amenazada la que levanta como valla a los chinos la espuma de sus playas: es la ira de una ciudad de menestrales que han menester de altos salarios contra un pueblo de trabajadores que les vencen, porque pueden trabajar a sueldos bajos. Es el rencor del hombre fuerte al hombre hábil. Es el miedo de una población vencida la hambre.

V.A. Vol. VI. No. 22. Primavera 2007.

El centenario de Bolívar en Nueva York

Así como hacendosa dueña de casa interrumpe con gusto sus labores, cuando recibe visita de su padre, así *La América*, exclusivamente consagrada a avivar el amor a la agricultura, promover las facilidades del comercio y estimular la fabricación, deja un momento en reposo sus usuales asuntos para tomar nota breve de la fiesta con que los hispanoamericanos de Nueva York celebraron, con elevación de pensamiento y majestad de forma dignas de él, el centenario de Bolívar. Artes e industrias deben bajar a tierra sus aperos, como los soldados las armas, al paso del caudillo singular y magnánimo que aseguró al comercio del mundo y a la posesión fructífera de los hombres libres el suelo en que florecen.

Ni reseña es ésta que hacemos, por no permitírnosla extensa el espacio que nos falta, ni la naturaleza de *La América*, a la cual sus columnas vienen siempre cortas para las novedades de su ramo, de que quiere tener impuestos a sus lectores.

Nunca con más gozo se reunieron tantos hombres entusiastas y distinguidos. No fueron, como otras veces a menores fiestas, llegando lentamente los invitados perezosos; sino que, a la hora del convite, ya estaban llenos los salones de gala de Delmónico, como si a los concurrentes empujase espíritu enardecido y satisfecho, de representantes de nuestras repúblicas, de hombres de nota de Nueva York, de entusiastas jóvenes, de escritores y poetas de valía; notábase que en la fiesta nadie andaba solo, ni triste ni encogido; parecía que se juntaban todos a la sombra de una bandera de paz, o que una inmensa ala amorosa, tendida allá en el cielo de la espalda que sustenta un mundo, cobijaba a los hombres alegres. Por los salones, llenos de flores, palmas y banderas, andaban en grupos, hermanando de súbito, hombres de opuestos climas, ya unidos por la fama. Peón Contreras, de Méjico, de cuyo cerebro saltan dramas como saltan chispas de la hoja de una espada en el combate, iba del brazo de Juan Antonio Pérez Bonalde, levantado y animoso, al encuentro de Miguel Tejera, poeta de vuelo, estudiador leal y feliz decidor de nuestra historia, y hecho a exámenes de límites y ciencias graves. El caballero Carranza, que con sus talentos sirve y con su encendido corazón patriótico ama a su próspera patria, la impetuosa Buenos Aires, cruzaba manos con don Adolfo de Zúñiga, distinguido hondureño, que habla y escribe de manera que parece que le esmalta la pluma y le calienta el pecho el más brillante sol americano. Por todas partes andaba, justísimamente celebrado por el noble pensamiento con que inició la fiesta, y la discreción, energía y fortuna con que le dio remate, el señor Lino de Pombo, el cónsul de Colombia, que es digno de su patria y de su nombre. Ver al arrogante ministro Estrázulas, cuya palabra ferviente y alma generosa gana almas, era como ver aquellas majestuosas selvas, invasores ríos, dilatadas campiñas del Uruguay, su altiva patria. Hablábase en todos los grupos del señor Marco Aurelio Soto; mas no con distingos y a retazos, como es uso hablar de gentes de gobierno, sino con cierto orgullo y cariño, como si fuera victoria de todos lo que este joven gobernante alcanza, sobre los años, de quienes no ha necesitado venia para dar prendas de desusado tacto y juicio sólido, y sobre las dificultades que, como evocadas a la sombra del gobierno, surgen al paso de los que rigen pueblos no bien habituados aún al manejo de sí propios. Cerca de él recibían celebraciones, por el empeño desusado con que le secundaron, el benévolo y caballeroso señor Tracy, cónsul del Perú; Spies, entusiasta, del Ecuador; don Jorge A. Phillips, cónsul de Venezuela; Obarrio, buen cónsul de Bolivia. No lejos andaban, saludados por todos, un orador y un poeta, hijos afamados de Cuba: Antonio Zambrana, de nombre ilustre, que él aun enaltece; José Joaquín Palma, de lira armoniosísima, cuyos versos parecen, si de dolor, pálidos lirios; si de ternura, frutas de ricas mieles. Es lira orfeica, de la que ya no se oye. Y la de Zambrana, palabra magistral y serenísima, que anda en cumbres.

Bruscamente hemos de rasguear esta reseña. En mesa suntuosa, que llenaba la sala magna de Delmónico, profusamente adornada de banderas, oculta entre las cuales solía entonar las marchas de batalla e himnos de gloria una animada banda, se sentó como un centenar de hombres de América. Alegría es poco; era júbilo; júbilo cordial, expansivo, discreto.

Presidía, como quien para presidir nació, don Juan Navarro, con aquella fácil palabra, tacto exquisito y cultos modos que dan fama a los hombres de Méjico. Y llegada la hora de los brindis, que otros diarios más venturosos que *La América* reseñan, adivinábase ¡qué más pudiera decirse, si es necesario decir! que del Bravo al Plata no hay más que un solo pueblo. ¡Con qué elegancia y señorial manera contestó, en robustos períodos, el poeta Bonalde, fraternalmente amado por los hispanoamericanos de Nueva York, al brindis de Bolívar! ¡Con qué fervor, como de hijos que ven bien honrado al padre, aplaudían los comensales al cónsul Egleson, a quien la alta palabra no es extraña, cuando, hablando en nombre de la ciudad de Nueva York, como el colector Robertson acababa de hablar por los Estados Unidos, apropiadamente, llamó a Washington el Bolívar de la América del Norte! ¡Con qué cariñosa atención fueron oídas las palabras sobrias, elevadas, galanamente dispuestas, con que al brindis por la América española respondió el presidente Soto! Parecía aquel banquete, de Pombo nacido y por él y los cónsules de todas las repúblicas de Bolívar en breves días realizado, no fiesta de hombres diversos, en varias ocupaciones sociales escogidos y de edades varias, sino de hombres de Estado. Regocijaba ver juntos, como mañana a sus pueblos, a tanto hijo de América, que con su cultura, entusiasmo viril y nobles prendas de hombre le adornan. Eso fue la fiesta: anuncio. Eso ha sido en toda la América la fiesta. ¡Oh, de aquí a otros cien años, ya bien prósperos y fuertes nuestros pueblos, y muchos de ellos ya juntos, la fiesta que va a haber llegará al cielo!

Y otros hablaron luego. De España trajo saludos a los países hispanoamericanos el señor Suárez Blanes. Por la prensa, leyó oportuno y caluroso brindis el señor José A. García, que dirige *Las Novedades*. De Colombia se oyó una voz simpática de joven: la del señor Zuleta. De Méjico, ¡qué lindo romance escribió sobre la lista del banquete y leyó, entre coros de aplausos, Peón Contreras! Por San Martín y los bravos de los Andes vaciaron todos sus copas, movidos sin esfuerzo por las filiales y fervientes palabras del cónsul Carranza. Por el Brasil, dijo cosas de nota y de peso el caballero Mendonça, culto representante del imperio. Cuba tuvo allí hijos: brindó Zambrana, en párrafos que parecían estrofas, por el acendramiento y mejora de las instituciones republicanas en América; y como quien engarza una joya en una corona, improvisó admirables décimas José Joaquín Palma.

El mismo redactor de *La América*, llamado a responder al brindis "por los pueblos libres", tuvo algunas palabras que decir.

Y, por sobre todo y en todo, un espíritu de amor, una fervorosa cordialidad, una admirable discreción, una tan señalada ausencia de cuanto pudiera haber sido tomado a intereses de bandería, ni a halagos a gobernantes, ni a rebajamientos de súbito, que de veras dejaron alto el nombre de hijo de tierra de América[129] y pusieron la fiesta muchos codos por encima de los banquetes de usanza vulgar.

No fue de odiadores, ni de viles, sino de hombres confiados en lo por venir, orgullosos del pasado, enérgicos y enteros.

La América, Nueva York, agosto de 1883.

V.A. VOL. VII, No 25. OTOÑO

---

[129] Se dio el caso de que Antonio Flores, en su libro que hemos venido citando, también escribió una más corta exaltadora noticia de tal celebración neoyorquina del Centenario. Menciona a varios de los escritores y personalidades presentes de los que evoca Martí, e incluyendo a este mismo como uno de los oradores. Igualmente, resalta, en su escrito, la cordialidad entre los asistentes de diversos países hispanoamericanos y de España. Transcribimos sus últimas palabras: "Los elocuentes discursos pronunciados en aquella ocasión por españoles e hispanoamericanos y la cordialidad que allí reunió, hicieron de aquel banquete una reunión de familia, el más digno de los homenajes póstumos que tributarse podría al genio Redentor de cinco naciones" (45-46).

De *Versos sencillos* (1891)

BREVE SELECCIÓN

I

Yo soy un hombre sincero
De donde crece la palma;
Y antes de morirme, quiero
Echar mis versos del alma.

III

Con los pobres de la tierra
Quiero yo mi suerte echar:
El arroyo de la sierra
Me complace más que el mar,

V

Mi verso es de un verde claro
y de un carmín encendido:
mi verso es de un ciervo herido
que busca en el monte amparo.

IX

Quiero, a la sombra de un ala,
Contar este cuento en flor:
La niña de Guatemala,
La que se murió de amor…

…Ella. Por volverlo a ver,
Salió a verlo al mirador:
El volvió con su mujer:

Ella murió de amor.

XXXIX

Cultivo una rosa blanca,
En junio como en enero,
Para el amigo sincero
Que me da su mano franca.

Y para el cruel que me arranca
El corazón con que vivo,
Cardo ni ortiga cultivo;
Cultivo la rosa blanca.

V.A. Vol. IV, No.16 y Vol. V, No. 17

Dolores (Lola) Montenegro
(1857-1933)

Poesía

Por última vez

Recogimos en "Mirador al pasado" un poema suyo, pues habían publicado dos de ellos en *La Revista Ilustrada de Nueva York*, "Mujer" (1887-11) y "La Luz" (1888-9), visitado y vivido en los Estados Unidos y fue una figura representativa de ese grupo de poetas mujeres hispanoamericanas que publicaron en dicha revista y, en otras, como ya mencionamos, de los Estados Unidos, y que, en las décadas finales del siglo XIX, se rebelaron contra la visión patriarcal tradicional de la mujer como "Ángel del hogar" y, con nuevas perspectivas feministas, abogaron por los derechos y la educación de la mujer. Grupo en espera de un libro colectivo y que las estudie a fondo, pues abrieron el camino a la eclosión de las grades figuras poéticas femeninas de las primeras décadas del siglo XX en Hispanoamérica. En su nativa Guatemala, sus primeras publicaciones fueron en *El Porvenir*, órgano de la Sociedad Literaria del mismo nombre formado por mujeres poetas y escritoras, tales como Elisa Monje, Carmen P. de Silva, y Vicenta Larra y la panameña Amelia Denis, entre otras; asimismo, fundaron *El Ideal* (1887); periódico en defensa de los intereses femeninos que sólo duraría cuatro meses. Con su activismo en el mundo social, político –sus ideales republicanos y progresistas, y su creencia en una Federación Centro Americana– y en el literario y artístico, Dolores, también conocida como Lola, Montenegro, gozó de gran prestigioso, publicando en periódicos y revistas y con sus dos poemarios, *Flores y Espinas* (1887) y *Versos* 1895).

En su vida y persona, con sus espinas (desilusiones y frustraciones amorosas, muerte de su querida hermana Dominga y asesinato político de su hermano Miguel, ambos cantados por ella en su poesía), hechas flores poética, Dolores (Lola) Montenegro, conocida como "La poeta del dolor", como ella se vió a sí misma en su poema "Mujer", el cual comienza con la siguiente estrofa: "¡Nací mujer! y al mundo inmaculada / Vine entre el llanto que brotó el amor. / Lloró mi madre, al verme entre sus brazos / Y mi bautismo ¡oh cielos! fue el dolor ". Recibió múltiples semblanzas de elogio. Rubén Darío la llamó, "La Safo centroamericana", y Amelia Denis de Icaza, muy amiga suya, en su poemario, *Hojas secas*, la dedicó todo un poema: "A la Moderna Safo. D. M", con su pasión amorosa y anhelos de libertad". Por su parte, ella la contestó con su largo poema "A Amelia Denis", admirando su poesía, expresando la amistad que las unía y hablando de su propio corazón herido y con espinas (*Antología de Lola Montenegro 75-79*). Enrique Gómez Carrillo, en su semblanza, tras afirmar que, en su tiempo, "fue Lola Montenegro, la poetisa de moda, por excelencia, entre el feminismo guatemalteco", de su poesía nos dice: "Casi todas sus composiciones son transparentes como la porcelana japonesa", y bajo tal frase publicamos su "Por última vez", de *Espinas y flores*, tan transgresor, y conmovedor poema, en el que resuena, en voz de protesta femenina, el "Contra el verso retórico y ornado", de Martí, escrito por las mismas fechas que este de Dolores (Lola) Montenegro.[130]

> ¡Me han persuadido al fin, aunque muy tarde,
> de que al abrir cantando el corazón,
> he sido necia, presumida y loca,
> y he servido a los poetas de irrisión...!
>
> ¡De qué plaga de errores son mis versos,
> pues no es poeta el necio que cantó
> amores, aventuras y pesares,
> como he cantado por desgracia yo...!
>
> ¡Bien persuadida estoy; hánmelo dicho
> entre sonrisas de amistad y amor:
> "No es poeta el que en versos defectuosos
> lanza suspiros de inmortal dolor"...!

---

[130] En sus últimos años y tras su muerte, Dolores Montenegro fue bastante dada de lado. En 1964, se publicó una *Antología de Lola Montenegro* con versos de sus dos poemarios, y varias semblanzas de personalidades de su tiempo valorizando a ella y a su obra poética.

¡El que tiene una lira cuyas cuerdas
vibran sólo amargura y aflicción,
ese infeliz debe apretarse el pecho
para callar la voz del corazón...!

¡Ya no cantaré más! ¡Cómo quisiera
esos versos destruir, que por mi mal,
hicieron reír a tantos Núñez de Arce,[131]
que dan brillo a la América Central!

¡Ellos piensan tal vez, que necia y fatua
creo ver en mis cantos perfección;
yo no tomo el cincel sino la pluma,
por desahogar mi enfermo corazón...!

Si necia fui porque canté sin arte,
yo les vengo a mi vez a preguntar:
¿Con qué arte canta el ave de las selvas?
¿Dónde aprendió su trino a modular...?

¡Y todavía más! ¡Tonante ruge
la aterradora y ronca tempestad...!
¿Cuál es la perfección de esos relámpagos
que iluminan la negra inmensidad...?

¡Poetas de flores, aves y sonrisas,
la lira de mis manos arrancad...!
¡Pulsad las vuestras porque cantan cielos;
su bello azul, su hermosa claridad...!

¡No más mi lira con sus rudas notas
vuestra tierna canción destemplará;
la que un poeta llamó su tierna alondra,
plegó el ala, y humilde callará...!

---

[131] Gaspar Núñez de Arce (1832-1903), poeta, dramaturgo y político español, muy popular en España ye Hispanoamérica en las últimas décadas del siglo XIX; poeta postromántico, abocado a un realismo cívico y moralista, que quedó bastante borrado por el Modernismo.

Mundos tenéis de dulces ilusiones;
¡cantad amores y placer cantad ... !
¡Y al entonar vuestros "divinos" cantos,
mi lira y mi alma a un tiempo destrozadas... !

Mi lira es mi alma, pero ¿qué os importa?
¡Poetas! ¡Burlad mi bárbaro pesar... !
Hay que arrancar el árbol que hace sombra;
luz que hiere la vista, hay que apagar ...!

¡Mucha razón tenéis! ¡He sido necia!
¡Avergonzada en mi tormento lucho... !
¡Habéis enmudecido mi garganta,
habéis roto mi lira, y eso es mucho... !

¡Esa es vuestra misión! ¡Poetas-gigantes!
¡Lumbreras de la gloria bendecida... !
¡Águilas que emprendéis gloriosa lucha
con la tórtola errante y afligida... !

¡Gracias, gracias! ¡Me sirve de consuelo
que aquella lira que pulsó Dolores,
sólo en las tumbas que le son amadas,
Brotó sus notas y dejó sus flores... !

El Bien Público, Quezaltenango, 23 octubre 1887,
recogido en *Flores y Espinas*

Juana Borrero
(1877-1896)

Poesía

Niña y adolescente prodigio, nacida en La Habana, desde pequeña se dedicó a la pintura y a la poesía, ya a sus 14 años escribió y publicó unos sonetos, de los cuales Julián del Casal, que ejerciera como mentor de ella, los consideró de un valor único dentro de la poesía cubana. Estuvo, acompañando a su padre, en tres ocasiones 1891. 92 y 93, en Nueva York, viajando también, a la Feria Internacional de Chicago. En 1892, Martí, impresionado por su precocidad literaria, la celebró en una reunión literaria en el salón del Chickering Hall. Tras haber publicado en varias revistas de La Habana, el 1895, el mismo año del fallecimiento de Martí, dio a la estampa su colección de poesías, *Rimas*, en la secuela del Modernismo, y ya anunciando que podía haber sido una de las y los grandes poetas hispanoamericanos de las primeras décadas del siglo XIX, pero, tan prematura y desgraciadamente, falleció, presa de fiebres tifoideas el 9 de marzo de 1896, pocos meses antes de llegar a cumplir los 19 años en Cayo Hueso, Florida, donde se había desterrado el padre con la familia, el doctor y, también, escritor Esteban Borrero, quien, vinculado a la guerra de la revolución cubana, tuvo que salir huyendo de La Habana.

En sus últimos años y meses, Juana mantuvo una apasionada relación amorosa con el joven escritor, Carlos Pío Uhrbach, no tolerada por el padre de ella y mantenida en encuentros semi-clandestinos, y vertida en un ingente epistolario, el cual está publicado. Un amor trágico que, como se desprende de las cartas –un año después de la muerte de ella, murió él, también enfermo y luchado por la independencia cubana– evoca, en la vida real, apasionados amores como los de Romeo y Julieta o Los amantes de Teruel. La final, eternizante, expresión de tal Amor es el soneto dictado por ella a su hermana, y desde la cama donde poco tiempo después fallecería. Su "Última rima", que recogíamos en "Mirador al Pasado". También, en Cayo Hueso, y poco antes de morir y como pintora, nos dejó su cuadro "Los pilluelos"; tres niños negritos, sentados en un cajón de madera y contra una pared desconchada, como su ropita, de cierta elegancia pero muy gastada y con los pies descalzos, mirando a quienes le contempla con una risita apagada de rebelde resistencia, y con el aleteo de la compasiva alegría con que nos los presenta su pintora, a quien nos figuramos evocando, ya cerca de su muerte, aquellos versos de Antonio Machado, todavía no escritos, sobre el alma niña: "Su clara luz risueña: / y la pequeña historia, / y la alegría de la vida nueva". Ya Lezama Lima nos dejó una evocación poética del cuadro "Los negritos", como él lo llama.

En esta ocasión, junto a la "Última rima", añadimos el soneto, escrito y publicado poco antes, Vorrei morire",[132] el cual, no sólo corroboraba lo que Julián del Casal dijera de sus primeros sonetos. ¡Y a sus 18 años!, Ya Pedro Henríquez Ureña reiterara de ella: "Juanita, niña genial, uno de los poetas cubanos de más fina y honda sensibilidad", lo cual tanto se aprecia en los dos poemas que transcribimos:

Última Rima

Yo he soñado en mis lúgubres noches,
en mis noches tristes de penas y lágrimas,
con un beso de amor imposible,
sin sed y sin fuego, sin fiebre y sin ansias.

Yo no quiero el deleite que enerva,
el deleite jadeante que abrasa,
y me causan hastío infinito
los labios sensuales que besan y manchan.

¡Oh, mi amado! ¡Mi amado imposible!,
mi novio soñado de dulce mirada,
cuando tú con tus labios me beses,

---

[132] Título, muy posiblemente, inspirado en el "Vorrei morire", 1878, del compositor italiano Francisco Paolo. Se publicó el soneto en *Las Tres Américas*, Nueva York, en abril de 1896. Es tan expresiva esta frase del "querer morir", el "Vorrei morire", que, cuando la pulso en el Internet me refieren al teléfono donde llamar en caso de estar abocado al suicidio. V. F.

bésame sin fuego, sin fiebre y sin ansias.

¡Dame el beso soñado en mis noches,
en mis noches tristes de penas y lágrimas,
que me deje una estrella en los labios
y un tenue perfume de nardo en el alma!

V.A. Vol IV, No. 13. Otoño 2002

Vorrei morire

Quiero morir cuando al nacer la aurora
su clara lumbre sobre el mundo vierte,
cuando por vez postrera me despierte
la caricia del Sol, abrasadora.

Quiero al finalizar mi última hora,
cuando me invada el hielo de la muerte,
sentir que se doblega el cuerpo inerte
inundado de luz deslumbradora.

¡Morir entonces cuando el sol naciente
con su fecundo esplendor ahuyente
de la fúnebre noche la tristeza,

cuando radiante de hermosura y vida
al cerrarme los ojos me despida
con un canto de amor Naturaleza!

IV

Siglo XX (hasta fines de los años 50)

¡**Y llegamos a la última parte del *Florilegio!,*** Ya, desde principios del siglo XX, dado el expansionismo de los Estados Unidos y sus relaciones comerciales con los países hispanoamericanos, y con la gran afluencia de puertorriqueños, llegados a Nueva York y, en menor medida, a otras ciudades, (declarados ciudadanos de los Estados Unidos en 1917, siguiendo fieles a su propia habla y cultura puertorriqueña), y de mexicanos, con motivo de la lucha contra el régimen de Porfirio Díaz, la Revolución y la demanda de trabajo en el Suroeste y en California, junto a la llegada de inmigrantes de otros países hispanoamericanos y españoles, el uso del idioma español se extiende en el país; todo un crecimiento apuntalado por la proliferación de periódicos y revistas, publicaciones literarias y el gran aumento en la enseñanza del idioma. Se perfila ya, y desde los años 1914 y siguientes, el auge que se vivirá, a partir de los años 60 del siglo con el protagonismo de las crecientes minorías de habla hispana y sus voces literarias, tanto en español como en inglés. Dada la múltiple profusión de obra escrita y publicada en español en el siglo pasado en los Estados Unidos, tan acrecentada en su segunda mitad, y en los primeros veinte años del presente siglo, nuestro *Florilegio* lo cerramos, dejándole abierto, en los años 50 del siglo XX. Para dichas fechas, y como cima emblemática de todo lo historiado en el *Florilegio*, en 1946, la chilena Gabriela Mistral obtuvo el Premio Nobel de Literatura y, en 1956, lo logró el español Juan Ramón Jiménez, de quienes publicamos sobre lo vivido y lo escrito en Estados Unidos.

Dentro del acopio de autores-as y de obras escritas en español en aquella primera mitad del siglo XX, nos ceñimos a un limitado número; una selección de muestras de textos, poemas y ensayos, hitos literarios de una gran variedad temática y que llevan a la literatura en español escrita en los Estados Unidos a altos niveles de la literatura universal. Añadimos, igualmente, en esta última parte, muestras de la vigencia que siguió manteniendo, en el siglo XX, y en varios Estados de la Unión, una literatura popular, oral, con sus canciones y música, cuyos orígenes se remontan a la Edad Media española. Con ejemplos de ella, abrimos el *Florilegio* del siglo XX.

1. Muestras de la Literatura Popular, Oral

Aunque no hemos recogido, hasta ahora, textos tejanos, en Texas, al igual que en California, en Nuevo México, Colorado y Arizona, tras la adhesión a los Estados Unidos continuó el desarrollo de la literatura en español, en sus formas orales, populares, y en escritos literarios, creándose en el nuevo contexto histórico toda una literatura de afirmación, protesta y resistencia frente a la marginación, expolios de sus derechos y propiedades, persecuciones y asesinatos, cmo hemos venido señalando. En la estela de lo hecho por Aurelio Espinosa en Nuevo México y en California, y, posteriormente, los distinguidos profesors, etnógrafos y folkloristas Américo Paredes y Arthur Campa —entre otros estudiosos/as— recogieron un extenso repertorio de tal literatura; el primero en Texas y en libros bilingües como *A Texas-Mexican Cancionero. Folksongs ot the Lower Border* 1976, y *Folklore and Culture on the Texas-Mexican Border*, 1993, y Arthur Campa sobre Colorado, y el suroeste, en general, además de varias otras publicaciones, en su *Hispanic Culture in the Southwest*, 1979.

En Texas, al igual que Murrieta en California (y con el antecedente del ya mencionado Juan Nepomuceno Cortina), Gregorio Cortez devino un héroe cantado en múltiples corridos: toda una figura legendaria de quien sí es muy conocida su vida e historia; la de un honrado vaquero, de la región de Brownsville, el antiguo Nuevo Santander, que, en defensa de su hermano y de su vida propia, mató al Sheriff que había disparado a bocajarro contra su hermano, al quien, falsamente, se le acusaba de haber robado una yegua. En su fuga, Cortez eludió por cerca de un mes, allá por 1901, a un elevado número de perseguidores; se habla de hasta unos 300, también matando a otro de los perseguidores. Capturado, y encarcelado durante 12 años, al fin fue puesto en libertad al no poderse, finalmente, probar que tales muertes había sido intencionadas. En libertad, murió a los 3 años de salir del encarcelamiento para quedar convertido en un héroe popular cantado en una variedad de corridos. Sobre él, Américo Paredes estudió dicho contexto histórico cultural y con un detenido análisis e interpretaciones de las distintas variantes del corrido en su renombrado libro, *With the pistol on his hand. A border ballad and his hero* (1958), el cual ha devenido un "clásico" en los estudios chicanos y de la frontera. Basado en él, se filmó la popular película *The Ballad of Gregorio Cortez* (1982), protagonizada por el famoso actor, Edward James Olmos. En el "Mirador al pasado" de *Ventana Abierta*, transcribimos la variante de la versión que Américo Paredes transcribe bajo la letra G, del "Corrido de Gregorio Cortés". La volvemos a publicar aquí, añadiendo un breve texto de las populares historias de bromas, que don Américo recogió dentro del folklore de su región. Se trata de una sobre los curanderos que siguieron prestando sus servicios médicos.

Corrido de Gregorio Cortez (Anónimo)

En el condado del Carmen
tal desgracia sucedió
murió el Cherife Mayor
no saben quien lo mató.

Serían las dos de la tarde,
como media hora después
supieron que el malhechor
era Gregorio Cortez.

Soltaron los perros jaunes
pa' que siguieran la juella
pero alcanzar a Cortez
era seguir a una estrella.

Esos rinches del condado
iban que casi volaban
porque se querían ganar
tres mil pesos que les daban.

En el condado de Kiances
lo llegaron a alcanzar,
a poco más de trescientos
y allí les brincó el corral.

Decía el Cherife Mayor
como queriendo llorar
—Cortez entrega tu arma
no te vamos a matar.

Decía Gregorio Cortez
con su pistola en la mano:
—¡Ah, cuanto rinche montado
para un solo mexicano!

Ya con ésta me despido
a la sombra de un ciprés,
aquí se acaba la historia
de don Gregorio Cortez.

Texto 1

Cuentan de un viejito curandero, que le trajeron un enfermo que estaba mal del estómago. Y dijo:

—Denle la cagarruta de cabra. Dijo:

—¡Pero cómo le van a dar la cagarruta de cabra!

—Sí –dijo– hervida.

Bueno, pues lo hicieron y se alivió aquel hombre. Y entonces hubo junta de médicos y dijo:

—Pos hombre –dijo– nosotros no le hallábamos la enfermedad. Y se alivió con la cagarruta de cabra.

Y ya le hablaron al curandero y dijo;

—Bueno, ¿por qué le dio usted la cagarruta de cabra a este hombre? Dijo:

—Es muy sencillo. Porque yo sabía que la enfermedad que tenía él –dijo– se curaba con una hierba. Pero no sabía que yerba era –dijo– pero como las cabras comen de todas yerbas, allí en la cagada tenía que ir la hierba que él necesitaba.

Informante no. 24, Brownsville, Texas, October 20, 1962.
"Folk Medicine and the Intercultural Jest." Folklore and Culture on the Texas-Mexican Border 62-63.

* * *

De las 249 composiciones recogidas por Aurelio Macedonio Espinosa en su *Romancero de Nuevo Méjico*, publicado en Madrid, en 1953, de la parte Quinta, "Corridos, cuantos, inéditas, etc", retomamos dos composiciones de principios del siglo XX, afines, en cuanto a lo de afirmación de una identidad propia frente a la impuesta invasora anglosajona, y un breve cuento oral de los recogidos por J. Manuel Espinosa en la década de 1930 en *Romancero de Nuevo México*; todo un ejemplo del "realismo mágico" de dichos cuentos:

Los americanos (Anónimo)

Año novecientos nueve, – pero con mucho cuidado,
voy a componer un cuando– en nombre de este condado.
Voy a cantar este cuando, –Nuevo ·Méjico mentado,
Para que sepan los güeros – el nombre de este condado,
Guadalupe es, el firmado – por la nación mejjcana,
madre de todo lo criado, – Virgen, Reina Soberana.
Voy a cantar estos versos, – ya comenzaré el primero:
señores den atención – al punto a que me refiero.
Voy a hablar del extranjero, – y lo que digo es verdá;
quieren tenernos de esclavos, – pero eso no les valdrá.
Señores pongan cuidado – . a la raza americana;
Vienen a poser las tierras – las que les vendió Santa Ana.
Cuando entraron de Oklajoma, – sin saber el castellano,
entraron como los burros, – a su paso americano.
Vienen dándole al cristiano – y haciéndole al mundo guerra:
vienen a echarnos del pais – y a hacerse de nuestra tierra.
A todo el mundo abarcaron – y se hacen del bien ajeno.
Ora les pregunto yo – a los que están sin terreno,
y los voy a reconvenir, – como un hombre jornalero,
se han quedado como burros, – nomás mascándose el freno .
Se acabaron las haciendas – y los ganados menores;
ya no hay onde trabajar – gu ocuparnos de pastores.
¿Qué les parece, señores, – lo que vino a suceder?
No hay más que labrar la tierra – pa podernos mantener.
Es nación muy ilustrada – y afanosa en saber;
trabajan con mucho esmero – y todos quieren tener.
Su crencia es en el dinero – en la vaca, en el caballo,
y ponen todo su haber – en la gallina y el gallo.
Son nación agricultora – que siembran toda semilla;
por ser comidas de casa – siembran melón y sandía.
También siembran calabazas, – raíces y de todas yerbas;
Y comen de todas carnes, – peces, ranas y culebras.
Hábiles son en saber – y de grande entendimiento;
son cirujanos, dotores – y hombres de grande talento.
¿Qué les parece, señores, – lo ilustrado que son?

Hacen carritos de fierro – que caminan por vapor,
El que compuso este cuando – no es un pueta consumado;
es un pobre jornalero – que vive de su salario.
Mi nombre no les diré, – ni les diré en todo el año:
Soy un pobre pastorcito – que apacenta su rebaño.

Tras el "cuando", Aurelio Espinosa, el moderado y excelso catedrático, académico, añadía, y en 1953, esta nota: "Todavía no ha desaparecido el odio de los nuevo mejicanos hacia los invasores "americanos" de hace ya un siglo. Por buen o mal nombre los llaman *güeros* (hueros), *dochis* (inglés, dutch, holandés), *mericanos, miricanos, merichachos, mirichachos, gringos, yanquis* y otros nombres menos elegantes" (250).

Y pasamos a la "entrañable":

La americanita (Anónimo)

De los Estados Unidos – vino una americanita;
vino a defender su patria – con una mejicanita.
Nosotras americanas – en bogue nomás paseamos.
Nosotras, las mejicanas, – hasta en burrito nos vamos;
no nos subemos en bogue – porque luego lo quebramos.
Nosotras americanas – fogones de fierro usamos,
Nosotras las mejicanas – de piedra los levantamos.
Pero, ¡aque bonito queman – la, leña que les echamos!
Ustedes las mejicanas, – no se ponen los sombreros.
Y ustedes americanas – usan los de los vaqueros,
y se ponen chaparreras – de las que usan los silleros.
Y ustedes, las mejicanas, – no se ponen ropa fina.
Y ustedes americanas se embocan a la cantina.
y salen cacaraqueando – lo mismo que una gallina.
Nosotras. Americanas – semos de color estable,
y ustedes las mejicanas, – se lo hacen con albayalde.
Nosotras las mejicanas, – semos mujeres de honor,
Y ustedes americanas – imprentaron el salón.
Adiós, mejicanita – ya me voy a retirar.
Adiós, americanita, – ya te puedes retirar:
las malas que te trajeron – que te vuelvan a llevar.

* * *

La flor que cantaba (Cuento Anónimo)

Estos eran unos padres que tenían tres hijos, y como eran muy pobres salieron los tres a hacer la vida. Se fueron por tres caminos diferentes.

Todos ganaban mucho dinero, pero los dos mayores gastaban todo lo que ganaban. Sólo el hermanito menor guardó su dinero.

Cuando los tres hermanos se juntaron para volver a su casa, los mayores le preguntaron al menor si traía dinero. Y él dijo que sí y se lo enseñó. Entonces aquellos envidiosos lo mataron para quitarle el dinero y lo enterraron allí en el campo. Entonces se fueron para su casa y le dijeron a su padre que el hermanito menor se había muerto. Los padres estaban muy tristes.

Y de allí, de donde estaba enterrado el hermanito menor salio una flor. Un día pasó por allí un indio y agarró la flor y la empezó a soplar. Y cuando soplaba la flor cantaba:

Pítame, indio, pítame,
pítame con gran dolor.
Mis hermanos me mataron.
Soy espiga de una flor

Y el indio muy sorprendido, le llevó la flor a su mujer, y ella también la sopló. Y la flor cantaba:

Pítame, indita, pítame,
pítame con gran dolor.
Mis hermanos me mataron.
Soy espiga de una flor.

Entonces le llevaron la flor al compadre, que era el padre del muchachito muerto y él también sopló la flor. Y la flor cantaba:

Pítame, mi padre, pítame,
pítame con gran dolor.
Mis hermanos me mataron.
Soy espiga de una flor.

Luego el padre le dio la flor a la madre y ella la sopló también. Y la flor cantaba:

Pítame, mi madre, pítame,
pítame con gran dolor.
Mis hermanos me mataron.
Soy espiga de una flor.

Entonces le preguntaron al camarada donde había encontrado la flor y él los llevó al lugar. Y allí abrieron la sepultura y hallaron al hermanito menor vivo.
Ruperta Salas
Edad: 45, Peña Blanca, N.M.

2 De una Literatura Obrera, de Principios de Siglo a los Años 20-30

A principios de siglo, con el antecedente de finales del siglo anterior, y hasta entrados los años 20 del siglo XX, se fomentó en la población hispano hablante en los Estados Unidos una literatura obrera, y de predominante carácter anarquista, principalmente en Nueva York, Florida, Texas y California, y, también en Chicago y en Saint Louis, Missouri, y otros lugares, impulsada, en gran parte, por obreros anarquistas inmigrantes españoles y otros-as de Cuba, México y Puerto Rico. Por tratarse de un sustantivo cultivo y difusión de la palabra y de las letras obreras en español dentro de los Estados Unidos, señalamos algunos nombres de autores y autoras, revistas y periódicos suyos que, posteriormente, quedaron bastante en el olvido. Recientemente, se ha publicado un amplio compendio sobre el tema, *Writing Revolution: Hispanic Anarchist in the United States*, editado por Christopher Castañeda y Montse Feu, el cual debería traducirse y publicarse en español.

De los varios destacados obreros anarquistas españoles de tal movimiento, señalamos sólo a dos: los catalanes, Pedro Esteve y Jaime Vidal, quienes ya habían estado vinculados al periódico anarquista barcelonés *El Productor* (1887-1893). Pedro Esteve, muy activo entre los trabajadores del tabaco en Brooklyn, Nueva York, Patterson, New Jersey, "La Roma del Anarquismo", y Tampa, publicó *El Despertar*, de 1891-1902, en Nueva York y *El Esclavo*, 1894-1898, en Tampa y, asimismo, en Nueva York, *Cultura Proletaria* (1910-1911) y *Cultura Obrera* (1911-1927), vinculada a la "Asociación de Fogoneros españoles en Nueva York[133]," la cual llegó a tener una tirada de unos 2.500 ejemplares. Esteve falleció en 1925. Al finalizar *Cultura Obrera*, en 1927, reapareció *Cultura Proletaria*, la cual se extendió hasta 1953; toda una prueba de la existencia de

---

[133] Sobre ellos, contamos con el libro *Obreiros alén mar, fogoneros e anarquistas Galegos en Nueva York*, de Bieito Alonso Fernández.

un activismo de la clase obrera hispánica que llega hasta nuestros días. En Brooklyn y en Patterson, Pedro Esteve tuvo estrechos vínculos con los militantes anarquistas italianos y colaboró en su prensa, Su compañera, la anarquista italiana **María Roda**, tuvo un papel de líder del movimiento obrero hispano-italiano de emancipación femenina. Asimismo, Esteve mantuvo estrecha relación e intercambio epistolar con Ricardo Flores Magón y los magonistas en su lucha de la Revolución Mexicana.

Jaime Vidal llegó a Nueva York en 1904, y colaboró en las revistas editadas por Esteve, y fundó otra revista, *Brazo y Cerebro*, 1912. Igualmente, en Nueva York, en 1913, Vidal creó *Fuerza Consciente* llevándola a Los Ángeles, en 1913, donde se trasladó entrando en contacto con el grupo de los magonistas y el sindicalismo de la IWW (Industrial Workers of the World), y, posteriormente, se fue a San Francisco con la revista, la cual fue suspendida por la Oficina de Correos de la ciudad en 1914.[134]

El puertorriqueño, trabajador tabaquero y activista, Bernardo Vega, en sus *Memorias,* nos ha dejado toda una crónica, desde 1916 a finales de los años 40, del movimiento neoyorquino de obreros anarquistas españoles, cubanos y puertorriqueños, con sus publicaciones y conexiones laboristas nacionales y trasnacionales. En Florida, en Tampa y Cayo Hueso, hubo grupos y asociaciones obreras anarquistas con sus periódicos; en las tabaquerías, donde a los trabajadores-as, se les hacían lecturas en voz alta, que escuchaban con gran atención. Una de aquellos lectores, fue **Luisa Capetillo** (1882-1922), activista anarquista puertorriqueña, que vivió en Tampa y en Nueva York, dejando varia obras literarias y políticas.[135] Muy olvidada, tras su muerte, en nuestro tiempo se la celebra como figura emblemática del feminismo hispano/latino de la mujer moderna del siglo XX: un feminismo, asimismo, abocado a la lucha y reivindicaciones obreras, y compartido por otras mujeres latinas desde principios del siglo. Ya señalamos a la italo-hispana, **María**

---

[134] Siguió Jaime Vidal viviendo en California hasta 1961, año en que murió en Stockton. Sería de interés saber cómo continuó su vida en todos esos largos años, y tras el cierre de su revista.

[135] Recientemente, en el 2021, Julio Ramos ha publicado *Amor y Anarquía. Escritos de Luisa Capetillo*. Edición revisada, ensayos críticos y testimonios. Por su parte, Norma Valle Ferrer en 1990, publicó su biografía, *Luisa Capetillo, historia de una mujer proscrita* y en el 2008, *Luisa Capetillo. Obra Completa: Mi Patria*; frase, esta última, que expresa ese ir más allá de la propia nacionalidad de los/as anarquistas abrazados a la Patria de la Libertad Universal, el más alto valor de su Ideario y frente a todo autoritarismo.

Roda. Entre otras varias más, destacamos, llegadas de Nuevo León a San Antonio en 1900, a las dos hermanas mexicanas **Andrea Villarreal** (1881-1963) y **Teresa Villarreal** (1883-1949), quienes participaron en el activismo obrero de tendencia anarquista en San Antonio y en Saint Louis Missouri, relacionadas con el magonismo.[136] **Teresa**, en 1910, publicó *El Obrero*. "Revista Independiente que defiende los intereses de la clase trabajadora", y **Andrea**, el periódico, igualmente en 1910, *La mujer moderna*. Ambas publicaciones fueron de corta duración. Un escrito en *Regeneración* de las dos hermanas lo abrieron con este llamado: " ¿Qué hacéis aquí hombres? ¡Volad, Volad, al campo de batalla"[137], el de la Revolución Mexicana. *Regeneración*, tan importante revista política y cultural de los hermanos Flores Magón y de su grupo, iniciada en San Antonio en 1904 en contra del porfirismo en México, y como órgano del Partido Liberal Mexicano, que iría cobrando un tinte anarquista, se trasladó a Los Ángeles, en 1907 y se mantuvo hasta 1918: revista vinculada en promover la lucha de la Revolución Mexicana y la revolución mundial obrera. Por el talante literario de sus editores y de quienes colaboraron en ella, es una de las más logradas expresiones del capítulo de las letras obreras norteamericanas en español, que tanto fruto dieron desde la última década del siglo XIX a la de los 20 del XX, cuando, tal literatura fue muy reprimida y castigada en los Estados Unidos.

De *Regeneración*, en nuestro "Mirador al pasado" recogíamos dos de sus textos, con breves muestras que retomamos a continuación, y como viva expresión del capítulo, tan sintéticamente delineado, sobre aquella militancia obrera hispánica, y sus escritos, en las fechas incluidas, la cual, últimamente, la crítica está sacando del olvido.

---

[136] Nathan Kahn Ellstrand, en el 2011, presentó una tesis de M. A en la Universidad de California, San Diego sobre dos mujeres anarquistas del Partido Liberal Mexicano: *Las Anarquistas.The History of Two Women of the Partido Liberal Mexicano*. Ellas fueron **María Talavera** y su hija **Lucia Norman**,

[137] El texto completo se recoge en *En otra voz. Antología de la literatura hispana de los Estados Unidos* (462-464).

Práxedes G. Guerrero
(1882-1910)

Blancos, Blancos

Nacido en San Felipe, Guanajuato, y de una familia de clase media, en su primera juventud ya escribió en periódicos locales. En 1904 pasó a los Estados Unidos a Colorado a trabajar en las minas. Trasladándose a San Francisco en1905, donde fundó el periódico *Alba roja*. Fue colaborador en los periódicos *Revolución* (1908) y *Punto Rojo* (1909) de El Paso, el cual llegó a publicar 10.000 ejemplares semanalmente. Incorporado al Partido Liberal Mexicano pasó a colaborar en *Regeneración*. Con la preparación militar de su juventud, cuando el grupo magonista, el 20 de noviembre, 1910, inició la insurrección armada de la Revolución Mexicana, Práxedes Guerrero, con su preparación militar anterior a su llegada a Estados Unidos, fue uno de los primeros en hacer suyo el grito de las hermanas Villareal, "Volad, volad al combate".Con un pequeño grupo de magonista, penetraron, desde el Paso, a Chihuahua a la toma de Casas Grandes, donde penetraron el 29 de diciembre, para, el día siguiente, él caer muerto de una bala.

La Biblioteca Virtual Antorcha ha publicado la edición de todos sus "artículos de combate"; muy numerosos. El que recogemos apareció en *Regeneración* el 10 de noviembre, 49 días antes de su muerte. Se trata de una lúcida, y penetrante, impugnación de aquellos crímenes racistas, los horrendos linchamientos públicos de afroamericanos, indios, mexicanos y chinos, que se extendieron por diversos lugares del país, y hasta bien entrado el siglo XX, bajo la supuesta "supremacía blanca", la cual sigue coleando con sus ínfulas asesinas en el presente. Hace meses, un joven "blanco" penetró en una Iglesia afroamericana cristiana y liquido a tiros a 10 personas.[138]

---

[138] El texto de Práxedes Guerrero y otro posterior de Jaime Vidal, igualmente sobre linchamientos, encuentran amplio refrendo en dos libros del presente siglo: *Forgotten Dead. Mobs Violence Against Mexicans in the United States 1848-1920*, de William Carrigan y Clive Web (2012) y *The Lynching of Mexicans in the Texas borderland*, de Nicholas Villanueva Jr. (2017). El Apéndice A del primer libro, presenta 40 páginas con los nombres, el lugar y fecha, de los múltiples asesinatos de mexicanos y descendientes en

Quemaron vivo a un hombre.

¿Dónde?

En la nación modelo, en la tierra de la libertad, en el hogar de los bravos, en el pedazo de suelo que todavía no sale de la sombra proyectada por la horca de John Brown: en Estados Unidos, en un pueblo de Texas, llamado Rock Springs.

¿Cuándo?

Hoy, en el año décimo del siglo. En la época de los aeroplanos y los dirigibles, de la telegrafía inalámbrica, de las maravillosas rotativas, de los congresos de paz, de las sociedades humanitarias y animalitarias.

¿Quiénes?

Una multitud de "hombres" blancos, para usar del nombre que ellos gustan; "hombres" blancos, blancos, blancos.

Quienes quemaron vivo a ese hombre no fueron hordas de caníbales, no fueron negros del África Ecuatorial, no fueron salvajes de la Malasia, no fueron inquisidores españoles, no fueron apaches de pieles rojas, ni abisinios, no fueron bárbaros escitas, ni troglodites, ni analfabetos desnudos habitantes de las selvas: fueron descendientes de Washington, de Lincoln, de Franklin; fue una muchedumbre bien vestida, educada, orgullosa de sus virtudes, civilizada; fueron ciudadanos y "hombres" blancos de los Estados Unidos.

Progreso, Civilización, Cultura, Humanitarismo. Mentira hecha pavesa sobre los huesos calcinados de Antonio Rodríguez. Fantasías muertas de asfixia en el humo pestilente de la hoguera de Rock Springs.

Hay escuelas en cada pueblo y en cada ranchería de Texas; por esas escuelas pasaron cuando niños los "hombres" de la multitud linchadora, en ellas se moldeó su intelecto; de ahí salieron para acercar tizones a la carne de un hombre vivo y decir días después del atentado que han hecho bien, que han obrado justicieramente. Escuelas que educan a los hombres para lanzarlos más allá de donde están las fieras.[139]

Regeneración, Noviembre de 1910

---

linchamientos, a tiros o con otros tipos de violencia. a manos de grupos "blancos" en casi la total mayoría de casos.

139 Insistiendo en lo mismo, Jaime Vidal, en su *Fuerza consciente*, en San Francisco, el 7 de marzo de 1914, publicó el artículo: "La Inquisición en América. Obreros Torturados en Los Ángeles". Poco después, la Administración de Correos de San Francisco secuestro el periódico y *Fuerza consciente* quedó abolida. Curiosamente, Federico García Lorca, entre las estampas que recogió para añadir a su *Poeta en Nueva York*, tenía una postal de uno de tales linchamientos: "Negro quemado".

Ricardo Flores Magón y Otros
(1873-1922)

Manifiesto de todos los trabajadores del mundo

Recogemos ya dentro del proceso insurreccional armado de la Revolución Mexicana, este temprano, en el siglo, elocuente llamado, vinculando la Revolución Mexicana, a una revolución social y política mundial en la estela de la Comuna francesa y anticipando a la revolución soviética, en un lenguaje obrero prístino (recordemos que Ricardo Flores Magón y varios del grupo eran periodistas y literatos) y expresando valores del Ideario anarquista. Un texto político y literario muy único, publicado en *Regeneración* en abril de 1911. De aquí que lo ofreciéramos en nuestro "Mirador al Pasado", y como saliente muestra de una literatura obrera escrita en español en los Estados Unidos en dichas fechas. Nos gustaría recordar que Octavio Paz dijo que Ricardo Flores Magón fue "uno de los hombres más puros del movimiento obrero mexicano" (*El Laberinto de la Soledad*, 137).[140] Habría que aportar, no obstante, que la lucha armada de clase contra clase tuvo mucho de trágico error histórico:

> Compañeros: Hace un poco más de cuatro meses que la bandera roja del proletariado flamea en los campos de batalla de México, sostenida por trabajadores emancipados, cuyas aspiraciones se comprendían en este sublime grito de guerra: ¡Tierra y Libertad!
>
> El pueblo de México se encuentra en estos momentos en abierta rebelión contra sus opresores, y, tomando parte en la general insurrección, se encuentran los sostenedores de las ideas modernas, los convencidos de la falacia de las panaceas políticas para redimir al proletariado de la esclavitud económica, los que no creen en la bondad de los gobiernos paternales ni en la imparcialidad de las leyes elaboradas por la

---

[140] Aunque, a continuación cae en una contradicción, añadiendo: "El anarquismo de Flores Magón estaba alejado necesariamente de nuestra Revolución, aunque el movimiento sindical mexicano se inicie influido por las ideas anarquistas". Contrario a lo de "alejado", sí estuvo presente en el inicio de la Revolución, como consta en el Manifiesto que recogemos y su frustrado intento de iniciar la armada revolución mexicana en Baja California y en Chihuahua.

burguesía, los que saben que la emancipación de los trabajadores debe ser obra de los trabajadores mismos, los convencidos de la ACCIÓN DIRECTA, los que desconocen el "sagrado derecho de propiedad", los que no han empuñado las armas para el encumbramiento de ningún amo, sino para destruir la cadena del salario. Estos revolucionarios están representados por la Junta Organizadora del Partido Liberal Mexicano (519 ½ E. 4th St., Los Ángeles, Cal, U.S.A.), cuyo órgano oficial, *Regeneración*, explica con claridad sus tendencias.

El Partido Liberal Mexicano no lucha por derribar al dictador Porfirio Díaz para poner en su lugar a un nuevo tirano. El Partido Liberal Mexicano toma parte en la actual insurrección con el deliberado y firme propósito de expropiar la tierra y los útiles de trabajo para entregarlos al pueblo, esto es, a todos y cada uno de los habitantes de México, sin distinción de sexo. Este paso lo consideramos esencial para abrir las puertas a la emancipación efectiva del pueblo mexicano.

Ahora bien: se encuentra igualmente con las armas en la mano otro partido: el Antirreeleccionista, cuyo jefe, Francisco I. Madero, es un millonario que ha visto aumentar su fabulosa fortuna con el sudor y con las lágrimas de los peones de sus haciendas. Este partido lucha por hacer "efectivo" el derecho de votar, y fundar, en suma, una república burguesa como la de los Estados Unidos. Este partido netamente político es, naturalmente, enemigo del Partido Liberal Mexicano, porque ve en la actividad de los liberales un peligro para la supervivencia de la república burguesa que garantiza a los políticos, a los buscadores de empleos, a los ricos, a todos los ambiciosos, a los que quieren vivir a costa del sufrimiento y la esclavitud del proletariado, la continuación de la desigualdad social, la subsistencia del capitalista, la división de la familia humana en dos clases: la de los explotadores y la de los explotados.

La dictadura de Porfirio Díaz está por caer; pero la Revolución no terminará por ese solo hecho: sobre la tumba de esa infamante dictadura quedarán en pie y frente a frente, con las armas en la mano, las dos clases sociales: la de los hartos y la de los hambrientos, pretendiendo, la primera, la preponderancia de los intereses de su casta, y la segunda, la abolición de esos privilegios por medio de la instauración de un sistema que garantice a todo ser humano el pan, la tierra y la libertad.

Esta lucha formidable de las dos clases sociales en México

es el primer acto de la gran tragedia universal que bien pronto tendrá por escenario la superficie toda del planeta, y cuyo acto final será el triunfo de la fórmula generosa Libertad, Igualdad, Fraternidad, que las revoluciones políticas de la burguesía no han podido cristalizarla en hechos, porque no se han atrevido a hacer pedazos la espina dorsal de la tiranía: capitalismo y autoritarismo.

Compañeros de todo el mundo: la solución del problema social está en las manos de los desheredados de toda la tierra, pues solamente exige la práctica de una gran virtud: la solidaridad. Vuestros hermanos de México han tenido el valor de enarbolar la bandera roja; pero no para hacer un pueril alarde de ella en inofensivas manifestaciones por calles y plazas, que casi siempre terminan con el arresto y las descalabraduras de los manifestantes por los cosacos de los tiranos, sino para sostenerla firmemente en los campos de batalla como un reto gallardo a la vieja sociedad que se trata de aplastar para fundar en un terreno sólido la sociedad nueva de justicia y de amor.

Nuestros esfuerzos, por generosos y abnegados que sean, serían aniquilados por la acción solidaria de la burguesía de todos los países del mundo. Por el solo hecho de haber efectuado su aparición la bandera roja en los campos de batalla mexicanos, la burguesía de los Estados Unidos ha obligado al presidente Taft a enviar veinte mil soldados a la frontera de México y barcos de guerra a los puertos mexicanos. ¿Qué hacen, entretanto, los trabajadores de todo el mundo? Cruzarse de brazos y contemplar, como en las sillas de un teatro, las personas y las cosas de este tremendo drama, que debería conmover todos los corazones, que debería sublevar todas las conciencias, que debería hacer vibrar intensamente los nervios de todos los desheredados de la tierra, y ponerse en pie como un solo hombre para detener las escuadras de guerra y marcar el alto a los esclavos de uniforme de todos los países.

¡Agitación! es el supremo recurso del momento. Agitación individual de los trabajadores conscientes; agitación colectiva de las sociedades obreras y de la del librepensamiento; agitación en la calle, en el teatro, en el tranvía, en los centros de reunión, en el seno de los hogares en todas partes donde pueda haber oídos dispuestos a escuchar, conciencias capaces de indignarse, corazones que no se han encallecido con la injusticia y la brutalidad del medio; agitación por medio de cartas, de manifiestos, de hojas sueltas, de conferencias, de mítines, por cuantos medios sea posible, haciendo comprender la necesidad de obrar pronto y con energía a favor de los revolucionarios radicales de México que necesitan tres cosas: protesta mundial contra la intervención de las potencias en los asuntos mexicanos, trabajadores conscientes decididos a propagar las doctrinas de emancipación social entre los inconscientes y DINERO, DINERO Y MÁS DINERO para el fomento de la revolución social de México.[141]

Compañeros: reimprimid este manifiesto, traducidlo a todos los idiomas y hacedlo circular por todos los ámbitos del mundo. Pedid a la prensa obrera que lo inserte en sus columnas, leed *Regeneración*, y enviad vuestro óbolo a la Junta Organizadora del Partido Liberal Mexicano; 5191/2 E. 4th St., Los Ángeles, California, U.S.A.

Nuestra causa es la vuestra: es la causa del taciturno esclavo de la gleba, del paria del taller y de la fábrica, del galeote de la marina, del presidiario de la mina, de todos los que sufrimos la iniquidad del sistema capitalista. Nuestra causa es la vuestra: si permanecéis inactivos cuando vuestros hermanos reciben la muerte abrazados a la bandera roja, daréis con vuestra inacción un rudo golpe a la causa del proletariado.

No nos ocuparemos en demostraros que ha sido a vuestra indiferencia, a vuestra falta de solidaridad, al desconocimiento del deber que tenéis de uniros para precipitar el advenimiento de la revolución, a lo que se ha debido el retardo lamentable de la era nueva, en la que existirá la patria universal de los libres y de los hermanos. Ahora tenéis a la vista la revolución social en México, ¿qué esperáis para obrar? ¿Aguardáis a que este generoso movimiento sea aplastado para llenar el espacio con vuestras protestas, que serán impotentes para volver a la vida a vuestros mejores hermanos y para extirpar de los pechos el desaliento que provocaría el fracaso, fracaso que vosotros mismos habéis preparado con vuestra indiferencia?

Meditad, compañeros, y obrad en seguida, sin pérdida de tiempo, antes de que vuestra ayuda llegue demasiado tarde.

Comprended el peligro en que nos encontramos enfrente de todos los gobiernos del mundo, que ven en el movimiento mexicano la aparición de la revolución social, la única que temen los poderosos de la tierra.

Compañeros: cumplid con vuestro deber.

Dado por la Junta Organizadora del Partido Liberal Mexicano en la Ciudad de Los Ángeles, California, U.S.A., a 3 de abril de 1911.

---

141 Este llamado encontró eco en Pedro Esteve y Jaime Vidal, quienes hicieron colectas y les enviaron dinero, así como otros grupos anarquistas y socialistas del País y de Cuba y de España.

Ricardo Flores Magón
Librado Rivera
Anselmo L. Figueroa
Enrique Flores Magón
Regeneración, 3 de abril de 1911

3 Intermedio Fronterizo

> "Ser de aquí y de allá, pertenecer a varias historias"
> J.M.G. Le Clézio. Premio Nobel de Literatura 2008

Dada la actualidad que tomaban los temas de la frontera México / Estados Unidos, el número de la primavera del 2009 de *Ventana Abierta* lo dedicamos a "Escritura de la frontera" con un surtido de escritos, desde este lado, ensayos, narrativa y poesía. En el "Mirador al pasado", recogíamos dos fragmentos que ya hemos trascrito en el presente *Florilegio* de tal escritura: el del cruce, a fines del siglo XVI, del Río Bravo, en la *Historia de Nuevo Méjico* y el "Corrido de Gregorio Cortéz", y tres más que incluimos en este "intermedio fronterizo", el de la evocación de José Vasconcelos de su tiempo de niño y adolescente en la escuela de "Eagle Pass", "Los desterrados" de Joaquín Piña, y el poema "El río Bravo" de Américo Paredes, al cual añadimos, ahora, otras dos de sus poesías de juventud. La escritura de la frontera ha formado parte de la literatura en español desde sus comienzos en la Edad Media: el "Poema del Mío Cid", del siglo XI, era un poema épico de frontera, así como los llamados "romances fronterizos" medievales, En aquel "Mirador al pasado", publicamos uno de ellos, "Romance del Rey Chico", el del lamento del rey moro Boabdil por la pérdida de su amada Granada en 1492, oigámosle:

> ...¡Oh Granada la famosa // mi consuelo y alegría!,
> ¡Oh mi alto Albayzin // y mi rica Alcayería!,
> ¡Oh mi Alhambra. y Alijares // y mezquita de valía!,
> ¡mis baños, huertas y ríos // donde holgar me solía!;
> ¿quién os ha de mi apartado // que jamás yo os vería?
> Ahora te estoy mirando // desde lejos, ciudad mía;

mas presto no te veré // pues ya de ti me partía..

Ecos de tales lamentaciones, los encontramos, siglos después, en tantos de los escritores desterrados que hemos venido recogiendo, y a partir de José María Heredia, y tan frecuentes en los de la diáspora mexicana del "México de Afuera", como ejemplariza el texto que transcribimos "Los desterrados", de Joaquín Piña.

José Vasconcelos
(1882-1959)

En la Escuela

De la vida y de la obra de Vasconcelos, tan sobradamente conocida, y con su gran labor, a principios de los años 20 del pasado siglo, al frente del gran florecer o Renacimiento de la educación, las artes y la literatura mexicanas de la Revolución, sólo mencionaremos sus varias estancias en los Estados Unidos y con su interés en el ""México de afuera". En 1929, trajo su campaña electoral a la presidencia a estas tierras, y logrando gran respaldo de la comunidad de los inmigrantes mexicanos, a quienes anunciara que, bajo su Presidencia, el gobierno mexicano ayudaría a organizar escuelas en español y programa culturales para la población de inmigrantes en las comunidades mexicanas. Posteriormente, pasó a los Estados Unidos en su autoexilio de diciembre de 1929, como perdedor de unas elecciones en que se dice que había tenido la mayoría de los votantes, y, más, tarde, de vuelta en los Estados Unidos, 1935, y, desde donde, en San Antonio, mandó el manuscrito de su *Ulises criollo* a publicarse en México en 1935. Su arraigo en el suroeste, y ya desde los años de su infancia y adolescencia (1888-1895), vividos en Piedras Negras y en Eagle Pass para asistir ir a la escuela, estaba ya presente en el primer título que pensó para su autobiografía novelesca, *Odiseo en Aztlán*. A la luz de tal primer título, a *Ulises criollo*, lo podemos considerar como una obra clásica de la literatura chicana y como uno de los sobresalientes textos de obras en español en los Estados Unidos. Con tal sentido, elegimos para incorporar al *Florilegio*, unos fragmentos del tiempo evocado de su estancia en la Escuela de Eagle Pass, donde como nos diría, y con su grandísima pasión por la lectura, empezó a hacerse la persona del gran intelectual que llegó a ser.

... Nosotros en busca de escuela nos trasladamos una temporada a la vecina Eagle Pass o, como decían en casa, con total ignorancia y desprecio del idioma extranjero, "El Paso del Águila".

El río se cruzaba en balsas. Avanzaban éstas por medio de poleas deslizadas sobre un cable tendido de una a otra ribera, al chalán se entraba con todo y el coche de caballos. Para el tráfico ligero había esquifes de remo. Estando nosotros en Eagle Pass, presenciamos la inauguración del puente internacional para peatones y carruajes. Larga estructura metálica de seis o más armaduras, apoyadas en dobles pilastras de cemento armado. Al centro pasan los carruajes y por ambos lados andadores de entarimados y barandal de hierro. Los habitantes de las dos ciudades se congregaron cada cual en su propio extremo del nuevo viaducto. Las comitivas oficiales partieron de su territorio para encontrarse a medio río, estrecharse las manos y cortar las cintas simbólicas que rompían barreras y dejaban libre el paso entre las dos naciones. No eran tiempos de espionaje oficial y pasaporte. El transito costaba una moneda para la empresa del puente y los guardas de ambas aduanas se limitaban a revisar los bultos sin inquirir la identidad de los transeúntes. Un sinnúmero de carruajes, algunos enflorados, cruzó en irrupción de visitas recíprocas. El pueblo se mantuvo reservado. Ni los de Piedras Negras pasaron en grupos al "Paso del Águila", ni los de Eagle Pass se aventuraron a cruzar hacia la tierra de los "greasers". En aquella época, cuando baja el agua del río, en ocasión de las sequías, que estrecha el cauce, librábanse verdaderos combates a honda entre el populacho de las villas ribereñas. El odio de raza, los recuerdos del cuarenta y siete, mantenían el rencor. Sin motivo y sólo por el grito de "greasers" o de "gringo" solían producirse choques sangrientos.

Mi primera experiencia en la Escuela de Eagle Pass, fue amarga. Vi niños norteamericanos y mexicanos sentados frente a una maestra cuyo idioma no comprendía. Súbitamente, mi vecino más próximo tejanito bilingüe, dándome un codazo interpela: —Oye. ¿y tú a cuántos de estos les pegas? Me quedo sin comprender, pero el otro insiste: —¿Le puedes a Jack? y señala a un muchachón rubicundo. Después de examinarlo, respondí modestamente que no. —¿Y a Johny y a Bill? Por fin, irritado, de tanta insistencia, contesté al azar que sí. El señalado era un chico pecoso más o menos de mi estatura. Imaginé que ya no había más que hacer (...).

La ecuanimidad de la profesora se hacia patente en las disputas que originaba la historia de Texas... Los mexicanos del curso no éramos muchos, pero sí resueltos. La independencia de Texas y la guerra del cuarenta y siete dividía la clase en campos rivales. Al hablar de mexicanos incluyo a muchos que aun viviendo en Texas y estando sus padres ciudadanizados, hacían causa común conmigo por razones de sangre. Y si no hubiesen querido era lo mismo porque los yankees los mantenían clasificados. Mexicanos completos no íbamos allí sino por excepción. Durante varios años fui el único permanente. Los temas de clase se discutían democráticamente, limitándose la maestra a dirigir los debates. Constantemente se recordaba el Álamo, la matanza azteca consumada por Santa Anna en prisioneros de guerra. Nunca me creí obligado a presentar excusas: la Patria mexicana debe condenar también la tradición miliciana de nuestros generales asesinos que se emboscan en batalla y después se ensañan con los vencidos. Pero cuando se afirmaba en clase que cien yankees podían hacer correr a mil mexicanos, yo me levantaba a decir: —Eso no es cierto. Y peor me irritaba si al hablar de las costumbres de los mexicanos junto a la de los esquimales, algún alumno decía: —Mexicans are a semi-civilized people. En mi hogar se afirmaba, al contrario, que los yankees eran recién venidos a la cultura. Me levantaba, pues, a repetir: —Tuvimos imprenta antes que vosotros. Intervenía la maestra aplacándonos y diciendo: —But look at Joe, he is a mexican, isn´t he civilized?, isn´t he a gentleman? Por el momento la observación justiciera restablecía la cordialidad (...).

Al concluir las clases, una tarde me llamó el director de la escuela, gringo alto, correcto, grave y bondadoso. Caminando a pie lo seguía varias cuadras rumbo a su casa. Es sensible que te vayas –decía– dejando interrumpida tu carrera entre nosotros. Si tu padre quiere dejarte al cuidado de alguna familia... tienes ahora trece años... al cumplir catorce, concluido el curso primario, podría obtenerse para ti una beca en la Universidad del Estado, en Austin. Háblale a tu padre; si está conforme, dile que me vea. Será fácil arreglarlo.

Mi padre se ofendió primero; después comprendió que la desinteresada oferta merecía una negativa cortés, agradecida y se fue a darla. Mi madre no necesitó intervenir, pero tampoco hubiera consentido entregarme con personas excelentes, más de otra religión. En la frontera se nos había acentuado el prejuicio y el sentido de raza; por combatida y amenazada, por débil y vencida me debía a ella. En suma, dejé pasar la oportunidad de convertirme en filósofo yankee. ¿Un Santayana[142] de México y Texas?

Los Estados Unidos eran entonces país abierto al esfuerzo de todas las gentes, "The land of the free". ¿Los años maduros

---

142   George Santayana, español crecido en los Estados Unidos, llegó a ser profesor de Filosofía en Harvard, y uno de los principales pensadores norteamericanos en las primeras décadas del siglo XX.

me hubieran visto de profesor de Universidad enseñando filosofías?

No estaba entonces por los destinos modestos. El futuro me sonreía ilimitado de dichas y éxitos. Tan intenso lo soñaba que a menudo la cabeza me ardía de esperanza y anticipadas certidumbres. Horas de exaltación desmedida, que, alternaban con estados de anulación y pesimismo, claudicaciones el albedrío…

V.A. Vol VII. No. 26, Primavera 2009

Joaquín Piña
(????-????)

Los desterrados

Fue uno de los escritores, periodistas y políticos mexicanos que, con el avance de la Revolución, se desterraron a los Estados Unidos; en 1916 y a San Francisco, en su caso. Colaboró en el periódico bisemanal *La Crónica* y, cuando evolucionó al *Hispano América* fue editor en sus comienzos, antes de que pasara a Julio G. Arce (Jorge Ulica). Fue Piña quien instó a José Clemente Orozco a que llegara a San Francisco, donde vivió dos años, 1917-1919, ejercitándose en el estudio y la práctica de la pintura y compartiendo la vida bohemia de la ciudad en aquellos años y la del bullente barrio latino en que ambos destacaron. El relato de Joaquín Piña que transcribimos es un muy expresivo ejemplo de lo que Nicolas Kanellos trata en su libro *Hispanic Inmigrant Literature: el sueño del retorno*; sueño plasmado en tantos de los textos del presente *Florilegio*. En este caso, como en tantos más, con el gran lamento ovidiano por la pérdida del lugar de origen, fundido al mito de Ulises del retorno a él.

Uno de los desterrados dijo: Amigos, la vida lejos de la patria ha sido para mí lo que para una planta trasplantada a un país de nieve. En el exilio he podido vivir, sí, pero mi corazón se consume de melancolía. ¿Qué hay más en estos pueblos que en el país donde nacimos? Muchas cosas bellas, y muchas cosas grandes. Las vemos con nuestros ojos, asombrados las admiramos y las medimos con nuestra pequeña medida. Paso a paso tropezamos con una cosa nueva y todos los días nos sorprende algo admirable. Y al mismo tiempo, nuestra familia crece, nuestros hijos se hacen hombres, nuestra juventud va pasando. A veces, para explicarnos lo inexplicable, decimos a solas: "Se sufre en todas partes y en cambio aquí se disfruta de bienes conquistados por la civilización y el progreso, desconocidos en nuestra pequeña tierra". Pero, amigos, viene alguien de la patria y hacia él vamos, amigo, desconocido o enemigo; hacia él vamos y creemos que en sus pupilas hay la luz de nuestros cielos, y que sus manos huelen a los campos de nuestro pueblo, y que todo él es como una representación fidedigna de nuestra patria. Y bebemos de sus labios las nuevas, como si ellas fueran el agua cristalina de nuestras fuentes y un agua milagrosa de vida que nos conservara a la misma edad que teníamos al abandonar nuestra tierra. Pero... el tiempo pasaba. Hablan idioma extranjero nuestros hijos. Aman cosas que no son las que nosotros amamos en nuestra infancia; oran en una lengua con la que nosotros no llamamos a Dios. Y nosotros encanecemos. Se va nuestra juventud y se nos va la vida. Y la mitad del alma se muere de ver a la otra mitad que llora por el regreso. ¡Ah, amigos! ¿Por qué salí un día de los linderos que nuestros abuelos pusieron a nuestras tierras, señalándolos hasta con su propia sangre?

Otro de los desterrados habló: Salí por ansia de libertad. Era mi país para mis anhelos como un mundo pequeño donde mi corazón no encontraba campo para mecerse. ¿Entendéis? Me ahogaba en aquella tierra. De ver y de amar tantas ansias. Parecía mi corazón un sediento insaciable, una fuerza lanzada al azar, un deseo renovado constantemente. Veleidosa la fortuna me dio goce y dolor, no sé si más de esto que de aquello. Pero mi alma permanecía inmaculada. Y vivía con los ojos abiertos y los labios sedientos... Así pasaron años. Cuando a veces solía recordar a mi patria, me decía "Volveré cuando haya allá más libertad" —porque en toda aquella época de mi vida, yo creía que el mejor bien del hombre era el de la libertad. Y un día el deseo de regresar a la tierra donde nací, de ver mis bosques, de oír el canto de las aves, de aspirar el perfume de las flores que se abren en la más clara atmósfera, de caminar por las calles vetustas de mi pueblo, de oír las voces de sus campanas ... llenó toda mi vida. ¡Ah, yo había comprendido! Desde aquel momento anhelé el regreso. "Cuando regrese —me decía— , subiré a las más altas montañas para gritar con todas las fuerzas de mi alma. Estas tierras, este cielo, todo lo que hay dentro de nuestras fronteras y en nuestros mares, es nuestro, de los hombres que aquí nacimos".

También pensaba en lo que hay de malo en mi patria. Sin embargo, todo lo que había dejado allá, lo quería volver a poseer y a ver, como cosas que representaran para mí la más grande de las fortunas. "Te encontrarás con gente desconocida" –me decían los amigos cuando les anunciaba mi viaje próximo. "El tirano de ahora, te encarcelará" –me advertían otros. Pero ya os he dicho que yo había comprendido y quería regresar. Repugnaba de lo extranjero y ponía en lugar secundario al "bien divino de la libertad". Llegué hasta a pensar: "Si no me voy pronto, puedo morir y mis huesos quedarán sepultados aquí entre extranjeros sin que nadie, al pasar cerca de mi tumba, me recuerde". Así, con este deseo vivísimo, viví y vivo. Y hay noches que tengo este solo sueño: veo los volcanes de mi patria, mis divinos volcanes —los veo todos de plata de la base a la cima fulgurantes como si en ellos estuviera toda la luz del mundo; y por su gigantesca falda voy subiendo lentamente, lentamente porque mis labios van besando con besos ardientes y palmo a palmo el cuerpo inmaculado, con una ansia inmortal, con un amor que nunca he sentido para nada ni para nadie en mi vida.

Del *Hispano América*, 9 de diciembre de 1917, p. 7

V.A. Vol III, No.10. Primavera 2001

Américo Paredes
(1915-1999)

Poesía

El gran renombre de don Américo Paredes como académico y estudioso de la cultura y del folklore hispano-mexicano – tejano, y, en especial del área baja fronteriza entre Texas y México de su región de Brownsville, ha opacado su obra literaria creadora en la que destaca una obra poética juvenil, cuya inspiración es base de la obra del estudioso, quien recopilara tanto del cancionero popular tejano en español, junto a tantos otros textos del folklore: mucho de lo cual fue recogido, y con la traducción al inglés, en los dos libros suyos ya mencionamos anteriormente, *A Texa-Mexican Cancionero* y *Folklore and Culture in the Texas-Mexican Border*. Nótese, el énfasis en lo de cultural, presidiendo el gran trecho y caudal del corpus de obras incorporadas en ambos libros. El primero de ellos, lo conforman seis apartados histórico-culturales, que van desde "Old Songs of Colonial Days" hasta "The Pocho Appears".

A propósito de los poemas de la primera parte, famosos romances de la Edad Media española, tales como "Delgadina", "La Pastora" y "La ciudad de Jauja", Américo Paredes, hizo la siguiente precisión, y traducimos: "Estas canciones incluidas en la Parte I no fueron compuestas a lo largo del Río Bravo, ni tampoco más hacía el sur en México, Nos llegaron a nosotros desde España", aunque también subraya que fueron mexicanizadas. Asimismo, añade, él, quien fuera maestro de maestros de los estudios chicanos-as, esta advertencia:

> Quizá ya no es necesario por más tiempo, el minimizar nuestra herencia española en estos días de chicanismo. Demasiados chicanos se han ido al otro extremo de sus mayores "Hispano-americanos"; ellos se ven exclusivamente como hijos de Cuauhtémoc. Pero España nos ha dado muchas cosas además de parte de nuestra ascendencia. Está bien recordar que cualquier que fuera el origen étnico de los colonizadores que llegaron a las regiones de la frontera, lo que les soldaba en una

misma gente era la lengua y la cultura española (5)[143].

Iniciado desde su infancia en la música y cultura del Cancionero, se dio en Américo Paredes una precoz vocación poética. La del "joven bardo", de Brownsville y la vecina Tamaulipas, quien ya a sus quince años recitaba poesías en la radio y en los bares. Se inició escribiendo poesía en inglés, leyendo a los poetas clásicos ingleses, pero, a partir de 1932, pasó a escribirla en español, y entre ese año y 1936, reunió una colección de poemas, *Cantos de adolescencia*, publicada en San Antonio, en 1937, por la Librería española, acogido con muy buena recepción por la prensa de la ciudad, y la de Brownsville. Transcribimos 3 poemas de *Cantos de la adolescencia*, poemario que cayó en bastante olvido hasta el 2007, cuando B. Olguín y Omar Vásquez Barbosa, publicaron una nueva edición, con la traducción al inglés de los poemas realizada por ambos. El primero, "Río Bravo" se trata de la visión de un joven nacido en las márgenes de este río, y expresando sus inquietudes existenciales al tiempo que se desliza con él río hacia la mar, lo cual, y a propósito de la herencia española, nos evoca las famosísimas *Coplas de Jorge Manrique*, del siglo XV: Nuestras vidas son los ríos, / que van a dar a la mar, que es el morir…". Publicábamos tal poema en "Mirador al pasado", ahora lo hacemos añadiendo dos poemas más en donde, igualmente, resalta su original veta poética.

El Río Bravo

Río Bravo, Río Bravo,
que en tu cauce lento vas
con frecuentes remolinos
cual si quieres ir atrás.

cual si quieren tus corrientes
sobre el cauce devolver
a buscar ignotas fuentes
que les dieron vida y ser,

así vas —mientras tus aguas

---

[143] Contamos con el libro *Spanish Texas 1519-1821*, editado por Donald E. Chipman y Harriet Denise Joseph, cuyo último capítulo es "The Legacies of Spanish Texas", y en cuanto al legado hispano cultural, musical y poético añadido a lo publicado por Paredes, asimismo, es muy valioso el libro de Arthur F. Campa, *Hispanic Culture in the Southwest*.

lloran, lloran sin cesar—
a morirte lentamente
a las márgenes del mar.

Mis pasiones y mis cuitas
en tu seno quiero ahogar:
llévate el dolor de mi alma
en tu parda inmensidad.

Que he nacido a tus orillas
y muy joven ya sentí
que hay en mi alma torbellinos
que ella se parece a ti.

Turbia, sí, de fondo oscuro
más el sol le hace brillar;
con suspiros —rebeliones—
y bregando sin cesar.

Cuando muera, cuando muera
y se pudra el cuerpo ya,
mi alma, como riachuelo
a tus aguas correrá.

Pasaremos por los campos
que se miraran verdear,
por jacales de rancheros,
a las ruinas de Bagdad.[144]

Y tus aguas moribundas
en lo azul se perderán
mientras duermo dulcemente
a las márgenes del mar.
7-21-36

V.A. Vol. 7. No. 26. Primavera 2009

---

[144] Bagdad, no confundir con la capital de Irak; pequeña localidad portuaria en la frontera Texas-México, y que dejó de existir, como tal, en 1880. De ahí lo de las "ruinas".

El segundo poema es un canto a la patria mexicana por el joven poeta nacido en Brownsville, desde el "México de fuera", aunque tan cerca e identificado con el de dentro. En aquel entonces la frontera, más que dividir, unía, y el joven poeta creció en idas y venidas entre Brownsville y Tamaulipas. Conmueve el hondo sentimiento de su canto a México desde el "México de fuera":

A México

Yo te canté desde muy niño;
amor por tu suelo muy joven sentí;
mi primera poesía en nuestra lengua
fué, patria, para ti.

Yo te he visto por las páginas de historia
—caída y angustiada— ¡no vencida!
Has pasado por el crimen y la gloria:
heroica, sacrosanta y fratricida,

Te baña con tu sangre el insurrecto,
te vende el estadista por dinero...
Conozo bien, mi patria, tus defectos
y porque los conozco, yo te quiero.

Cuando sé que das un paso hacia delante
mi corazón en tierra extraña se engrandece:
y si tus hijos, te hieren por la espalda
como si a él le hirieran... se estremece...

3-1-36

Y el tercer poema es una intertextualidad explícita con una de las *Rimas* de Bécquer, el gran poeta sevillano, de famosa repercusión por toda Hispanoamérica y publicadas en español en los Estados Unidos a poco de su impresión en España:

Rima (III)

Al cielo de tus ojos zarcos miro;
en tus pálidas manos yazco preso
y como Bécquer a su Julia digo
—¡Qué te diera por un beso!

Un mundo diera él por su mirada,
por su altiva sonrisa diera un cielo;
por sus labios, ¿quién sabe qué ofrendara
en el éxtasis loco de su anhelo?

Yo no tengo ni mundos (menos cielos)
    y por eso
por un beso, mi vida yo te ofrezco
    otro beso.
6-30-36

Siguiendo con lo mismo, en otro poema "Horas felices", vuelve a la intertextualidad con la famosa rima becqueriana, "Volverán las oscuras golondrinas", y a cuyo título "Horas felices", le añade el ritornelo becqueriano de la rima; "Esas… ¡No volverán!"; ni las golondrinas ni, en su caso, las horas felices del joven poeta; poema de las cosas que no vuelven. Sobre una de ellas, aunque lo éste refutando con su poesía en español, Américo Paredes escribe unos versos que recuerdan lo que escribiera Antonio Flores en 1883 sobre lo sucedido al español tras el tratado de Guadalupe Hidalgo en los estados norteamericanos que habían sido de México. Veamos sus versos[145]: "… ¡Adiós para siempre! Adiós, vida mía. / Son otras las tierras que pisan tus pies, / donde el español que tú amaras un día / muy poco se escucha entre el bárbaro inglés…".

Asimismo, el joven Américo Paredes, con dos poemas escritos en Brownsville, a sus 19 años, en 1934, conecta con otros textos del *Florilegio*. Su soneto "A una sajona" remite a "las norteamericanas de Broadway" de Pombo, y su "El sueño de Bolívar" al "Centenario de Bolívar" de Martí.

---

[145] Transcribimos asimismo la rima XXIII, del beso, de Gustavo Adolfo Bécquer para mejor conocer el juego poético que hace el joven Paredes con ella en la suya: "Por una mirada, un mundo; / por una sonrisa, un cielo; / por un beso…yo no sé / que te daría por un beso".

4. Del resurgir del Hispanismo; moda de lo Español y apuntalamiento del Pan-Americanismo, 1914...

Tras la guerra con España de 1898, y con la anexión de Cuba y de Puerto Rico, más las posteriores ocupaciones, en la segunda década del siglo, de Santo Domingo y Nicaragua, en los medios culturales norteamericanos, desde finales de la presidencia de Theodore Roosevelt, el "Manifest Destiny" fue cayendo en desprestigio, contrapuesto a un creciente llamado al pan-americanismo,[146] junto a un interés en la cultura y el arte español e hispanoamericano. Ya en 1904, el multimillonario Archer Milton Huntington, amante y coleccionista de la tradición cultural, artística y literaria española, fundó la Hispanic Society of América, gran centro cultural y artístico con su palacial edificio en Nueva York, abierto como Biblioteca y Museo, en 1908, dotado de una inmensa colección de manuscritos, libros, cuadros y objetos artísticos de la historia española e hispánica.[147] Posteriormente, y tras el comienzo de la Primera Guerra Mundial, en 1914, cuando la enseñanza del alemán en las escuelas se desplomara, el español comienza a reemplazarlo. Si antes de 1914, no se impartía en las escuelas de Nueva York, ni en casi ninguna del país, a partir del mismo año, se comenzó a enseñar a miles de estudiantes en escuelas y universidades y por toda la Nación. El Hispanismo, hasta entonces, limitado a un estrecho círculo de profesores universitarios norteamericanos, empezó a tener gran crecimiento, y con la nueva incorporación de algunos profesores y catedráticos españoles e hispanoamericanos. En

---

146 Sobre ello, se extiende, detalladamente, Peter Hulme en su reciente libro, *The Dinner at Gonfarone's. Salomón de la Selva and his Pan-American Project in Nueva York, 1915-1919*. El Gonfarone, era un hotel en el Village de Nueva York, donde se celebraron encuentros y lecturas de grupos de escritores hispanoamericanos y angloamericanos, estrechando los vínculos comunes del pan-americanismo.

147 En torno a Archer Milton Huntington y su gran labor, contamos con dos valiosos ensayos: "Archer Milton Huntington, Champion of Spain in the United States", de Mitchell Codding y el de Claudio Iván Remeseira, "An Splendy Outsider. Archer Milton Huntington and the Hispanic Heritage in the United States".

diciembre de 1917, y a impulsos del ingeniero y arquitecto español, Juan Carlos Cebrián, con su importante labor de ingeniería y arquitectura en California, y Archer Milton Huntington, quienes devinieron presidentes honorarios[148], se fundó la American Association of Teachers of Spanish[149], con su revista *Hispania*, la cual, en nuestros días sigue manteniendo plena vigencia, y cuyo primer editor fue el nuevo-mexicano Aurelio Macedonio Espinosa. Con tales alicientes, el presidente de la Universidad de Columbia, Nicholas Murray Butler se comprometió asimismo a hacer de ella la primera Universidad en los estudios hispánicos de todo el País.

A lo dicho, se añade que, en los años de la guerra, aumentaron las relaciones comerciales con los países latinoamericanos y, por extensión las culturales, incluyendo las de con España, país que se mantuvo neutral durante la contienda. Todo ello, hizo que lo español, el idioma, la música, las costumbres, las artes y las letras se pusieran de moda, mientras las otras grandes naciones europeas estaban hundidas en el abismo de la atroz guerra, donde también entraría Estados Unidos. Como parte de tal moda, se dio un "Hispanismo musical[150]". En 1916, en la Opera Metropolitana de Nueva York, se presentó *Goyescas*, de Enrique Granados, tan apreciado él mismo como pianista en el tiempo que estuvo en el país y, posteriormente, se vivió el clamoroso éxito de la compañía de baile española, dirigida por el madrileño Quinito Valverde, con su "*The Land of Joy* (La sierra de la alegría), aclamada con "Oles" durante 100 representaciones seguidas en el Park Theatre, desde octubre de 1917, a mediados de enero del 1918, yendo luego en gira a otras ciudades hasta junio, con sus despampanantes bailarinas, La Argentina, Doloretas y la Manzantina[151], y sus, tan populares,

---

[148] Leímos, en la primavera del 2023 que la grandiosa Institución Cultural Hispánica ha entrado en una grave crisis financiera, en la cual hasta los profesionales y empleados que trabajan en ella han salido a la calle en Huelga. Esperamos se supere tal crisis.

[149] En 1944, se añadió al título, el portugués, español y portugués. Contamos con el reciente ensayo de Inés Vaño García, "Érase una vez la American Association of Teachers of Spanish (1917-1944): los orígenes de la enseñanza del español en los Estados Unidos".

[150] Sobre dicho Hispanismo, tenemos un reciente extenso ensayo en español y traducido al inglés, "La recepción del hispanismo musical en Nueva York en el cambio de siglo XIX-XX, y el boom del teatro lírico español a través de Enrique Granados y Quinito Valverde", el cual añade bastante a lo escrito por Nicolás Kanellos sobre el teatro en Nueva York, en su libro que hemos venido citando. La autora del extenso y original ensayo es María Perandones Lozano, profesora de la Universidad de Oviedo. Se puede leer en Internet.

[151] El 26 de abril de 1926, la portada del famoso *Times* la ocupaba la foto de una de aquellas famosas bailarinas españolas continuadoras de la Carmencita de finales del siglo XIX:

canciones tales como "La violetera", y "Clavelitos", trayendo su eufórica alegría y festividad a los Estados Unidos, y como alivio, en aquellos momentos tan sombríos de la I Guerra Mundial. A ello hay que añadir la presencia de la obra musical de Albéniz, Granados, Turia, Falla,y Pablo Casals, Andrés Segovia entre otros pianistas y guitarristas de renombre. En pintura, se celebraron los cuadros de Sorolla y Zuloaga, con sus exposiciones en le Museo de Hispanic American Society, y en novela, las dos, traducidas, de Blasco Ibáñez, *Sangre y arena* y *Los cuatro jinetes del Apocalipsis*, las cuales coparon las listas de los *best-sellers* y llevadas al cine con el tan celebrado actor argentino, Rodolfo Valentino de protagonista, fueron películas de clamoroso éxito. Todo ello, repetimos, como parte de dicha llamada, "Spanish fever, blaze o craze" (fiebre, llamarada, moda o locura), que se vivió, principalmente, en Nueva York, pero, asimismo, en California, y, por otros lugares entre 1914 y 1929.[152]

Igualmente, en tales fechas, se vivía, principalmente en Nueva York, un "hispanismo del presente",[153] viviente, con el creciente número de la población de habla hispana, sus periódicos, revistas, y sus páginas literarias y artísticas y la llegada de escritores hispanoamericanos y españoles. Se podría decir que para un grupo de ellos de los distintos países hispanoamericanos, en aquellas fechas y en los años 20, Nueva York fue algo parecido a lo que fuera París para escritores norteamericanos de entonces; en su caso, fomentando el pan-americanismo, tal como vemos en una de las reuniones aludidas en la nota 145, celebrada en diciembre de 1917, y en el hotel Felix-Portland. Se trataba, como aparece en el programa, de una "Pan-American Dinner", en honor de la poeta Edna St. Vincent

---

Raquel Meller, a la cual Charles Chaplin quiso atraer para su película *City Lights*, 1930, y no lo consiguió; película con fondo musical de "La violetera" y la escena de la florista vendiendo violetas.

[152] Todo a lo que nos hemos venido refiriendo tuvo amplia cobertura en el libro editado por Richard L. Kagan, *Spain in America: The Origins of Hispanism in the United States* (2002), donde en cuanto a la música, algo antes poco considerado en los Estados Unidos, se incluye el extenso y detallado ensayo de Louise K. Stein, "Before the Latin Tinge: Spanish Music and the 'Spanish idiom' in the United States 1778-1940" (193-245). Recientemente, el mismo Richard L. Kagan ha escrito un nuevo y muy completo libro sobre todo ello, ya resumido en su título: *The Spanish Craze American fascination with the Hispanic World* (2019). Se puede acceder a él a través de Internet.

[153] Tal Hispanismo, tendría un momento culminante con la fundación en California, en 1935, del Congreso del Pueblo de Habla Hispana, el cual extendiéndose por el País, hasta principios de los años 50, acosado por el marcatismo, llegó a formar más de 100 organizaciones y 70.000 miembros. Fue fundado por dos notables personalidades, Luisa Moreno, gualtemalteca, y Josefina Fierro, mexicana.

Millay, donde junto a otro grupo de poetas de habla inglesa, leyeron, y siendo sus poesías traducidas al inglés, los siguientes: José Santos Chocano, Perú, Alfonso Guillén Zelaya, Honduras, Pedro Henríquez Ureña, Santo Domingo, Luis Martín Guzmán, México, Mariano Brull, Cuba, Alberto Ried, Chile, Ricardo Arenales, Colombia, Salomón de la Selva, Nicaragua (*The Dinner at Gonfarone's* 206).

Apuntando a aquel contexto histórico-cultural, artístico y literario de auge de lo hispánico, en nuestro *Florilegio*, y dado las limitaciones de espacio, transcribimos, tomados de nuestro "Mirador Al Pasado", textos de tres destacadas figuras, vinculadas al Hispanismo académico contemporáneo, Pedro Henríquez Ureña, Federico de Onís y Salomón de la Selva. En continuación al ensayo "El español en los Estados Unidos", de Federico de Onís, publicamos un texto sobre el *Spanglish* y varias muestras más del español de la cultural oral popular. Todo ello, antecedido –y como ejemplo simbólico de la vigencia del español en los Estados Unidos– por textos de la poesía escrita por el gran Rubén Darío en su estancia en Nueva York, en 1914, dentro de la que había sido concebida como una "marcha triunfal" pan-americana por Estados Unidos y otros países Hispano-americanos culminando en su Nicaragua natal, pero que, y desde que cayera enfermo en Nueva York, devendría una marcha hacia su muerte en su querida León, a principios de 1916.

Rubén Darío, en Nueva York
(1867-1916)

Poesía

El 12 de noviembre de 1914, Rubén Darío, ya bastante malgastada su salud, y en una muy precaria situación económica, llegó a Nueva York, dejando a su mujer Francisca e hijo en Barcelona, en donde habían llegaron saliendo de París con los comienzos de la I Guerra Mundial. Venía con el propósito de iniciar, en Nueva York, su gran gira continental de conferencias y presentaciones, propagando y fomentando, frente a los horrores de la guerra, tan fuertemente sentidos por él, la Paz mundial y la Unión Pan-Americana, basada en una comunidad de ideales y de compañerismo entre ambas Américas. Fue un oportunista escritor de Nicaragua, Alejandro Bermúdez, quien le indujo a emprenderla, junto a él, alegando que su presencia en medios académicos e intelectuales atraería numeroso público y ganancia de dinero, lo cual Rubén Darío tanto necesitaba en aquellos tiempos. Y se lanzó a ella, a pesar de quienes le aconsejaran de que por su deteriorado estado de salud no la emprendiera. Su arribo a la gran metrópoli, en donde, brevemente ya había estado en dos ocasiones anteriores, pasó poco anunciado por la prensa en inglés, pero muy celebrado por la hispánica. En *Las Novedades* del 26 de noviembre, se publicó un artículo celebrándole con el príncipe de la poesía moderna de lengua hispana, y en donde se leía: "hará sonar su clarín de oro sobre nuestros pueblos llamándolos a la Concordia y a la Paz". Pero, aunque fue muy bien recibido por poetas, escritores y personalidades de la comunidad de habla hispana, con quienes mantuvo reuniones y tertulias, las ofertas de presentaciones en Universidades y en círculos culturales y artísticos no llegaban. En el mundo de habla inglesa de los Estados Unidos, y en tales círculos el nombre de Rubén Darío era poco conocido.[154]

---

154 El joven poeta, igualmente nicaragüense, Salomón de la Selva, formado en los Estados Unidos hizo bastante para promoverle en los medios poéticos anglosajones de los cuales él formaba parte y tradujo su poesía. Coincidiendo ya con las fechas del fallecimiento de

Acogido con admiración y generosidad por Archer Huntington, Rubén Darío escribió un poema en una de las columnas de la palacial Hispanic Society of America, datado "Nueva York enero de 1915", en el cual la exaltaba como gran símbolo de la Unión Pan-Americana, comenzando con estos versos [155]: "VISITANTE que pasas por esta casa egregia / mira cómo la América Noble y Republicana / da cabida a la gloria de la progenie hispana / y a su espíritu eterno brinda acogida regia…". Continuando el mutuo homenaje, y a instancias del propio Huntington y con el beneplácito del Presidente de la Universidad de Columbia, tan volcado en fomentar los estudios hispánicos en la Universidad, se celebró, en un sala de ella, el 4 de febrero de 1915, una Conferencia en honor de Rubén Darío sobre la Paz y la Unión Pan America, donde él, precedido de una larga charla de Alejandro Bermúdez, leyó su extenso poema "PAX"; enseña poética del propósito de su gira; poema fechado así, Barcelona. Octubre de 1914. Nueva York, febrero de 1915.

Poco después de tal Acto, la malgastada salud de Rubén Darío, le abocó a una gravísima doble neumonía que le mantuvo casi un mes en el hospital, muy atendido por el doctor nicaragüense Anibal Zelaya. Contribuía a su deterioro, los escaso medios económicos de que disponía que, pronto le obligaron, con sus acompañantes, a trasladarse del hotel de la llegada, el Earlington, en la calle 28 del Oeste de Broadway, hotel cómodo, aunque no el mejor que él pudiera haber esperado, a una modesta pensión "Casa Granada" en el 313 West de la calle 14, entonces parte del barrio español. Salomón de la Selva, quien tanto estuvo con él aquellos días, en su *Evocación de Píndaro* (1957), evoca conmovedoramente, y con su algo de exageración poética, la situación en que llegara a encontrarse el gran Rubén Darío en Nueva York. Citamos una muestra de aquellos

---

Rubén Darío escribió un artículo, en *Poetry VIII* (1916), "Rubén Darío": difundiendo los fines de tal gira; "… to preach peace and to work for a Pan American Union based on a community of ideals and the intellectual felllowship of the two Americas". Desafortunadamente, y con la excepción de la presentación del poema "PAX" en la Universidad de Columbia, más alguna recepción socio-cultural, y su nombramiento de miembro de la Hispanic Society of American, dichas aspiraciones encontraron escasos ecos en los medios literarios e intelectuales norteamericanos y muy poco dinero para el tan necesitado Rubén Darío de sus últimos tiempos.

155 Recordemos que ya en 1906, participó como secretario de la Delegación de Nicaragua en la Conferencia Panamericana de Río de Janeiro, y que en el mismo año publicó su poema "Salutación del Águila", en donde en un verso simboliza la visión de tal Unión Pan Americana: "Águila existe el Cóndor. Es tu hermano en las grandes alturas"

versos: "... Yo lo recuerdo, preso de terrores, / sumido en el dolor y en la penuria, / con el color terroso de panal destruido, / con la mirada de águila extraviada, / con la sonrisa en boca adolorida, / con no sé qué, animal o primitivo, / que buscaba rincón donde morirse, / escondido, de espaldas a la Muerte, / El invierno era crudo, el cuarto frío..." (*Antología Mayor* 344); ese cuarto frío, y destartalado, que fuera el habitáculo neoyorquino de varios de los desterrados poetas y escritores hispanoamericanos en el siglo XIX. Por su parte, el propio Rubén Darío, recordando lo que estuvo a punto de ocurrirle en Nueva York y evocando, ya en Guatemala, lo que seguía anhelando vivir, escribió en una de sus últimas, y entrañables, páginas, inconclusas, titulada En la tierra del Quetzal:

> De la tierra del Águila, en donde Thanatos, cabalgante, y flaca, me dio un susto con su hoz sobre su carcasse de caballo, he venido a la tierra del Quetzal, en donde rememorando bellos años de juventud, la salud empieza a halagarme, el trópico a reencantarme, y la Vida y la Esperanza a sonreírme...

Pero, ¡Ay!, contrario a esto, ya de vuelta en su querido León, lo que vivió muriendo nos lo evocó el querido amigo Francisco Huezo en los "Últimos días de Rubén Darío", de su *Diario*: el cómo, en su nueva gravísima enfermedad mortal, desde el 15 de diciembre hasta el 7 de febrero (a las 10 y 15 de la noche), fue llegando a su fin, el cual se describe así: "Tras un breve estremecimiento, Darío exhala el aliento último de su vida. Está arropado en sábanas blancas y ha permanecido en estado de inconsciencia más de cuarenta y dos horas. Diríase que hace ese tiempo que agoniza. Ha muerto silenciosamente, como los pájaros".

* * *

Transcribimos, uniendo a las letras escritas en español en los Estados Unidos la pluma y el alma del gran Rubén Darío, tres de sus poemas neoyorquinos.[156] Del tan extenso primer poema, "PAX", tan solo tomamos unos versos del comienzo sobre el rechazo de la

---

156   Ya Ricardo Llopesa recogió 14 de ellos escritos en Nueva York en su *Darío en Nueva York*, 1997.

horrenda guerra, con el llamado a la Paz escritos en Barcelona, y los finales, escritos ya en Nueva York exaltando a la Unión Pan Americana. En la presentación de su lectura en la Universidad de Columbia, añadía un tercer tema capital del poema al decir: "Encontraréis en él un marcado carácter religioso" y ya en la primera estrofa aparece Cristo, tan presente en la vida y obra de Darío en sus dos últimos años. También podríamos encontrar en ello, una intertextualidad implícita con el "discurso de las armas y las letras" de Don Quijote, donde hacía suyas las palabras de Cristo, "Mi paz os doy, mi paz os dejo, paz sea con vosotros", a las que añadía: "bien como joya y prenda dada y dejada de tal mano, joya que sin ella en la tierra ni en el cielo puede haber bien alguno",[157] lo cual redunda en el poema PAX de Darío. El segundo poema, *La Gran Cosmópolis*, resulta una reconciliación de los dos opuestos Calibán y Ariel, quienes Rubén Darío, en un principio, veía encarnados, el primero, en los Estados Unidos y el segundo en los países iberoamericanos. Ahora, ambos aparecen reconciliados en su visión de la gran metrópolis. Calibán, el Nueva York mecanizado, deshumanizado, el de "las conquistas de acero / con sus luchas de dinero"[158] y la miseria humana —visión, tan descarnada y desgarradoramente, que reaparecerá, agudizada, en *Poeta en Nueva York*, de García Lorca más de diez años después— redimido por la "Caridad divina", que vela sobre la ciudad y lleva, frente al dolor de lo anterior, al amor y a la armonía; personificadas, simbólicamente, en los dos preciosos finales versos del poema: "un muchacho que se ría / y una niña como un sol". Y el tercer poema, escrito en las Navidades neoyorquinas de 1914, cuando Rubén Darío, frente a las adversidades, tanto se arropara en la figura de Cristo y en la palabra bíblica. Se trata del "Soneto Pascual", dedicado a su hijo de 7 años,

---

[157] Agudamente, Roberto Carlos Pérez vio la presentación y el poema de Darío en la Universidad de Columbia en relación con el discurso de la "Edad de Oro", de Don Quijote a los cabreros", y escribe: "En el claustro universitario con el cuerpo seco por los estragos de la enfermedad, se asemejaba al Caballero de la Triste Figura, vapuleado por la maldad del mundo. Pero en vez de llevar la lanza en ristre, llevaba una pluma mágica con la que libró sus mejores y grandes aventuras, y así hablo a los cabreros...". Y pasa a citar unos versos de "PAX"; en su ensayo, "Rubén Darío, no debe ni puede morir", *Rubén Darío y los Estados Unidos* (189).

[158] Ya en *Los raros* (1896), y tras su estancia en 1893, nos había dejado una muy descarnada visión de este Nueva York, al contemplar Manhattan al llegar: "... Manhattan, la isla de hierro; NewYork, la sanguínea, la ciclópea, la monstruosa, la tormentosa, la irresistible capital del cheque" (257), palabras que encontrarán su eco apocalíptico en *Poeta en Nueva York*, de García Lorca, 1929-1930.

en Barcelona, Rubén Darío Sánchez. En este soneto, su verso "dulce y grave", entronca con el de Gonzalo de Berceo el primer poeta conocido en lengua castellana, quien tanto "trovó a Santa María":

Pax

Io vo gritando pace, pace, pace!
Así clamaba el italiano[159],
así voy gritando yo ahora:
"alma en el alma, mano en la mano"
a los países de la Aurora...

En sangre y en llanto está la tierra antigua.
La Muerte cautelosa, o abrasante, o ambigua,
pasa sobre las huellas del Cristo de pies sonrosados
que regó lágrimas y estrellas
La humanidad inquieta,
ve la muerte de un papa y el nacer de una cometa:
como en el año mil.
Y ve una nueva Torre de Babel
desmoronarse en hoguera cruel,
al estampido del cañón y del fusil...

... ¡Oh, pueblos nuestros! ¡Oh pueblos nuestros! ¡Juntáos
en la esperanza y en el trabajo y la paz!
No busquéis las tinieblas, no persigáis el caos,
y no reguéis con sangre nuestra tierra feraz.

Ya lucharon bastante los antiguos abuelos
por Patria y Libertad y un glorioso clarín
clama a través del tiempo, debajo de los cielos,
Washington y Bolívar, Hidalgo y San Martín.

Ved el ejemplo amargo de la Europa deshecha;
ved las trincheras fúnebres, las tierras sanguinosas;

---

[159] Se refiere al gran Petrarca, quien entonara el exultante grito en una de sus canciones, la "Canzone CXXIII. Italia mía...", escrita entre 1344-45 cuando Parma, su ciudad, se veía envuelta en guerra civil.

y la Piedad y el Duelo sollozando los dos.
No; no dejéis al Odio que dispare su flecha,
llevad a los altares de la Paz miel y rosas.
Paz a la inmensa América. Paz en nombre de Dios.

Y pues aquí está el foco de una cultura nueva,
que sus principios lleva desde el Norte hasta el Sur,
hagamos la Unión viva que el nuevo triunfo lleva:
The Star Splanged Banner con el blanco y azur...

La Gran Cosmópolis

Casas de cincuenta pisos,
servidumbre de color,
millones de circuncisos,
máquinas, diarios, avisos
y el dolor, dolor, dolor dolor...!

¡Estos son los hombres fuertes
que vierten áureas corrientes
y multiplican simientes
por su cíclopeo fragor
y tras la Quinta Avenida
la Miseria está vestida
con dolor, dolor, dolor...!

¡Sé que hay placer y que hay gloria
allí, en el Waldorff Astoria,
en donde dan su victoria,
la riqueza y el amor;
pero en la orilla del río
sé quiénes muere de frío,
y lo que es triste, Dios mío,
de dolor, dolor, dolor...!

Pues aunque dan millonarios
sus talentos y denarios
son muchos más los Calvarios

donde hay que llevar la flor
de la Caridad divina
que hacia el pobre a Dios inclina
y da amor, amor y amor.
Irá la suprema villa
como ingente maravilla
donde todo suena y brilla
en un ambiente opresor,
con sus conquistas de acero,
con sus luchas de dinero
sin saber que allí está entero
todo el germen del dolor.

Todos esos millonarios
viven en mármoles parios
con residuos de Calvarios,
y es roja, roja su flor.
No es la rosa que el sol lleva
ni la azucena que nieva,
sino el clavel que se abreva
en la sangre del dolor.

Allí pasa el chino, el ruso,
el kalmuko y el boruso;
y toda obra y todo uso
a la tierra nueva, es fiel,
pues se ajusta y se acomoda
toda fe y manera toda,
a lo que ase, lima y poda
el sin par tío Samuel.

Alto es él, mirada fiera,
su chaleco es su bandera
como lo es el sombrero y el frac;
si no es hombre de conquistas
todo el mundo tiene vistas
las estrellas y las listas
que bien sábese están listas
en reposo o en vivac.

Aquí el amontonamiento
mató amor y sentimiento
más en todo existe Dios
y yo he visto mil cariños
acercarse hacia los niños
del trineo y los armiños
del anciano Santa Claus.

Porque el yanqui ama a sus hierros,
sus caballos y sus perros,
y su yacht y su foot-ball;
pero adora la alegría
con la fuerza, la armonía:
un muchacho que se ría
y una niña como un sol.

Soneto Pascual

María esta pálida y José el carpintero:
miraban en los ojos de la faz pura y bella
el celeste milagro que anunciaba la estrella,
do ya estaba el martirio que aguardaba el Cordero.

Los pastores cantaban muy despacio, y postrero
iba un carro de arcángeles que dejaba su huella:
apenas se miraba lo que Aldebarán[160] sella,
y el lucero del alba no era aún tempranero.

Esta visión en mí se alza y se multiplica
en detalles preciosos y en mil prodigios rica,
por la cierta esperanza del más divino bien,

de la Virgen, el Niño y el San José proscripto
y yo, en mi pobre burro, caminando hacia Egipto,
y sin la estrella ahora, muy lejos de Belén.

---

160   Aldebarán del árabe, "el seguidor", estrella que persigue alrededor del Cielo a las Pléyades, formando un cúmulo de estrellas.

Pedro Henríquez Ureña
(1884-1946)

Nacido en el seno de una familia de la élite criolla, cultural y política, de Santo Domingo, su madre, Salomé Ureña fue una distinguida poeta y educadora, impulsora de la educación superior para las mujeres. Desde su infancia, tuvo una esmerada educación literaria y artística; llegó a conocer a José Martí, en su visita a Santo Domingo en septiembre de 1892 y a Eugenio María de Hostos, quien realizara tan inmensa labor educativa en el país, y cuyas directrices educativas humanitarias y la "Filosofía moral", su madre llevaba a la práctica, y el propio Pedro Henríquez haría suyas[161] en su larga labor educativa de clarividente intelectual itinerante como lo fueran el propio Hostos y otros de los escritores hispanoamericanos del siglo XIX ya tratados en este *Florilegio*; lo cual le valdría el nombre de "peregrino de América".

Tras la muerte de su madre en 1897, con su padre, en misión diplomática, y hermano Max, a sus 17 años, él con el bachillerato hecho e iniciado en las labores literarias, viajaran a los Estados Unidos en 1901, donde el joven Henríquez Ureña permanecería hasta 1904. En sus muy posteriores *Memorias*, siguiendo en una línea, que en autores del presente *Florilegio*, pasa por las cartas de José María Heredia, los *Diarios* de Rafael Pombo y Eugenio María de Hostos y los escritos de José Martí, el joven Henríquez Ureña nos evoca "escenas norteamericanas", muy abocadas a lecturas literarias, y con frecuentes idas a los teatros y a la Ópera. Al salir de Estados Unidos, tras una breve estancia en Cuba, y dedicado a la enseñanza y a actividades culturales, entre 1906 y 1914, Pedro Henríquez Ureña vivió en México, formando parte del grupo de escritores y artistas del "Ateneo de la Juventud", del que fuera uno de sus fundadores y quienes, entre sus actividades político culturales,

---

[161] E, igualmente, su hermana, diez años más joven que él, Camila Henríquez Ureña (1894-1973), con títulos universitarios de Cuba, Estados Unidos y Francia, y quien fuera profesora del prestigiosa Vassar College, entre 1942 y 1959, llegando a "Full Professor", y a directora del Departamento de Español, y a ser destacada hispanista en los Estados Unidos, y asimismo con una gran labor intelectual en Cuba donde se jubiló, volviendo al país natal donde fallecería poco después.

llegaron a formar, en 1911, la Universidad Popular Mexicana; grupo en el que figuraban su gran amigo de toda la vida, Alfonso Reyes, más José Vasconcelos y Diego Rivera; grupo que fuera truncado, desbandado, por la toma del poder del tiránico Huertas.

De nuevo en Estados Unidos en 1914, vivió, volcado en sus escritos periodísticos, estudios y enseñanza. Entre septiembre de 1914 y hasta abril de 1915, como el asiduo colaborador del *Heraldo de Cuba* y desde mayo de ese año de colaborador y ejerciendo labores de editor en *Las Novedades* de Nueva York, en cuya imprenta publicó, en 1916, su obra teatral *El nacimiento de Dionisos*.[162] De 1916 a 1921, estuvo de Lector al tiempo que hacía su Maestría y el Doctorado en la Universidad de Minnesota. Su tesis doctoral, *La versificación irregular en la poesía castellana* fue publicada como libro por el Instituto de Investigaciones Científicas de Madrid, dirigido por Menéndez y Pidal, y donde estuvo investigando Pedro Henríquez en 1919 y 1920. Cuando la ocupación norteamericana de Santo Domingo en1916, él permaneció fiel a su compromiso de enseñar en la Universidad, pero denunciando en varios escritos, en español y en inglés, el expansionismo norteamericano en los países del Caribe.[163] Con su obra académica, más sus artículos periodísticos, actividades culturales y tertulias y encuentros literarios, Henríquez Ureña tuvo una presencia activa en el Hispanismo norteamericano y en los medios culturales y literarios hispanos en Nueva York. No obstante, en 1921, dejó la Universidad de Minnesota y los Estados Unidos, para pasar a integrarse, entre 1921 y 1924, al programa de grandes reformas e innovaciones educativas iniciado bajo José

---

[162] Formó parte del grupo de redacción del semanario ya en sus últimos días de sus 40 años de existencia. Ernesto Montenegro, en sus *Memorias*, escribió que, al llegar a Nueva York en 1916, allí en sus tertulias conoció a Pedro Henríquez Ureña, a quien tanto admirara, y pinta una desoladora imagen del periódico en sus momentos finales. Escribe que "el periódico se alojaba en una especie de bodegón destartalado" y que su director, Galván "Tenía un airecillo solemne de empresario de pompas fúnebres" *Memorias de un desmemoriado* 55-57. Como ya señalamos, al desaparecer *Las Novedades,* tras una vida de casi medio siglo neoyorquino, *La Prensa* tomó el relevo, e igualmente, dando relieve al arte y a la cultura hispánica por décadas.

[163] En artículos tales como "El despojo de los pueblos débiles", publicado en la *Revista Universal* de México, en octubre de 1916 y en *El Tiempo* de Santo Domingo, en noviembre de 1916, y el de la conferencia dada en inglés en el Club de Relaciones Internacionales de la Universidad de Minnesota, posteriormente, publicado en *El Heraldo de la Raza,* México, mayo de 1922. Ambos artículos se recogen en el libro, *Pedro Henríquez Ureña en los Estados Unidos*, de Alfredo A. Roggiano (1919-1991), quien fuera un distinguido catedrático hispanista en la Universidad de Pittsburg, y quien constatara que Henríquez Ureña les abrió las puertas de las Universidades norteamericanas a profesores hispanoamericanos.

Vasconcelos.

Aunque ello ya no atañe a lo vivido y escrito en los Estados Unidos, brevemente aludimos a los siguientes tramos de su vida y obra. En 1924, partió para Argentina, uniéndose a sus amigos reformistas, quienes le consiguieron puestos de profesor adjunto en las Universidades nacionales de La Plata y de Buenos Aires. Vivió Pedro Henríquez Ureña en Argentina unos veinte años, ejerciendo una gran labor educativa en las dos Universidades y en dos Institutos, en ambas ciudades, de Educación Secundaria, y una imparable labor de crítico y filólogo con numerosas publicaciones y labores culturales y editoriales, llegando a ser reconocido como uno de lo estudiosos de la literatura española y latinoamericana de mayor rango. Volviendo a los Estados Unidos entre 1940-41, tuvo el gran privilegio de ser invitado a dar los seminarios en las exclusivas "Lectures Charles Eliot Norton" en la Universidad de Harvard, el primer intelectual de habla hispana en serlo[164], y dando conferencias en distintas universidades del País. De vuelta en Argentina, y cargado de labores y de publicaciones, y ya entrado en los 60 años, a principios del peronismo parece que su nombre había pasado a la lista de los profesores a ser expulsados de las Universidades. Y dentro de la temida situación, el 11 de mayo de 1946, tras apresurarse, con el portafolio colmado de libros y de los deberes corregidos de sus estudiantes, a tomar el tren para La Plata, al entrar en el vagón, se desplomó en el asiento quedando muerto. Y borrado de la Argentina de Perón. Junto a su gran legado anterior[165], dejó dos libros inéditos, fundamentales de la historia y de la cultura, hispanoamericana: *Historia de la cultura en la América Hispánica* (1947) y la versión ampliada de las conferencias en Harvard, y traducida al español por Joaquín Díez Canedo, *Las corrientes literarias en la América Hispana*, 1949. Los dos textos suyos que publicamos, sobre dos figuras supremas de toda la literatura en español, aparecieron en *Las Novedades*. Nótese que el artículo sobre Rubén Darío sobre quien Henríquez Ureña se extendió en diversas ocasiones, se publicó el 17 de febrero de 1916, a los once días del fallecimiento, y el de Cervantes

---

164 Posteriormente, Jorge Luis Borges y Octavio Paz fueron invitados a dar tales seminarios. Sus "lectures", escritas y presentadas en inglés, se publicaron en el libro *Literary Currents in Hispanic América*, por la Universidad de Harvard, en 1945, un año antes de su muerte.
165 *Sus Obras Completas*, publicada por la Editora Nacional de Santo Domingo, consta de 14 tomos.

en el mes de abril del mismo año en que se celebraba el centenario de su muerte el 22 de abril de 1616, un año después de la nueva publicación de *El Quijote* con su segunda parte, tan clarividente analizada en el texto que recogemos y como una columna periodística. Es muy pertinente que en este *Florilegio* de las Letras en español en los Estados Unidos se ensalcen –y estén presentes– , dos grandísimas figuras cimeras de la prosa y la poesía del idioma, Cervantes Y Rubén Darlo y por la pluma de un tan agudo crítico como lo fuera Henríquez Ureña, y llevándoles al común lector/a de periódicos.

Rubén

Al morir Rubén Darío, pierde la lengua castellana su mayor poeta de hoy, en valer absoluto y en significación histórica. Ninguno, desde la época de Góngora y Quevedo, ejerció influencia comparable, en poder renovador, a la de Darío. La influencia de Zorrilla, por ejemplo, fue enorme, pero no en sentido de verdadera renovación: cuando el zorrillismo se extendió por todas partes, ya hacía tiempo que el romanticismo había triunfado. Darío hizo mucho más; tanto en el orden de la versificación, como en el estilo, como en el espíritu de la poesía. Su triunfo tiene mucho de sorprendente; porque, escribiendo en nuestro idioma, se lucha contra ignorancias mayores que las de otros pueblos; y aun más, porque Darío, hijo de América, acabó siendo aclamado por el mundo intelectual de nuestra antigua metrópoli. El homenaje de los escritores españoles a Rubén Darío fue grande y sincero. Claro está que a las corporaciones tradicionales, necesariamente tímidas, nadie espera verlas asociadas a estos homenajes: aunque es verdad que la Real Academia ha nombrado correspondientes suyos a escritores y poetas del Nuevo Mundo no menos modernistas que Darío (José Enrique Rodó, Enrique González Martínez, Francisco Gavidia, Gómez Carrillo), en España, donde precisamente tienen su escenario de combate, omite el tributo que merecen Valle-Inclán, Azorín, o Marquina. Pero si la Academia, como cuerpo, no rindió tributos a Darío, sí lo hicieron, individualmente, los académicos; y, entre ellos, el que la presidía por su saber, ya que no de hecho don Marcelino Menéndez y Pelayo.

En el orden de la versificación, Rubén Darío es único; es el poeta que dominó mayor variedad de metros. Los poetas castellanos de los cuatro siglos últimos, en España o en América, aun cuando ensayaron formas diversas, dominaban de hecho muy pocas; eran, los más, poetas de endecasílabos y de octosílabos. Otras formas que alcanzaron popularidad, como el alejandrino en la época romántica, padecían por la monótona rigidez de la acentuación. Darío puso de nuevo en circulación multitud de formas métricas: ya versos que habían caído en desuso, como el eneasílabo y los dodecasílabos (de tres tipos); ya versos cuya acentuación libertó, y cuya virtud musical enriqueció, como el alejandrino. Aun el endecasílabo ganó en flexibilidad, al devolverle Darío dos formas de acentuación usadas por los poetas clásicos, pero olvidadas a partir de 1800. Acometió el problema del exámetro, que ha tentado a muy grandes poetas modernos, desde Goethe hasta Tennyson y Carducci, y finalmente introdujo el verso libre, ya el de medida variable con ritmo fijo (como en la "Marcha triunfal"), ya el de medidas y ritmos variables.

En el estilo, Rubén Daría representa otra renovación. Huyó de todo clisé, de toda expresión gastada, como las monedas, por el uso; de las "auras ledas", y de las "tumbas frías", y de los "labios purpurinos". Se dirá que toda nueva orientación literaria barre los residuos de escuelas anteriores, los clisés ya inútiles; y así es la verdad. Pero Darío hizo más: desarrolló el arte del matiz, de la nuance, que en la poesía castellana se había hecho raro desde principios del siglo XVIII.

Espiritualmente, en fin, Rubén Darío trajo "estremecimientos nuevos". Fue, si no el primero, uno de los primeros (como Casal, Gutiérrez Nájera y Silva) que trajeron a la poesía castellana las notas de emoción sutil de que fue Verlaine sabio maestro; la gracia y el brillo arrancados al mundo de las cortes versallescas y las fingidas Arcadias, de helenismo decorativo, pero delicioso en su franco amaneramiento; las sugestiones de mundos exóticos, arca opulenta de tesoros imaginativos. Pero nunca perdió su fuerza castiza: supo ser americano; mejor dicho: hispano-americano; cantó y defendió a sus pueblos, los de lengua española, en ambos mundos, con mayor amor porfiado, con apego a veces infantil. Si no siempre creyó poética la vida de América, sí creyó siempre que los ideales de la América española eran dignos de su poesía. Y porque cantó los ideales de nuestra América, y porque cantó las tradiciones de la familia española, porque entonó himnos al Cid, fundador de la patria vieja, y a los espíritus directores de las patrias nuevas, como Mitre, América y España vieron en él a su poeta representativo.

Rubén Darío nació en 1867 y murió en 1916. Publicó las obras siguientes: *Epístolas y poemas* (1885); *Abrojos* (1887); *Azul* (1888); *Rimas* (1889); *Prosas profanas* (1896); *Cantos de vida y esperanza*, *Los cisnes y otros poemas* (1905); *Oda a Mitre* (1906); *El canto errante* (1907); *Poema del otoño y otros poemas* (1910); *Canto a la Argentina y otros poemas* (1914). En prosa, además de *Azul*, que contenía cuentos junto a los versos: *Los raros* (1896); *España contemporánea* (1901); *Peregrinaciones* (1901); *La caravana pasa* (1902); *Tierras solares* (1904); *Opiniones* (1906); *Parisiana* (1907); *El viaje a Nicaragua* (1909); *Letras* (1911); *Todo el vuelo* (1912); En 1910 se publicó en Madrid una edición de sus *Obras escogidas*, en tres volúmenes: el primero, contenía un estudio preliminar de Andrés González Blanco; el segundo, poesías; el tercero, prosa. En Madrid comenzó a publicarse, el año pasado, una nueva edición de sus poesías, en varios volúmenes arreglados por asuntos: Y muy siglo diez y ocho; Y muy siglo moderno...

Las Novedades de Nueva York, 17 de febrero de 1916

* * *

De la nueva interpretación de Cervantes

Ayer, ante el Hamlet crepuscular, majestuoso, de Forbes Robertson –ofrenda que, al despedirse de la escena, tributa el más grande actor inglés al centenario de Shakespeare– medité en los nuevos aspectos que nuestra moderna interpretación da a las obras maestras antiguas. No es este Hamlet el de antaño, enajenado, misantrópico, iracundo; ahora, sobre su preocupación, sobre sus iras, domina su alto y severo espíritu y fluyen corrientes de íntima ternura.

Así como en los héroes de Shakespeare buscamos hoy, más que el ímpetu excesivo o la pasión ardorosa, la alteza espiritual y el don del sentir humano, así también los buscamos –y los descubrimos– en Cervantes. La magnitud de su obra nunca pudo ocultarse, claro es; pero, en general, mientras los unos reían con los fracasos de Don Quijote y los refranes de Sancho, los otros se empeñaban en admirarles por el simbolismo elemental que de ellos se desprende. Hay en la creación de Cervantes más secretos. La gran epopeya cómica, como puerta de trágica ironía, se cierra sobre las irreales andanzas de la Edad Media y las nunca satisfechas ambiciones del Renacimiento y se abre sobre las prosaicas perspectivas de la edad moderna. La risa de los superficiales, ayer y hoy, ¿no es el comentario con que espontáneamente se manifiesta el prosaísmo de los últimos tres siglos? La actitud de los que sienten con Don Quijote y contra quienes abusan o se mofan de él, ¿no es protesta?

Para el siglo XVII, el Quijote fue, sobre todo, obra de divertimiento y solaz —la mejor de todas, a no dudarlo. Hubo, seguramente, quienes le adivinaron sentidos más hondos; absurdo sería negar de plano la penetración delicada a toda una época. Releyendo la crítica cervantina desde sus comienzos, se hallarían, de cuando en cuando, anticipaciones de nuestras ideas. Pero su rareza será la prueba mejor del criterio entonces predominante—, el criterio realista y mundano que personifican hombres como Bacon, y Gracián y La Rochefoucauld.

Aún más: durante mucho tiempo, se estimo mejor la primera parte del "Quijote" que la segunda. "Nunca segundas partes fueron buenas", se repetía. Ya se ve: la primer parte es la más regocijada y ruidosa; allí Cervantes, en ocasiones, hasta parece desamorado y duro para con su héroe. Hoy, entre los mejores aficionados al Quijote, la segunda parte, llena de matices delicados, de sabiduría bondadosa, humana, es la que conquista las preferencias. Es la glorificación moral del Ingenioso Hidalgo. Y el preferirla no es sino resultado de la protesta surgida de espíritus rebeldes a la opresión espiritual de la edad moderna. Este caballero andante, con su amor al heroísmo de la Edad Media y su devoción a la cultura del Renacimiento, es víctima de la nueva sociedad, inesperadamente mezquina, donde hasta los Duques tienen alma vulgar: ejemplo vivo de cómo las épocas cuyos ideales se simbolizan en la aventura, primero, y luego en las Utopías y Ciudades del Sol, vienen a desembocar en la era donde son realizaciones distintivas los códigos y la economía política. En vidas como la de Beethoven, como la de Shelley, hay asombrosos casos de choque quijotesco con el ambiente social.

Heine –que comenzó quijotescamente su carrera, renunciado a enorme fortuna para ser poeta— es uno de los primeros en dar voz a esta nueva interpretación. Con él, y después de él, Don Quijote va a ser, no el tipo del idealista que "no se adapta", sino el símbolo de toda protesta. Y este Don Quijote, maestro de energía y de independencia, seguido por Sancho, modelo ya de humildes entusiastas de lo que a medias comprenden, pero adivinan magno; este espejo de caballeros, está, sobre todo, en la parte segunda de la novela, hondamente

humana, crepuscular y majestuosa.
Las Novedades de Nueva York, ?? de abril, 1916
V.A. Vol. VI, No. 24, Primavera 2008

Salomón de la Selva
(1893-1959)

Poesía

Nacido en León de Nicaragua, el 20 de marzo de 1893, y muerto en París, el 5 de febrero de 1959, es un caso bastante único entre quienes hemos venido tratando. A los doce o trece años obtuvo una beca para venir a estudiar a los Estados Unidos donde vivió hasta 1921.Terminada la beca, siguió los estudios trabajando en una variedad de cargos de poca monta, adentrándose en la vida norteamericana y con la perspicacia de una vocación poética que empezó a cultivar desde su adolescencia. También siguió algunos estudios en la universidad de Cornell y la de Columbia, y, muy joven, dominando el idioma inglés y escribiendo en él, entró en contacto con el grupo de poetas norteamericanos de Nueva York. Hay que destacar que entre 1916 y 1918, estuvo de Instructor de español en el Williams College de Massachussets. Destaca, pues, Salomón de la Selva, por ser el primer poeta hispanoamericano que llegara a ser parte del círculo de poetas norteamericanos de aquellos años. Ya en 1915, publicó en la distinguida revista *The Forum*, su poema "The Tale from Fairy Land (Cuento del País de las Hadas)", muy bien recibido. Asimismo destacó como traductor de poesía del español al inglés y viceversa. En1916, junto a su amigo Thomas Walsh[166], con traducciones de ambos, y una introducción de Pedro Henríquez Ureña, publicó el libro *11 Poems of Rubén Darío*, lanzado por la Hispanic American Society.

En 1918, Salomón de la Selva dio a la estampa el poemario, *Tropical Town and other poems*. La primera parte la titula "My

---

[166] Como ya indicamos anteriormente, en 1920, publicó una extensa Antología, *Hispanic Anthology*, partiendo del Cid y llegado a fechas contemporáneas de poesía española e hispanoamericana, de casi 800 páginas con traducciones hechas por poetas norteamericanos. Son muy numerosas sus propias traducciones.

Nicaragua", de la que estaba ausente desde sus 13 años, con una serie de poemas evocando al lejano país. Dos de los poemas son una exaltación del pan-americanismo: "The Dreamers heart knows its own bitterness (A Pan-American Poem on the Entrance of The United States into the War"), donde late, como a través del poemario, esa contradicción ya señalada en Rubén Darío, de furibundo rechazo del Norte en su agresión intervencionista en los países latinoamericanos[167] y la admiración por sus valores democráticos y su gran progreso. Esto se expresa en el poema considerando a la patria nativa como madre y al país donde vive y se ha formado como novia. En otro poema considera al pan-americanismo como una nueva aurora, el titulado "For Those who have been indiferente to the Pan-American Movement". *"It is Dawn" –Pan American Poetry*.[168] Entre 1915 y 1922, el joven de la Selva fue un gran gestor de este Movimiento.

Su segundo poemario, ya en español, *El soldado desconocido*, aunque publicado en México, en 1922, estuvo, en parte, escrito entre Inglaterra, donde sirvió como soldado, dado que su abuela paterna era inglesa, y en Nueva York, antes de irse a vivir a México. Es un libro único en la lírica en español, y como parte de la gran literatura mundial pacifista que surgió tras la I Guerra Mundial, contiene un impactante prólogo firmando en Nueva York, en 1921, donde "el héroe desconocido", no es el innominado soldado muerto en las batallas, al que tanto ensalza la retórica oficial, sino el que tiene que sobrevivir de vuelta a la patria. En su prólogo, firmado en Nueva York, Salomón de la Selva, inclinado al socialismo y a la revolución en estas fechas, presentaba la imagen desoladora de tal sujeto, la cual mantiene su actualidad en lo vivido y sufrido por tantos veteranos en este país, desde la guerra de Vietnam a las más recientes. Ido a México, invitado por José Vasconcelos a colaborar en su grandioso proyecto de educación nacional y rural, que dirigía dentro de la Revolución Mexicana, nunca más volvió echar raíces en Estados Unidos o a publicar poesía en inglés. No corresponde tratar aquí de

---

[167] Un conmovedor poema de ello es, en este poemario *The Haunted House of León*, su ciudad, añadiendo al título "(*Burned by American Filibusters*, 1860), que nos remite al poema, iniciador de todos los que con tal tema se han escrito en la poesía hispanoamericana, "Los Filibusteros" de Rafael Pombo, poema que recogimos en *Ventana Abierta*.

[168] Ya señalamos el reciente libro, tan minuciosamente detallado y documentado, de Peter Hume. *The dinner at Gonfarone's. Salomón de la Selva and His Pan-American Project in Nueva York*, 1915-1919.

su vida y obra posterior, brevemente añadiremos que, desde su segundo poemario no publicó otro hasta 1949 su *Evocación de Horacio*. En 1924, volvió a su querido país natal, donde se dedicó a trabajos de actividades sindicalistas, ya iniciadas en Nueva York. Posteriormente, fue un defensor del Sandinismo, pero teniendo que salir del país e, instalándose, finalmente en México, en trabajos oficialistas, burocráticos del presidencialismo, tal colaboracionismo influyó para que fuera muy ignorado en los círculos poéticos en los años 40 y 50, a pesar de que retomara la publicación de poemarios. Ahondando en sus contradicciones personales, en los años anteriores a su muerte fue diplomático de la dictatorial familia somocista, terminando su vida de embajador en París en 1959. Para no acabar la semblanza con tal desafortunado final, tan contrario a los ideales revolucionarios de su juventud, añadimos que, en los años 70, dos luminarias de la poesía y del pensamiento mexicano, Octavio Paz y José Emilio Pacheco revalorizaron su importancia poética, Paz escribió: "Fue el primero que en lengua española aprovechó las experiencias de la poesía norteamericana contemporánea; no sólo introdujo en el poema los giros coloquiales y el prosaísmo sino que el tema mismo de su libro único —*El soldado desconocido* (1922)— también fue novedoso en nuestra lírica: la primera guerra vista y vivida..." (*Laurel. Antología de la poesía moderna en lengua española* 496).

Recogemos tres poemas suyos, el primero, y como una excepción, la cual también haremos, posteriormente con otro de Julia de Burgos, en inglés, pues adelantan lo que está sucediendo en nuestros días, el que un y una poeta hispanoamericanos o de la misma ascendencia se encumbren en la poesía norteamericana escrita en inglés, tal el caso de poetas como Richard Blanco, quien fuera el quinto lector en leer en una inauguración presidencial en los Estados Unidos; en la segunda de Obama; Juan Felipe Herrera, el 21 poeta laureado norteamericano, 2015-2017, y Ada Limón, la 24 poeta laureado/a, de Estados Unidos, 2022.

"A song for Wall Street", apunta a una poesía contra el intervencionismo de los Estados Unidos en los países de América Latina, ya tan resaltada en "Los filibusteros" De Rafael Pombo y "A Roosevelt" de Rubén Darío. Los otros dos poemas los tomamos de *El soldado desconocido*. Uno es sobre los horrores de la guerra, y el otro de la hueca retórica nacionalista con el ondear de banderas junto a los tambores de guerra.

A Song sor Wall Street

In Nicaragua, my Nicaragua,
What can you buy for a penny there?—
A basketful of apricots.
A water jug of earthenware
A rosary of coral beans
And a priest's prayer.
And for two pennies? For two new pennies?—
The strangest music ever heard
All from the brittle little throat
Of a clay bird,
And for good measure, we will give you
A patriot's word.

And for a nickel? A bright white nickel?—
It's lots of land a man can buy,
A golden mine that's long and deep,
A forest growing high,
And a little house with a red roof
And a river passing by.

But for your dollar, your dirty dollar,
Your greenish leprosy,
It's only hatred you shall get
From all my folks and me;
So keep your dollar where it belongs
And let us be!

Heridos

He visto los heridos:
¡Que horribles son los trapos manchados de sangre!
¡Y los hombres que se quejan mucho;
y los que se quejan poco;
y los que han dejado d quejarse!
Y las bocas retorcidas de dolor; y los dientes aferrados;
y aquel muchacho loco que se ha mordido la lengua
y la lleva de fuera, morada, ¡como si le hubieran ahorcado!

Sobre una fotografía de la Quinta Avenida

¿Ves todas las banderas
que adornan la Avenida?
Las barras y las estrellas formidables,
y el tricolor de Francia,
el pabellón de Flandes,
los colores de Italia,
la equis de Inglaterra,
el sol japonés,
la estrella solitaria de Cuba,
el elefante de Siam,
el azul y blanco de mi Nicaragua...
¡tantas y tantas banderas!
¡Son harapos!
¡Bajo esa capa raída
repara en la carne flaca de los pueblos!

* * *

Para redimirle a Salomón de la Selva, de su entrega a un burocratismo oficialista en sus años de madurez y a servir de embajador de la dictadura somocista, decidimos añadir un nuevo poema de su madurez que parece surgido del reprimido inconsciente revolucionario de su juventud. Poema puro y de preciosa alegría, que debería leerse en las escuelas de los países hispanoamericanos y en este país, en forma bilingüe y como modelo de una Unión Pan Americana, por lo que tanto bregó él en su juventud:

Pueblo, no plebe

> La independencia fue para que hubiese pueblo
> y no mugrosa plebe:
> hombres, no borregos de desfile;
> para que hubiese ciudadanos;
> para que júbilo goce la infancia
> en decencia de hogares sin miseria;
> para que abunden los jardines de recreo
> infantil; y los juguetes; y, mejores que las flores,
> y más bulliciosos que los pájaros,
> más dulces que las frutas,
> crezcan los niños y maduren
> en salud y alegría que el Estado ampare
> y el buen gobierno garantice,
> porque la Patria, antes que todo, es madre.

V.A. Vol. II, No. 6, Primavera 1999

Federico de Onís
(1885-1966)

El español en los Estados Unidos [169]

Nacido en Salamanca y formado en su Universidad teniendo de mentor y amigo al gran Miguel de Unamuno, ya en 1910 colaboró en el Centro de Estudios Históricos de Madrid, bajo la dirección de Menéndez Pidal, y en 1915, era catedrático de la Universidad de Salamanca y Director de Estudios de la famosa Residencia de Estudiantes de Madrid. En 1916, en consonancia con el auge del español y del Hispanismo, vivido en tales fechas, en los Estados Unidos, el presidente de la Universidad de Columbia le ofreció una cátedra en la universidad, dentro de su proyecto de quererla convertir en el mayor centro académico de estudios hispánicos en el país, como ya señalamos.

A tal fin, Federico de Onís impulsó la creación de la Casa de las Españas, nombre y que, dado la importancia daba, igualmente, a la literatura y el arte de los países hispanoamericanos, pronto, pasó a llamarse Casa Hispánica y, como parte del fundado Instituto Hispánico, centro de investigación y bibliográfico y por donde pasarían dando conferencias una gran serie de destacadas figuras intelectuales, literarias y artísticas de España, Portugal, y de los países latinoamericanos. Posteriormente, asimismo, y vinculada a ese centro de irradiación del hispanismo norteamericano que devendría la Universidad de Columbia, se fundó, en 1934, la *Revista Hispánica Moderna*, la cual continua en nuestros días. Entregado a su labor, don Federico de Onís permaneció en la Universidad de Columbia 40 años y al jubilarse, en 1954, se mudó a Puerto Rico, donde fuera Director del Departamento de Estudios Hispánicos de

---

[169] Extenso texto de 29 largas páginas, leído como "Discurso leído en la apertura del curso académico 1920-1921", en la Universidad de Salamanca, y publicado en esta ciudad, en 1920, pero escrito en la Universidad de Columbia, como se fecha en la última página: Columbia University, U.S.A. 15 de agosto de 1920. Por limitaciones de espacio, en nuestro "Mirador al Pasado", lo presentamos con varios recortes, atendiendo a lo más central del discurso: el uso, el estudio, la enseñanza y la difusión del idioma español en los Estados Unidos. Como tal, lo reproducimos aquí.

la Universidad, y fundara un Seminario de tales estudios, el cual presidió hasta su muerte a los 80 años en 1966. Vivió entregado a la enseñanza y a su infatigable labor intelectual de crítico e historiador de la literatura española e hispanoamericana. En varias ocasiones estuvo de profesor visitante en otras universidades norteamericanas, y viajó, dando conferencias, por diversos países americanos. Al estallar la guerra española, participó, en Nueva York, en diversas actividades a favor de la causa republicana y al final de ella, facilitó la entrada a Estados Unidos, en puestos académicos, a distinguidos profesores exiliados, y nunca volvió a su querida Patria nativa por estar bajo la dictadura franquista. Por lo tanto, le podemos considerar como otro desterrado hispánico más en los Estados Unidos y, finalmente, afincándose en Puerto Rico, tan cerca, culturalmente, de su España. La edición que le dedicaron sus discípulos y amigos de ambos países en su jubilación, *España en América, Estudios, ensayos y discursos sobre temas españoles e hispanoamericanos*, con sus 835 páginas es una muestra de la multiplicidad y variedad de su obra de crítica e historia literaria y expresión y de la unidad global, dentro de la diversidad, de la literatura escrita en español en España y América. La última parte del libro, editado por sus discípulos/as y amigos/as al jubilarse, se titula "Hispanismo en los Estados Unidos".

¡Pero que distinto es el Hispanismo suyo del tratado en el grueso libro de Romera-Navarro, de 1917, tan anclado en la literatura medieval y la del siglo de Oro español, extendiéndose, débilmente, a los finales del siglo XIX. En el suyo, y como la *Revista Hispánica Moderna* ya anunciara con su título, se trata de un Hispanismo de la literatura española e hispanoamericana contemporáneas. Son numerosos los temas y autores de España e Hispanoamérica del momento que se recogen en tal libro de la despedida de Federico de Onís de la Universidad de Columbia. Recordemos que una de sus más famosas obras fue la celebrada *Antología de la poesía española e hispanoamericana 1882-1934*. Señalamos algo que, aparte de la fusión de estudios literarios de España y de los países hispanoamericanos, le caracterizó: su gran devoción y cariño, tan inspiradores, por la enseñanza a profesores de secundaria. De ello, se lee en el texto que transcribimos, y en el libro de la jubilación, cuyo segundo ensayo del "Hispanismo en los Estados Unidos", encarecidamente lo titula "A los maestros de español".

De Federico de Onís y de su persona se han escrito varias semblanzas, la del gran sabio erudito que, no obstante, se hacía ver como un castizo ciudadano de a pie castellano y con un peculiar carácter, con momentos de genio de enfado y otros de seriedad y bondad. Una de las más entrañables es la del tan lúcido y creador escritor mexicano, Andrés Iduarte, quien le conoció en México a sus 14 años, y después compartiera con él casi treinta años de catedrático en la Universidad de Columbia. Publicada en la *Revista Hispánica Moderna* (enero 1, 1968), la titula "Don Federico de Onís en vida y en muerte". Agudamente, le caracterizó de "un españolismo sobreespañol" (de hecho se sentía mejor en México o en Puerto Rico que en la España franquista, la que nunca pisó, y de su visita a Chihuahua destacaba la cultura de las personas humildes y el español que ellas hablaban comparable al de España), a tal respecto, don Andrés Iduarte resaltaba que Federico de Onís, en la Universidad de Columbia, "pudo lograr la aglutinación y la armonía de los mejores españoles e hispanoamericanos de todas las regiones y de todas las tendencias". Concluimos con una conmovedora, desoladora, evocación suya, de 1966, sobre la demolición de un lugar, la Casa Hispánica, donde ambos hicieron florecer el español y sus literaturas; un final, el de la Casa del idioma, que lo vincula al del propio Federico de Onís:

> ...Al volver a Nueva York a temporadas, el 29 de setiembre y bajar de un taxi en la calle 17 me topé en que era ya realidad la anunciada demolición de la Casa Hispánica. No quedaba piedra sobre piedra y sentí que tampoco iba a quedar ya en el corazón de Don Federico. Como acto simbólico arrojé a las ruinas la llave en que había yo abierto la gran puerta española desde setiembre de 1939.

Don Federico de Onís moría, autor de su propia muerte, el 13 de octubre a los 80 años.

> ... No hay experiencia espiritual tan honda como la de una larga estancia en el extranjero. El simple vivir es una polémica constante e inevitable entre el ambiente y la propia personalidad. Todas las ideas, sentimientos, normas y costumbres que forman la trama de nuestro ser, desde la fisiología hasta la más alta vida espiritual, han de sufrir la

crítica agresiva de un ambiente implacable y hostil; todo lo que hay en nosotros debe sufrir una revisión profunda y ha de ser bien justificado si es que ha de vivir. Y cada día sentimos cómo nos vamos desnudando de todo lo que era débil y pegadizo en nosotros, de lo que no es capaz de afirmarse y luchar, mientras vemos surgir limpias y firmes las líneas constitutivas de nuestra inconmovible personalidad. Tenía razón Cervantes al decir que las largas peregrinaciones hacen a los hombres discretos; sólo ellas nos enseñan a conocernos a nosotros mismos, después de haber roto la costra de afectos, rencores y costumbres superficiales que la vida quieta fue dejando sobre nosotros y bajo la cual se esconde invisible la raíz viva de nuestra humanidad cuyos frutos son la comprensión, el amor y la tolerancia [...]

Los Estados Unidos son hoy el país más poderoso de la tierra. Su intervención en la política del mundo desde la guerra europea ha sido decisiva y esencial. Parece que el centro de la civilización universal se ha corrido hasta este continente. Y en este momento en que los Estados Unidos alcanzan la plenitud de su conciencia nacional y por lo tanto internacional, se vuelven hacia nosotros y consagran sus inagotables energías a aprender nuestra lengua y asimilarse nuestra cultura. Sea cualquiera el sentido de este movimiento, las intenciones que lo guíen y los resultados que se logren, el hecho no puede sernos indiferente, puesto que no lo será al destino de nuestra civilización. Por eso yo deseo tratar de explicarme y explicaros la significación que para nosotros tengan o puedan tener todos estos hechos.

[...]

Toda esta corriente de hispanismo que ha venido desarrollándose sin interrupción durante el siglo XIX hasta nuestros días, tenía, pues, un carácter francamente intelectual y artístico, desinteresado y aristocrático por tanto, y no trascendía a las masas generales del país, altas o bajas, que ignoraban nuestra lengua y tenían solamente una vaga idea de la existencia no sólo de España sino de los países hispanoamericanos. Fuera de este pequeño círculo de hispanistas y de algunos viajeros la indiferencia hacia España era general hasta que la guerra de 1898, la intervención en Cuba y la anexión de Puerto Rico y las Filipinas despertaron un interés por los países españoles. Esta fecha de 1898 —que para nosotros significó el fin de tantas cosas, entre ellas de nuestra dominación política en América, para empezar en, cambio, otras más valiosas quizá que las que perdimos, puesto que conducían a una renovación interior y a un acercamiento mayor espiritual a los pueblos hermanos de la América libre—

significó para Estados Unidos el principio también de una nueva era de su historia. Hasta entonces había vivido este pueblo encerrado en sí mismo, atendiendo a sus problemas de orden interior, construyendo trabajosamente y tras no pocas luchas la cohesión nacional. Toda su política internacional se reducía al mantenimiento invariable de la doctrina de Monroe y por lo tanto a la prevención cuidadosa de toda injerencia externa. Pero llegó un momento en que este pueblo unido y fuerte, pletórico de vida interior, empezó a sentir necesidad de rebasar los límites de su propio confinamiento, y al alcanzar la plenitud de su conciencia nacional surgió necesariamente la conciencia internacional. La primera fase de esta tendencia consistió en tomar una posición respecto a los pueblos más próximos, es decir, los demás pueblos de América, los de la América española.

[...]

Cuando en 1914 los grandes pueblos empeñados en la guerra europea hubieron de concentrar toda su energía productora en atender a las necesidades de la guerra y tuvieron que abandonar su comercio exterior, el pueblo de los Estados Unidos, vio, con certero instinto, la posibilidad única de apoderarse de aquellos mercados y de asegurar en ellos su comercio de exportación. Entonces el problema de la expansión comercial en la América española se convirtió en esa aspiración nacional a que acabo de aludir pasando así el panamericanismo del terreno de la aspiración teórica o la política práctica al de las fuerzas hondas nacionales que mueven en una dirección a todo un pueblo.

Entonces empezó a desarrollarse, como una fiebre colectiva, el ansia de conocer el español y todo lo referente a los pueblos donde el español se habla. El español era el instrumento para entenderse con ellos y con ellos comerciar. Pero comerciar, si ha de hacerse bien, es una actividad difícil: no basta con conocer la lengua, hay que conocer a los hombres que la hablan, sus gustos, su carácter, sus costumbres, su psicología, sus ideales; para lograrlo hay que conocer su historia, su geografía, su literatura, su arte. Los pueblos hispanoamericanos son hijos de España: hay, pues, que ir a la fuente y conocer a España. De todo este rodeo es capaz la mente norteamericana cuando quiere orientarse seriamente para la acción, y esta es la razón de su éxito y eficacia. Ahora tenéis explicado por qué desde 1916 el estudio del español creció en proporciones de cantidad y rapidez que no pueden medirse con las medidas a que estamos habituados en Europa.[170] Las universidades vieron llegar millares de estudiantes a sus clases de español; las escuelas centenares de millares. Y he aquí cómo esta corriente popular, que buscaba el español como un instrumento de comercio y enriquecimiento, vino a encontrarse con aquella otra corriente antigua, selecta y desinteresada, formada por especialistas, escritores y artistas, por estudiosos o enamorados del alma española. Ambas corrientes, aunque tan diferentes en origen y en naturaleza, se han hermanado bien y se han fecundado mutuamente. Gracias a la existencia de una escuela de filólogos y críticos especialistas en español, ha sido posible encauzar y dirigir el movimiento popular que irrumpió tan de súbito y con tanta fuerza; han podido formarse rápidamente, improvisarse, diríamos, los maestros que para tantos estudiantes se requerían; se han escrito libros necesarios para la enseñanza; se ha creado por medio de conferencias, artículos y libros una conciencia pública de la significación de todo este movimiento.

Como yo llegué aquí justamente en 1916 he podido asistir al desarrollo de todas estas actividades desde mi puesto de la universidad de Columbia, que es quizá el mejor situado de los Estados Unidos para poder abarcar un hecho social de tal magnitud e interés, y que, por otra parte, me tocaba a mí de tan cerca. Pero, dejando aparte esto último, puedo aseguraros que el estudio de ese hecho ha sido para mí una de las enseñanzas más valiosas que he recibido en este país.

[...]

Sería muy largo explicar el modo cómo se ha llevado a cabo toda esta obra. El hecho es que antes de la guerra no se estudiaba el español en las escuelas y hoy se estudia en todas, reuniendo sólo las de Nueva York el año pasado más de 25.000 estudiantes y las de todo el país más de 200.000; que se estudia igualmente en las innumerables escuelas privadas; que colegios y universidades donde antes no se estudiaba cuentan ahora con millares de estudiantes; que aquellos otros donde siempre se estudió han visto multiplicarse su número y el de sus

---

170 Ya en marzo de 1915, en un artículo publicado en el *Heraldo de Cuba*, titulado "España y los Estados Unidos", Pedro Henríquez Ureña señalaba que la primacía que había tenido Alemania en el estudio de la literatura española, desde fines del siglo XVIII, allí los estudios hispanísticos estaban decayendo y tal primacía pasando a los Estados Unidos. Curiosamente, Miguel de Unamuno había apuntado a ello en un artículo de 1906, "Los hispanistas norteamericanos". Henríquez Ureña acompaña el artículo con una amplia nota de las Universidades norteamericanas donde se daban tales estudios, y con los nombres de los catedráticos. En total da la lista de 21 Universidades y de un extenso número de catedráticos, ninguno de nombre hispano a excepción de Aurelio Espinosa. Se incorpora el artículo en el libro, *Pedro Henríquez Ureña en los Estados Unidos*, 74-78.

profesores; que el español se ha equiparado a las otras lenguas modernas en consideración oficial; que ha aumentado en la misma proporción y número de estudiantes en las clases avanzadas de lengua y literatura, donde se forman los investigadores que seguirán dando un alto sentido a todo este movimiento, en el fondo de carácter práctico y comercial; que los maestros del español de todo el país, que no bajan de 2.000, han llegado a formar un cuerpo unido dentro de la Asociación nacional de maestros de español, que tiene su órgano propio, la excelente revista "Hispania".

Muchos hombres e instituciones han colaborado en esta obra en el Este, en el centro y en el Oeste de los Estados Unidos; todos los grandes centros de enseñanza y los hombres que en ellas enseñaban —algunos de los cuales hemos citado antes al hablar del desarrollo científico del estudio del español— han respondido rápida y cumplidamente a la creciente demanda popular. Pero corresponde la gloria principal de todos esos triunfos a la legión, mucho más numerosa y más modesta, formada por los maestros de las escuelas, quienes con admirable tenacidad y flexibilidad han sabido afrontar las nuevas y difíciles condiciones, sirviendo de lazo entre las dos corrientes, la altamente científica de los universitarios y la francamente práctica de las multitudes escolares. Ellos han sido los transmisores de todo aquel alto conocimiento de España, hasta ahora albergado en el campo de la especialidad, haciéndolo llegar a las masas extensas de la juventud del país. Ellos son los mejores estudiantes de nuestras cátedras, a las que acuden al acabar el día, después de muchas horas de dura labor enseñando en sus escuelas; con ellos he convivido yo día tras día, puesto que ellos forman la gran mayoría de mis alumnos. Así he aprendido a quererlos y a admirarlos, y siempre les guardaré el agradecimiento de que me hayan hecho sentir durante estos años toda la dignidad que hay en esta profesión nuestra de la enseñanza cuando al ejercitarla estamos seguros de que nuestras ideas prenden y fructifican en cabezas ajenas y se extienden así con el ritmo inacabable de que está hecha la vida del espíritu. Al hablar en el ámbito limitado de la cátedra al centenar de estudiantes que cada año acude a mis clases, podía imaginarme otro auditorio mucho más extenso, formado por los millares de discípulos hasta los cuales aquellos hombres y mujeres llevarían mis palabras si yo sabía prestarles la fuerza de verdad y de convicción; y a cada momento sentía la responsabilidad de quien conoce la eficacia poderosa y terrible de la palabra humana.

[...]

El aspecto práctico de la enseñanza del español, a que todos estos maestros se aplican, tiene para nosotros otra importancia, además de la difusión; la que, gracias a esta tendencia, se ha despertado el interés y la curiosidad por las realidades actuales de los pueblos de habla española, por su vida de hoy y su porvenir, mientras que antes casi solamente su historia atraía e interesaba. Así podía darse el caso de encontrar aquí —como yo encontré a mi llegada— un desconocimiento casi absoluto de la moderna cultura española, mientras había especialistas que escribían magistrales estudios sobre el español antiguo o el teatro del siglo de oro. Esos mismos especialistas (como muchos otros de España) que tan a fondo conocían la España del pasado, ignoraban quizá hasta el nombre de las grandes figuras que representaban las nuevas direcciones iniciadas en el mundo de habla española desde hace veinte o treinta años. Su conocimiento llegaba hasta la época de la Restauración; Echegaray, Campoamor y los grandes novelistas del siglo XIX eran, para ellos, los representantes de la literatura contemporánea de España. Hoy, en cambio, todos los que estudian español se dan cuenta, mejor quizá que en España misma, de la transformación radical que la cultura española –en América y en España— sufrió en los últimos años del siglo XIX y son familiares para todos los nombres y obras de Rubén Darío, Rodó, Nervo, Chocano y tantos otros grandes escritores de América, así como los Benavente, Unamuno, Azorín, Valle-Inclán, Baroja, Juan Ramón Jiménez, los Machado, Ayala, los Quintero, Martínez Sierra, y otros muchos escritores españoles que, juntos con los americanos, y con nuestros artistas y científicos, a quienes también conocen, muestran bien claramente a los norteamericanos que, en medio de tantos cambios y desdichas, se mantiene siempre viva la originalidad de la raza española. Hoy estos autores nuestros son conocidos no sólo de los maestros sino de los niños y jóvenes norteamericanos, que aprenden español leyendo sus obras en las escuelas, y aun del público general, ya que cada día aparecen traducciones de sus libros y se representan en los teatros sus comedias. Antes la corriente erudita se ocupaba casi solamente de España; hoy se da a los países americanos toda la atención que merecen, no sólo como posibilidades económicas, sino como creadores de una moderna cultura

[...]

Todos los grandes pueblos expansivos –no sólo los Estados Unidos– tienen puestos sus ojos sobre el mundo que habla español. Vienen a traernos sus capitales, a vendernos sus productos, a enviarnos su inmigración, a imprimir sobre nosotros su cultura. Les impulsa su fuerza, su vitalidad, su interés. En el fondo de todo hecho histórico hay ciertamente una raíz económica; pero eso no quiere decir que todo en el mundo sea economía. Ya hemos visto cómo los norteamericanos al acercarse a nosotros han tenido en cuenta que somos los depositarios y creadores de una civilización. Y al primer contacto, sin esfuerzo alguno por nuestra parte, esta civilización se les ha metido por las puertas de su casa. Lograremos, pues, lo primero, que se nos conozca, que se nos juzgue, que se nos interprete. Cada hispano que de ahora en adelante se aplique a alguna actividad creadora o directiva se sentirá vigilado por la atención del mundo, y desaparecerá el localismo, el ruralismo, la ligereza irresponsable de que rara vez se ven libres nuestros políticos, nuestros escritores y nuestros artistas. Colectivamente nos iremos componiendo también para sufrir con dignidad la mirada del extranjero: nos levantaremos de la siesta eterna sobre las viejas almohadas apolilladas y dejaremos a un lado las groseras disputas familiares.

[...]

Podrán otros pueblos tener una civilización más alta y más rica; pero ninguno, entre todos los modernos, ofrece una civilización más larga, continua y armónica, a pesar de las constantes conturbaciones interiores y de la enorme extensión territorial. A través de las lenguas y razas más diversas, en la península ibérica y fuera de ella, la originalidad española ha salido siempre una y triunfante. Acabamos de pasar, es verdad, una de las crisis más graves de nuestra historia, la que durante tres siglos nos ha mantenido al margen de la civilización por haber algo en el fondo de nuestra naturaleza que nos hacía incompatibles con la dirección que la imprimieron en la llamada Edad Moderna las razas germánicas o germanizadas del centro de Europa. No nos ha quedado más modo de afirmarnos que el aislamiento y la reacción. Pero ahora esa civilización se cae hecha pedazos y sobre sus ruinas va a levantarse un mundo nuevo. Los hombres buscan una idea más amplia y generosa de la humanidad. En ella cabremos nosotros si ayudamos a crearla. Esta es la hora de todos. Entre tanto esperemos tranquilos la corriente del mundo que va a caer impetuosa sobre nosotros. ¡Españoles de España, hermanos de América, la ola ya está aquí; estemos unidos, bien cogidos de la mano, para que no se pierda ni el más pequeño de nuestros pueblos, y que cuando la ola llegue nos levante y no nos ahogue!

HE DICHO
Columbia University, New York, U.S.A., 15 de agosto de 1920

V.A. Vol. V, No. 18, Primavera 2005

Añadimos unas líneas finales sobre las afinidades que se dieron entre el español Federico de Onís y el dominicano Pedro Henríquez Ureña, nacidos casi en las mismas fechas; figuras cimeras de la historia y la crítica literaria de España y de Hispanoamérica en la primera mitad del siglo XX, e impulsores del auge del hispanismo norteamericano a partir de la segunda década del siglo. Asimismo, ambos, llevaron sus múltiples saberes más allá de las aulas universitarias. Como evocara el puertorriqueño Bernardo Vega a propósito de los Juegos Florales, en Nueva York, en 1919, auspiciados por el periódico *La Prensa*, y de los cuales nos dice que "Constituyeron, sin duda, el acontecimiento más destacado de las comunidades de habla española en Nueva York, desde principios de siglo" (*Memorias* 136), a lo cual añade que el jurado calificador estaba integrado por Federico de Onís, Orestes Ferrara, Pedro Henríquez Ureña y el hispanista norteamericano Thomas Walsh.[171] En ellos dos, repetimos, sobresale lo mucho que valoraron la enseñanza a maestros-as de secundaria, según señala Federico de Onís en su texto y Henríquez Ureña llevara a cabo, y tan hondamente, en la Argentina, siendo tan querido y respetado por quienes fueran antiguos alumnos y alumnas suyos. Los une, también, la visión y practica de conjugar en los estudios hispánicos la literatura española y la hispanoamericana, con el dominio de ambas que los dos poseían, y realzar los vínculos culturales y literarios de la tradición española con los países hispanoamericanos. En la obra de los dos hay alusiones a la admiración y amistad del uno por el otro.

---

171 Thomas Walsh (1875-1928), fue un poeta reconocido, y también poeta hispanista por sus poemarios de tema español, y autor de la citada *Hispanic Anthology*. Con ocasión de la publicación de su poemario, *The Pilgrim Kings: Greco and Goya and other poems of Spain*, Pedro Henríquez Ureña, tan buen conocedor de la literatura norteamericana, escribió, una columna "Thomas Walsh" en *Las Novedades* sobre este poemario y otro anterior de 1909, *The Prison Ships and other poems*, Destaca, también, sus traducciones de la poesía de Fray Luis de León, con estas palabras con que concluye la columna: "En conjunto son éstas las más hermosas traducciones que se han hecho en inglés del príncipe de los poetas castellanos" (*Pedro Henríquez Ureña en los Estados Unidos* 97-98). Por su parte, Orestes Ferrara era un muy reconocido político y escritor cubano, de ascendencia italiana, desterrado en Nueva York entre 1917 y 1922.

Jorge Ulica / Julio G. Arce
(1870-1926)

Do You Speak Pocho... Crónicas diabólicas

Nacido en Guadalajara, Jalisco, hijo de un distinguido cirujano, Julio G. Arce, desde muy pequeño se inició en las letras, despuntando, pronto, por su imaginación y sentido del humor y colaborando, desde sus años de estudiante en distintos periódicos locales. En 1889, consiguió el título de farmacéutico y se trasladó a Mazatlán, donde fundó la revista literaria *Bohemia sinaloense* y pasó a integrase a la vida cultural y periodística. Mudado a Culiacán, llegó a ser profesor de lengua nacional en el Instituto y fundó un periódico *Mefistófeles*, asimismo colaboró en el periódico local, *El Occidental*. Posteriormente, de nuevo en Mazatlán, fundó el periódico *El Diario del Pacífico*, de línea conservadora y ataques al Maderismo, y en 1911, cuando las tropas revolucionarias se acercaba a Mazatlán, partió a Guadalajara, su ciudad natal, siguiendo con actividad periodística de realce conservador hasta 1915, cuando las fuerzas carrancistas entraron en Guadalajara y fue detenido, enjuiciado, pasando un par de meses en la Penitenciaría, hasta que amigos periodistas le rescataron y pudo salir en dirección a San Francisco constituyéndose en uno más del nuevo grupo de desterrados e inmigrantes mexicanos a Estados Unidos que huía de la Revolución.

En San Francisco, se inició en trabajos manuales, de obrero en la American Can Company, para pronto entrar a colaborar en el semanario *La Crónica*, de la que, en noviembre de 1915 pasaría a tomar la dirección, dándole mayor difusión y realce. En abril de 1916, en lujosa edición, publicó un número dedicado a Cervantes, celebrando el cuarto centenario de su fallecimiento. En 1919, cuando *La Crónica* cambió su nombre al *Hispano-Americano* él pasó a dirigirlo y a fines de año, lo hizo suyo comprándolo, convirtiéndole en un periódico de gran éxito entre la población de habla hispana, y durando hasta 1934, dirigido desde noviembre 1926 por su hijo, ya que Julio G. Arce falleció el 16 de ese mes, de un inesperado ataque al corazón. En *La Crónica*, desdoblado, como autor y como personaje, en Jorge Ulica, inició las publicaciones de sus satíricas *Crónicas diabólicas*, continuadas en su *Hispano-americano* y, también, difundidas en otros periódicos en español de California, Texas y Arizona; tal era la popularidad de tales crónicas. La última de ellas se publicó cuatro días después de su muerte el 20 de noviembre.

Las Crónicas diabólicas, recogidas por el profesor y crítico Juan Rodríguez, con una introducción sobre la obra y el autor, se publicaron en libro en 1982. No está claro si son todas las que escribió o se trata de una selección, aunque se dan la fecha de cada una, no se indica en que periódico o periódicos se publicaban; tampoco aparecen en orden cronológico. La segunda de ellas, ¿la primera escrita?, se fecha el 26 de febrero de 1916 y la última diez años más tarde, 38 crónicas, en total, de dos a cuatro páginas. Se trata de crónicas satíricas, de aguda ironía y original humor; crónicas del destierro, dentro de la visión del "México de afuera", desde una perspectiva del conservadurismo que pretendía concebir la unidad nacional basada en las costumbres, valores e instituciones tradicionales, frente a la asimilación al mundo materialista, mecanizado y del individualismo a ultranza de la sociedad de los Estados Unidos, satirizado en las crónicas.[172] Un blanco central de las sátiras, desde la perspectiva del patriarcado, es la mujer mexicana, establecida en el país o recién inmigrada, que trata de asimilarse a los usos y costumbres estadounidense, emulando a la "mujer moderna" yanqui; la "flipper" o "La pelona", en el español mexicano, personaje bastante difundido en letras y canciones en varios de los Estados de habla hispana del país.[173] Ya la crítica, y

---

[172] En una de las crónicas, el 10 de noviembre de 1923, y en forma irónica, trata de algo que ya hemos venido señalando, el auge que tuvo el español y lo "español" en los Estados Unidos durante la segunda década y en los años 20 del siglo XX. La titula: "Lo 'Spanish' Está de Moda".

[173] *En otra voz: Antología de la literatura hispana de los Estados Unidos*, se recoge, de la comunidad hispana de Nueva York, el irónico soneto de Jesús Colón, "La flaper", de 1927. Otro ejemplo, lo encontramos en la portada de *El Malcriado*, abril 17, 1927, "semanario joco-serio de caricaturas", angelino, de Daniel Venegas, donde aparecen dos mujeres en la peluquería, una de ella sentada en el sillón del peluquero con las "faldas arriba", y la siguiente nota: "¡Como Gozan los Barberos Rapando las Guapetonas!. Se Pasan los Días Enteros Papachando a las Pelonas". La portada de la caricatura de *El Malcriado* se reproduce en el libro *Hispanic Immigrant Literature. El sueño del retorno* (135). Curiosamente, César Chávez tituló el periódico de la Unión de Trabajadores del Campo, *El Malcriado. La voz del campesino*; una voz, la de su justa Causa, que, en letra impresa y en español, se "oyó" por todos los Estados Unidos desde los años 60 a los 90 del siglo XX.

especialmente, la femenina, ha señalado el talante misógino de algunas de sus crónicas sobre dicha mujer, tales como "Las estenógrafa", "Repatriación Gratuita" y "Arriba las faldas". Aunque también podríamos ver, que las "pelonas" se le escapan al autor en sus propias crónicas y, poniendo patas arriba y destripando al tradicional "ángel del hogar"; la mujer sometida al marido, y al cuidado de los hijos y casa y ¡hasta se puede ver como adelantos del "Me too", femenino actual!

En la crónica que transcribimos, lo de "Pocho" apunta, al habla, al *Spanglish* sobre el cual se escribe tanto en nuestro tiempo y del cual ya dimos un ejemplo de un poema de finales del siglo XIX, publicado en Los Ángeles. Dentro del movimiento chicano, pocho tiene su sentido de afirmación identitaria, con su tanto de rebeldía y hasta nobleza, como lo expresara Américo Paredes en su ya mencionada Parte V, "The Pocho Appears", de su *A Texas-Mexican Cancionero* (151-172). Otro de sus poemas "Alma pocha" (recogido *En otra voz: Antología de la literatura hispana de los Estados Unidos*, 154)" concluye con estos versos: "Alma pocha, / alma noble y duradera, / la que sufre, / la que espera".

> El pocho se está extendiendo de una manera alarmante. Me refiero al dialecto que hablan muchos de los "spanish" que vienen a California y que es un revoltijo, cada día más enredado, de palabras españolas, vocablos ingleses, expresiones populares y terrible "slang."
>
> De seguir las cosas así, va a ser necesario fundar una Academia y publicar un diccionario español-pocho, a fin de entendernos con los nuestros. Hasta las fieles y dulces esposas, sí están de malas, dicen a sus maridos, hechas un veneno, cuando quieren arrojarlos noramala:
>
> –Vete inmediatamente, "geraut."
>
> Y luego, muy satisfechas, cuentan a sus amigas:
>
> – Le di "leirof" a Justiniano porque no quiere salir de los "dances."
>
> Se ha hecho muy "exclusivo" y voy a darle también su divorcio. El Juez es muy amigo mío y lo obligará a que me pague un buen "alimioni." Para que se le quite lo "rug."
>
> Eso, que entre pochos lo entiende cualquiera, necesita intérprete tratándose de otro género de ciudadanos.

* * *

Entre las personas que me honran con su amistad hay una, doña Eulalia, viuda de Pellejón, que en unos cuantos meses de haberse venido de México habla perfectamente el pocho y se ha asimilado más palabras del habla californiana que las que conocía del dulce, hermoso y melifluo parlar de Cervantes.

He recibido una carta suya, cuyo texto copio para regocijo y satisfacción de los lingüistas afectos a estudiar los idiomas raros:

Sr. D. Jorge Ulica, "City." Caballero:

Fui hoy al "posofis" a comprar unas "estampas" y tuve "chanza" de recibir una carta de una hija mía casada que tengo en Piscapochán, de donde soy "nativa." Me ha dado mucha "irritación" saber que el "tícher" de inglés de mis nietos es enteramente "crezi," pues no entiende ni una palabra de lo que yo escribo en "english." Figúrese que envié a mi hija "lob y quises," así muy clarito, y el condenado "tícher" dijo que no sabía qué era eso, cuando le enseñaron la carta. Ya les "reporté" que estaban pagando el "money por nada" y hasta quise ponerles un "guiarelés" para evitar que les estén quitando peso y medio por "hafanáur" de clase; pero no traía ni "un cinco" en la bolsa. ¡No saber que "lob" y "quises" es amor y besos!

Eso no importa. Lo que yo quiero es que Ud. Me diga qué puedo hacer con la "lanled" del "bordo" donde vivo, que después de rentarme un "jausquipinrun," no quiere ni que caliente "guor" porque dice que le "esmoqueo" la "parlor." Ayer, a la hora de "bricfast," iba a guisar "jamanegs," y se levantó de cama furiosa, en "blummers" y "bibidí," amenazándome con llamar por el "telefon" al "patrol" para que me llevaran a la "yeil." No quise decirle nada a mi compadre Goyo cuando volvió de la "canería," en donde es "boss," para no "levantar el infierno"; pero si estas cosas no "vienen a un stop," va a haber "je!." No puedo seguir comiendo únicamente "jatdogs," "cofi an donas" y "aiscrim," a riesgo de coger una maladía. A veces tengo que ir, casi en ayunas, "al otro lado de la bahía," y si no fuera porque "en donde don Taun" tomo unos sandwiches de "bicon" y otros de "chis," me moría.

Quiero, por eso, que venga a verme. Arreglaremos ese "bisnes" y el de la "aplicación" que tengo que hacer para que "agarren" a mi compadre "los hombres colorados" que les dicen "redmen," porque "dan muchos beneficios" y ahora tienen "abierto los libros" por un mes. Allí no hay "vaporinos" ni "rugnees." Si quiere le mandaré mi "aromovil." No será un coche "jaitono": pero sí una "machina" fuerte para cualquier "raid." Si viene, le prometo llevarlo después a las "muvis," no a los "niquelorios" ni a los de a "daim" sino a los de "don Taun," a alguna "pícchur" de las que hablan mucho en los "papeles." Le enseñaré después mi "redio" para que oiga tocar ese "fox" tan bonito que se llama de la "reina Mora," a los "musicianos" de la "Lyasband" que toca en el "lobi" del "palas." Es muy "quint." Al fin de la pieza, todos ellos cantan "reina mora, reina mora." "Lob and quises for uy olso."

Eulalia vda. de Pellejón.

* * *

La Sra. Pellejón me ha enviado, esta otra misiva:

"Le mando ésta por 'espécial de liver.' Quiero 'reportarle' que voy a cambiar mi 'second neim' que no suena 'very güel' por su 'translécion' en 'ingles.' En vez de Pellejón voy a 'nominarme' Skinejón, que es casi 'di seim.' Así mi difunto, a quien Dios tenga en el 'jiven,' no cogerá 'truble' ni se pondrá 'yelous.'

"Eulalia Skinejon."

Como lo iba diciendo, el pocho avanza a pasos agigantados. Y una de dos: o se escribe un extenso vocabulario de pocherias por connotados académicos de esa lengua o se abre una academia de idioma pocho para los profanos. Seré uno de los alumnos más aplicados. ¡Y en seguida irá mi "aplicacion!"

11 de octubre, 1924

5. Tres romances tradicionales en California en los años 20

Contrario al **"pocho" o al spanglish"**, en varios Estados de la Unión, se seguía hablando un español castizo, remontándose al siglo XVI y tomando cuerpo en la literatura oral de romances, canciones, dichos y adivinaciones. Como nos dice Aurelio M. Espinosa en su publicación ***Folklore de California***, 1930, "publico ahora otros materiales preciosos del folklore de la antigua California española, donde todavía en el día de hoy se hallan por todas partes vestigios vivos y elocuentes de la tradición, de la cultura y de la sangre misma de España". Anteriormente, publicó **"Los romances tradicionales en California"** en el Homenaje ofrecido a Menéndez Pidal, en 1925[174] (300-313), tomados, por toda California de viva voz de los californios y californias, principalmente, de Santa Bárbara y con los nombres y edad de las personas que los dicen. De los múltiples romances que recoge, reproducimos tres de muestras:

La esposa infiel (asonancia – i) III

¿Quién es ese caballero que mis puertas manda abrir?
Soy don Fernando, tu amado, que a tus puertas ha llegado.
Ábreme la puerta, Elena, sin ninguna desconfianza.
Al abrir la puerta Elena se le apagó el candil.
Toma de la mano a Fernando y se lo lleva al jardín;
lo lava de pies y manos y se lo lleva a dormir.
... ¡Qué sucede, don Fernando, que no se acerca a mí?
¿Que tiene otro amor en España, o quiere a otra más que a mí?
¡O le teme a mi marido que está a cien leguas de aquí?
No tengo amor en España ni quiero a otra más que a ti,

---

[174] Anteriormente en 1915, se había publicado un librito musical, *Early SpanishCalifornia folk-songs*, recogidas por Eleanor Hague y cantada al piano por Gertrude Ross. Las canciones eran las siguientes: "Yo no sé si me quieres", "Serenata", "Nadie me quiere", "Carmela" y "Un pajarito".

ni le temo a tu marido que está a un lado de ti.
Llamarás a tu padre y madre que te vengan a llorar;
llamarás a tus hermanas que te vengan a vestir;
llamarás a las casadas que agarren ejemplo de ti.
Y las que no lo agarren ésas morirán así.

Federico Ruiz, 18 años.
Santa Bárbara.

La aparición

En una arenosa playa una hermosa ninfa vi,
que cuanto más me alejaba más se acercaba de mi,
¿Dónde vas, caballerito, ausentándote de mí?
Voy en busca de mi esposa que hace días no la vi
Tu esposa ya está muerta, muerta está que yo la vi
muchos condes la llevaba al palacio de Madrí.
Ya murió la flor de mayo, ya murió la flor de abríl;
ya murió la que reinaba en la corte de Madrí

Eduviges Cordero, 89 años.
Santa Bárbara

Camino del Calvario. I.

Por el rastro de la sangre que Jesús ha derramado
iba la Virgen María buscando a su Hijo amado.
Por el camino donde iba una mujer ha encontrado.
¿Qué haces aquí mujer? ¿Qué haces aquí llorando?
¿Me habrías visto pasar a mi Hijo, Jesús amado?
Dadme las señas, señora, de vuestro Hijo adorado.
Es más blanco que la nieve, más brillante que oro y plata;
a su frente trae el sol y su cara es de ángel.
Por aquí pasó, señora, por aquí Cristo ha pasado,
con una cruz en los hombros y una cadena arrastrando,
una corona de espinas y su cuerpo maltratado.
Me ha pedido qué le diera un paño de mi tocado
para limpiarse el rostro, que lo tenía sudado.

Tres dobleces tenía el paño; tres figuras me han quedado
si lo quiere ver, señora, aquí lo tengo retratado.
Oyendo la Virgen esto cayó al suelo desmayada;
San Juan y la Magdalena ya iban a levantarla.
Vamos, vamos, mi señora, vamos presto en el calvario,
que por presto que lleguemos ya lo habrán crucificado.
Ya lo ponen a la cruz, ya le ponen los tres clavos;
ya le dieron la bebida de amarga hiel y vinagre;
ya le dieron la lanzada a su divino costado.
La sangre que derramaba en el cáliz sobresale;
el hombre que bebe de él será bienaventurado.
Quien esta oración dirá todos los viernes del año
sacará un alma de penas y la suya de pecado.
La gracia que pedirá de Dios le será otorgada;
la del Padre, la del Hijo y la del Espíritu Santo.

María Pico, 64 años.
Santa Barbara.

6. Un espléndido florecer poético en Español

A modo de Introducción. Según hemos venido señalando, a partir de la segunda década del siglo XX y hasta los años 50, en que ponemos cierre a este *Florilegio*, las Letras en español en los Estados Unidos siguieron en un proceso ascendente, centradas en Nueva York, Florida, Texas, Nuevo México y California, y extendidas a otros lugares, con sus altibajos en los años de la Gran Depresión de los años Treinta y durante la Segunda Guerra Mundial. Se sentaron las bases para el nuevo impulso que irán tomando desde los años 60 del siglo pasado hasta nuestros días con la profusión de periódicos, revistas, autores/as y obras. De todo ello, se da detallada cuenta en las Antologías que se han venido publicando desde los comienzos de este siglo, tales como *En otra voz. Antología de la literatura hispana de los Estados Unidos* (2002), la bilingüe *Herencia, The Anthology of Hispanic Literature of the United States* (2002), ambas, con Nicolás Kanellos de editor principal. *The Norton Anthology of Latino Literatura* (2011), bajo Ilan Stavans de editor central, y la gran *Enciclopedia del Español en los Estados Unidos* (2009), con Humberto López Morales de Coordinador; a las cuales hay que añadir la extraordinaria labor del "Recovery Program", de Arte Público, encabezado por Nicolás Kanellos, editando, en español, tantas obras que se consideraban olvidadas o perdidas.

Dado el acopio de autores-as y de obras y publicaciones en español en la primera mitad del siglo XX en los Estados Unidos, nos ceñimos, como parte final del *Florilegio*, a una cima luminosa del mismo, muestras de 5 poetas, quienes, pusieron las letras escritas en español en los Estados Unidos por las más altas nubes literarias. No obstante, para servir de referencia, y dado el carácter antológico del

Florilegio, sucintamente señalamos una serie representativa de autores/as y títulos de obras de narrativa, poesía y teatro entre comienzos del siglo XX y los años 50; muestras de las cuales, de haber tenido más espacio o durado más la revista, hubiéramos incorporado al "Mirador al Pasado" de *Ventana Abierta*. La siguiente selección apunta a la amplitud alcanzada por la literatura en español de los Estados Unidos en la primera mitad del siglo XX.

De Novelas y otras Narraciones, enumeramos: *Cuentos frágiles* (1908), del dominicano Fabio Fiallo Cabral ; *Lucas Guevara* (1914) "odisea" neoyorquina en Nueva York, del colombiano Alirio Díaz Guerrero; *Los de abajo* (1915), la gran novela de la revolución mexicana de Mariano Azuela, escrita en El Paso y publicada por el *Paso del Norte*, la cual no vería la luz, revisada, en México hasta 1924; *Los Estados Unidos por dentro* (1918) y la novela *El amor en Nueva York*, del dominicano Manuel Florentino Cestero; *Las aventuras de don Chipote o cuando los pericos mamen*, 1922, del mexicano Daniel Venegas; un nuevo "don quijote" luchando contra los molinos de viento en su andadura de inmigrante por Texas y California; *La Factoría* (1925), del nicaragüense Gustavo Alemán Bolaños, de nuevo, una novela del inmigrante atrapado entre el hierro de la fábrica y la jungla de asfalto en sus callejeos; *El sol de Tejas* (1925), de Conrado Espinosa, novela de la inmigración de una pareja mexicana que llega a Tejas a vivir el sueño americano y se les convierte en pesadilla; *La Babilonia de hierro*, una serie de artículos neoyorquinos, entre 1920 y 1936, del mexicano José Juan Tablada; *La Rebelde* (1930), mezcla de historia y memorias, que no encontrara editora en su tiempo, y, publicada en 1961, en series por *The Laredo Times* y en libro en el 2004, de la mexicana y tejana Leonor Villegas de Magnón; *Los Pochos* (1934), del mexicano Jorge Ainslie, obra narrativa en defensa de los "Pochos", *Locos* (1936), del español Felipe Alfau, *Lo que el pueblo dice*; crónicas neoyorquinas de 1927 a 1948, del puertorriqueño Jesús Colón; *Cuentos del hogar (Spanish Fairy Tales)*, 1939, Cleofás M. Jaramillo, de Nuevo México, *Yo también acuso* (1946), de la escritora e intelectual dominicana, Carmen Landestoy; una valiente y arriesgada denuncia del criminal dictador Trujillo; *Trópico en Manhattan* (1951), de Guillermo Cotto-Thorner, puertorriqueño; novela de un joven universitario llegado a Nueva York, en lo que devendría, en los 50 y 60, una gran afluencia de puertorriqueños/ as a la Metrópolis, con una vivencial evocación de la vida en el barrio.[175] Y, por último, volviendo a los años 30, *Puritania. Fantasías y crónicas norteamericanas* (1934), de alto valor literario, del chileno Ernesto Montenegro.[176]

De Poesía: Ya tratamos de que varios escritores y poetas de países hispanoamericanos, vinieron atraídos a la metrópolis neoyorquina, desde mediados de la segunda década del siglo hasta los años de la Depresión y de la II Guerra Mundial. Y señalamos el grupo de poetas de diversos países que leyeron los poemas en aquel acto de solidaridad panamericana, en 1917, en el Gonfarone de Nueva York, los Santos Chocano, Alfonso Guillén Zelaya, Pedro Henríquez Ureña, Luis Martín Guzmán, Mariano Brull. Alberto Ried, Ricardo Arenales y Salomón de la Selva, a quienes hay que añadir algunos otros que no figuraran en tal acto, pero que estuvieron en Nueva York por aquellas fechas.[177] Sería de interés publicar una colección de poemas escritos en Nueva York de tal grupo.[178] Nos ceñimos a señalar los títulos de poemarios de tres poetas del grupo no señalados anteriormente. Del mexicano José Juan Tablada, quien al igual que Heredia y Martí, fuera, en Nueva

---

[175] Al final, trae un glosario de los "neoyorquismos" en el habla del barrio, de mucho interés por su aporte al llamado *Spanglish*.

[176] Escritas entre de los años veinte a comienzo de los treinta, se trata de unas crónicas, de "Escenas neoyorquinas", con sus tintes irónicos, de agudo valor literario e histórico-cultural, tales como la desoladora "El año del hambre!", 1933, vivido en Nueva York durante la GranDepresión; la tan novedosa, sobre el combate de boxeo del campeonato mundial entre el francés Georges Carpentier, el derrotado, y el norteamericano Jack Dempsey, el 4 de julio de 1921. En ella, Montenegro se identifica como "nosotros los latinos", incluyéndose en grupo de corresponsales que estaban por el francés. Y la conmovedora, "Nuestros hermanos judíos", con la conversación en español entre Montenegro y un comerciante neoyorquino judío sefardita, donde aprendemos, algo de importancia para el *Florilegio*, que en los barrios judíos de Nueva York en aquellas fechas habitaban 20.000 judíos de habla española-sefardita, y que tenían un centro literario y filarmónico, *La Luz*, con intento de reunir fraternalmente a "todos los que hablen castellano en Nueva York" y dos periódicos: *La América* y *la Bos del Pueblo*.

[177] Tales como los mexicanos José Juan Tablada, y Pedro Requena Legarreta, los colombianos José Luis Betancourt, que se firmaba Dimitri Ivanovitch, y Alfredo Ortíz Vargas, el chileno Ernesto Montenegro, el puertorriqueño Luis Muñoz Marín y la puertorriqueña Clara Lair (Mercedes Negrón Muñoz, prima de Luis Muñoz, quien devendría gobernador de la Isla)

[178] De varios de aquellos poetas, con fecha de 1916, ya William Carlos, quizá con la asistencia de su padre tan buen conocedor del español, tradujo los siguientes poemas y poniéndoles junto a su versión en español: "Fragmento de "Las Imposibles"", "Mi vida es un recuerdo" y "Sensación de un olor", Rafael Arévalo Martínez; "La canción del camino", José Santos Chocano; "Señor, yo pido un huerto", Alfonso Guillén Celaya y "Versos a la luna", Luis Carlos López.

York, innovador en la poesía en español de un nuevo movimiento poético; en su caso, el vanguardismo y quien viviera largos años en Nueva York, llegando a tener su "Librería de los Latinos", como la titulaba, en una calle céntrica, destacamos: *Un día... Poemas sintéticos* (1919) y *Li-Po y otros poemas* (1910. De la puertorriqueña Clara Lair, quien emigró a Nueva York, con su familia, a los 18 años, su *Amor en Nueva York*, con sus 14 poemas, de entre 1928 y 1929, donde junto a su erotismo femenino, y trabajando de oficinista en Corporaciones, encontramos anticipaciones, vividas desde dentro, de lo que García Lorca escribiera sobre Wall Street y la deshumanización del capitalismo en *Poeta en Nueva York*, casi de las mismas fechas. Y del colombiano Alfredo Ortíz-Vargas, y ya en 1939, publicado en Boston, su extenso poemario *Las torres de Manhattan* (183 págs). Consta de una muy entrañable parte, la cuarta y última, titulada "El gris panorama", donde frente al Nueva York titánico de las Torres, nos introduce en el de: "El bowery, Little Italy, El Ghetto, El barrio chino, Harlem, El barrio hispanoparlante". A este barrio, con el cual cierra el poemario, aunque crítica lo que los "neoyorquismos" empobrece al español común, y da cuenta de la pobreza de los trabajadores-as del barrio, no obstante, lo eleva culminando con una exaltación histórico-cultural Indoamericana-Hispánica.

De Teatro: En cuanto a él, remitimos a nuestros lectores / a las extensas páginas del libro de Nicolas Kanellos, con todo lo que refiere al auge que tuvo el teatro en español, y apuntalado por lo del cine, en las tres primeras décadas del siglo XX, y muy en especial en los años 20, en las ciudades de Los Ángeles y Nueva York[179], mayoritariamente en la primera donde se vivió, en dichos años, un verdadero Boom teatral, con numerosos dramaturgos, especialmente mexicanos, y una variedad de Teatros estrenados para representar dichas obras en su idioma. Señalamos un breve resumen de autores y obras:

Junto a las compañías españolas tan presentes, y dentro del "Hispanismo musical" ya tratado, y del teatro Bufo cubano, más las de variedades y revistas musicales, incluyendo las puertorriqueñas y mexicanas, como a fines del siglo anterior, en el corpus de dicho

---

[179] En su libro, Kanellos extiende, también, el estudio de este Teatro a San Antonio y a Tampa, Florida.

Teatro, siguieron teniendo un papel relevante dramaturgos españoles contemporáneos, tales como Echegaray, Benavente, Carlos Arniches y los hermanos Quintero. Como en España, fueron muy representadas dos obras de un Teatro Social, *Juan José*, de Joaquín Dicenta y *Tierra Baja* de Ángel Guimerá. Con la referencia del libro de Nicolás Kanellos, presentamos una breve selección de destacados dramaturgos y obras suyas en Nueva York y en Los Ángeles.

De Nueva York. Sobresalieron en aquellos años, varias obras y autores de la diáspora puertorriqueña en Nueva York, a cual devendría la más numerosa comunidad de hispano-parlantes. Nos limitamos a una corta muestra: *El grito de Lares*, del también prestigioso poeta, Luis Llorens Torres, sobre "el grito" que iniciara el movimiento independentista; *La indiana Borinqueña* y *Pabellón de Boriquen o bajo un sola bandera*, tan celebrada obra vinculada al movimiento nacionalista, de Gonzalo O'Neill; *De Puerto Rico al Metropolitano o el Caruso criollo*; popular obra musical, de Erasmo Vando, principal figura en difusión del teatro hispano en Nueva York por largos años; la exitosa, *Día de Reyes*, sobre costumbres puertorriqueñas, de Juan Nadal de Santa Coloma, una figura tan destacada del teatro hispano en Nueva York. A ellos, añadimos, dos otras en los convulsivos años 30, vinculadas a la causa obrera y al socialismo, y del grupo autodenominado "dramaturgos obreros", Franca de Armiño, con *Los hipócritas* (1933), y Enamorado Cuesta y su *El pueblo en marcha*; ambos solidarios con la causa obrera republicana española y, en defensa de ésta cuando comenzó la guerra, Enamorado Cuesta fue miembro de las Brigadas Internacionales.[180]

Tal teatro puertorriqueño alcanzó su culminación, dentro de las fechas del *Florilegio*, en la famosa y estremecedora obra de René Marques, *La Carreta*, estrenada en Manhattan en 1953: la "odiosea",

---

[180] Nicolas Kanellos menciona las obras teatrales montadas en Nueva York por Asociaciones obreras y culturales a favor del pueblo republicano español, tales como el grupo de *Cultura Proletaria* con sus obras teatrales, *Carne de esclavitud, Guerra*, y *Como palomas sin nido* (adaptación, suponemos de la famosa novela de tal título de la peruana Clorinda Matto de Turner), de la cual Kanellos evoca que se representó en febrero de 1936, en la Manhattan Opera House y con la Waldorf Astoria Orchestra of Xavier Cugar, toda una estrella ya para aquellas fechas, de fondo musical.

de una familia puertorriqueña obligada a dejar su terruño, yéndose a un gueto de la capital, donde caen en la dura pobreza urbana, para irse, y como parte del aluvión de puertorriqueños, a Nueva York, en busca de una mejor vida, para caer en una trágica pesadilla social, con el hijo, el impulsor de tales cambios, arrollado por una máquina, a la que tanto adoraba como símbolo de una fuerza superior a la humana, la cual termina liquidándole. Culmina la obra, ahora convertida, pese a la tragedia, en cumplida "odisea", la vuelta de la madre y la hija a la entrañable tierra nativa, con la hija casándose con su anterior novio, el joven jíbaro, propietario, ahora, de tierras que fueron de la familia, y que vuelven a ellas.

De Los Ángeles, dentro de la eclosión teatral, y en los distintos géneros sobre la que se extiende Nicolás Kanellos en su libro, destacando a cuatro dramaturgos de la diáspora mexicana, con una amplia obra, de entre los varios escritores que se juntaron en la ciudad contribuyendo a un boom teatral, entre 1922-1933, cortado por la gran Depresión de 1929. De ellos, subraya que, con sus numerosas obras, llenaban los Teatros de Los Ángeles, y extendiéndose por otras ciudades del Suroeste y partes de México, y uniendo con su teatro el México de afuera con el de dentro. De cada uno de los cuatro destacamos dos de sus más renombradas obras teatrales:

Adalberto Elías González, *Los amores de Ramona* (1924)[181], dramatización de la novela de Helen Hunt Jackson, y *Nido de cuervos* (1928), con la, tan famosa, estrella mexicana Virginia Fábregas. Eduardo A. Carrillo, la revista *Los Ángeles al Día* (1922), en colaboración con Gabriel Navarro, y la comedia musical en un acto, *Malditos sean los hombres* (1924), parodia de la popular y chovinista, *Malditas sean las mujeres*, más *El proceso de Aurelio Pompa* (1924), de gran popularidad, pues dramatizaba el caso del joven emigrado mexicano, tan injustamente condenado a pena de muerte por haber muerto en defensa propia a un carpintero anglo que le atacaba con un martillo. El caso creó todo un movimiento en su

---

[181] De ella, Kanellos, respaldado en una nota periodística, nos dice que tras ocho representaciones la habían visto 15.000 personas. La compañía de la famosa actriz mexicana Virginia Fábregas pasó a representarla con ella en el papel de Ramona, teniendo grandes éxitos.

defensa, que resultó inútil; hay un corrido sobre su trágico destino.

Gabriel Navarro, *La ciudad de irás y no volverás* (1927-8) y sobre el mundo de Hollywood y los intentos de un joven mexicano de integrarse a él, y *Los emigrados* (1928), ambas, con la perspectiva crítica del "México de fuera", afirmando los valores y costumbres mexicanas y satirizando los intentos de asimilación. Y, finalmente, Estevan V. Escalante, *Las mariposas de Hollywood* (1928), como vemos tal teatro ya estaba en relación con el mundo del cine de tanta popularidad angelino de los años 20 y 30, y *Almas trágicas* (1932).

En aquel mundo teatral y en el de la prensa angelina, asimismo, sobresalió el salvadoreño Gustavo Solano, con obras tales como *Las falsas apariencias* (1937) y *La sangre: crímenes de Manuel Estrada Cabrera* (1919), con las que concluimos estas referencias teatrales. La segunda, una tragedia, en 3 actos y 16 escenas, del ajusticiamiento teatral del cruel criminal y asesino dictador guatemalteco, Manuel Estrada. Con su horrible orgía de sangre teatral, Gustavo Solano anticipaba las posteriores novelas hispanoamericanas del dictador y, concretamente, la tan famosa, *El Señor Presidente*, el mismo Estrada Cabrera, del premio Nobel guatemalteco, Miguel Ángel Asturias.

Tras esta lista de obras teatrales, vertiendo su caudal de voces en español en Los Ángeles y Nueva York, pasamos a las gloriosas voces poéticas con las que culmina el presente *Florilegio*.

Federico García Lorca
(1898-1936)

Del *Poeta en Nueva York*

Se ha escrito muchísimo, y mundialmente, sobre Federico García Lorca, genial poeta y dramaturgo, de irresistible gracia personal y "duende" creador, asesinado vilmente, y sin la mínima justificación, en su nativa Granada por fuerzas de la ocupación franquista a principios de la guerra española, y a sus 38 años, en la plenitud de su obra poética y teatral. Su aura de mártir también se extendió por el mundo y sigue viva. Nos limitamos a una breve semblanza del poeta en Nueva York y en relación al poema que transcribimos "La danza de la muerte". Llegó Lorca a la gran Metrópoli en junio de 1929, donde permaneció hasta abril de 1930; vivió, pues, el inicio de la Gran Depresión, con el desplome de los "Roaring", desenfrenados, lúdicos y orgiásticos, años Veinte, de espaldas a los grandes horrores de la primera guerra mundial y de lo que ya se anunciaban en el trasfondo social y político; "felices años veinte", vividos tras los grandes horrores de la I Guerra Mundial, igualmente en las grandes urbes europeas y, en tono menor, en Madrid, pero ya con su Gran Vía, Palacios de Cine, bares y cabarets, y disfrutados por Lorca junto a Dalí, Buñuel y otros amigos en modos des-inhibidores y de subversivas y festivas carcajadas frente al mundo de la "putrefacción", (para usar palabra de ellos) de las costumbres burguesas.

Pero es otro el Lorca poeta que se descubre a sí mismo en Nueva York, entrándose en lo que ya aspiraban en los años veinte otros jóvenes poetas y artistas españoles, los que hemos llamado la "otra generación del 27", enfrentados a lo de "la deshumanización del arte y la "poesía pura": lo de fundir la vanguardia artística con la política y social, en lo que tanto iba a calar él en su *Poeta en Nueva York*; prodigioso poemario, donde el ensamblaje de un desbordante lenguaje poético (en el cual se funden un neo-barroquismo gongorista, el simbolismo irracional decadentista de Poe, Baudelaire, y Lautreamont, lo fantasmagórico, y lo onírico con pulsiones inconscientes del surrealismo) al cual se une demoledor rechazo y denuncia de un rampante capitalismo, mecanicista y deshumanizador que, junto a su oro[182], producía lodo, barros de miserias. Se ha escrito muchas lúcidas páginas sobre el mundo poético del *Poeta en Nueva York*, el cual podríamos ver como afín al del mundo del subterráneo – infierno, mecanicista y dehumanizador de la película *Metrópolis*, y poblado con imágenes que evocan las del lado infernal del tríptico, "El Jardín de las Delicias", de Hieronymus Bosch, más un cúmulo de implícitas intertextualidades con afines imágenes de poetas, pintores, cinematógrafos y artistas de la fotografía expresionistas y de las vanguardias de aquellos años.[183]

No se extendió Lorca sobre ello en sus cartas o declaraciones de Nueva York, cuando por fuera disfrutaba, con sus amistades españolas e hispánicas, el lado agradable de aquel Nueva York con su latido de la música y "moda española". Sí lo haría, retrospectivamente, de vuelta en España y en los años 30 cuando lo artístico-literario, unido a lo social, estaba a la orden del día. En 1935, declaraba que su trilogía teatral la iba a acabar con una obra titulada *La destrucción de Sodoma*, algo que ya había tomado cuerpo poético en su apocalíptico *Poeta en Nueva York*. Asimismo, lo que manifestaba se aplicaba a su poemario, escrito pero todavía no publicado. A propósito de su sentir, expresaba algo que tanto resonara en su poemario neoyorquino: "Porque el impulso de uno sería gritar todos los días al despertar en un mundo lleno de injusticias y miserias de todo orden: ¡Protesto! ¡Protesto! ¡Protesto!" (*Obras completas* 1725).

Significativamente, el poemario, publicado en 1940, su traducción en inglés salió antes que el original en español, dado a la estampa en el exilio en México. Su grito desde lo alto de la torre del Chrysler Building en el *Poeta en Nueva York*, su gran grito ("Porque queremos el pan nuestro de cada día / flor de aliso y perenne ternura descarnada, / porque queremos que se cumpla la voluntad de la

---

[182] Ya Rubén Darío, tras su primera visita a Nueva York, apuntaba, en la sección dedicada a Poe, a lo que Lorca poetizaría, con su "Manhattan, la isla de hierro", como ya citamos. Por su parte, como ya vimos, Salomón de la Selva, en 1918, nos había dado su "Wall Street Song", con un furibundo y fulminante final.

[183] En su libro, *Lorca en Nueva York: una poética del grito*, José Antonio Llera se extiende puntualizando tal acopio de imágenes.

Tierra / que de sus frutos para todos") lo recogió Allen Ginsberg en su *Howl (El Aullido)*[184] y otros poetas y artistas contestatarios norteamericanos en los años 50. Respecto al poema que transcribimos, señalamos que resulta ser un único y tremebundo poema en español, dentro de la poesía norteamericana escrita en tal trágica fecha, del catastrófico colapso de Wall Street, el 9 de octubre de 1929. En su conferencia-recitación de varios de sus poemas de Nueva York en Madrid, 1932, sobre tal derrumbe financiero, Lorca describía lo que vio, sintió y llevó a su poema:

> Yo tuve la suerte de ver por mis ojos el último crack en que se perdieron varios billones de dólares, un verdadero tumulto de dinero muerto que se precipitaba al mar, y jamás, entre varios suicidas, gentes histéricas y grupos desmayados, he sentido la impresión de la muerte real, la muerte sin esperanza, la muerte que es podredumbre y nada más como en aquel instante, porque era un espectáculo terrible sin grandeza. Y yo que soy de un país donde, como dice el gran padre Unamuno, "sube por la noche la tierra al cielo", sentía un ansia divina de bombardear todo aquel desfiladero de sombras por donde las ambulancias se llevaban a los suicidas con las manos llenas de anillos. Por eso yo puse allí esta danza de la muerte.
>
> (Federico García Lorca, *Poeta en Nueva York* 265)

Decía tales palabras, al tratar del poema "El rey de Harlem", en el cual y en los de la segunda sección del poemario, "Los negros", él va al encuentro con ellos, pues, como nos dice, "... y pese a quien pese, son los más espiritual y lo más delicado de aquel mundo" (263). Como el bíblico, su *Apocalipsis neoyorquino*, tiene su parusía, o advenimiento glorioso, expresado, al final de la "Oda a Whitman", con esta enternecedora imagen: "Y un niño negro anuncie a los blancos del oro / la llegada del reino de la espiga".[185]

---

[184] Celebraba, Allen Ginsberg la "Oda a Whitman" de Lorca y gustaba de recitar su poema "A supermarket in California", en el cual, y en un momento de su recorrido por él, exclamaba: "¿Y tú García Lorca que haces entre las sandias?" y, casi inmediatamente, da con Whitman ante la refrigeradora hurgando en la carne, quien se le une por la tienda y en el paseo por las oscuras calles de Berkeley, como se lo había encontrado años antes, Lorca en sus paseos por las calles de Nueva York.

[185] Se recoge la Conferencia-recital en el libro, donde también se incorpora todo lo poético escrito por García Lorca en Nueva York y no incluido en el poemario y junto a 12 de sus dibujos, *Federico García Lorca: Poeta en Nueva York*. Edición de Hilario Jiménez Gómez (2018). Hay que añadir que, tan aficionado a ir al cine y al teatro en Nueva York, allí escribió, con la nueva poética del poemario, un guión de cinematográfico *Viaje a la luna* y el comienzo de un drama revolucionario, tanto en lo social como en lo teatral.

Danza de la Muerte

El mascarón. ¡Mirad el mascarón!
¡Cómo viene del África a New York!

Se fueron los árboles de la pimienta,
los pequeños botones de fósforo.
Se fueron los camellos de carne desgarrada
y los valles de luz que el cisne levantaba con el pico.

Era el momento de las cosas secas,
de la espiga en el ojo y el gato laminado,
del óxido de hierro de los grandes puentes
y el definitivo silencio del corcho.

Era la gran reunión de los animales muertos,
traspasados por las espadas de la luz;
la alegría eterna del hipopótamo con las pezuñas de ceniza
y de la gacela con una siempreviva en la garganta.

En la marchita soledad sin honda,
el abollado mascarón danzaba.
Medio lado del mundo de arena,
mercurio y sol dormido el otro medio.

El mascarón. ¡Mirad, el mascarón!
¡Arena, caimán y miedo sobre Nueva York!

* * *

Desfiladeros de cal aprisionaban un cielo vacío
donde sonaban las voces de los que mueren bajo el guano.
Un cielo mondado y puro, idéntico a sí mismo,
con el bozo y lirio agudo de sus montañas invisibles,

Acabó con los más leves tallitos del canto

y se fué al diluvio empaquetado de la savia,
a través del descanso de los últimos desfiles,
levantando con el rabo pedazos de espejos.

Cuando el chino lloraba en el tejado
sin encontrar el desnudo de su mujer.
y el director del banco observando el manómetro,
que mide el cruel silencio de la moneda,
el mascarón llegaba al Wall Street.

No es extraño para la danza
este columbario que pone los ojos amarillos.
De la esfinge a la caja de caudales hay un hilo tenso
que atraviesa el corazón de todos los niños pobres.
El ímpetu primitivo baila con el ímpetu mecánico,
ignorantes en su frenesí de la luz original.
Porque si la rueda olvida su fórmula,
ya puede cantar desnuda con las manadas de caballos:
y si una llama quema los helados proyectos,
el cielo tendrá que huir ante el tumulto de las ventanas.

No es extraño este sitio para la danza, yo lo digo.
El mascarón bailará entre columnas de sangre y de números,
entre huracanes de oro y gemidos de obreros parados
que aullarán, noche oscura, por tu tiempo sin luces,
¡oh salvaje Norteamérica!, ¡oh impúdica!, ¡oh salvaje,
tendida en la frontera de la nieve!

El mascarón. ¡Mirad el mascarón!
¡Qué ola de fango y luciérnaga sobre Nueva York!

***

Yo estaba en la terraza luchando con la luna.
Enjambres de ventanas acribillaban un muslo de la noche.
En mis ojos bebían las dulces vacas de los cielos.
Y las brisas de largos remos
golpeaban los cenicientos cristales de Broadway.

La gota de sangre buscaba la luz de la yema del astro
para fingir una muerta semilla de manzana.
El aire de la llanura, empujado por los pastores,
temblaba con un miedo de molusco sin concha.

Pero no son los muertos los que bailan,
estoy seguro.
Los muertos están embebidos, devorando sus propias manos.
Son los otros los que bailan con el mascarón y su vihuela;
son los otros, los borrachos de plata, los hombres fríos,
los que crecen en el cruce de los muslos y llamas duras,
los que buscan la lombriz en el paisaje de las escaleras,
los que beben en el banco lágrimas de niña muerta
o los que comen por las esquinas diminutas pirámides del alba.

¡Qué no baile el Papa!
¡No, qué no baile el Papa!
Ni el Rey,
ni el millonario de dientes azules,
ni las bailarinas secas de las catedrales,
ni constructores, ni esmeraldas, ni focos, ni sodomitas.
Sólo este mascarón;
este mascarón de vieja escarlatina,
¡sólo este mascarón!·

Que ya las cobras silbarán por los últimos pisos
que ya las ortigas estremecerán patios y terrazas,
que ya la Bolsa será una pirámide de musgo,
que ya vendrán lianas después de los fusiles
y muy pronto, muy pronto, muy pronto.
¡Ay, Wall Street!

El mascarón. ¡Mirad el mascarón!
¡Cómo escupe veneno de bosque
por la angustia imperfecta de Nueva York!

Diciembre, 1929

Julia de Burgos
(1914-1953)

Poesía

Es más que una coincidencia el que Julia de Burgos, aparezca en el *Florilegio* tras Federico García Lorca, tan admirado por ella, junto a Pablo Neruda, y a quien escribió un poema, "Federico", asesinado por las fuerzas franquistas, y ambos, él y ella, teniendo una trágica muerte y casi a la misma edad: él a los 38 años y ella a los 39. Nacida, en febrero de 1914 en el seno de una modesta familia numerosa en barrio de Santa Cruz, de la municipalidad de Carolina (Puerto Rico). Desde pequeña, en su vida rural, mostró su amor por la tierra y su afición a las lecturas.[186] Trasladada la familia a la capital, con una beca entró en la Universidad y, en 1933, a sus 19 años salió licenciada de maestra, pasando a enseñar en un colegio infantil de un barrio pobre y a dar presentaciones por radio. Pronto se unió al grupo de activistas y escritores que pugnaban contra lo impuesto bajo los Estados Unidos. Se integró en el Partido Nacionalista de Puerto Rico, participando en actividades políticas y escribiendo, junto a su poesía intima, otra a favor de la causa obrera y campesina, "con la tea en la mano", como expresara al final de su "A Julia de Burgos"; una poesía bastante dada de lado por mucha de la crítica posterior tan ensalzadora de su otra poesía intimista.[187] Con sus dos primeros libros poéticos, *Poemas en 20 surcos*, 1938 y *La canción de la verdad sencilla*, 1939, premiado por el Instituto de Estudios Literarios de Puerto Rico,

---

[186] De lo muchísimo escrito sobre ella, destacamos el libro de Juan Antonio Rodríguez Pagán que estudia su vida y obra en su contexto histórico-político-social, cultural y poético, *Julia en Blanco y negro* (2000).

[187] Sí se publicó el libro de Juan Antonio Rodríguez Pagán, en mínima edición, inencontrable, *La hora tricolor cantos revolucionarios y proletarios de Julia de Burgos*, 1992. Posteriormente, en el citado *Julia en blanco y negro*, se extiende sobre su actividad política y esta poesía de matriz proletaria y revolucionaria presente ya en su primer poemario, y relacionándola, y con sus poemas sobre la España republicana en guerra, con la de Neruda, Alberti y Miguel Hernández. Jack Agüeros recoge bastantes de dichos poemas en *Songs of the Simple Truth. Obra poética completa*. Tales como: "Ya no es canción (Es grito)", "23 de septiembre", "Es nuestra hora", "Anunciación", "Domingo de Ramos", "Responso de ocho partidas", "Somos puño cerrados", y "Federico", su poema a García Lorca. Otro de aquellos poemas "Ochenta mil", los muertos en los campos de batalla en la guerra española, desgarrador poema y contra el fascismo, de su primer poemario, lo vuelve a publicar, en 1944, en plena guerra mundial, en *Pueblos Hispanos*.

la joven Julia de Burgos pasó a la primera línea de la poesía puertorriqueña. Se ha celebrado mucho a Julia de Burgos, y en la estela de a su antecesora Luisa Capetillo, como mujer moderna, fumando y bebiendo en público, independiente, asumiendo su propio erotismo femenino y con sus directos juicios sobre los hombres, tan bien expresados en poemas tales como el de "Yo misma fui mi ruta".

De la obra en su voluntario destierro en Nueva York, desde 1942 hasta su temprana muerte en 1953, que es lo que atañe al presente *Florilegio*, la parte central, y casi única en lo que conocemos de ella, es la del año y pico, 1943-1944, en que formó parte de la redacción del semanario *Pueblos Hispanos*, "Semanario progresista" (*en la parte central del título aparecía una figurita de Don Quijote cabalgando en Rocinante y lanza en ristre*), iniciado el 13 de febrero de 1943, dirigido por el destacado escritor, poeta y activista independentista, Juan Antonio Corretjer. Como se desprende del título, aunque siguiendo con los ideales del independentismo, su principal enfoque era el de "la difusión de las culturas hispánicas" en los Estados Unidos y por el mundo, en plena II Guerra Mundial, cuando se esperaba que tras la derrota del fascismo un mundo mejor pudiera surgir, y por el que apostaba la redacción de *Pueblos Hispanos*, abrazando, como tantos intelectuales y artistas mundialmente en tal coyuntura, un internacionalismo socialista/comunista. Julia de Burgos pasó a ser la editora de la sección de Cultura. Radicado el semanario en el Barrio hispano de Harlem, mayoritariamente puertorriqueño, tenía un enfoque dirigido a toda la colonia hispánica, y abierto, también, a lo que se vivía en los países hermanos en la política, la cultura y en el arte. Desafortunadamente, sus redactores bajo la mira del FBI y con falta del suficiente apoyo, para septiembre de 1944, *Pueblos Hispanos* dejaba de existir. En agosto, Julia de Burgos lo había dejado yéndose a Washington donde su nuevo marido encontró empleo. Sin acoplarse en la capital, y echando de menos el barrio y la colonia hispana y puertorriqueña de Nueva York, "su segunda casa", allí volvió en 1946.

En una monografía, Juan Antonio Rodríguez Pagán recopiló los textos publicados por Juana de Burgos en *Pueblos Hispanos*, en diversas categorías: 8 poemas, 7 ensayos, 7 entrevistas y 6 reseñas. Señalamos algunos de ellos, De poesía: "Campo", otro de sus poemas de amor a la naturaleza, y viéndole perdido en su grandeza desde la gran urbe donde se le canta y extraña; "Una canción a Albizu Campos" (preso en Atlanta), a quien, más que como líder independentista, se le canta desde un internacionalismo mundial e hispanoamericano, tema de un siguiente poema; "Canción a los pueblos hispanos de América y del mundo"; esa Canción que, y en español, se ha venido oyendo tanto en Estados Unidos desde el siglo XIX, y su "Canto a Martí", quien ya en Nueva York, y genialmente, había personificado y expresado los ideales de la Unión americana, que abrazan Julia de Burgos y la redacción del semanario; un desgarrador canto "de ansiada libertad –por la que Martí daría su vida "no poseída"–, y para el querido pueblo puertorriqueño bajo los Estados Unidos. De aquí que, con dolor, Julia de Burgos una la muerte del gran Martí con la situación en que ve a su Puerto Rico: *"Puerto Rico y Martí; sed de dos ríos / una lápida misma los alberga"* y añadiendo *"Más de una voz que llega de otra orilla, / soy tu propia carne, herida abierta / para que llegues a la paz despierto, / sobre el dolor más grande América"*.[188] Sus entrevistas son parte del propósito suyo y del semanario de llevar al lector-a de a pie, de la calle, el arte y la cultura que latía en dicha comunidad puertorriqueña e hispánica-latina de Nueva York, tan discriminada y rebajada por la dominante sociedad anglo. Veamos algunos títulos de tales ejemplos: "Con Narciso Figueroa", pianista puertorriqueño; "Con Eusebia Cosme (Gran recitadora Cubana)"; "Con Noro Morales (Director de Orquesta Puertorriqueño)"; "Conrado Vázquez (Pintor revolucionario mexicano)", "Con Josephine Premise... Y su arte folklórico haitiano"; "Iris y Paloma caminan por Harlem"[189]; "Con Carlos Alfonso Ríos (Poeta peruano) "Presentación de Marigloria Palma".

Ya acabada la guerra mundial, en 1945, Julia de Burgos, publicó

---

[188] En contraposición a este poema, y con un valiente espíritu combativo, tenemos su "Himno a Trujillo", el cual comienza con "Que ni muerto las rosas del amor te sostengan / general de la muerte, para ti la impiedad", y hacia el final exclama: "¡Maldición desde el grito amplio y definido / que por mi voz te busca desde todas tus víctimas".

[189] Se trata de dos amigas, ¿reales o inventadas por ella?, la española exiliada en México y, ahora, de visita en Nueva York y la periodista mexicana Iris, que ha venido a hacer estudios en la Universidad de Columbia, a quienes Julia de Burgos lleva de paseo, por centros culturales: El Museo de Arte Hispánico, y el de Nueva York, pero también por el Harlem puertorriqueño donde ven la pobreza y sus viviendas, casi inhabitables, pero, también, "el lado positivo, y el de inspiradores grupos como el Club Marcantonio (a nombre de Vito Marcantonio, destacado destacado político neoyorquino, italo/americano que tanto hizo por la colonia puertorriqueña), el Club de Hostos, el Club Obrero, La Mutualidad Obrera, Pueblos Hispanos, que son y serán la vanguardia de la defensa de las clases explotadas y sufridas, especialmente la puertorriqueña" (*Julia de Burgos... periodista* 72).

un destacado artículo, "Ser o no Ser es la Divisa", en el *Semanario Hispano* sobre la encrucijada que se abría para la humanidad entre un capitalismo imperialista y otras fuerzas retrógradas y un progresismo libertador de las fuerzas populares (aunque no menciona la palabra socialismo o comunismo, indirectamente sí alude a ellos). Contrario a sus esperanzas, en el país, con el anticomunismo que se impuso en la posguerra, persecuciones del FBI y alcanzado su climax con el cruel y furibundo macartismo, entre 1950 y 1954. Y, en Puerto Rico, diezmado, marginado, el Partido Nacionalista, de poco apoyo popular con sus llamadas a la revolución armada, más la elección, por votación popular, en 1952 del "El Estado Libre Asociado", y con la enseña de una propia bandera puertorriqueña y el gobierno del liberal Luis Muñoz Marín[190] y sus logros socio-políticos y culturales, la divisa de la vida de la propia Julia de Burgos se fue hundiendo en la del "no ser". Poco se detalla de sus últimos años en Nueva York ("un largo silencio de piedra", lo llama Juan Rodríguez Pagan), con su segundo matrimonio en crisis, sin trabajo fijo, participando en algunos actos políticos y dando algunos recitales de su poesía. Sí se habla, y se dan algunas desafortunadas imágenes de la reconocida gran poeta, pero en el abandono y pobreza, entregada al alcohol, y plagada, desde 1945, de enfermedades y yendo de hospital en hospital hasta el 6 de julio de 1953, día de su trágico fin: encontrada, por la policía inconsciente caída en el asfalto de la calle 106 de su querido Harlem, sin ninguna documentación. Más que tal devastadora y tristísima imagen de su final, lo que revivimos, para terminar la semblanza, es la imagen que ella dio de sí misma en carta a la hermana poco antes de su muerte. Tras decir que volverá:

> "cuando todas las flores de Puerto Rico estén abiertas", añadía que de vuelta, planifica pasar varios días en el mar, "quemándose del sol como en los días juveniles. Y volver a mirar su río con los mismos ojos tranquilos y añorantes de

---

[190] Muñoz Marín, primer gobernador puertorriqueño elegido, por votación popular y en cuatro ocasiones sucesivas, también cuenta en la Historia de las letras en español en y de los Estados Unidos, educado y viviendo en el país durante varios años, desde muy pronto entró en contacto con un grupo de escritores norteamericanos en Nueva York. En agosto de 1918, fundó en Nueva York *La Revista de Indias*, en la que colaboró Salomón de la Selva, aunque sólo duró tres números. Asimismo tradujo poesía del inglés al español y del español al inglés y escribió poemas, y cuentos, alternando, en sus idas, entre Nueva York y Puerto Rico, con los jóvenes literatos. Debió conocer, entonces, a Julia de Burgos. Juan Antonio Corretjer le dedicó su famoso poema "Regresemos a la montaña", de 1929.

cuando fuera su novia. ¡Bendito!"
Julia de Burgos... periodista en Nueva York, 22

Hay que lamentar que no se haya podido recoger una colección dedicada, solamente, a todos sus poemas escritos en Nueva York, entre 1942 y 1953, con su alma restañando en los bajos fondos de la miseria y la enfermedad. Los dos de estos poemas finales que suelen publicarse o citarse son ambos en inglés y de los últimos meses de su vida.[191] Por ser Puerto Rico, también, parte de los Estados Unidos transcribimos uno de sus primeros, y grandes, poemas, "A Julia de Burgos", en donde se afirma como "mujer libre, independiente, flor del pueblo"; unida a la causa de la libertad y la justicia frente a la burguesa, dominada por el orden patriarcal y ansias del lujo. Como Borges con su otro yo, y Frida Kahlo en "Las dos Fridas". Julia de Burgos se contempla en el espejo de su doble. Y el segundo un poema de despedida, poco antes de morir, y en inglés, con su carga poética llenado, redimiendo, el fatal hueco de los últimos años en Nueva York: "Farewell in Welfare Island", "un grito al mundo", como el anterior "Grito hacia Roma" de Federico García Lorca, desde la torre del Chrysler Building o el *Aullido* de Allen Ginsberg, de 1956. Y cerramos la selección con la segunda mitad del poema (*y alentando a lectores/as que vayan en busca del completo*) con que concluye su último poemario, 1954, *El Mar y tú. Otros poemas.* Aunque se dice que fueron enviados a su hermana desde Cuba a principios de los años 40, este "Poema para mi muerte", donde se afirma en su ser de poeta, también podía haber sido escrito la noche antes de su muerte. Se puede leer entero en Internet.

A Julia de Burgos

---

[191] En los 202 poemas que Jack Agüeros nos presenta como *Obra poética completa*, pero sin ningún orden cronológico y diciendo que él aporta 50 perdidos, suponemos que habrán bastantes poemas de aquellos 11 años. Ya mencioné alguno que recoge de los publicados en *Pueblos Hispanos*. Advertimos uno que podría ser de 1952, cuando se aprobó el "Estado Libre Asociado, de bastante importancia pues la poeta sigue con la tea en alto del Partido Independentista, "Puerto Rico en ti" (p. 300), dirigido a Gilberto Concepción de la Gracia, quien en la décadas de los 50 y 60 dirigía y organizaba el Partido Independentista, tras decir "La voz de la Independencia que contigo seguimos / los que vivos de honor limosna rechazan / de un Puerto Rico "estado asociado y ridículo"..., el poema termina con el siguiente cuarteto: ""Llévate este mensaje puertorriqueño y mío / de tus hermanos libres que en "New York" te acompañan / y sigue tu camino con la luz de una estrella / Gilberto Concepción de la Gracia y de batalla".

Ya las gentes murmuran que yo soy tu enemiga
porque dicen que en verso doy al mundo tu yo.
Mienten, Julia de Burgos. Mienten, Julia de Burgos.
La que se alza en mis versos no es tu voz: es mi voz
porque tú eres ropaje y la esencia soy yo; y el más
profundo abismo se tiende entre las dos.

Tú eres fría muñeca de mentira social,
y yo, viril destello de la humana verdad.

Tú, miel de cortesanas hipocresías; yo no;
que en todos mis poemas desnudo el corazón.

Tú eres como tu mundo, egoísta; yo no;
que todo me lo juego a ser lo que soy yo.

Tú eres solo la grave señora señorona;
yo no; yo soy la vida, la fuerza, la mujer.

Tú eres de tu marido, de tu amo; yo no;
yo de nadie, o de todos, porque a todos, a
todos en mi limpio sentir y en mi pensar me doy.

Tú te rizas el pelo y te pintas; yo no;
a mí me riza el viento; a mí me pinta el sol.

Tú eres dama casera, resignada, sumisa,
atada a los prejuicios de los hombres;
yo no; que soy Rocinante corriendo desbocado
olfateando horizontes de justicia de Dios.

Tú en ti misma no mandas;
a ti todos te mandan; en ti mandan tu esposo, tus
padres, tus parientes, el cura, la modista,
el teatro, el casino, el auto,
las alhajas, el banquete, el champán, el cielo
y el infierno, y el que dirán social.

En mí no, que en mi manda mi solo corazón,

mi solo pensamiento; quien manda en mí soy yo.

Tú, flor de aristocracia; y yo, la flor del pueblo.
Tú en ti lo tienes todo y a todos se lo debes,
mientras que yo, mi nada a nadie se la debo.

Tú, clavada al estático dividendo ancestral,
y yo, un uno en la cifra del divisor
social, somos el duelo a muerte que se acerca fatal.

Cuando las multitudes corran alborotadas
dejando atrás cenizas de injusticias quemadas,
y cuando con la tea de las siete virtudes,
tras los siete pecados, corran las multitudes,
contra tí, y contra todo lo injusto y lo inhumano,
yo iré en medio de ellas con la tea en la mano.

V.A. Vol. II, No. 7. Otoño 1999

(Tal poema tiene una posterior secuela en el Homenaje a Antonio Coll Vidal y a Julia de Burgos de La Asociación de Periodistas y Escritores Puertorriqueños, capítulo de Nueva York, el 5 de abril de 1940, donde Antonio Coll leería su "Poema en Julia de Burgos", donde junto a la entrega a su persona y poesía, irónicamente, asimismo escribía, "En Julia yo amo a Julia Burguesa, / la que pinta sus labios y el pelo ... riza la que ante el espejo se siente hembra...". Visto el poema, ella en el camerino del lugar del Homenaje, escribió su "Réplica a Antonio Coll y Vidal", respondiendo: "Sigo siendo poema Julia de Burgos / la que no tiene nada de ser burguesa; / la que canta por los jardines / y se riza el alma hasta la tormenta"; y concluye: "Envío. / Si en tu verso tendido fui creadora / de un enorme espejismo de flor burguesa, / con su impulso salvaje de golondrina / desataré tu erguida voz de poeta"; todo un juego poético de la admiración mutua y la amistad que les unía, lejos de su amado Puerto Rico).

Farewell in Welfare Island (Un grito al mundo)

It has to come from here,
right this instance,
my cry into the world.

The past is only a shadow emerging from
nowhere.

Life was somewhere forgotten
and sought refuge in depths of tears
and sorrows
over this vast empire of solitude and darkness.
Where is the voice of freedom,
freedom to laugh,
to move
without the heavy phantom of despair?
Where is the form of beauty
unshaken in its veil simple and pure?
Where is the warmth of heaven
pouring its dreams of love in broken
spirits?
It has to be from here,
right this instance,
my cry into the world.
My cry that is no more mine,
but hers and his forever,
the comrades of my silence,
the phantoms of my grave.

It has to be from here,
forgotten but unshaken,
among comrades of silence
deep into Welfare Island
my farewell to the world.

     Golwater Memorial Hospital
     Welfare Island, NYC.

Feb. 1953.

Al poema, le seguía otro firmado en el mismo lugar, el 30 de abril, 1953, "The Sun in Welfare Island", el cual comenzaba: "The sun / is shining in despair / at my sorrow heart" y terminaba: "… my eyes are full of / solitude, / and all of me is loneliness / in a rebellious heart"; "corazón rebelde" que tanto latiera desde la primera poesía de Julia de Burgos.

Poema para mi muerte

… Que nadie me profane la muerte con sollozos,
ni me arropen por siempre con inocente tierra;
que en el libre momento me dejen libremente
disponer de la única libertad del planeta.

¡Con qué fiera alegría comenzarán mis huesos
a buscar ventanitas por la carne morena
y yo, dándome, dándome, feroz y libremente
a la intemperie y sola rompiéndome cadenas!

¿Quien podrá detenerme con ensueños inútiles
cuando mi alma empiece a cumplir su tarea,
haciendo de mis sueños un amasijo fértil
para el frágil gusano que tocará a mi puerta?

Cada vez más pequeña mi pequeñez rendida,
cada instante más grande y más simple la entrega;
mi pecho quizás ruede a iniciar un capullo,
acaso irán mis labios a nutrir azucenas.

¿Cómo habré de llamarme cuando sólo me quede
recordarme, en la roca de una isla desierta?
Un clavel interpuesto entre el viento y mi sombra,
hijo mío y de la muerte, me llamarán poeta.

Hay que destacar que, sobre esa imagen que tanto se difunde de

Julia de Burgos caída en la absoluta pobreza, y el abandono (como si ella misma hubiera querido fundirse, en carne y hueso, con los más pobres de la tierra por cuya redención cantara), hoy, 76 años después, en la calle 106 East de su querido Spanish Harlem o "El Barrio", en que se desplomara para morir, su rostro destella en el mural frente al lugar, y parte de la calle lleva su nombre; sus ideales culturales y sociales laten en la vida del barrio, donde también se encuentra un Centro Cultural y una Escuela a su nombre; algo que se repite en otras ciudades del país y en su Puerto Rico. ¡Y sigue tan vivo su lenguaje poético con sus reivindicaciones femeninas, sociales y culturales!

Juan Ramón Jiménez
(1881-1958)

Poesía

Curiosamente, en febrero de 1916, viajando en barco hacia América a casarse en Nueva York con Zenobia Camprubí, puertorriqueña y de la familia propietaria del tan importante periódico hispano, *La Prensa*, Juan Ramón tuvo la noticia del fallecimiento del gran Rubén Darío, quien tanto le influyera a él, a los hermanos Machado y a otros poetas españoles de principio de siglo. De aquel viaje suyo a América salió el *Diario de un poeta reciéncasado*, iniciando una nueva poética, en la estela, superadora, del modernismo, con un afán de desnudez y aparente espontánea sencillez, que tanto influyó a la nueva generación de jóvenes poetas en España y en la América de habla española. Con su depuración del lenguaje poético, como constatara Octavio Paz, "con él, y por él, sin negarse, el modernismo cambia y se vuelve otro", añadiendo: "...la influencia de este poeta se extendió por todo el ámbito de la lengua durante más de quince años" (*Laurel 494*) y son varios y varias poetas de América que así lo reconocieron, como la misma Julia de Burgos el cubano Eugenio Florit, y las dos mayores, en edad y en el cultivo poético de nuestros días, la uruguaya Ida Vitale y la cubana Fina García Marruz.

Su poesía escrita en los Estados Unidos, abarca dos etapas de ruptura y de innovación poética de la poesía del siglo XX. La primera, en su estancia en Nueva York y en el Este de los Estados durante 5 meses, fundiendo su poesía depuradora con la prosa poética en un *Diario poético*. En la segunda, en Estados Unidos y en Puerto Rico, donde viviera en el exilio de la España franquista y hasta su muerte en 1958[192], escribe su gran obra, asimismo,

---

[192] Junto a él, y aunque no aparezcan en el *Florilegio*, habría que incluir a otros tres grandes poetas del exilio republicano de la prodigiosa, "Generación del 27", Jorge Guillén, Pedro Salinas, y Luis Cernuda, quienes tanto enriquecieron la poesía escrita en los Estados Unidos por aquellas fechas y también a Ramón Sender y sus novelas escritas en el exilio norteamericano. Sobre otros escritores españoles escribiendo en Nueva York en apoyo de la República española, y vinculados a la causa popular y obrera, durante la guerra y en el exilio,

innovadora de plena madurez y eclosión poética. Su visión de Nueva York en su primera instancia, es muy distinta de la anterior de Rubén Darío y de la de García Lorca. No se trata del "poeta en Nueva York" o en la "gran metrópoli", la cual sólo le sirve a él de fondo para expresar la "alborada poética" que siente, o piensa, día a día, el latido de la introspección en su alma de lo que va viendo, sintiendo un yo fundido en el amor con la amada esposa. En el fondo, tal "simbolismo moderno" y de alborada, es un paso hacía adelante del simbolismo-decadentista, tan de la nocturnidad, en el que Juan Ramón se iniciara en la estela de Baudelaire y de Poe. El *Diario* es, también, un "Canto Espiritual", la amada y el amado, con resonancias del de San Juan de la Cruz, pero fundidos en un amor "divino" terrenal, el cual abarca a la naturaleza y a todos sus seres en su posterior, y totalizador, *Espacio*, y en toda su última, y sumamente creedora, etapa del exilio norteamericano. En su visión en el *Diario*, del "Nueva York de hierro y acero" no hay la impugnación que encontramos en Darío, y más en García Lorca, aunque si encontramos una visión irónica del omnipotente materialismo neoyorquino, dando de lado su conglomerado de máquinas, anuncios y multitudes, y centrándose en la desnuda expresión de lo que él está viviendo o sintiendo en el momento. Un ejemplo de esto lo encontramos en el poema LXXI (Nueva York, 19 de marzo), "FELICIDAD":

> ¿Subterráneo? ¿Taxi? ¿Elevado? ¿Tranvía? ¿Omnibus? ¿Carretela? ¿Golondrina? ¿Aeroplano? ¿Vapor? ...No. Esta tarde hemos pasado New York ¡por nada! en rosa nube lenta.

Más que con los altos edificios y lujosos almacenes de la Quinta Avenida, lo que a él le atrae y se identifica, como en el poema CIX, "El árbol tranquilo", es con tal árbol "viejo, bello y solitario", al empiece de la avenida y junto al parque de la Washington Square – lugar favorito de su estancia neoyorquina–, y como al final escribe: "Y mis ojos, enredándose por sus ramas, son flor suya, y con él ven la noche alta, solo yo como él, que ha encendido, igual que mi corazón su sangre, su aceite puro, a la eterna realidad invisible de la única y más alta y siempre existente primavera". Una primavera que

---

la profesora Montse Feu ha dedicado varios libros y estudios. Señalamos alguno en la Bibliografía.

florece, con aleteos de lo sublime, en el primer poema que transcribimos del *Diario* de 1916, una escena en el *subway*:

La negra y la rosa

A Pedro Henríquez Ureña[193]

La negra va dormida, con una rosa blanca en la mano.

—*La rosa y el sueño apartan, en una superposición mágica, todo el triste atavío de la muchacha: las medias rosas caladas, la blusa verde y transparente, el sombrero de paja de oro con amapolas moradas.*— Indefensa con el sueño, se sonríe, la rosa blanca en la mano negra.

¡Cómo la lleva! Parece que va soñando con llevarla bien.

Inconsciente, la cuida —con la seguridad de una sonámbula— y es su delicadeza como si esta mañana la hubiera dado ella a luz, como si ella se sintiera, en sueños, madre del alma de una rosa blanca. —*A veces, se le rinde sobre el pecho, o sobre un hombro, la pobre cabeza de humo rizado, que irisa el sol cual si fuese de oro, pero la mano en que tiene la rosa mantiene su honor, abanderada de la primavera*—

Una realidad invisible anda por todo el subterráneo, cuyo estrepitoso negror rechinante, sucio y cálido, apenas se siente. Todos han dejado sus periódicos, sus gomas y sus gritos; están absortos, como en una pesadilla de cansancio y tristeza, en esta rosa blanca que la negra exalta y que es como la conciencia del subterráneo. Y la rosa emana, en el silencio atento, una delicada esencia y eleva como una bella presencia inmaterial que se va adueñando de todo, hasta que el hierro, el carbón, los periódicos, todo, huele un punto a rosa blanca, a primavera mejor, a eternidad.

V.A. Vol. II, No. 7. Otoño 1999

De su segunda estancia, de largos años en el exilio norteamericano –como varios de los poetas y escritores recogidos en el *Florilegio*–, reproducimos un fragmento de su gran poema "como

---

[193] Quien fuera su admirador y buen amigo y con quien se viera, con frecuencia, en su estancia en Nueva York.

dictado de Arte Mayor", según sus palabras, del que, y salido del Hospital de Miami, en 1941, nos dijo que escribió , en "una fuga incontenible, embriaguez rapsódica, un poema *Espacio* de una sola estrofa de Arte Mayor": dividido en tres Fragmentos, un canto poético, emulando al monólogo interior del *Ulises* de Joyce o el de Proust, con lo suyo de sinfonía musical aspirando a abarcar, por medio de los sentidos y la conciencia, y con la luz del amor, y en el momento presente, la multiplicidad de todo lo existente, conjugando lo exterior con lo interior, lo terrenal con lo divino, y apuntando ya al poemario de su culminación poética: *Dios deseado y deseante*. Reproducimos el fragmento segundo, y, en donde en un instante presente, el poeta une, y fundido en el amor, recuerdos de lo vivido en la patria nativa con el viviente paseo en el destierro neoyorquino.

Espacio Fragmento segundo (Cantada)

"Y para recordar por qué he vivido", vengo a ti, río Hudson de mi mar, "Dulce como esta luz era el amor…" "Y por debajo de Washington Bridge (el puente más con más de esta Nueva York) pasa el campo amarillo de mi infancia". Infancia, niño vuelvo a ser y soy, perdido, tan mayor, en lo más grande. Leyenda inesperada: "dulce como la luz es el amor", y esta New York es igual que Moguer, es igual que Sevilla y que Madrid. Puede el viento en la esquina de Broadway, como en la Esquina de las Pulmonías de mi calle Rascón, conmigo; y tengo abierta la puerta donde vivo, con sol dentro. "Dulce como este sol era el amor". Me encontré al instalado, le reí, y me subí al rincón provisional, otra vez, de mi soledad, y de mi silencio, tan igual en el piso 9 y sol, al cuarto bajo de mi calle y cielo. "Dulce como este sol es el amor". Me miraron ventanas conocidas con cuadros de Murillo. En el alambre de lo azul, el gorrión universal cantaba, el gorrión y yo cantábamos, hablábamos; y lo oía la voz de la mujer en el viento del mundo. ¡Qué rincón ya para suceder mi fantasía! El sol quemaba el sur del rincón mío, y en el lunar menguante de la estera, crecía dulcemente mi ilusión queriendo huir de la dorada mengua. "Y por debajo de Washington Bridge, el puente más amplio de New York. Corre el campo dorado de mi infancia…" Bajé lleno a la calle, me abrió el viento la ropa, el corazón; vi caras buenas. En el jardín de St. John the Divine, los chopos verdes eran de Madrid; hablé con un perro y un gato en español; y los niños del coro, lengua eterna, igual del paraíso y de la luna, cantaban, con campanas de San Juan, en el rayo de sol derecho, vivo, donde el cielo flotaba hecho armonía violeta y oro; iris ideal que bajaba y subía, que bajaba... "Dulce como este sol era el amor. " Salí por Amsterdam, estaba allí la luna (Morningside); el aire ¡era tan puro! Frío no, fresco, fresco; en él venía vida de primavera nocturna, y el sol estaba dentro de la luna y de mi cuerpo, el sol presente, el sol que nunca más me dejaría los huesos, solos, sol en sangre, y él. Y entré cantando ausente en la arboleda de la noche y el río que se iba bajo Washington Bridge con sol aún hacia mi España por oriente, a mi oriente de mayo de Madrid: un sol ya muerto, pero vivo; un sol presente, pero ausente; un sol rescoldo de vital carmín, un sol carmín vital en el verdor; un sol vital en el verdor ya negro, un sol en el negror ya luna; un sol en la gran luna de carmín; un sol de gloria nueva, nueva en otro Este: un sol de amor y de trabajo hermosos; un sol como el amor... "Dulce como este sol era el amor".

Múltiples veces, como aquí, aparece el sol, en la poesía del destierro de Juan Ramón Jiménez, cuyo simbolismo, además de sus tantas cualidades como la energía vital, y el vitalismo, expresa "gloria, espiritualidad, iluminación" (*Diccionario de símbolos*, Juan Eduardo Cirlot, 419), y, como en este caso, vinculado a la "iluminación" del amor. Un amor-sol, que tanto encarna en el de con su amada esposa Zenobia, nueva Beatriz de esta "Divina Comedia" del siglo XX, de lo que tiene tanto la poesía de plenitud de Juan Ramón Jiménez, y, con los dos amantes a la puerta de la muerte, en el poemario de sus versos finales, *Ríos que se van* (1953). El tercer poema es el último de los así titulados, "El color de tu alma", ¡que cierra-abre su *Tercera antolojía, 1898-1953*! Ya en el cuarto de tales poemas, "Concierto", hacia el final, tras el verso "la paz de dos en uno", concluía: "Y que convierte / el tiempo y el espacio, con latido / de ríos que se van, en el remanso / que aparta a dos que viven en la muerte".

El 25 de octubre de 1956, Juan Ramón supo que se le otorgaba el premio Nobel y se lo dijo a su amada Zenobia, ya en la agonía de su enfermedad fatal, muriendo tres días después, el 28. Él, también enfermo y sin ella, moriría el 29 de mayo de 1958.

El color de tu alma

Mientras que yo te beso, su rumor
nos da el árbol que mece al sol de oro
que el sol le da al huir, fugaz tesoro
del árbol que es el árbol de mi amor.

No es fulgor, no es ardor, y no es altor
lo que me da de ti lo que te adoro,
con la luz que se va; es el oro,
el oro, es el oro hecho sombra: tu color

El color de tu alma; pues tus ojos
se van haciendo ella y a medida
que el sol cambia sus oros, por sus rojos
y tú te quedas pálida y fundida,
sale el oro hecho tú de tus dos ojos
que son mi paz, mi fe, mi sol: ¡mi vida!

Nuevamente, recordemos que el oro, que tanto aparece en la poesía de Juan Ramón Jiménez y ya desde *El silencio de oro* (1911-1913), "simboliza todo lo superior, la glorificación "…el elemento esencial del tesoro escondido o difícil de encontrar, imagen de los bienes espirituales y de la iluminación suprema" (*Diccionario de símbolos*, Juan Eduardo Cirlot 344). Todo lo expresado sobre el "sol de oro" de la unión amorosa de Juan Ramón y Zenobia, se esencializa en el poema que cierra abriendo *Poesías últimas escojidas* (1918-1958):

Con tu voz

Cuando esté con las raíces
llámame tú con tu voz
Me parecerá que entra
temblando la luz del sol.

Eugenio Florit
(1903-1999)

Poesía

Los poetas solos de Manhattan

Nacido en Madrid, de madre cubana, y regresada la familia a la Isla, cuando él tenía 14 años, donde hizo el bachillerato y la carrera universitaria. Aunque orgulloso de su ascendencia española, Eugenio Florit, no obstante, se sentía muy cubano (ya Max Aub dijera que uno es del país donde hace el bachillerato). Muy pronto se le despertó la vocación poética y formó parte de la destacada generación de escritores y poetas cubanos que fundaron la tan valiosa revista vanguardista *Avance* en 1917, en la que colaboraron, asimismo, destacados escritos y artistas de otros países hispanoamericanos y de España, incluidos Unamuno y Juan Ramón Jiménez. Cuando éste llegó a Cuba en 1936 iniciando su exilio, tuvo gran ascendencia sobre los poetas del grupo y entró en amistad con Eugenio Florit, continuada en sus años norteamericanos, pues en 1940 vino a Nueva York destinado al consulado cubano.

Es muy apropiado que venga en el *Florilegio* inmediatamente después de Juan Ramón Jiménez, pues publicó antologías sobre su poesía, y una de ellas en traducción al inglés, y editó y escribió el prólogo de la última y *Tercera Antolojía de Juan Ramón Jiménez*. Éste, por su parte, había escrito un prólogo al celebrado poemario cubano de Florit, *Doble acento* (1930-1936), y posteriormente, una semblanza sobre él, la cual abría la monografía que dedicara a la vida y obra de Eugenio Florit el Instituto Hispánico de la Universidad de Columbia en 1943. Recogemos su párrafo final:

> ... Pues su vida y obra como ágata serena...Lengua de pentecostés, espíritu de fuego blanco del alba y de la tarde. Bella fórmula difícil que une al hombre, sin salirlo de su especie, con el rayo, el surtidor y el cisne. Eso es camino de cisne el suyo (no hay que olvidar que el cisne canta solo para dentro de sí y que, como no muere nunca y no canta para

morir, retorcerle el cuello es absurdo[194]).

Sí, Eugenio Florit, poeta aparte, "lento en la sombra"; cantas para dentro y para arriba y no eres pesado. Es absurdo retorcerte el cuello, cisne intelectivo

En la monografía, también se publicó una Antología de su poesía escrita en Cuba, junto a otra inédita ya escrita en Estados Unidos: "Canciones del jardinero", 10 breves poemas de 2, 3 y 4 versos, mezcla del haiku y la poesía popular, tradicional española (31) y "Canciones para la soledad", 27 de ellas y de parecida índole (37-39). Citamos la 26: "Tú, que pones el árbol amarillo / y gris el mar / dime de qué color pones el alma / con la Soledad". Poeta de la serenidad exterior, y el intenso bullir interior, y de la soledad íntima (se ha escrito todo un libro sobre la serenidad de la poesía de Eugenio Florit), y con ese gran conocimiento que tuvo de las formas y géneros de la poesía clásica española, asimismo, escribió un *Auto* de Navidad, *La Estrella* recogido en la monografía (págs 43-46) y representado por las estudiantes del Barnard College en 1940, donde él pasaría a enseñar hasta su jubilación en 1969. El que figure como la penúltima figura en el *Florilegio*, y entre dos premios Nobel, ¡él que varias veces se le presentara como candidato al Premio Cervantes, que tanto mereciera!, corresponde, además del valor de toda su obra, a que, con su más de cincuenta años viviendo en los Estados Unidos, es quien, de todo el *Florilegio* cultivara las letras en español en este país, por más tiempo seguido, encontrándose, a la vez, y, como declarara Cintio Vitier, "en la primera línea de los poetas cubanos desde José María Heredia hasta el presente". De aquí, la influencia que tuvo Florit en los poetas cubanos, posteriormente, salidos de Cuba, bajo el Gobierno de Fidel Castro, y llegados a este país, y con su tan extensa obra poética cubriendo unos 70 años.

Profesor en la Universidad de Columbia y, poco despúes del Barnard College de la misma Universidad, desde los años 40 hasta su jubilación, y con una larga y brillante trayectoria de historiador y crítico literario, y traductor, dándonos entre otras traducciones, una *Antología de poesía norteamericana en español*, y con una obra poética que llega hasta finales del siglo El poema que transcribimos,

---

[194] Se refiere al famoso verso del mexicano Enrique González Martínez, "Tuércele el cuello al cisne", de 1911, con el llamado a la superación del Modernismo; una superación dialéctica sería la de Juan Ramón Jiménez, dejando a salvo al cisne, en *Diario de un poeta reciéncasado*.

"Los poetas solos de Manhattan", cierra cronológicamente el ciclo de siglos de poemas en español de los Estados Unidos recogidos en el presente *Florilegio*. Fundido el autor con los poetas de Manhattan, el poema, en el tono conversacional de la poesía de plenitud de Florit, está dirigido a un poeta cubano amigo y evoca a otro de los poetas de Manhattan, el tan celebrado Langston Hughes, quien tradujo el *Romancero gitano*, de García Lorca. Aunque Eugenio Florit nos dijera que estaba tan hecho a vivir en Nueva York, y, por décadas, en su barrio, cercano a la Universidad, y asimismo, expresara que, no siendo desterrado, ni exiliado, no sentía la nostalgia de sus antecesores poetas y escritores cubanos que sí lo fueron, en el poema hay un hondo sentido de amor, desde la distancia, a su tierra cubana, expresado en varios versos ,y resumido en el de: "..ni mis palmas ("Las palmas, ay…"), evocando lo vivido y dicho, más de un siglo antes, por el desterrado José María Heredia en su "Niágara": "…Las palmas ¡ay! las palmas deliciosas… ".:Poema, el suyo, interiorizando ecos del Manhattan de Rubén Darío y de Lorca:

Los poetas solos de Manhattan

El poeta cubano Alcides Iznaga vino a
Nueva York, de paseo, en agosto de 1959.
A su regreso a Cienfuegos me envió un
poema "Estamos solos en Manhattan", al
que contesté con estos versos:

Mi muy querido Alcidez Iznaga:
es cierto que ni Langston Hughes ni yo estábamos en casa.
Porque Langston, que vive con sus negros,
también baja hasta el centro.
Y yo, cuando llamaste por teléfono,
o mejor dicho, pasaste por mi casa,
estaba lejos, en el campo,
yo que vivo con mis blancos.
Pero es que aquí, por aquí arriba,
lo mismo da que vivas

en la calle 127
o en el número 7
de la Avenida del Parque.
Aquí todos andamos solos y perdidos,
todos desconocidos
entre el ruido
de trenes subterráneos, y de bombas de incendio,
y de sirenas de ambulancias
que tratan de salvar a los suicidas
que se tiran al río desde un puente,
o a la calle desde su ventana,
o que abre las llaves del gas,
o se toman cien pastillas para dormir
–porque, como no se han encontrado todavía,
lo que desean es dormir y olvidarse de todo
olvidarse de que nadie se acuerda de ellos,
de que están solos, terriblemente solos entre la multitud.

Ya ves, a Langston Hughes me lo encontré a fines de agosto
en un cóctel del Pen Club,
muy cortes y muy ceremonioso
y muy vestido de azul.

Y luego pasan los años, y lo más, si acaso,
nos cambiamos un libro: "Inscribed for my dear friend..."
"Recuerdo muy afectuoso...", etc.
Y así nos vamos haciendo viejos
el poeta negro
y el poeta blanco,
y el mulato y el chino y todo bicho viviente.
Como se irán haciendo viejos
ustedes, los amigos de Cienfuegos;
los que aquel día inolvidable de febrero
(1955) me llevaron al Castillo de Jagua
donde me hizo temblar la emoción de una vicaria
que salió al encuentro entre las piedras.

Lo que pasa,
mi muy querido Alcides Iznaga,

es que aquí no hay vicarias [195],
ni Castillo de Jagua,
ni están comingo mis poetas
ni mis palmas ("Las palmas, ay...")
ni las aguas azules de la bahía de Cienfuegos
ni las de la bahía de La Habana.
Aquí sólo las aguas perezosas y tristes
de los dos ríos que ciñen a Manhattan...
Tu mi querido Alcides,
viniste
en busca de nosotros a Nueva York, a esta ciudad en donde
nadie a nadie se conoce...
Donde
todos nosotros, cada uno, no somos otra cosa que una gota de agua,
una mota de polvo, de esas
que salen tristes de las chimeneas.
Tristes, es un decir, Que yo, a Dios gracias,
aún conservo serenas las palabras
con las que doy los buenos días al sol
que sale —cuando sale— enfrente de mi ventana.
Y si no sale, lo mismo, al viento, al aire, a niebla y nube;
saludar a este mundo en que vivimos
con estas las palabras que escribimos.
Y dar gracias a Dios por el día y por la noche
y por tener una palabra nuestra, aquí, en donde nadie nos conoce.

23 de octubre 1959

V.A. VOL. 2. NO. 7, 1999
Publicamos el poema con su foto, realizada por el tan celebrado
artista, el cubano Jesse A. Fernández, en las fechas del
fallecimiento de don Eugenio Florit

En uno de los primeros poemas, recogido en *A pesar de todo. Versos (1970-1986)*, "Las Voces", las "... voces de los muertos / que

---

[195] Una planta de Cuba, de flores blancas o violáceas, muy común.

están vivas aún / en los aíres perdidas... (como lo están, incluyendo las suyas, todas en estas páginas del *Florilegio*), vuelve a evocar a Langston Hughes, el amigo fallecido en mayo de 1967. Transcribimos los versos que remiten a él, los cuales son una muestra de que tanto Florit, como Garcia Lorca, y Julia de Burgos tuvieron amistad con poetas y artistas del Harlem afroamericano y la vida de su comunidad:

>ANOCHE, sin buscarlo ni quererlo,
>me encontré con tu voz, poeta muerto.
>Eras tú
>Langston Hughes.
>Y te ví como el día en el Pen Club:
>cortés, ceremonioso
>y vestido de azul.
>Anoche eras el mismo
>de aquellos "Weary Blues".
>Claro que eras el mismo:
>como que era tu voz que sigue hablando
>sobre tu muerte. Voz redonda, negra,
>honrada como fuiste tú.
>¿Y sabes lo que pienso?
>Voz al aire, la tuya, más prendida
>en las ranuras que la recogieron
>sembrada en disco negro...
>Como las otras que nos llegan,
>y música encerrada y luego suelta
>–pájaros de sonido por el aire– hasta aquí,
>hasta el rincón tranquilo de la casa,
>junto al sillón y el libro...

Gabriela Mistral. (Lucila Godoy Alacayaga)

(1889-1957)

Diario (fragmento), *Poesía*

Es de sobra conocidísima la vida y obra –y se ha escrito muchísimo sobre ellas– de la gran Gabriela Mistral, nacida en el chileno Valle del Elqui, tan internalizado en su alma y poesía; ganadora del Premio Nobel de Literatura en 1945; el primero dado a autores hispanoamericanos y el quinto a una mujer. Parte importante de su obra –y a ello nos limitamos – la conforman lo vivido y escrito en los Estados Unidos donde habitó en distintas fechas y murió en 1957, en un hospital de la Rosly Harbour de Long Island, donde habitara en sus últimos años. Se dio el caso de que ya su primer poemario, *Desolación*, se publicó en Nueva York en 1922, por mediación de Federico de Onís y el Instituto Hispánico de la Universidad de Columbia y que sus dos últimos *Lagar* y el póstumo *Poema de Chile*, en gran parte, se escribieron en Monrovia, suburbio de Los Ángeles, en Santa Bárbara, y en las afueras de Nueva York, en Long Island. Además de tal poesía, en estos lugares escribió una ingente correspondencia, ensayos, páginas de un *Diario* y presentó discursos y conferencias. Ya en 1920, el hispanista Thomas Walsh, en su *Antología de la poesía hispánica*, tradujo sus "Sonetos de la muerte". En 1924, estuvo en Nueva York, dando conferencias e inició una colaboración en la revista neoyorquina *Nueva Democracia*. Entre 1930-31, en el semestre de invierno enseñó en el Barnard College de la Universidad de Columbia y, en el de la primavera en el Vassar College, ambas universidades solo femeninas y de gran prestigio. En 1931, estuvo dando conferencias en Puerto Rico. Seguramente, entonces la conocería la joven Julia de Burgos. Volvió a Nueva York en 1938 y, tras ganar el Nobel, estuvo de cónsul, en un segundo escalón, en Los Ángeles, y entre 1946 y principios de 1948 vivió en la casa que compró en Santa Bárbara, y, posteriormente, a principios de los años 50 fue destinada de cónsul, primero en Italia y luego en el consulado de Nueva York, en donde, alternando con distintos viajes, estuviera hasta su fallecimiento.

En el 2014, La Academia Norteamericana de la Lengua Española (ANLE) publicó el libro, *Gabriela Mistral en los Estados Unidos*, de excelente presentación e ilustrado con fotos, un libro con una serie de ensayos detallando su vida, obra, actividades, relaciones y amistades en sus años en el País. Puede leerse, directamente en Internet.[196] De sus artículos en prosa, y por limitación de espacio, hacemos unas breves alusiones a tres de ellos. El de su visita a la Estatua de la Libertad, en 1930, detallando lo visual de la estatua, y en el que concluye con algo que ya se daba en aquellas fechas y tan acentuado en nuestros días y con palabras con ecos de las de José Martí:

> Yo la veo en el año de 1930, convertida en una diosa local, vuelta hacia los Estados Unidos, en vez de estarlo hacia el este como lo quisieron sus donadores. Ahora despacha bajando un poco el brazo para rehusar a los inmigrantes que llegan a la isla vecina.

En su "El Lenguaje en Puerto Rico", se extiende cuatro páginas, insistiendo en la gran defensa que se hace del español en la isla, y declarara: "La preciosa isla habla uno de los españoles más castizos y más bellos que usted conozca, y en el que se advierte por iguales partes un léxico del siglo XVII y las virtudes de melodía y de gracia de que hablé al referirme a la lengua criolla en general" (*Gabriela Mistral, en verso y poesía. Antología* 604-05). Y en el tercer texto al que aludimos, es sorprendente y refrenda algo que hemos venido tratando en el *Florilegio* (y que hubiera gustado mucho al californio Mariano Guadalupe Vallejo de haberlo oído), el que "La aventura de la lengua", título de la conferencia, sea sobre lo promisorio de la difusión del español en el estado de California. En ella, de 1946, comenzaba diciendo: "Vivo agradecimiento a ustedes californianos, día a día, y pueblo a pueblo, el interés y el amor que vuestro Estado pone en la enseñanza del español" (596).[197]

---

[196] De su prosa, en el libro se publica el ensayo de Christian Rubio, "Los artículos de Gabriela Mistral en *La Nueva Democracia*"; 29 de ellos, publicados entre los años 20 y 40 y una sección "Textos de Gabriela Mistral sobre los Estados Unidos", de la página 259 a la 308. Por otra parte, en el libro *Gabriela Mistral en verso y prosa. Antología,* de la Real Academia Española y Asociación de Academias de la Lengua Española, en la sección de Prosa, encontramos los dos ensayos sobre lengua uno presentado en California y otro en Puerto Rico, el de 1931.

[197] La conferencia también se incluye en *Gabriela Mistral en los Estados Unidos* (279-283),

Afincada en la casa comprada en Santa Bárbara, rodeada de árboles y de plantas tan queridos y queridas por ella, Gabriela Mistral vivió casi dos años, hasta que fue destinada a otro puesto consular; bien cuidada y recibiendo continuas visitas. Una emotiva e íntima semblanza de ella y de la casa y su arboleda, nos la ha dejado la escritora puertorriqueña Isabel Cuchi Coll, quien evoca su andanza, en busca de la casa, a lo largo de la calle de Anapamú, con la dirección dada en el consulado de Los Ángeles y, al dar con ella, en el umbral se personó la misma Gabriela Mistral. Vino a entrevistarla a la una, pensando que estaría hora y media y seguir con su viaje, pero, acogida, tan bien, e invitada a cenar, estuvieron en conversación hasta las 7 de la tarde.[198] La enternecedora evocación, nos hace sentir como si estuviéramos allí con ellas en aquella tarde del noviembre de 1946. Transcribimos fragmentos de su *Diario* sobre la vida retirada en la bucólica Santa Bárbara. En sus cartas, habla de la bondad de los habitantes del lugar, especialmente, los de la vecindad que la atendieron con tanta generosidad. En una de ellas a una vecina, cuando ya no estaba en Santa Bárbara, escribía: "Todo lo que tengo es una casa en California y dos mil o tres mil libros y un robusto árbol centenario. Por favor, cuida a mi árbol".

Nosotros, en Santa Bárbara tuvimos a Gabriela Mistral como Ángel/a de la Guardia de la revista *Ventana abierta*, y con la guía de su "La aventura de la lengua", aspirando a extender, la lengua hispana, en California y por todo el país. De su poesía escrita en los Estados Unidos, transcribimos un poemas de *Lagar*, "Amapola de California", el cual abre la esplendente sección "Naturaleza", del poemario, y otro de su póstumo *Poema de Chile*: "Araucanos", uno de los últimos poemas de la culminación de su grandiosa obra poética. Antes de pasar a su poesía, y como fin de la breve semblanza, y a la luz de la gran notoriedad mundial que alcanzó, además, de

---

donde se nos dice que se leyó dos veces, el 15 de septiembre de 1946 y el 17 de diciembre del mismo año, en la Universidad de California. No indica en cual campus que podría en el de Los Ángeles o el de Berkeley.

198 Su descripción de Santa Bárbara en 1946, nos hace ver como si ya la estuviera escribiendo la propia Gabriela Mistral, y añade a la empatía que vivieron aquella tarde: "En California hay un pueblecito con aguas azules y montañas de un verde apagado. Un pueblecito con herencia española que es alegre y pintoresco. Tiene calles lineadas de árboles y hay profusión de flores (recordemos que está en noviembre). Las semillas fructifican como si fueran sembradas y cultivadas por alguna mano divina en una tierra prodigiosa. Es Santa Bárbara". La visita la recoge Isabel Cuchi Coll en *Grandes poetisas de América. Clara Lair, Alfonsina Storni, Julia de Burgos, Gabriela Mistral*, publicado en 1982.

como poeta, como una de las precursoras del feminismo del siglo XX, e infatigable defensora de los Derechos Humanos, oigamos estas palabras suyas leídas, poco antes de su muerte en la Asamblea de las Naciones Unidas; palabras que hoy, siguen teniendo su –o más– dramática urgencia:

> Yo sería feliz si vuestro noble esfuerzo por obtener los Derechos Humanos fuera adoptado con toda lealtad por todas las naciones del mundo. Este triunfo será el mayor alcanzado en nuestra época.

* * *

De lo escrito en el *Diario* en Santa Bárbara, (en el que vierte su intimidad, y altibajos de sentimientos respecto al voluntario destierro), presentamos unos fragmentos con aquellas palabras suyas: "Sean ustedes mi lengua viva de muerta" y como si se la estuviera oyendo a ella en la misma Santa Bárbara:

Diario íntimo (Fragmentos de En Santa Bárbara)

> [...] No soy una patriota ni una panamericanista que se endroga con las grandezas del continente. Me lo conozco casi entero, desde Canadá hasta Tierra de Fuego. He comido en las mejores y las peores mesas. Tengo esparcida en la propia carne una especie de limo continental. Y me atrevo a decir, sin miedo de parecer un fenómeno, que la miseria de Centro América me importa tanto como la del indio fueguino y que la desnudez del negro de cualquier canto del trópico me quema como a los tropicales mismos...

> Soy una buscadora más entre los que vigilan en las tinieblas, cuidando tres bienes amenazados. En todo caso, nuestras personas no importan; lo que importa es que no nos derriben del ciclo nuestros númenes divinos: la libertad, la paz y la democracia...

Santa Bárbara es para mí, sobre todo, un cierto airecillo que me aligera el corazón, que me lo descansa y suaviza. Ando aquí sin cansarme a causa de él, ando con otro genio, ando otra. Y creo que todo eso es el cierto airecillo del mar...

Estoy perdiendo la lengua, no la leo sino en un mal diario español de aquí.[199] Ayer fui a Pasadena, y a Los Ángeles, por una conferencia de Caillois; también por comprar medias (andaba con unas prestadas de Connie), y por comprar patitas para dormir, que no debo tenerlas de lana, y por una visita, etc. Y me cansé bastante. Además de la diabetes, el corazón está dañado.

Hoy no quiero trabajar. Es cosa tremendita ser Premio Nobel y seguir escribiendo. Pero esos lindos viejos de la Academia quieren que sigamos, por eso no premian a viejos, porque ya están callándose. Yo sólo quiero redondear este último libro. Tengo un cuadernito y copio, es lo mejor. He luchado sobre unos originales de hace años. Reviso las estrofas de mi Hospital aun cuando sé que las hago torturadas. Ya me repugnan los versos tristes...

Un malestar que cargué por Europa y que me siguió aquí en California (una flaqueza grande de cuerpo y una semicequera que me hacía caerme constante) acabaron en un hospital de Santa Bárbara. En tres semanas me aliviaron de cuanto es dable aliviar a una mujer vieja. Salí por mis pies y viendo bastante con el ojo que está válido. Estos médicos son realmente prodigiosos. Era diabetes. En Brasil me trataron siete años por amebas tropicales. No había una sola para hacer presencia...

Tengo la sorpresa de constatar que mi corazón –siempre malito– mejora por la mayor cantidad de alimento. Como tres veces lo que antes. Esto me ha disminuido las palpitaciones muchísimo y me ha afirmado el estado general. Ayer soporté bien ocho horas de visitas seguidas y anteayer once horas de conversación. ¡Yo que no podía con dos horas antes!

Esta súper alimentación (yo había bajado catorce kilos) comienza con el siguiente riguroso desayuno: me dan un platito

---

[199] Nosotros en Santa Bárbara procuramos que *Ventana Abierta* no fuera una "mala revista en español". Y lo notable de lo que señala Gabriela Mistral es que, en 1946, como en tiempos anteriores, había un periódico en español en Santa Bárbara, según sigue habiéndolo en el 2024 el quincenal *El Latino*.

no grande de avena cocida y azucarada con sacarina. Un vaso grande de jugo de naranja. La naranja californiana tiene mucha azúcar y me la sustituyen, a veces, con el jugo de toronja en lata. Tomo –y esto por vicio– dos tazas grandes de café con leche. La leche me neutraliza mucho el mal efecto del café. El médico me obliga a comer un poco de tocino puesto al horno. Yo lo detesto, pero el cuerpo necesita alguna grasa. Este tocino se prepara así: Se pone al horno donde se derrite en parte. Lo que queda es una especie de chicharrón bastante enjuto, con más de carne que de grasa. Esto es solamente una lonja angostita de tocino, una lengua estrecha y larga de tres jemes. Por la mañana también tomo Magnesia para la digestión, que es mala, Magnesia Phillips. Esto es en el desayuno, que acaba con dos vitaminas B Complejo es decir B. B2 etc., el complejo entero.

Con este pequeño almuerzo, al que me he habituado y que nunca usé antes, yo puedo trabajar la mañana entera de 9 a doce y media, dos horas en mis papeles y mi inglés y media hora en el jardín, que es el único ejercicio que hago y me hace mucho bien. (Sé de plantas tanto como de literatura). En la tarde sólo leo (esta casa de santa Bárbara tiene espacio para mis dos mil libros), converso, recibo gente, etc.

Así mi mayor descubrimiento ha sido saber que el corazón mejora increíblemente sólo con triplicar el alimento más las vitaminas. La fatiga cardíaca disminuye a ojos vista y casi desaparece. Yo subía la escalera haciendo tres paradas... Ahora, ni hablar. Atrás queda esa ignorancia criolla para comer. Yo misma viví esa salvajería de no saber nada preciso sobre el valor nutritivo de cada materia.

V.A. Vol. V, No. 20. Primavera 2006

Poesía

Amapola de Californiaia

A EDA RAMELLI [200]

---

[200] Eda Ramelli, Directora del Departamento de Lenguas Romances del City College de Santa Bárbara, fue muy amiga de Gabriela Mistral y colaboradora en alguno de sus proyectos.

Dentro de su veta ecológica, tan internalizada, en la poesía de sus últimos años, la amapola aparece vivificada, hermanada, en su esplendente llamarada con el alma de la poeta, aunque ambas, como se lee al final del poema, donde late la marginalidad del destierro voluntario vivido por Gabriela Mistral, se ven con la llama caída y en las orillas.

>Llama de la California
>que sólo un palmo levantas
>y en reguero de oro lames
>las avenidas de hayas:
>contra-amapola que llevas
>color de miel derramada.
>
>La nonada por prodigio,
>unas semanas por dádiva,
>y con lo poco que llevas,
>igual que el alma sobrada,
>para rendir testimonio
>y aupar acción de gracias.
>
>En la palma apenas duras
>y recoges de tomada,
>como unos labios sorbidos
>tus cuatro palabras rápidas,
>cuando te rompen lo erguido
>y denso de la alabanza.
>
>Californiana ardentía,
>aguda como llamada,
>con cuatro soplos de fuego
>que das a la ruta pávida
>a quien no sabes parar,
>ni irte corriendo a su zaga.
>
>Corre la ruta frenética
>como la Furia lanzada,
>y tú que quieres salvar
>te quedas a sus espaldas,

ámbar nutriendo su arena,
substancia californiana.

Entre altos naranjales
y pomares que se exhalan,
tú no le guiñas al hambre
ni a la sed: tan sólo alabas
con las cuatro lenguas vivas
y la abrasada garganta.

Alabas rasgando el día,
más a la siesta mediana,
y al solayo de la tarde,
ya con las vistas cegadas,
tus hijas, como los cinco sentidos,
dicen y alaban

¿Qué eres allí donde eres
y estás alta y arrobada
y de donde te abajaste
acortando gozo y llama?
¡Qué integra estabas arriba
sin ruta y sin invernada!

¡Pobre gloria tuya y mía
(pobre tu alma, pobre mi alma)
arder sin atizadura
e igual que acicateadas
en una orilla del mundo,
caídas de nuestra Llama!

V.A., Vol. II, No. 7. Otoño 1999

Araucanos

En sus últimos años, Gabriela Mistral bregó sin descanso, volcada en su enciclopédico *Poema de Chile*, que dejó desatado, y ha sido publicado póstumamente con diversas variaciones y adiciones; monumental poema que podríamos considerar como superación dialéctica del *Canto General de Chile*, de su admirador Pablo Neruda y también como una réplica de solidaridad femenina, fundida con la tierra y sus primeros habitantes nativos, los indios, al poema épico del siglo XVI *La Araucana*, con sus ya heroicos y nobles araucanos-mapuches, pero vencidos, ahora, vencedores, moral y culturalmente, en el *Poema de Chile*, con la autora reviviéndoles en su viaje fantasmático por su amado y lejano País y desde los hielos de Nueva York. Poco antes de su muerte, escribía a su amigo Alfonso Reyes:

> Ahora escribiendo estrofas de mi *Recado de Chile* huelo en el aíre frío, atrapo sobre el fresar de la nieve, un aroma que llega roto por los pinares, y en él reconozco, pobre de mí, las manzanillas que mi madre ataba para sus infusiones.

La manzanilla materna, ocupando en ella el lugar de "la palma", en el lamento del destierro de los poetas cubanos, iniciado por Heredia. Igualmente, toman cuerpo en el *Poema de Chile*, aquellas palabras de José Martí en su "Nuestra América: "Nuestra América ha de salvarse con sus indios". El indio es la figura humana que se destaca en este poemario, junto a la Madre, que cuenta, con su trasunto de la Madre-Tierra que se canta, y en conversación, con el niño indio, que la acompaña, sobre todo lo habido y por haber del tan querido Chile. Ya desde el título del poema, es el indio y como la raíz de la identidad criolla chilena, a quien se exalta en este grandioso canto a la América mestiza. Aún así, hay libros y antologías sobre Gabriela Mistral en que ni aparece la palabra indio, cuando ella, en varias ocasiones, proclamara "Yo soy india" y en tantas más se afirmara como indo-mestiza, y destacando en el mestizaje el predominio orgánico de la raza india, según precisara Hostos en su definición del cholo. El joven Pablo Neruda, cuando la conoció, la vio así: "... En su rostro tostado en que la sangre india predominaba como en un bello cántaro araucano...". (*Confieso que he vivido*, 29). Al igual que al gran César Vallejo, a quien se le denominaba de "cholo", también podríamos apelar de "chola a Gabriela Mistral, y respaldarlo con el siguiente poema, "Araucanos" y desde sus primeros versos:

Vamos pasando, pasando
la vieja Araucania
que no vemos ni mentamos.
Vamos sin saber, pasando
reino de unos olvidados,
que por mestizos banales,
por fábula los contamos,
aunque nuestras caras
suelen sin palabras declararlos.

Eso que viene y se acerca
como una palabra rápida
no es el escapar de un ciervo
que es una india azorada.
Lleva a la espalda al indito
y va que vuela. ¡Cuitada!

—¿Por qué va corriendo, di
y escabullendo la cara?
Llámala, tráela, corre
que se parece a mi mama.

—No va a volverse, chiquito,
ya pasó como un fantasma.
Corre más, nadie la alcanza.
Va escapando de que vio
forasteros, gente blanca.

—Chiquito escucha: ellos eran
dueños del bosque y montaña
de lo que los ojos ven
y lo que el ojo no alcanza,
de hierbas, de frutos, de
aire y luces araucanas,
hasta el llegar de unos dueños
de rifles y caballadas.

—No cuentes ahora, no,
grita, da un silbido, tráela.

—Ya se pierde, ya, mi niño,
de Madre-Selva tragada.
¿A qué lloras? Ya la viste,
ya ni se le ve la espalda.

—Di, cómo se llaman, dilo.

—Hasta su nombre les falta.
Los mientan "araucanos"
y no quieren de nosotros
vernos bulto, oírnos habla.
Ellos fueron despojados,
pero son la Vieja Patria,
el primer vagido nuestro
y nuestra primera palabra.
Son un largo coro antiguo
que no más ríe y ni canta.
Nómbrala tú, di conmigo:
brava –gente– araucana.
Sigue diciendo: cayeron.
Di más: volverán mañana

Deja la verás un día
devuelta y transfigurada
bajar de la tierra quechua
a la tierra araucana,
mirarse y reconocerse
y abrazarse sin palabras.
Ellas nunca se encontraron
para mirarse a la cara
y amarse y deletrear
sobre los rostros sus almas.

Y enriqueciendo tal abrazo y mirarse, transcribimos los verso finales del último poema, "Despedida" de la primera edición del poemario (y, también, aludiendo a la despedida a la vida de la gran

Gabriela Mistral) de la madre fantasmal, fundida con la "Tierra Mama" al niño indio con el ciervecito chileno, en su voz india, "huemulillo" que les ha acompañado en el largo viaje:

> ... El ciervo y el viento van
> a llevarte como arrieros,
> como flechas apuntadas,
> rápido, íntegro, ileso,
> indiecito de Atacama,
> más sabe que el blanco ciego,
> y hasta dormido te llevan
> tus pies de quechua andariego,
> el Espíritu del aire,
> el del metal, el del viento,
> la Tierra Mama, el pedrisco,
> el duende de los viñedos
> la viuda de las cañadas
> y la amistad de los muertos.
> Te ayude a saltar las zanjas
> Y a esquivar hondones hueros.
>
> Ya me llama el que es mi dueño...

Verso final que remite a los primeros:

> Ya me voy porque me llama
> un silbo que es de mi Dueño,
> llama con una inefable
> punzada de rayo recto:
> dulce–agudo es el llamado
> que al partir lo conocemos...

Y escrito en los Estados Unidos, el gran homenaje a los araucanos-as se puede extender a los indios-as norteamericanos, tan merecedores de ello.

Colofón

Luis Leal

¿Qué es un latino?

Con el título de este ensayo nos unimos al gremio del "qué es?", lo cual nos recuerda la anécdota relatada por Alfonso Reyes, quien nos cuenta que cuando vivía en Madrid con frecuencia mencionaba el nombre de don Miguel de Unamuno, de quien era amigo. Un día su pequeño hijo le pregunta: "Papá, ¿qué es un amuno?" Víctor Fuentes me pregunta, "¿Qué es un latino?" y, aunque no tengamos a un Reyes que nos ilustre, trataremos de hacer todo lo que podamos por explicarlo, podando aquí, podando allá y más allá para ver si le atinamos.

La palabra latino (latina) se ha puesto de moda durante las últimas décadas para referirse a los habitantes de los Estados Unidos de origen latinoamericano que también, y con mayor frecuencia, se les llama hispanos, palabras con las cuales se hace referencia a varios grupos étnicos, principalmente chicanos, puertorriqueños y cubanos, aunque también se incluye a los dominicanos, haitianos, otros antillanos, centroamericanos y suramericanos. El término latino no es racial (como lo es hispano, que excluye a los indígenas y a los afroantillanos) sino lingüístico: incluye todas aquellas personas cuya lengua materna se deriva del latín, lo mismo que a sus descendientes.

Los historiadores de la literatura escrita por habitantes de los Estados Unidos procedentes de países ubicados al sur del Río Bravo (o aquí nacidos) se enfrentan con el problema inicial de la diversidad cultural de los autores, lo mismo que el uso tanto del español como del inglés y hasta de la combinación de ambas lenguas. Las pocas historias de las literaturas de los principales grupos étnicos mencionados muestran que no es siempre fácil coordinar su desarrollo, cuyo ritmo no ha sido siempre el mismo, ya sea en cuanto a las generaciones, las épocas, los movimientos o los géneros. A pesar de ese escollo, se han hecho esfuerzos por presentar síntesis de esas letras, que sin duda poseen rasgos primarios que las hermanan, aunque también manifiestan otros secundarios que las distinguen y les dan originalidad, siendo el principal el lenguaje, sobre todo en aquellos que escriben en español. No menos importante es el uso de imágenes, motivos, símbolos y mitos procedentes del estrato cultural al cual pertenece cada autor. Al mismo tiempo, lo que tienen en común nos permite pensar en esas letras como constitutivas de una literatura que puede ser clasificada y estudiada como latina.

El segundo problema que se presenta es el de justificar el rubro latina aplicado a esa literatura. Para poder hacerlo es necesario examinar la historia del término. Como el nombre América, que originalmente se refería a todo *el Nuevo Mundo*, fue apropiado por los Estados Unidos, el resto del continente se vio obligado a calificarlo con un adjetivo, siendo los más comunes Hispano América, Ibero América y América Latina, o a designarlo según su posición geográfica: Centro América, Sud América, o composición racial, Indoamérica. El nombre Hispano América, o Hispanoamérica, incluye los países donde se habla español; el segundo, Iberoamérica, añade el Brasil, y América Latina, o Latinoamérica, a todos aquellos donde se habla el francés y otros idiomas derivados del latín. El término América Latina fue usado primero, en 1856, por el colombiano José María Torres Caicedo y propagado por los historiadores franceses, quienes querían incluir sus colonias americanas. En los países de habla inglesa ha sido muy común y lo usan casi todos los historiadores y críticos.

En Estados Unidos el término "Latín Americans", usado para referirse a las personas nacidas o avecindadas en este país, se redujo a *Latins*, sobre todo en Hollywood para referirse a los actores originarios de países donde se hablan lenguas romances, y especialmente a los galanes jóvenes como Rodolfo Valentino, Ramón Navarro, y a las heroínas Lupe Vélez, Carmen Miranda y otros. La frase "Latín lovers" se puso de moda hacia la década de los veinte. El estereotipo ha perdurado. Todavía en 1953 se presentó la película *Latin Lovers*, en la que intervienen, en un escenario sudamericano al cual Lana Turner acude en busca del verdadero amor, los latinos Ricardo Montalbán y Rita Moreno. En 1985 aparece el filme *Latino*, rodado en Nicaragua y con varios actores latinos de los Estados Unidos. El término "Latín Lover" se lo apropiaron los cineastas italianos, al darle el mismo título, en 1961, a una película rodada en Italia y con actores italianos. ¿Como se justifica el uso del término "literatura latina"? Si bien, en Europa y los Estados Unidos la mayoría de los historiadores y críticos usan el término, en los países latinoamericanos es poco usado, pero se encuentra, sobre todo cuando el escritor quiere incluir a otros países además de aquellos donde se habla español. Citaremos estos ejemplos: *¿Cuáles son los grandes temas de la filosofía latinoamericana?* (1959) de Victoria de Caturlaú; *Latinoamérica: notas sobre sus condiciones económicas* (1969) de Juan Fernández Restrepo; *América latina en su literatura* (1972) de César Fernández Moreno, y *América Latina: la identidad y la máscara* (1987) de Rosalba Campra. En el ensayo "Lo latinoamericano en otras literaturas", incluido en el libro de Fernández Moreno, Estuardo Núñez nos dice que "ya en la segunda mitad del siglo XIX y comienzos del veinte los escritores franceses sobre todo, y acaso todos los europeos, empiezan a utilizar denominaciones nuevas para las cosas de América no sajona: 'états latins de l'Amerique', 'peuples latino-américains', 'democraties latines de l'Amerique" ' ... Pero ya en 1884, en Nueva York, José Martí escribía en el último ensayo de su libro *Nuestra América*: "surgirá en el porvenir de la América, aunque no la divisen todavía, los ojos débiles, la nación latina, ya no conquistadora, como en Roma, sino hospitalaria".

Numerosos han sido los escritores latinoamericanos que, como exiliados políticos, o inmigrantes, se han refugiado en los Estados Unidos desde que este país declaró su independencia. Sin embargo, con excepción de los estudios de Carlos E. Cortés[201], muy pocos son los ensayos a ellos dedicados, vistos en conjunto, como escritores latinos. No es hasta· muy recientemente cuando se comienzan a publicar trabajos bajo esa identificación.

Ya en febrero de 1952, en Chicago, un grupo de latinos había iniciado la publicación mensual de la revista *Vida Latina*, bajo la dirección del Dr. Olimpo Galindo y publicada por E. Quiroga Sr. En el primer número el Dr. Galindo contribuye con un ensayo "La

---

[201] Autor de los libros *Nineteenth-century Latin Americans in the United States* (1980) y *Latinos in the United States* (1981)

decadencia latina", en el cual, entre otras cosas, dice: "En Nueva York y otras ciudades del Este de los Estados Unidos existen numerosos aunque divididos núcleos de cultura latina con órganos de publicidad propios". Lo importante en este párrafo no es la veracidad en cuanto al número de órganos, sino el referirse a la cultura de esos grupos como latina. Pero son raras las publicaciones que lleven la palabra latino (o latina) en el título. Una de ellas, publicada en El Paso, Texas, en 1891, se titula *El Latinoamericano*. ¿Será la primera? Una más reciente es *La Voz Latina,* publicada en Newark, California, entre 1973 y 1974. El Dr. Galindo habla de la cultura en general, mas no de una literatura latina en particular. Los primeros críticos en hacerlo son aquellos que por varias razones rechazan el término Hispanic. Sin embargo, en la mejor colección de estudios sobre todas estas literaturas, el *Handbook of Hispanic Cultures in the United States*, editado por Francisco A. Lomelí en 1993, ya se encuentran los siguientes ensayos que llevan la palabra latino (o latina) en el título: "Latina Women Writers: Chicana, Cuban American, and Puerto Rican Voices" de Cordelia Chávez Candelaria; "From Barrio to Mainstream: The Panorama of Latino Art", de Eva Sperling Cockcroft; "Latino Cinema" de David R. Maciel, y "The Spanish Language and Latino Press in the United States: Newspapers and Periodicals" de Rafael y Richard Chabrán.

Hasta hoy, los términos latino/a no han sido aceptados por la mayor parte de los críticos, ni del pueblo latino. El debate continúa. La razón más importante para rechazarlos (y esto se aplica a *Hispanic* también) es el no querer abandonar la identidad étnica (chicano, mexicano, cubano, puertorriqueño, dominicano, etc.). La segunda razón es la carga emocional asociada a cada uno de los dos términos. *Hispanic* fue aceptado por el gobierno federal en 1973 para identificar a todos los latinoamericanos residentes en el país. Para contrarrestar la imposición, surgió del pueblo la palabra Latino. Se les dio a ambos términos un cariz político, asociándolos a los partidos políticos. Se critica *Hispanic* diciendo que no reconoce la presencia de culturas como las de los indígenas ni las de los de origen africano.

Lo importante, en fin, sería evitar confrontaciones basadas en la terminología usada para identificar al gran número (y que aumenta a grandes pasos) de personas cuyo origen se encuentra en las naciones al sur de los Estados Unidos, ya que dividen y por lo tanto debilitan. Lo mejor sería dejar que cada persona se autoidentifique como mejor le parezca, ya que, como dice Rodolfo "Corky" Gonzales en su poema "Yo soy Joaquín":

> ¡La Raza!
> ¡Mexicano!
> ¡Español!
> ¡Latino!
> ¡Hispano!
> ¡Chicano!
> o como me llame soy el mismo siento lo mismo
> lloro y canto lo mismo.

Punto Final y... Atisbando a Nuevos Horizontes

Víctor Fuentes

Niñerías, breve relato de Intrahistoria hispánica infantil

1. La primera comunión

Un momento de mi infancia, agridulce al recordarlo y triste entonces, fue el no haber podido hacer la primera comunión con los otros niños y niñas del colegio, en parte, por la desgana paterna, más la falta del dinero para el traje y la celebración, en aquellos duros años 40 de la posguerra española, vividos con tantas privaciones. Aunque sí había sido confirmado. Para ello, vino a prepararnos a la Academia Menéndez Pelayo nada menos que el obispo auxiliar de Madrid-Alcalá, Gumersindo Morcillo, de nombre, quien, a cada niño, hacia una pregunta-examen. Cuando llegó mi turno, me interrogó: "A ver, niño, ¿cómo nos abrió Jesucristo la puerta del cielo?". Con gran ingenuidad, o quizá por la rebeldía inconsciente de tener delante un Morcillo y no una suculenta morcilla, en aquellos tiempos de hambre de la posguerra, respondí: "Con las llaves", causando la risa entre los demás colegiales. Fui a la confesión, avergonzado por la pequeña lista de pecados que llevaba: beber a escondidas el azúcar del racionamiento, reñir con mi hermano, burlarnos de la abuela... Y me callé decirle al confesor que no estaba bautizado, temiendo un puntapié. Y el domingo, en total anonimato, pero con gran devoción, a mis diez años, me puse en la hilera a esperar el turno de que entrara en mí la consagrada Hostia. Todavía hoy, perdida la fe, siento, con nostalgia en el paladar y en el alma, el regusto de aquel manjar divino, y nada del simple pedacito de barquillo.

2. Con angelitos y angelitas en Los Ángeles (cincuenta años después)

En una visita a una escuela bilingüe de párvulos, en el barrio del Este de Los Ángeles, corazón de la comunidad mexicana-chicana, me lo pasé muy bien con los pequeños/as. Cuando emulando al obispo Morcillo, le pregunto a una niña: "A ver, niña, ¿qué es el alma?" "¡Ésta!", me responde señalando a la de al lado, que se llamaba Alma. Pero otro niño, un pequeño filósofo, interviene precisando: "Lo que nos hace vivir". Luego se entregan a lanzarme juegos de palabras, rimas y adivinanzas. "Di aguja", me interpela otra niñita, "Aguja", digo. "¡Tu mamá es una bruja!", añade con risas. Y el niño a su lado, me propone una adivinanza: "Agua pasa por mi casa. Cate. Mi abuela —y se parte de risa antes de completar la frase— sabe karate". Me mira interrogante y, ante mi titubeo, suelta: "!El aguacate!"

Pasado los años, leyendo "Niñez", el poema de Jorge Guillén –también escrito en los Estados Unidos-, sus letras se me iluminan con las caras rientes y juguetonas de aquellas niñas y niños:

> ... Disparada inocencia de albor animal,
> destello de joya en bullicio,
> diamante impaciente que canta,
> elévanos
> a la alegría sin tacha de tu infinito.

¡Y quede el Florilegio enmarcado
en aquellas caras infantiles y tal alegría!

Bibliografía

Se recoge en esta Bibliografía una variedad de fuentes y títulos que completan y amplían el legado de lo que trata el libro.

Acosta Rodríguez, Antonio. *La población de Luisiana española (1763-1803)*. Madrid: Gráficas Cóndor, 1979

Alemán Bolaños, G. Ed. *Obra póstuma de Rubén Darío*. Managua-Nicaragua: Editorial Atlántida, 1944.

Alonso Fernández, Bieito. *Obreiros alén mar, fogoneiros e anarquistas galegos en New York (1900-1930)*. Vigo: A Nova Terra, 2006.

Armistead, Samuel G. *The Spanish Tradition in Louisana*. I. Isleño Folkliterature. Newark, Delaware: Juan de la Cuesta, 1992.

_____. *La tradición hispano-canaria en Luisiana*. Las Palmas de Gran Canarias: Ediciones Anroart, 2007.

_____. y Joseph H. Silverman. *Judeo-Spanish Ballads from New York. Collected by Mair José Bernardete*. Berkeley: University of California Press, 1981.

Alvarado. Juan Bautista. *Vignettes of Early California. Childhood Reminiscences of Juan Bautista de Alvarado*. Ed. John Polt. Berkeley: The Book of California, 1982.

Ameal Pérez, A. "Nicanor Bolet Peraza en la *Revista Ilustrada de Nueva York (1885-1890)*". Camino Real n.7 (2015): 77-91.

Anónimo. *El amigo de los hombres: A todos los que habitan las islas y el vasto continente de la América Española: Obrita curiosa, interesante y agradable*. Philadelphia: Imprenta de Andrés José Blocquerst, 1812.

Aponte, Sara. *Las Novedades 1876-1918: la presencia dominicana en el periódico*. Nueva York. Biblioteca Nacional Pedro Henríquez Ureña y CUNY Dominican Studies

Institute, 2022.

Ardao, Arturo. *Génesis de la idea y el nombre de América Latina*. México: CIALC, 2019.

Balsera, Viviana Díaz and Rachel A, May. Eds. *La Florida: Five Hundred Years of Hispanic Presence*. Gainesville: University Press of Florida, 2014.

Blanco Antonio, *La lengua española en la historia de California*. Madrid: Ediciones Cultura Hispánica, 1971.

Bannon, John Francis. *The Spanish Bordelands Frontier. 1513-1820*. New York, 1970.

Beebe Rose Marie y Robert M. Senkewicz. *Mariano Guadalupe Vallejo. Life in Spanish, Mexican and American California*. Norman: University of Oklahoma Press, 2023.

——————. Traducción y edición. Mariano Guadalupe Vallejo. *Recuerdos: Historical and Personal Remembrance Relating to Alta California. 1769-1849*. Norman: University of Oklahoma Press, 2023.

Bell, Katherine M. *Swinging The Censer. Reminiscences of Old Santa Barbara*. Hartford, Connecticut: Finlay Press, 1931.

Benito-Vessels, Carmen. *España y la costa atlántica de los EE.UU. Cuatro personajes del siglo XVI en busca de autor*. Nueva York: Academia Norteamericana de la Lengua Española (ANLE), 2018.

Burgos, Julia. *El mar y tú. Otros poemas*. Río Piedras, Puerto Rico: Ediciones Huracán, 1954.

——————. *Julia de Burgos... periodista en Nueva York. 1. Cuadernos del Congreso Internacional Julia de Burgos, 1991*. Ed. Juan Antonio Rodríguez Pagán. Puerto Rico: Ateneo Puertorriqueño, 1992.

——————. *Song of the simple truth. Obra completa poética. The complete poems* Recopilador y traductor, Jack Agüeros. Willimantic: Connecticut: Curbstone Books, 1997.

Bodega y Cuadra, Juan Francisco de la. *El descubrimiento del fin del mundo*. Ed. Salvador Bernabeu. Madrid: Alianza Editorial, 1990.

Boessenecker, John. *Bandido. the Life and Times of Tiburcio Vasquez*. Norman: University of Oklahoma Press, 2010.

Bryan Gray, Paul. *A Clamor for Equality. Emergence and Exile of Californio Activist Francisco P. Ramírez*. Lubbock, TX: Texas Tech University Press, 2012

Burton-Carvajal, Julianne. *Commander José Castro in two Californias, including his Final Correspondence*. Monterey: Monterey History and Art Association, 2008.

Caballer Dondarza, Mercedes. *La narrativa española en la prensa estadounidense*. Madrid: Iberoamericana. Vervuert, 200.

Camarillo, Albert. *Chicanos in California. A History of Mexican Americans in California. From Mexican Pueblos to American Barrios in Santa Barbara and Southern California, 1848-1930*. Cambridge, Massachusetts and London, England, 1979.

Camba, Julio. *La rana viajera*. Ed. Federico de Onís. Boston: D.C. Heath and Company.

Campa, Arthur León. *Spanish Folk-Poetry in New México*. Albuquerque: University of New México Press, 1940.

_____. *Hispanic Folklore Studies of Arthur L. Campa*. New York: Arno Press,1976.

_____. *Hispanic Culture to the Southwest*. Norman: University of Oklahoma, 1979.

Cano Sánchez Angela, Neus Escandell Tur, Elena Mampel González. Eds. *Crónicas del descubrimiento de la Alta California, 1769. Gaspar de Portolá*. Barcelona: Publicacions i Edicions de la Universitat de Barcelona, 1984.

Cañas, Dionisio. *El poeta y la ciudad. Nueva York y los escritores hispanos*. Madrid: Cátedra, 1994.

_____. "New York: Centro y lugar de Tránsito del nomadismo cultural hispano". *Latin American Literatures. Comparative History of Cultural Formations*. Eds. Kadir Djela y Mario J. Valdés.

Oxford: Oxford University Press, 2004.

Carrigan, William D. y Clive Webb. *Forgotten Dead. Mob Violence against Mexicans in the United States, 1848-1928.* Oxford: Oxford University Press, 2013.

Castañeda, Antonia y Clara Lomas. *Writing/ Righting History. Twenty-Five Years of Recovering the US Hispanic Literary Heritage.* Houston, Texas: Arte Público, 2019.

Castañeda, Cristopher J y Montse Feu, Eds. *Writing Revolution: Hispanic Anarchism in the United States.* Urbana: University of Illinois Press, 2019.

Chamberlin Vernon A, y Ivan A. Schulman. *La Revista Ilustrada de Nueva York.* Missouri: University of Missouri Press, 1976.

Chipman, Donald E, y Harriet Denise Joseph. *Spanish Texas 1519-1821.* Revised Edition. Austin: University of Texas, 2010

Cocoo De Filippis y Franklin Gutierrez. Selección y prólogo. *Literatura dominicana en los Estados Unidos. Presencia temprana 1900-1950.* Santo Domingo, República Dominicana: Editora Búho, 2001.

Constansó, Miguel. *Diario histórico de los viages de mar y tierra hechos al norte de California.* Fascimile. Newhall, California: Hogart Press, 1970.

Cortés, Carlos E. Ed. *Nineteenth-century Latin Americans in the United States.* New York: Arno Press, 1980.

Cotto-Thorner, Guillemo. *Trópico en Manhattan.* San Juan P. R, Editorial Occidente, 1951.

Crespo-Francés y Valero, José Antonio. *Don Pedro Menéndez de Avilés, deuda histórica con un soldado de Felipe II, el legado español de los Estados Unidos.* Aranjuez (Madrid): Safel Editores, 2000.

Cuchi Coll, Isabel. *Grandes poetisas de América. Clara Lair. Alfonsina Storni. Julia de Burgos. Gabriela Mistral.* San Juan P. R: Editora Corripio, C. X. A, 1982.

Cuza Malé, Belkis. *El clavel y la rosa. Biografía de Juana Borrero.* Madrid: Ediciones Cultura Hispánica. Instituto de Cooperación Iberoamericana. 1984.

Darío, Rubén. *"Los raros"*. *Obras completas*. Vol 2. Madrid: Afrodisio Aguado, 1950.

_____. *Obra póstuma de Rubén Darío*. Managua-Nicaragua: Ediciones Atlántida, 1944.

Delgado, Lorenzo y María Dolores Elizalde. *España y Estados Unidos en el siglo XX*. Madrid: Instituto de Investigaciones Científicas, 2005.

Espinosa, Aurelio M. *"Los romances tradicionales en California"*. *Homenaje a Menéndez Pidal. Miscelánea de estudios lingüísticos, literarios e históricos*. Tomo primero. Madrid: Librería y Casa Editorial Hernando (S. A.), 1925. 300-313.

_____. *Folklore de California*. Palma de Mallorca: Publicaciones del "Círculo de Estudios, 1930.

_____. *Romancero de Nuevo Méjico*. Madrid. Consejo Superior de Investigaciones Científicas. Revista de Filología Española. Anejo LVIII, 1958.

_____. *The Folklore of Spain in the American Southwest. Traditional Spanish Folk Literature in Northen New Mexico and Southern Colorado*. Ed. J. Manuel Espinosa. Norman and London: University of Oklahoman Press, 1985.

_____. Espinosa, Juan Manuel. *Cuentos de Cuanto Hay. Tales from Spanish New Mexico*. Ed y traducción, Joe Hayes. Albuquerque: University of New Mexico Press, 1998.

_____. *The Folklore of Spain in Northen New Mexico and Southern Colorado*. Ed. J. Manuel Espinosa. Oklahoma: University of Oklahoma Press, 1958.

Fernández, James D. *"'La ley de Longfellow'". El lugar de Hispanoamérica y España en el hispanismo estadounidense de principio de siglo"*. *España y Estados Unidos en el siglo XX*. Eds. Lorenzo Delgado y María Dolores Elizalde. Eds. Madrid: Consejo Superior de Investigaciones Científicas, 2005. 95-112.

Feu, Montse. *"España Libre en Nueva York, exiliados y emigrantes unidos por el antifascismo"*. *La prensa cultural de los exiliados republicanos. Los años cuarenta*. Ed. Olga

Glandys. Sevilla: Editorial Renacimiento, 2018. 498-512.

_____. *Fighting Fascist. Spain Workers Protest from the Printing Press.* Champaign: University of Illinois Press, 2020.

Figueroa, Sotero. *La verdad de la Historia.* Ed. Carlos Ripoll. San Juan de Puerto Rico: Instituto de Cultura Puertorriqueña, 1977

Florit, Eugenio. *Vida y obra – Bibliografía –Antología –Obras Inéditas.* Hispanic Institute: New York, 1943.

_____. *Antología personal.* Huelva: Diputación provincial de Huelva, 1992.

Font, Pedro. *Diario íntimo y Diario de Fray Tomás Eixarch.* Ed. Julio Montané Martí. Hermosillo, Sonora: Plaza y Valdés Editores Universidad de Sonora, 2000.

Foronda, Vaentín de. *Cartas de lo que debe hacer un príncipe que tenga colonias à gran distancia.* Philadelphia, 1803.

Fountain, Catherine. *"Fray Felipe Arroyo de la Cuesta's Work on California Native Languages".* Historiographia Linguistica 40: 1-2 (2013): 97-119.

Fuentes, Víctor. *California Hispano-Mexicana. Una nueva narración histórico-cultural.* Nueva York: Academia Norteamericana de la Lengua Española (ANLE), 2014.

Garcés, Francisco. *Diario de exploraciones de Arizona y California en los años 1775 y 1776.* México, D. F: UNAM, 1968.

García Bauer, Carlos. *Don Antonio José Irisari. Insigne escritor, y polifacético prócer de la independencia americana.* Guatemala: Tipografía Nacional de Guatemala, 2002.

García Lorca, Federico. *Poeta en Nueva York.* México, D. F, 1940.

_____. *Poeta en Nueva York.* Ed. Hilario Jiménez Gómez Madrid: Sial / Contrapunto, 2018.

Gautier Benítez, José. *Poesías.* Puerto Rico: Librería y Editorial Campos, 1967. Gagey, Edmond M. *The San Francisco Stage. A History.* New York: Columbia University Press, 1950.

Geiger, Maynard. Ed. *As The Padres Saw Them. California Indian Life and Customs as Reported by the Franciscan Missionaries 1813-1815*. Santa Barbara: Santa Barbara Mission Archive Library, 1976.

Gibson, Carrie. *El NORTE. The Epic and Forgotten Story of Hispanic North America*. New York; Atlantic Monthly Press, 2019.

Gipson, RoseMary. "The Mexican Performers: Pioneer Theatre Artists of Tucson". *The Journal of Arizona History*. Vol 13, 4 (1972): 235-252.

Gray, Paul Bryan. *A Clamor for Equality: Emergence and Exile of California Acrivist Francisco P. Ramírez*. Lubbock: Texas Tech University Press, 2021

Griswold del Castillo, Richard. *The Los Angeles Barrio, 1850-1890. A Social History*. Berkeley: University f California Press, 1979.

_____. *The Treaty of Guadalupe Hidalgo. A Legacy of Conflict*. Norman: Oklahoma Press, 1990.

Guillén, Claudio. *El sol de los desterrados: Literatura y Exilio*. Barcelona: Cuaderns Crema, 1995.

Hague, Eleanor. *Spanish-American Folk-Songs*. New York: The American Folk/ Lore Society, 1917.

_____. *Early Spanish-California Folk-Songs*. New York: Fisher & Bro, 1915. Hallenbeck, Cleve. *Spanish Missions of the Old Southwest*. Garden City, New York: Double Page and Company, 1926.

Hardwick, Michael R. *La Purísima Concepción. The Enduring History Of A California Mission*. Charleston, SC: The History Press. 2013

Hernández, J. Elias. Ed. *El laúd del desterrado*. Nueva York: Nueva Imprenta de la Revolución, 1858.

Hernández Fuentes, Miguel Ángel. "La prensa española en Nueva York durante el siglo XIX". *Revista Internacional de Historia de la Comunicación*. 12 (2019): 41-66.

Henriquez Ureña, Pedro. *El nacimiento de Dionisios*. Tragedia, Nueva York: Editorial Las Novedades, 1916.

_____. *Seis ensayos en busca de nuestra expresión*. Buenos

Aires-Madrid: Babel, 1929.

_____. *Historia de la cultura en la América Hispana.* México-Buenos Aires: Fondo de Cultura Económica, 1947. 2d. 1949.

_____. *Las corrientes literarias en la América Latina.* México-Buenos Aires, Fondo de Cultura Económica, 1949.

Heredia, José María. *José María Heredia en Nueva York. 1823-1825.* Nueva York: Librería de Behr y Kahl, 1825.

_____. *Epistolario de José María Heredia.* Ed. Ángel Augier. La Habana; Editorial Letras Cubanas, 2005.

_____. José María Heredia in New York, 1823-1825. A *Exiled Cuban Poet in the Age of Revolution. Selected Letters and Verse.* Frederic Luciani. Ed, traductor e Introducción. Albany: State University of New York Press, 2020.

Hoffnung-Garskof, Jesse. *Racial Migrations: New York City and the Revolutionary Politics of the Spanish Caribbean.* Princeton: Princeton University Press, 2019.

Hostos, Eugenio María. "Diario. Madrid-Barcelona-París-Nueva York (De septiembre de 1866 a julio de 1870"), "Otra vez en Nueva York (1874 y 1875; 1899". *Hostos.* Prólogo y selección, Pedro Alba. México: Ediciones de la Secretaria de Educación Pública, 1944. 3-81, 105-149, y 154-159.

_____. *Obras Completas.* Vol 1-3. Puerto Rico: Editorial del Instituto de Cultura Puertorriqueña. Editorial de la Universidad de Puerto Rico, 1990.

_____. *Ensayos.* Barcelona: Linkgua Ediciones, 2007.

Hilton, Silvia L. *Las raíces hispánicas del oeste de Norteamérica: textos históricos.* Madrid: Fundación Histórica Tavera, 1999.

Hulme, Peter. *The Dinner at Gonfarone's. Salomón de la Selva and His PanAmerican Project in Nueva York, 1915-1919.* Liverpool: University Press, 2019.

Hunt, Janie y Ursula Carlson. *The Californios. A History. 1769-1890.* Jefferson, North Caroline: Mac Farland & Company. Inc., Publisher, 2017.

Irisarri, Antonio José. *Poesías satírico burlescas.* Nueva York: Imprenta Haller&Breen, 1854.

Jacksic, Iván. *Ven conmigo a la España lejana: los intelectuales norteamericanos ante el mundo hispano (1820-1880).* Santiago de Chile: Fondo de Cultura Económica, 2007.

Jiménez, Juan Ramón. *Diario de un poeta reciéncasado (1916). Obras de Juan Ramón Jiménez.* Madrid: Casa Editorial Calleja, 1917.

_____. *Poesías últimas escojidas (1918-1958).* Ed. Antonio Sánchez Romeralo. Madrid: Espasa-Calpe, 1982.

_____. *Tiempo y Espacio.* Madrid: EDAF, 1986.

Jones, Oakah, L. Jr. *Los paisanos: Spanish Settlers on the Northern Frontier of New Spain.* Norman: University of Oklahoma Press, 1979.

Kagan, Richard L. Ed. Spain in America. *The Origins of Hispanism in the United States.* Urbana & Chicago: University of Illinois Press, 2002

_____. *The Spanish Craze: American fascination with the Hispanic World.* Lincoln: University of Nebraska Press, 2019.

Kahn, Nathan. *Las anarquistas. The History of Two Women of the Partido Liberal Mexicano in Early 20th Century.* Los Angeles. M.A Thesis. University of California, San Diego, 2011.

Kanellos, Nicolás. Editor General. *En otra voz. Antología de la literatura hispana en los Estados Unidos.* Houston, Texas: Arte Público, 1988.

_____. *A History of Hispanic Theatre in the United States. Origins to 1940.* Austin: University of Texas, 1990.

_____. *Herencia: The Anthology f Hispanic Literature of the United States.* Oxford: Oxford University Press, 2002.

_____. y Helvetia Martell. *Hispanic periodicals in the United States, origins to 1960; a brief history and comprehensive bibliography.* Houston, TX: Arte Público, 2000.

―――――――. *Hispanic Inmigrant Literature: El sueño del retorno.* Austin: University of Texas Press, 2011.

Kennedy, James. *Modern Poets and Poetry in Spain.* London: Logman Brown Green, 1852.

King Wright, Corinne. *Los Pastores. The Mistery Play in California.* M.A Tesis. University of Southern California, 1920.

Koegel, John. "Manuel Y Ferrer and Miguel S. Arévalo: Premier guitarist-composer in nineteenth century California". *Inter-American Music Review.* Vol. XVI (Spring-Summer 2000. vol 2): 45-66.

Lazo Rodrigo y Jesse Alemán. *The Latino Nineteenth Century.* New York: New York University Press, 2016

―――――――. *Letters from Filadelfia. Early Latino Literature and The Trans-American Elite.* Charlottesville and London: University of Virginia Press 2020.

Laurel. *Antología de la poesía moderna en lengua española.* Segunda edición.Prólogo de Xavier Villaurrutia, Epílogo de Octavio Paz. México: Editorial Trillas, 1986.

Leal, Luis y Rodolfo J. Cortina. Eds. *Jicoténcal.* Houston, Texas: Arte Público, 1995.

―――――――. *Una vida y dos culturas. Conversaciones con Víctor Fuentes.* Bilingual Press: Temple, Ariz, 1998.

Lizaso, Féliz. Ed. *Breve Antología del 10 de octubre. Discursos y artículos.* La Habana: Publicaciones de la Secretaría de Educación. Dirección de Cultura, 1938.

Llera, José Antonio. *Lorca en Nueva York: una poética del grito.* Kassel: Edition Reichenberger, 2013.

Llopesa, Ricardo. *Darío en Nueva York.* Valencia: Instituto de Estudios Modernistas, 1997.

Lomelí, Francisco. A. "Literary Detective Work Reclaims Eusebio Chacón From the *Telarañas* of History: Exhuming a Forgotten Generation". WRITING / RIGHTING HISTORY. *Twenty-Five Years of Recovering the US Hispanic Literary History.* Eds. Antonia Castañeda & Clara Lomas. Houston: Arte Público Press, 2019. 317-336.

López Mesa, Enrique. *La comunidad cubana de Nueva York: Siglo XIX*. La Habana: Centro de Estudios Martianos, 2002.

_____. *José Martí: Editar desde Nueva York*. La Habana: Editorial Letras Cubanas, 2011.

López Morales, Humberto. Coordinador. *Enciclopedia del español en los Estados Unidos*. Madrid: Instituto Cervantes, 2008.

López-Ocón, Leoncio. *Biografía de "LA América". Una crónica hispano-americana del liberalismo democrático español (1857-1886)*. Madrid: Consejo Superior de Investigaciones Científicas, 1987.

Maciel, David R. *El México de afuera. Historia del pueblo chicano*. México D. F: Fondo de Cultura Económica, 2021.

MacDermott, John Francis *The Spanish in the Mississippi Valley, 17621804*. Illinois: University of Illinois Press, 1974.

Malaespina, Alejandro y José Bustamante y Guerra. *Viaje político-científico alrededor del mundo. 1789-1791*. Madrid: Imprenta de la Viuda e Hijos de Abienzo, 1885.

Marqués, René. *La carreta. Drama puertorriqueño*. Vigésimo Cuarta Edición. San Juan, P. R. 2006.

Márquez, José Arnaldo. *Recuerdos de un viaje a los Estados Unidos de la América del norte. 1857-1861*. Lima. Imprenta del Comercio, 1862.

Martí, José. Director. S. Figueroa. Ed. *Los poetas de la guerra*. New York: Imprenta "América", 1893.

_____. *Versos sencillos*. New York: Louis Weiss, 1891,

_____. *Poesía completa*. Edición crítica. México D. F: Universidad Nacional de México, 1998.

Masiello, Francine. *Between Civilization & Barbarism. Women, Nation and Literary Culture in Modern Argentina*. Lincoln & London: University of Nebraska Press, 1992.

Matias Montes, Huidobro. Ed. *El Laúd del desterrado*. Houston: Arte Público Press, 1995.

Matters, Clay, Jeffrey M. Mitchen y Charles M. Haecker. Eds. *Native and Spanish New Worlds. Sixteen-Century Entradas in the American Southwest and the Southeast*. Tucson: The University of Arizona Press, 2013.

Menéndez de Avilés, Pedro. *Cartas sobre la Florida (1555-1574)*. Ed. Juan Carlos Mercado. Madrid: Iberoamericana, 2002.

Mistral, Gabriela. *Poemas de Chile*. Barcelona: Editorial Pomaire, 1967.

___. *Lagar II*. Santiago, Chile: Ediciones de la Dirección de Bibliotecas y Archivos y Museos, 1991.

___. *Gabriela Mistral. En verso y prosa*. Antología. Lima: Real Academia Española. Asociación de Academias de la lengua Española, 2010.

___. *Gabriela Mistral y los Estados Unidos*. Nueva York: Academia Norteamericana de la Lengua Española, 2011.

___. *Obra reunida / Gabriela Mistral*. 8 Vols. Santiago de Chile: Ediciones Biblioteca Nacional, 2019-2020.

Moncada Maya, José Omar. *El ingeniero Miguel Constanzó, un militar ilustrado en la Nueva España del siglo XVIII*. México: UNAM, 1994.

Montenegro de Méndez, Dolores. *Antología de Lola Montenegro*. Segunda Edición. Tomo V. Guatemala: Tip. Nacional-Guatemala, 1964.

Montenegro, Ernesto. *Puritania. Fantasías y crónicas norteamericanas*. SantiagoChile: Nacimiento, 1934.

___. *Memorias de un desmemoriado*. Santiago-Chile: Editorial Universitaria, 1969.

Moorhead, Max. L. *The Presidio Bastion of the Spanish Bordelands*. Norman: University of Oklahoma, 1975.

Nasatir, Abraham P. *Bordelands in retreat. From Spanish Lousiana to the Far Southwest*. Albuquerque, 1976.

Niño, Antonio. "Las relaciones culturales como punto de reencuentro hispano-estadounidense". *España y Estados Unidos en el siglo XX*. 57-94.

Nogar, Anna M. "Navigating a Fine Bilingüal Line in Early Twentieh Century New Mexico. *El cantor neomexicano* Felipe M. Chacón". Writing / Righting History. 337-349.

Nuñez Cabeza de Vaca, Alvar. *Naufragios*. Ed. Enrique Pulpo-Walker. Madrid: Editorial Castalia, 1992.

Onís, Federico. *El español de los Estados Unidos. Discurso.* Salamanca: Universidad de Salamanca, 1920.

??????. *España en América. Estudios, Ensayos y Discursos sobre Temas españoles e Hispanoamericanos.* Puerto Rico: Ediciones de la Universidad de Puerto Rico, 1955.

Onís, José de. *Las misiones españolas en los Estados Unidos. Tratado de Pablo Tac. Neófito indio, Roma, circa 1835.* Nueva York, 1959.

??????. *The United States as seen by Spanish American writers (1776-1890).* 2 ed. New York: Gordian Press, 1975.

??????. *The Hispanic Contribution to the State of Colorado.* Boulder, Colorado: Westview Press, 1976.

Onís, Luis de. *Memorias sobre las negociaciones entre España y los Estados Unidos de América.* Intro y Notas, José Bravo Ugarte. México: Editorial Jus, S. A. 1966.

Ortis, Vargas, A. *Las Torres de Manhattan.* Boston: Chapman & Grimes, 1939.

Osio, Antonio María. *The History of Alta California. A Memoir of Mexican California.* Editada, traducida y anotada por. Rose Marie Beebe y Robert Senkewicz. Madison: The University of Wisconsin Press, 1996.

Otero, José C. *Acción Española en Tampa. Sus instituciones, sus hombres, su industra, su comercio etc.* Ybor City: Imprenta la Políglota, 1912.

Palou, Francisco. *Junípero Serra y las misiones de California.* Ed. José Luis Anta Félez. Madrid: Historia 16, 1998.

Paredes, Américo. *Cantos de adolescencia (1932-1937).* San Antonio: Librería Española, 1937.

??????. *With His Pistol In His Hand. A Border Ballad And Its Hero.* Austin: University of Texas Press, 1958.

??????. *A Texas-Mexican Cancionero. Folksongs Of The Lower Border.* Austin: University of Texas Press, 1976.

??????. *Folklore and Culture on the Texas-Mexican Border.* Ed. Richard Bauman. Austin, Texas: University of Texas, 1993

_____. *Cantos de adolescencia Songs of the Youth (1932-1937)*. Translated with an Introduction and Annotations by B.V. Olguín and Omar Vásquez Barbosa. Houston: Arte Público Press, 2007.

Paz, Ireneo. Intro. Luis Leal. *Vida y aventuras del más célebre bandido sonorense. Joaquín Murrieta. Sus grandes proezas en California*. Houston, Texas, Arte Público, 1999.

Perissinoto, Giorgio. Ed. *The California Recollections of Angustia de la Guerra Ord*. Bilingual Edition. Washington: Academy of American Franciscan History and The Santa Barbara Trust for the Historical Preservation, 2004.

Pérez, Roberto Carlos. "Rubén Darío no puede ni debe morir". *Rubén Darío y los Estados Unidos*. 181-195.

Pérez Bonalde, J. A. *Ritmos*, Intro, Adolfo Llanos, New York, 1880.

Pérez de Ayala, Ramón. *El País del futuro. Mis viajes a los Estados Unidos (1913-1914–1919-1920)*. Madrid: Biblioteca Almagro, 1959.

Pérez de Villagrá, Gaspar. *Historia de la Nueva México*. Alcalá de Henares: Luis Martínez, 1610.

Piña-Rosales, Carlos E, Paldao, Graciela S. Tomassini. Eds. *Rubén Darío y los Estados Unidos*. Academia Norteamericana de la Lengua Española: Nueva York, 2017.

Pombo, Rafael. Ed. Mario Germán Romero. *Rafael Pombo en Nueva York*. Bogotá: Editorial Kelly, 1983.

Rael, Juan Bautista. *Cuentos Españoles de Colorado y Nuevo Méjico*. 2 vols y 2ed. Santa Fe: Museum of New Mexican Press, 1977.

Ramos, Julio. *Desencuentros en la Modernidad en América Latina. Literatura y política en el siglo XIX*. México: Fondo de Cultura Económica, 1989.

_____. Ed. *AMOR Y ANARQUÍA. Escritos de Luisa Capetilla*. Edición Revisada, Ensayos Críticos y Testimonios. Cabo Rojo. PR: Editora Educación Emergente, 2021.

Remeseira, Claudio Iván. *Hispanic New York. A Sourcebook.* New York: Columbia University Press, 2010.

_____. "A Splendid Outsider. Archer Milton Hungtington and the Hispanic Heritage in the United States". *Hispanic New York. A Sourcebook,* 443-456.

Rey, Miguel del y Carlos Canales. Bernardo de Galvez. *De la apachería a la épica intervención en la Independencia de los EE-UU.* Madrid: Editorial Edaf, 2015.

Ridge, John (Yellow Bird). *The Life and Adventures of Joaquin Murieta. The Celebrated California Bandit.* Norman: University of Oklahoma Press, 1955.

Río, Ángel del. *The Clash and Attraction of Two Cultures. The Hispanic and Anglo-Saxon Worlds in America.* Traducción, edición, James F, Shearer. Baton Rouge; University Press, 1965.

Ripoll, Carlos. Ed. *Sentido y razón del destierro. Félix Varela, Miguel Teurbe Tolón, José Martí.* (librito de 19 págs, sin nombre de lugar ni editorial de la publicación), 1987.

_____. *PATRIA: El periódico de José Martí. Registro general 1892-1895.* New York: Eliseo Torres & Sons, 1971.

Rocafuerte, Vicente. Ed. *Ideas necesarias a todo pueblo Americano independiente que quiera ser libre.* Philadelphia: D. Huntington, 1821.

Rodríguez Pagan, Juan Antonio. *Julia en blanco y negro.* San Juan PR: Sociedad Histórica de Puerto Rico, 2000.

Roggiano, Alfredo A. *Pedro Henríquez Ureña en los Estados Unidos.* México (sin nombre editorial), 1961.

Romera – Navarro, Manuel. *El Hispanismo en Norteamérica. Exposición y crítica de su aspecto literario.* Madrid: Renacimiento, 1917.

Romero, Mario Germán. Ed. *Rafael Pombo en Nueva York.* Bogotá: Editorial Kelly, 1983

Robinson, Alfred. *Life in California: during a residence of several years in the territory.* New York: Wiley & Putnam, 1846,

Rosenbaum, Robert J. *Mexicano Resistance in the Southwest.* Austin: University of Texas Press, 1981.

Ruiz, Reynaldo. *Poetry in Los Angeles 1850-1900. La poesía Angelina*: Lewiston: New York: The Edwin Mellen Press, 2000.

Sánchez, Rosaura y Beatriz Pita. *Conflicts of Interest. The Letters of María Amparo Ruíz.* Minneapolis: University of Minnesota Press, 1995.

Salado, Minerva. Ed. *Desde Washington / Pedro Henríquez Ureña.* México, D. F: Fondo de Cultura Económica, 2013.

Sánchez, Sánchez, Víctor. "Spanish Opera in San Francisco; la frontera Norte de la Zarzuela en América". *Heterofonía: Revista de Investigación musical.* N.132-133 (2005): 63-99.

———. "Es California una tierra ideal... Sonidos españoles en la California del Gold Rush". *Cuadernos de música Iberoamericana* 17 (2009): 131154).

———. "Es California una tierra ideal... (2) Zarzuela en los teatros de San Francisco". *Cuadernos de Música Iberoamericana* 19 (2010): 117-144.

Selva, Salomón de la. *Tropical town and other poems.* New York: John Lane Company, 1918,

———. *El soldado desconocido.* Portada de Diego Rivera. México: Cultura, 1922. Sepúlveda, César. *Tres Ensayos Sobre la Frontera Septentrional de la Nueva España.* México: Editorial Porrua, S. A. 1977.

Silva Gruesz, Kirsten. *Ambassadors of Culture. The Transamerican Origins of Latino writing.* Princeton, N. J: Princeton University Press, 2002.

———. "The Errant Latino: Irisarri Central Americaness and Migration`s Intentions". *The Latino Nineteenth Century*, 20-48.

Solano, Gustavo. *La Sangre. Crímenes de Manuel Estrada Cabrera.* Quito, 1920.

Stavans, Ilan. *The Norton Anthology of Latino Literature.* Ed. New York and London: W.W. Norton & Company, 2011.

Strange, Steve. *Antes de Jamestown fue San Agustín de la Florida*. Nueva York: Academia Norteamericana de la Lengua Española, 2020.

Stein, Lousie K. "Before the Latin Tinge: Spanish Music and the Spanish Idiom in the United States, 1778-1940". *Spain in America*. 193-245.

Struthers, David M. *The World in a City. Multiethnic Radicalism in Early Twentieth Century Los Angeles*. Urbana: University of Illinois Press, 2019.

Sturman, Janet L. Zarzuela. *Spanish Operetta, American Stage*. Urbana and Chicago: University of Illinois Press, 2000.

Sununu, Alexandra E. Ed. *La Florida*. Alonso Gregorio de Escobedo. New York: ANLE, 2015 (es un poema epíco de 100 de pags.

Toledo, Josefina. *Sotero Figueroa. Editor de Patria. Apuntes para una Biografía*. La Habana: Editorial Letras Cubanas, 1995.

Torres Caicedo, José María. *Ensayos biográficos y de crítica literaria sobre los principales poetas y literatos hispanoamericanos*. Paris: Guillaumin y Cia, 1863.

Torres, Edelberto. *La dramática vida de Rubén Darío*. Sexta edición. San José, Costa Rica: Educa, 1986.

Torres, Luis A. Ed y traductor. *The World of Early Chicano Poetry, California Poetry 1855-1881*. Vols 1-2. Encino, CA: Floricanto Press, 1994.

Ulica, Jorge / Julio G. Arce. *Crónicas Diabólicas*. Ed. Juan Rodríguez. San Diego: Maize Press, 1982.

Uslar Pietri, Arturo. "El reino de Cervantes". *La invención de la América mestiza*. México D. F: Fondo de Cultura Económica, 1996.

Van Aken, Mark J. *Pan-Hispanism. Its Origin and Development to 1866*. Berkeley and Los Angeles: University of California, Press, 1959.

Valle Ferrer, Norma. *Luisa Capetillo: historia de una mujer proscrita*. Río Piedras: Editorial Cultural, 1990.

Vañó García, Inés. "Érase una vez la American Association of

Teachers of Spanish (1917-1944): los inicios de la enseñanza del español en Estados Unidos". *Revista argentina de historiografía lingüística* (RAHL). Vol 14. N.1 (2022): 53-72

Varela, Félix. *Jicoténcal*. Eds. Luis Leal y Rodolfo J. Cortina. Houston, Texas: Arte Público, 1995.

Varela-Lago, Ana María. *Conquerors, Immigrants, Exiles, the Spanish Diaspora in the United States (1848-1948)*. Tesis Doctoral, 2008.

Vega, Bernardo. *Memorias de Bernardo Vega. Contribución a la Historia de la Comunidad Puertorriqueña en Nueva York*. Ed. César Andreu Iglesias. Río Piedras, Puerto Rico: Ediciones Huracán. Primera edición 1977, Quinta 1994.

Van Vechten, Carl. *The Music of Spain*. New York: Alfred A. Knoph, 1918.

Vidaurre, Manuel de. *Cartas americanas, políticas y morales, que contienen muchas referencias sobre la Guerra Civil de las Américas*. 2vols. Philadelphia: Juan F. Hurted, 1823.

Vilar García, Mar. *La Prensa en los orígenes de la enseñanza del español en los Estados Unidos (1823-1833)*. Murcia: Universidad de Murcia. Servicio de Publicaciones, 1996.

_____. *El español segunda lengua en los Estados Unidos*. Murcia: Universidad de Murcia. Servicio de Publicaciones, 2000.

Vilar, J.B. "La emigración liberal española a los Estados Unidos: una primera aproximación (1823-1833), *Estudios de Derecho Constitucional y de Ciencia Política. Homenaje al Profesor Rodrigo Fernández Carvajal*. Murcia, 1993. 1167-86.

Villaverde, Cirilo. *Cecilia Valdés. La loma del ángel*. Nueva York: Imprenta de El Espejo, 1882.

Walsh, Thomas. Ed. *Hispanic Anthology. Poems translated from the Spanish by English and North American Poets*. New York and London: P. Putnanm`s Son, 1920. Kraus Reprint Co, 1969.

Weber, David J. *Foreigners in their Native Land. Historical Roots of the MexicanAmericans.* Albuquerque: University of New México, 1973.

_____. *The Spanish Frontier in North America.* New Haven y London: Yale University Press, 1992.

Westfall. L Glen. Don Vicente Martínez: *Ybor, the Man and his Empire. Development of the Clear Havana Cigar Industry in Cuba and Florida in the Nineteenth Century.* New York: Garland Publisher, 1987.

Williams, Carlos. *By Word of Mouth. Poems from the Spanish, 1916-1959.* Ed. Jonathan Cohen. New York: New Directions, 2011.

Williams, Stanley F. *La huella española en la literatura norteamericana.* Tomo Primero. Madrid: Editorial Gredos, 1957.

_____. Tomo Segundo. Madrid: Editorial Gredos, 1957.

Wolfer Earnest, Sue. *A historical study of the growth of Theater in Southern California.* 3 Vols. Tesis doctoral, University of Southern California, 1947.

Worth, John E. Ed, y traductor. *Discovering Florida. First-Contact Narratives from Spanish Expeditions along the lower Gulf Coast.* Gainesville: University Press of Florida, 2014.

Zavala, Adina de. *History and Legends of the Alamo and Other Missions in and around San Antonio.* Ed. Richard Flores. Houston, Texas: Arte Público, 1996. Originalmente publicado en 1917.

Zenea, Juan Clemente. *Poesías completas.* Nueva York: Imprenta y Redacción de "El Mundo Nuevo", 1872. 1874. 2ed.

_____. *Diario de un mártir. y otros poemas.* Ed. Ángel Aparicio Laurencio. Miami, Florida: Ediciones Universal, 1972.

www.ingramcontent.com/pod-product-compliance
Lightning Source LLC
Chambersburg PA
CBHW022008300426
44117CB00005B/80